婚姻家庭法概论

主 编 廖红霞 刘 娜 李飞鸣

副主编 颜 勇 唐 薇 龙庆兰 马 丽

西南交通大学出版社
·成 都·

图书在版编目（CIP）数据

婚姻家庭法概论 / 廖红霞，刘娜，李飞鸣主编. —
成都：西南交通大学出版社，2021.1
ISBN 978-7-5643-7852-3

Ⅰ. ①婚… Ⅱ. ①廖… ②刘… ③李… Ⅲ. ①婚姻法
–中国–教材 Ⅳ. ①D923.9

中国版本图书馆 CIP 数据核字（2020）第 245167 号

Hunyin Jiatingfa Gailun

婚姻家庭法概论

主编　廖红霞　刘娜　李飞鸣

责任编辑　赵玉婷
封面设计　原创动力

出版发行　西南交通大学出版社
（四川省成都市金牛区二环路北一段 111 号
西南交通大学创新大厦 21 楼）
邮政编码　610031
发行部电话　028-87600564　028-87600533
网址　http://www.xnjdcbs.com
印刷　成都中永印务有限责任公司

成品尺寸　185 mm × 260 mm
印张　17
字数　425 千
版次　2021 年 1 月第 1 版
印次　2021 年 1 月第 1 次
定价　39.00 元
书号　ISBN 978-7-5643-7852-3

课件咨询电话：028-81435775
图书如有印装质量问题　本社负责退换

Preface /前言

人类作为群居动物，选择一种怎样的生存方式至关重要。在社会不断的演化和发展中，人类经过不断探索最终选择了两性和血缘的结合方式，形成了婚姻关系、家庭关系以及亲属关系的复杂的、动态的系统。从此，在婚姻家庭法律制度的规范制约下，婚姻家庭不断发展，并发挥着重要的社会职能。

婚姻家庭法，是调整婚姻家庭法关系的法律规范，是民法中的一项基本制度。婚姻家庭法在内容上由亲属身份法和亲属财产法构成。前者源于婚姻家庭的人伦秩序，是严格意义上的身份法；后者基于亲属的身份，由前者派生，属于财产法的范畴。婚姻家庭法具有“公法”功能与“私法”属性。从某种意义上说，婚姻家庭法堪称道德化的法律或法律化的道德，以保护弱者为其价值取向。如运用共同财产制，实现夫妻双方的财产共享，避免分产制对妇女的实际不公；规定亲属间扶养义务，为妇女、儿童和老人提供基本生存条件保障；建立亲权和监护制度，保障未成年人的健康成长；明确非婚生子女的认领，使这一群体得到更贴切的爱护和扶助；承认配偶权，让利益受损害的一方通过特定程序获得救济；等等。

本书以《中华人民共和国民法典》为依据，结合最高人民法院的现有司法解释，借鉴吸收国内外婚姻家庭立法和司法实践以及法学研究的新成果，系统阐述了婚姻家庭法的基本理论、基本制度，介绍了婚姻家庭法律制度的基本原则和法律措施，研究亲属制度、结婚制度、夫妻关系制度、离婚制度、父母子女关系和其他家庭成员关系制度、收养制度、监护制度、继承制度、保护婚姻家庭成员合法权益的法律救济措施制度、涉外婚姻家庭法律制度等内容。本书每章之后还设有案例分析，具有较强的理论性和较高的可读性，便于读者学习和掌握。

本书可以作为高等学校法学专业的教科书，也可以供社会人士研读和学习。

阅读本书，能帮助读者在较短的时间内对婚姻家庭法律制度有一个系统的了解和把握。

本书由四川农业大学廖红霞、刘娜、李飞鸣任主编，廖红霞负责全书统稿；四川农业大学颜勇、唐薇、龙庆兰、马丽任副主编。其他编写人员包括：四川农业大学耿鹏飞、周海波、李军妍、许彦、吴宜男、漆海燕、庞椿云、张云、甘婷，成都文理学院文法学院肖春，西南财经大学法学院赖虹宇，四川师范大学法学院郭彦君，成都理工大学法学院龙涓。具体写作分工如下：龙庆兰第一章；耿鹏飞第二章；周海波第三章；肖春第四章；李军妍第五章；刘娜第六章；许彦、廖红霞第七章；唐薇、颜勇第八章；赖虹宇第九章；吴宜男第十章；廖红霞第十一章；郭彦君第十二章；漆海燕第十三章；龙涓第十四章；李飞鸣第十五章；庞椿云第十六章；马丽第十七章；张云、甘婷第十八章。

本书的出版，要感谢各位编者的辛勤付出，感谢西南交通大学出版社的大力支持；同时，我们特别向本书参考文献的作者表示衷心感谢。

时间和水平所限，本书难免有疏漏和不足之处，敬请读者赐教以臻完善。

廖红霞

2021 年 1 月于四川农业大学

Contents / 目录

第一章　婚姻家庭法概述

【内容提要】

婚姻家庭法学是研究有关婚姻家庭的法律制度、法律关系和与此相关的法律现象的科学。学习婚姻家庭法学，首先应当对婚姻家庭的概念、历史类型以及婚姻家庭法的概念、调整对象、法律渊源、基本原则等基础知识进行理解和掌握，为进一步学习和研究婚姻家庭法的各项具体制度打下理论基础。

【理论框架】

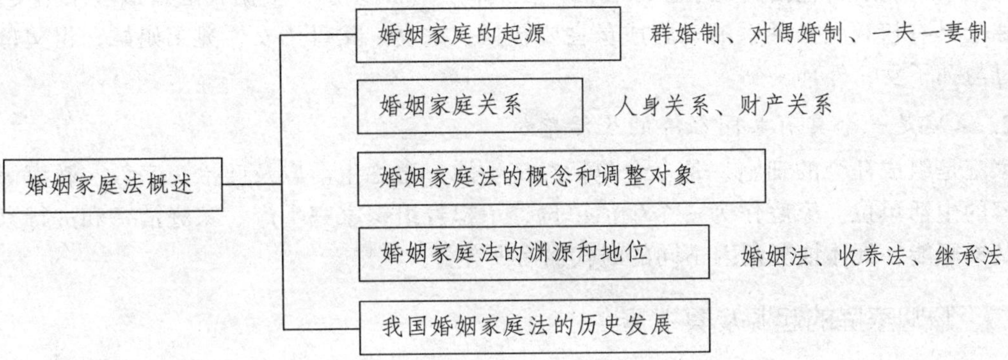

第一节　婚姻家庭的起源

一、婚姻家庭的概念

婚姻家庭是人类社会最广泛、最普遍的社会关系。然而，在历史发展的长河中，婚姻家庭并非自始存在，也不是永恒不变的。婚姻家庭是人类社会发展到一定阶段出现的两性和血缘关系的社会形式。

（一）婚姻的概念

婚姻是为当时的社会制度所确认的男女两性互为配偶的结合。它具有如下特点：

1. 婚姻必须是男女两性的结合

男女两性的结合是婚姻的基本特征和前提条件。男女两性的性差别、性吸引和性本能是产生婚姻的原始动力，是婚姻成立的自然条件。目前，尽管有荷兰、丹麦等少数国家通过立法允许同性结合并享有与异性夫妻相同的法律地位，但绝大多数国家不承认同性结合具有婚姻的效力。

2. 婚姻必须是一男一女的结合

人类自进入文明时代，婚姻形式发展为个体婚，即一夫一妻制。这种单偶婚制度，是社会生产发展的结果。它有利于建立稳定的婚姻关系，有利于对子女的抚育，也是人类走向文明的标志。

3. 男女两性的结合须为当时的社会制度所确认，才具有夫妻身份并受到法律保护

人类的婚姻，在原始社会是由社会习惯所确认的。自阶级社会以来，一般是由法律来确认的。为达到确认的目的，婚姻当事人必须依照法定的条件和程序结合，才能产生夫妻身份和权利义务关系。婚姻是一种法律行为，而非任意行为。用法律对婚姻加以规范和干预，是人类完善和提高婚姻质量、保障社会发展的需要。

（二）家庭的概念

家庭是由一定范围内的亲属所构成的社会生活单位。它具有以下两个基本特征：

1. 家庭是一定范围内的亲属团体

组成家庭的亲属包括婚姻、血缘和法律拟制而产生的亲属。根据我国婚姻法律相关规定，在法律上具有权利义务关系的家庭成员主要包括：夫妻、父母子女、兄弟姐妹、祖父母、外祖父母与孙子女、外孙子女。

2. 家庭是一个具有共同经济的生活单位

家庭是组成社会的细胞，是一个包括经济生活、道德生活以及政治、宗教、教育等各方面内容的生活单位。家庭作为一个生活单位，承担着组织家庭生产、家庭消费和进行家庭教育的基本职能，具体情况则因不同的时代而有所差异。

二、婚姻家庭的起源及其发展

人类两性、血缘关系进步到社会制度范畴的婚姻家庭，是一个复杂、曲折、漫长的历史过程。作为社会制度组成部分的婚姻家庭制度，是以各种具体的历史形态存在于社会发展的一定阶段的。从人类历史发展进程来看，人类婚姻家庭制度大约经历了三种历史类型，即群婚制、对偶婚制、一夫一妻制。

（一）群婚制

根据摩尔根在《古代社会》中提出的婚姻家庭进化模式，群婚制分为血缘群婚制和亚血缘群婚制两个阶段。

1. 血缘群婚制

血缘群婚制，是人类婚姻的第一个形式，也是群婚制的低级形态。它是指同辈分男女之间可以互为夫妻的婚姻制度。它排除了不同辈分男女之间的两性关系，如祖父母辈、父母辈、子女辈等各个辈分内的男女之间，可以互为夫妻，而不同辈分的男女之间，是禁止通婚的。这是人类两性关系史上出现的第一个禁忌规则，它使人类结束了杂乱的性交时期，开始了婚姻家庭的新时代。

2. 亚血缘群婚制

亚血缘群婚制，又称普那路亚婚，是群婚制的高级形态。亚血缘群婚仍然是同辈分男女

之间的集团婚，但它排除了兄弟姐妹之间的两性关系，起初排除同胞兄弟姐妹间的通婚，后来又逐步排除了血缘较远的兄弟姐妹间的通婚，旁系血亲之间的婚姻禁忌越来越严格。

亚血缘群婚制排除横向兄弟姐妹间的两性关系，是人类婚姻家庭史上的又一大进步。正如恩格斯所说："如果说家庭组织上的第一个进步在于排除了父母和子女之间相互的性关系，那么，第二个进步就在于对姊妹和兄弟也排除了这种关系。这一进步，由于当事者的年龄比较接近，所以比第一个进步重要得多，但也困难的多。……不容置疑，凡近亲繁殖因这一进步而受到限制的部落，其发展一定要比那些依然把兄弟姊妹婚姻当作惯例和规定的部落更加迅速，更加完全。"①

（二）对偶婚制

产生于原始社会晚期的对偶婚制，是人类社会继群婚之后出现的第二个婚姻家庭形态。它是群婚制向一夫一妻个体婚制的过渡形态，是指一男一女在或长或短的时间内保持相对稳定的偶居生活的婚姻形式。

在对偶婚制下，成对配偶在一定时间内保持相对稳定的两性同居生活。但这种一男一女的结合并不牢固，它有时是复合的、交叉的。即有时一个女子和几个男子或一个男子和几个女子分别地对偶同居。这种对偶婚仍然是以女子为中心，女方定居于本氏族，其夫则来自外族，所生子女是母方氏族的成员。这种对偶家庭的两性和血缘关系的社会形式，仍然不是严格意义上的家庭，在氏族共有经济中，它不可能成为一个脱离氏族而独立的经济单位。

但是，对偶婚制的形成，从血缘构成上为父系氏族和个体家庭的出现准备了条件。过去群婚制下只能辨别子女的生母，对偶婚制下子女的生父一般也能判明了。因此，从一定意义上说，对偶婚制是一夫一妻制和个体婚姻的萌芽。对偶家庭的出现，也导致了生活资料和部分生产工具的私人占有，加剧了社会阶层的分化和财产私有制的产生。

（三）一夫一妻制

一夫一妻制，又称个体婚，是指一男一女结为夫妻的婚姻制度。一夫一妻制的产生是私有制确立的必然结果。在原始社会末期，生产力水平有了较大的提高，社会分工的变化使得男子逐渐成为新财富主要的创造者和掌管者。这就要求：第一，废除母权制，实行妇从夫居的夫权制，才能确立子女按父方计算世系和承袭父亲财产的制度。第二，婚姻形式必须由对偶婚改为个体婚，这样才能保证妻子生育出血统纯正的后代来继承丈夫的遗产。于是，随着私有制经济的发展，形成了以男子为中心、以一定的私有财产为经济基础的"一夫一妻制"婚姻。可见，一夫一妻婚姻制度的产生是私有制确立的必然结果，也是生产力发展、男女两性地位演变和对偶婚全面推行等共同作用的必然归宿。

第二节　婚姻家庭关系

婚姻家庭关系，是婚姻关系和家庭关系的合成，主要包括夫妻之间的人身和财产关系以

---

① 中共中央马克思恩格斯列宁斯大林著作编译局．马克思恩格斯选集：第 4 卷[M]．北京：人民出版社，1972：33.

及围绕家庭所产生的人身和财产关系。婚姻家庭关系以两性结合为前提，以血缘联系为纽带，它的形式表现为婚姻或家庭两种形式。婚姻家庭关系是社会关系中的特殊形式，是人类社会发展到一定阶段的产物，所以它既有一般社会关系的共性，又有其他一般人际关系所没有的特点，是一种特殊的人际关系。婚姻家庭关系作为整个社会关系中十分重要的基础环节，与其他社会关系有着密切联系，同时也受其他社会关系的影响和制约。因此，婚姻家庭关系具有双重属性，既有自然属性，又有社会属性。社会属性是婚姻家庭关系的根本属性，是人类社会区别于动物界的根本标志。

一、婚姻家庭关系的自然属性

婚姻家庭关系的自然属性，是指婚姻家庭这种社会关系赖以形成的自然条件，是婚姻家庭中客观存在的、不以人的意志为转移的、具有普遍意义的属性，是区别于其他社会关系的重要因素。如男女两性的生理差别、人类固有的性的本能、亲子间和其他家庭成员间的血缘联系等。如果没有这些自然因素，婚姻家庭便无从产生，也不可能实现其特殊的社会职能。在婚姻家庭领域里，立法者是不能无视这些自然属性的。

首先，婚姻家庭关系是一种两个以上的自然人相互依存的关系。就婚姻而言，它不是一个人能够单独完成的活动，一定是基于当事人双方的互动产生的结果；就家庭而言，它是在婚姻基础上形成的人的组合，每一个家庭成员都因自己的身份而处于特定的地位，在共同生活中发挥着各自的作用，并且成员的地位和作用会随着时间的变化而发生转变。

其次，婚姻家庭关系具有自己特殊的地方。一般来说婚姻关系是基于男女性别上的差异，蕴含着性的因素；两性结合生育过后就产生了自然的亲属关系，血缘的纽带由此形成。婚姻家庭关系其实是人类生理和心理上的需求在社会关系中的反映，同时也符合自然界的演进规律。

最后，自然属性是决定婚姻家庭存在的重要属性。婚姻家庭立法要遵循婚姻家庭的自然属性，法定婚龄、禁婚亲范围、亲子关系的确认依据等都与婚姻家庭的自然属性密切相关。婚姻家庭的自然属性是婚姻家庭关系区别于其他社会关系的重要特征，正是因为男女两性的生理差别和人类固有的性本能，人类才能实现人种的繁衍和家庭成员之间的血缘关系的建立，婚姻家庭才可能出现。

二、婚姻家庭关系的社会属性

婚姻家庭关系的社会属性，是指社会物质生活条件、社会制度赋予婚姻家庭的本质属性。它决定和影响家庭的社会力量及婚姻家庭所包含的社会内容。婚姻家庭的性质和特点，以及它的产生和发展变化等，都不是其自然属性所能解释的，只有从其社会属性中才能找到正确的答案。

婚姻家庭是人类特有的社会现象。社会性是人类的根本属性，也是婚姻家庭的根本属性。作为社会关系特定形式的婚姻家庭，是依存于一定的社会结构、具有一定社会内容的，它与社会诸关系具有多方面的内在联系。婚姻家庭的起源、性质、特点及其发展变化等，都不能被它的自然属性说明，只有从社会物质生活条件和社会制度的发展变化中，才能找到科学的、正确的答案。

婚姻家庭这种社会关系，自其产生之日起，就担负着其他社会组织无法替代的社会职能。这些职能是婚姻家庭的本质和作用在社会生产和社会生活中的具体体现。一般来说，婚姻家庭不仅起着调节两性关系、维护两性关系的社会秩序的作用，而且是社会中人口再生产的单位及重要的经济单位和教育单位。

总之，自然属性是婚姻家庭的特点与形成的前提条件，没有自然条件，就没有婚姻家庭；而社会属性是婚姻家庭的本质属性，它决定着婚姻家庭演进的方向。我们要正确认识二者之间的关系，不能夸大自然属性对婚姻家庭的作用，要分清主次。社会属性是婚姻家庭的本质属性，是研究婚姻家庭的唯一正确的出发点。人类社会的两性关系由自然选择过渡到社会选择，由生物进化过渡到社会进化，是人类以社会属性抑制自然属性、战胜自然属性的过程，也是人类社会在自然界进化过程中始终保持卓尔不群的根本动因。

三、婚姻家庭关系与婚姻家庭法律关系

（一）婚姻家庭关系与婚姻家庭法律关系的区别

婚姻家庭法律关系是指婚姻家庭法所调整的婚姻家庭关系，即婚姻家庭关系当事人在法律上的权利与义务关系。婚姻家庭法律关系与婚姻家庭关系的区别在于：婚姻家庭关系是一种事实状态的社会关系，而婚姻家庭法律关系是法律意义上的社会关系。前者未经法律调整，只是一种事实社会关系；而后者是依据法律发生的，或者虽非依据法律发生，但法律已对关系双方当事人的权利义务作出了规定，双方的关系已进入法律调整之中，即当事人的相应权利受到法律保护，当事人的相应义务必须履行，如违反义务，应承担相应的法律责任。

在实践中，婚姻家庭法律关系与婚姻家庭关系往往是一体的，因为婚姻家庭关系不同于其他社会关系，它是婚姻家庭关系主体即自然人的生存方式，受到法律、道德、风俗习惯等多种因素的调整和影响。在古代社会，道德和风俗习惯的调整作用较大；而在现代法治社会，婚姻家庭关系主要受到法律的调整，因而上升为婚姻家庭法律关系。

（二）婚姻家庭法律关系的主体

婚姻家庭法律关系的主体是指依法享有婚姻家庭法规定的权利和承担相应的义务的当事人。婚姻家庭法律关系的主体范围仅限于自然人。在自然人中，除个别情况外，一般也仅限于存在婚姻、血缘或法律拟制血亲关系的自然人。在婚姻家庭法律关系的主体中，因结婚行为而产生的夫妻法律关系，主体为夫和妻；基于出生事实产生的父母子女法律关系，主体为父母和子女；依据收养行为而产生的拟制血亲父母子女关系，主体为养父母与养子女。婚姻家庭法律关系主体的权利能力是指法律赋予婚姻家庭法律关系主体享有婚姻家庭权利和承担婚姻家庭义务的资格。婚姻家庭法律关系主体的权利能力，不分年龄、性别，一律平等。婚姻家庭法律关系主体的行为能力是指婚姻家庭法律关系主体能够以自己的行为享有权利和承担义务的资格。婚姻家庭法律关系主体的行为能力因自身的年龄、智力等因素而有所不同。根据我国民法的有关规定，公民的民事行为能力分为完全行为能力、限制行为能力和无行为能力三大类。

（三）婚姻家庭法律关系的内容

婚姻家庭法律关系的内容是指婚姻家庭法律关系主体依法所享有的婚姻家庭权利和相应承担的婚姻家庭义务。根据婚姻家庭权利的特殊性质，从总体上可分为人身权和财产权两大部分。其中人身权是最基本的权利，财产权基于人身权而发生。

婚姻家庭人身权是指与权利主体的人格和身份有关的权利，体现为与主体人身不可分离的利益。与人格有关的权利主要有婚姻自主权；与身份有关的权利主要有配偶权、亲权、监护权、亲属权等，这些身份权是婚姻家庭领域内最为基本的人身权利。

婚姻家庭财产权是指基于婚姻家庭关系当事人的身份关系而发生的有关财产利益方面的权利。如婚姻家庭关系当事人之间的扶养权、共同财产权、个人财产权等。

婚姻家庭义务是指婚姻家庭法律关系的主体依据婚姻家庭法必须为或不为一定行为的责任。主体的义务通常表现为承担者依法必须为或不为一定的行为，以保证主体权利的实现。义务可以分为作为和不作为两种。如扶养义务是一种作为，义务人须积极实施扶养行为，才能满足权利人生存的需要，对此义务，义务人不得抛弃。如有病不予医治就是一种不作为的手段。

（四）婚姻家庭法律关系的客体

婚姻家庭法律关系的客体是指婚姻家庭法律关系主体的权利和义务所指向的目标。婚姻家庭法律关系的客体大致可分为行为、物和人身三大类。行为是人们有意识的活动。在婚姻家庭法律关系中，行为客体所占的比重相当大。如婚姻自主权、配偶人身自由权、家庭成员扶养权、未成年人监护权等。物是有一定使用价值，并能为人们所支配的物质财富。婚姻家庭关系当事人必然会基于他们相互之间的身份关系而发生相应的财产利益关系。这些财产利益关系当然必须以物为对象。婚姻家庭财产权的客体通常体现为夫妻共同财产、家庭共同财产以及婚姻家庭成员的个人财产等。人身是由各个生理器官组成的人的生理整体。人身是人的物质形态，也是人的精神利益的体现方式。人身不仅是人作为法律关系主体的承载者，而且在一定的情况下也会成为法律关系的客体。如未成年子女的人身，就构成亲权的客体。

第三节　婚姻家庭法的概念和调整对象

一、婚姻家庭法的概念

（一）婚姻家庭法的名称

婚姻家庭法这一名称在历史上由来已久，但古今中外各国法律文件上的使用各不相同。归纳起来，大约有四种，即婚姻法、家庭法、婚姻家庭法和亲属法。形成这种状况原因有二：一是因调整内容范围的不同，而命名不同。如调整婚姻关系的称婚姻法，调整家庭关系的称家庭法，调整婚姻家庭关系的称婚姻家庭法。二是与人们认识上的原因和传统习惯有关。如调整婚姻与家庭关系的法律，有的国家称为婚姻法，如我国；有的国家称为家庭法，如罗马尼亚、德国。大陆法系国家多称亲属法；英美法系国家，由于多为单行法规，故采用以具体内容命名的原则。如英国的婚姻诉讼法、家庭赡养法、离婚改革法，美国的统一结婚离婚法等。

（二）婚姻家庭法的概念

婚姻家庭法，是指调整婚姻家庭关系的法律规范的总称。婚姻家庭法按其调整对象范围的不同，可以分为广义和狭义的婚姻家庭法。按其规范的编制方式与命名的不同，可以分为形式意义和实质意义的婚姻家庭法。

1. 广义和狭义的婚姻家庭法

广义的婚姻家庭法是指既调整婚姻关系又调整基于婚姻关系而产生的家庭关系的法律。婚姻家庭虽然属于不同性质的社会关系，但二者有内在的不可分割的联系，婚姻关系是家庭关系产生的基础，家庭关系是婚姻关系发展的结果。《中华人民共和国婚姻法》(下文简称《婚姻法》)就属于广义婚姻法。

狭义的婚姻家庭法是指专门规定婚姻的成立、终止以及婚姻的效力的法律，其内容不涉及婚姻关系以外的其他家庭事项。如英国的《婚姻法》、美国的《统一结婚离婚法》等。

2. 形式意义上和实质意义上的婚姻家庭法

形式意义上的婚姻家庭法是指以婚姻法、家庭法、亲属法等名称命名的法律或民法典中的婚姻家庭部分，它不但在内容上是规定、调整婚姻家庭或亲属关系，而且在形式上也是以婚姻、家庭、亲属等名称命名的法律。如我国《婚姻法》、俄罗斯《家庭法典》、罗马尼亚《家庭法典》等。

实质意义上的婚姻家庭法是指调整婚姻家庭关系的法律规范的总称。这些规范既集中系统地存在于形式意义上的婚姻家庭法中，又散见于其他规范性文件中。如我国 1980 年法律体系中所有调整婚姻家庭关系的法律规范，包括宪法、法律、行政法规、地方性法规、民族自治地方的有关规定以及最高人民法院的司法解释、我国缔结和参加的国际条约中有关婚姻家庭关系的规定，就构成实质意义上的婚姻家庭法。但这些法律法规都不具有婚姻家庭法的名称和形式，只是其中部分规定调整了婚姻家庭关系的一些实质内容。

二、婚姻家庭法的调整对象及其规范内容

(一)从婚姻家庭法调整对象的范围来看

婚姻家庭法既调整婚姻关系，又调整家庭关系；既包括婚姻家庭关系的发生、变更和终止的动态运动的全过程，又包括由该动态运动所形成的主体之间的权利和义务。婚姻关系因结婚而成立，又因一方死亡或离婚而终止。所以，关于结婚的条件和程序、夫妻间的权利和义务，关于离婚的处理原则、程序、条件以及离婚后财产分割和生活困难帮助等问题，都属于婚姻关系范围。家庭关系基于子女的出生、法律拟制等原因而发生，基于离婚、家庭成员死亡、拟制血亲关系解除等原因而消灭。因此，关于确认家庭成员之间的亲属身份，规定家庭成员之间的权利义务及其产生、变更和终止等方面的事项，均属于家庭关系的范围。

(二)从婚姻家庭法调整对象的性质来看

婚姻家庭法既有婚姻家庭方面的人身关系，又有婚姻家庭方面的财产关系。其中人身关系占主导地位，财产关系以人身关系为先决条件，居于从属依附地位。所以，婚姻家庭法在性质上应认定为身份法而非财产法；它所调整的对象是基于婚姻家庭而产生的人身关系以及与此相联系的财产关系。

(1)婚姻家庭中的人身关系，是存在于具有特定的亲属身份的主体之间，本身并无直接财产内容的一种社会关系。如配偶身份、亲子身份、祖孙身份、拟制血亲身份、姻亲身份，以及人格独立权、人身自由权、姓名权等，这些关系不直接体现经济内容。婚姻家庭法不仅对这些身份关系的形成、变更、消灭作出相应的确认性规范，而且对这种被确认的身份所规定相应

的人身上的权利义务加以调整，从而使这种自然的、伦理上的身份关系带有严格的法律属性。

（2）婚姻家庭中的财产关系，是以人身关系为前提，直接体现一定经济内容或者以一定的财产为媒介所形成的社会关系，涉及有关主体之间的物质利益。但这种财产关系是人身关系所引起的法律后果，它随人身关系的产生而产生，随人身关系的变更、消灭而变更、消灭。如亲属间的抚养、赡养和扶养关系，亲属间的继承关系，夫妻共同财产关系，家庭成员间的财产关系等，都是直接反映以财产为媒介的一种经济关系，但又与主体所具有的特点身份不可分割，所以它是一种附属于人身关系的财产关系。

三、婚姻家庭法的基本特点

婚姻家庭关系的自身属性决定了婚姻家庭法具有以下基本特点：

（一）适用范围的广泛性

婚姻家庭关系是一种最广泛、最普遍的社会关系。每个社会成员，既是婚姻家庭关系的产物，又是婚姻家庭关系的主体。无论人们是否自觉意识到，每个人从出生到死亡都一直处于两性、血缘的关系当中，受到婚姻家庭法的规范和调整，享受婚姻家庭法赋予的权利，承担婚姻家庭法规定的义务。

（二）调整对象身份的多重性

一个人在婚姻家庭中，一般都是以多重法律关系的主体身份出现的，同时处于多层次的权利义务关系当中，而且往往具有持久性。例如，一个人出生后，以子女身份与父母发生绝对的权利义务关系，与兄弟姐妹、（外）祖父母存在着附条件的权利义务关系；成年结婚后，与配偶发生夫妻关系；生育子女后，又与子女发生亲子间的权利义务关系。

（三）明显的伦理性

婚姻家庭法在本质上属于身份法，其调整的婚姻家庭关系既是一种身份关系，又是一种现实的伦理关系。一定意义上，婚姻家庭就是一种社会伦理实体，伦理道德与法律的一致性，在婚姻家庭法上反映得尤为突出。许多反映婚姻家庭关系的原则、规范，既是伦理道德的要求，也是法律的规定。因此，一方面，在婚姻家庭立法上，要注意充分反映伦理道德的要求，将某些社会推崇的道德准则转变为相应的法律规范；另一方面，在处理具体的婚姻家庭问题时，要注意既要坚持法律标准，也要坚持道德标准，充分发挥道德对法律的补充作用。

（四）鲜明的强制性

为有效地保护公民在婚姻家庭方面的合法权益和维护社会利益，婚姻家庭法中的规定大多是强制性规范。如当一定的法律事实如结婚、离婚、出生、死亡等发生后，便在主体之间产生一定的权利义务。这种法律后果是由法律预先指明、严格规定的，当事人不得自行改变或通过约定加以改变。缔结婚姻、成立收养不允许附加条件和期限；结婚、离婚、收养的成立和解除要符合法定的条件和程序。所以，婚姻家庭法的条文多用“必须”“应当”“禁止”等术语。当然，婚姻家庭法中也有一部分任意性规范，如关于夫妻财产的约定、离婚时关于子女抚养和财产分割的协议等。但是，处理这些问题也必须以婚姻家庭法的有关原则和规定为依据，当事人选择的余地不大。

第四节　婚姻家庭法的渊源和地位

一、婚姻家庭法的形式渊源

我国婚姻家庭法的渊源是指婚姻家庭法的各种表现形式。主要表现为：

（一）宪法

宪法是国家的根本大法，在我国法律体系中具有最高的法律效力和法律地位。宪法中有关婚姻家庭关系的规定，是我国全部婚姻家庭立法的根据和必须遵循的原则。一切调整婚姻家庭关系的规范性文件，均不得违反宪法的规定。

（二）法律

作为法律渊源的法律，是狭义意义上的法律，专指由全国人民代表大会及其常务委员会制定的规范性文件，其中又可以分为基本法和基本法以外的法律。

（1）在基本法律方面，刑法、诉讼法、行政法等部门基本法中，均有涉及婚姻家庭关系的相应规范，属于婚姻家庭法的渊源。

（2）在基本法以外的法律方面，《中华人民共和国妇女权益保障法》《中华人民共和国未成年人保护法》《中华人民共和国老年人权益保障法》等，均有若干涉及婚姻家庭关系的规定，它们也是我国婚姻家庭法的渊源。

（三）行政法规和国务院所属部门制定的有关规章

行政法规和行政规章，具有针对性、可操作性、具体性等特点，因此对于贯彻执行宪法、法律中有关婚姻家庭方面的规定，起着十分重要的作用。目前，这方面的规范性文件主要有：《中华人民共和国婚姻登记条例》《中国公民办理收养登记的若干规定》《关于外国人在中华人民共和国办理收养登记若干问题的通知》，以及国家计划生育委员会颁行的有关文件等。随着我国婚姻家庭法制建设的进一步完善，将有更多的此类规范性文件作为婚姻家庭法的渊源诞生。

（四）地方性法规和民族自治地方的有关规定

地方国家机关根据本行政区域内婚姻家庭的实际情况，以宪法、法律为依据，制定有关婚姻家庭的地方法规，发布具有一般性规范效力的决议、决定，是保证法律贯彻实施的重要措施。这方面的规定很多，内容涉及婚姻登记，保护妇女、儿童和老人合法权益，收养，计划生育，防治家庭暴力等，都是以全国性的婚姻家庭立法为依据的。民族自治地方制定的有关婚姻家庭方面的规范性文件，如贯彻执行婚姻法的变通或补充规定等，也是婚姻家庭法的渊源。地方性法规和民族自治地方的有关规定只在本行政区域内有效。

（五）最高人民法院的司法解释

最高人民法院所作的有关适用婚姻家庭法的司法解释，是人民法院长期审理有关案件经验的总结，是婚姻家庭法重要的法律渊源。这些司法解释包括历次全国民事审判工作会议文件中有关婚姻家庭法的司法解释，以及《最高人民法院关于适用〈中华人民共和国婚姻法〉

若干问题的解释（一）》（2001 年 12 月 24 日），《最高人民法院关于适用〈中华人民共和国婚姻法〉若干问题的解释（二）》（2003 年 12 月 25 日），《最高人民法院关于适用〈中华人民共和国婚姻法〉若干问题的解释（三）》（2011 年 8 月 9 日），《最高人民法院关于贯彻执行〈中华人民共和国继承法〉若干问题的意见》（1985 年 9 月 11 日），《最高人民法院关于人民法院审理离婚案件处理财产分割问题的若干具体意见》（1993 年 11 月 3 日），《最高人民法院关于人民法院审理离婚案件处理子女抚养问题的若干具体意见》（1993 年 11 月 3 日），《最高人民法院关于人民法院审理离婚案件如何认定夫妻感情确已破裂的若干具体意见》（1989 年 12 月 13 日）[①]，等等。

（六）我国缔结和参加的国际条约

根据《中华人民共和国民法典》的有关规定，处理涉外婚姻家庭关系可以适用我国缔结和参加的国际条约（在特定情况下还可以适用国际惯例）。如果我国参加和缔结的国际条约同我国民事法律有不同的规定，适用国际条约的规定，但我国法律声明保留的条款除外。因此，经我国批准生效和参加的有关婚姻家庭的国际条约也是婚姻家庭法的渊源。

二、婚姻家庭法的地位

我国社会主义法律体系是一个有机联系的整体，不同的法律部门之间既相互独立，又相互联系；既互相分工，又互相补充和配合。婚姻家庭法的地位，集中反映在它与其他法律、法规的关系方面。具体表现为：

（一）婚姻家庭法与宪法

宪法作为国家的根本大法，规定了我国的社会制度、国家制度、国家机构、公民的基本权利和义务等带有根本性的问题，具有最高的法律效力。宪法和婚姻家庭法的关系就是“母法”与“子法”的关系。我国宪法规定，妇女在政治的、经济的、文化的、社会的和家庭生活等各方面都享有同男子平等的权利，国家保护妇女的权利和利益，婚姻、家庭、母亲和儿童受国家的保护等，都体现了我国对待婚姻家庭问题的一贯政策，是婚姻家庭法的指导思想和运作方向，也是婚姻家庭法的基本根据和原则所在。婚姻家庭法根据这些原则来制定和操作，是宪法原则性规定的具体化和系统化。

（二）婚姻家庭法与民法

婚姻家庭法属于民法的组成部分。民法是我国民事活动的基本准则，婚姻家庭法与民法的关系是同一法律部门中的内部关系。这一关系集中体现在三个方面：

（1）民法中所确立的基本原则对民事活动具有统管性。虽然婚姻家庭关系具有自己的特殊性，专门确立了自己的基本原则，但是仍然需要遵行民法的共性原则；

（2）民法中的某些一般规定适用于婚姻家庭法领域。如公民的民事权利能力和行为能力、监护、宣告死亡和失踪、法定代理、财产所有权等规定对婚姻家庭法都有直接或间接的依据

① 以上列举的司法解释现已失效，失效依据为 2020 年 12 月 29 日发布的《最高人民法院关于废止部分司法解释及相关规范性文件的决定》。

和适用作用。

（3）民法中部分内容是专门针对婚姻家庭而规定的。如父母对未成年子女负有抚养、教育和保护的义务，父母是未成年子女的监护人，对胎儿利益的特殊保护，等等。

（三）婚姻家庭法与行政法

行政法是调整国家行政管理机关在实现其管理职能的过程中所发生的各种社会关系的法律规范的总和。婚姻家庭领域有许多方面与行政管理密切联系，因而要受到行政法的调整。如公民的结婚登记、离婚登记、收养登记等都属于行政登记管理的范围；公民因出生、死亡、婚姻、收养而发生的身份变化，要引起户籍、住所的变更，因而要进行户籍登记，接受户籍法的调整；违反婚姻家庭法尚未构成犯罪的行为，应依照有关行政法给予行政处罚；推行计划生育，需要借助相应的行政措施；等等。

（四）婚姻家庭法与刑法

刑法是规定有关犯罪和刑罚的法律，是维护社会秩序、保护公民合法权益的有力武器。公民在婚姻家庭方面的合法权益、国家确立的婚姻家庭秩序，既受婚姻家庭法的保护，也受到刑法的保护。如《中华人民共和国刑法》（下文简称《刑法》）第二编分则第二百五十七至二百六十二条对暴力干涉婚姻自由罪、重婚罪、破坏军人婚姻罪、虐待罪、遗弃罪、拐卖不满14周岁的未成年人脱离家庭或监护人罪等妨害婚姻家庭罪作了具体规定。刑法这种通过惩罚犯罪，维护社会主义婚姻家庭制度的作用是婚姻家庭法的强力后盾，也是其他法律所不能替代的必要强制手段。

第五节　我国婚姻家庭法的历史发展

一、中华人民共和国成立以前我国的婚姻家庭制度

（一）奴隶社会的婚姻家庭制度

当时调整婚姻家庭关系的规范为维护宗法等级制度的礼制，如“六礼”“家礼”“丧礼”“祭礼”等。

当时婚姻家庭制度有几个主要特征：婚姻家庭制度是宗法制度的一个组成部分；它形式上是一夫一妻制，实质上是等级化的一夫多妻制；民刑不分，用刑罚制裁违反婚姻家庭礼教的违法者。

（二）封建社会的婚姻家庭制度

我国封建社会的婚姻家庭制度从春秋战国时期开始，它继承和发展了奴隶社会的礼制，大大加强了封建主义的统治。

它的主要特点是包办婚姻，强调男尊女卑，一夫多妻，漠视子女的权益。

（三）半殖民地半封建社会的婚姻家庭立法

这一时期的婚姻家庭立法保留了大量的封建社会的法律内容，在一定程度上吸收借鉴了资本主义国家先进的立法技术和经验。国民政府 1930 年公布了《中华民国民法·亲属编》，

其中关于婚姻制度的规定，标志着我国婚姻家庭立法从封建法向近、现代法的过渡。

（四）革命根据地的婚姻立法

1. 中华苏维埃共和国的婚姻立法

1931 年的《中华苏维埃共和国宪法大纲》从法律上确立了男女平等、婚姻自由、保护妇女权益的基本原则。

1934 年的《中华苏维埃共和国婚姻法》是我国历史上第一部比较完整的婚姻法，是第一部代表劳动人民意志、保护妇女儿童的婚姻法。它的公布实施标志着我国婚姻家庭制度革命的开端。

2. 抗日战争和解放战争时期的婚姻立法

这一时期，各个根据地的民主政权先后颁布了一系列婚姻家庭方面的法规。例如《陕甘宁边区婚姻条例》《晋冀鲁豫边区婚姻暂行条例》《晋察冀边区婚姻条例》等。

各根据地婚姻条例与《中华苏维埃共和国婚姻法》一致，但更为完善，更具灵活性与时代性。这一阶段是我国婚姻立法发展史上的第一个重要阶段。

二、中华人民共和国的婚姻家庭立法

从 1949 年至今，根据主要婚姻法律规范的变化，我国的婚姻家庭法制建设大致可分为四个的阶段。第一阶段，1950 年中华人民共和国第一部《婚姻法》的颁布是婚姻家庭法制奠基时期。这部法从法律层面废除了封建主义的婚姻家庭制度，实行新民主主义的婚姻家庭制度，它以废旧立新为历史使命开创了社会主义婚姻家庭法制的先河，同时又体现了新民主主义婚姻家庭法向社会主义婚姻家庭法的过渡，具有双重性质。第二阶段，1980 年《婚姻法》在我国婚姻家庭法制建设史上具有拨乱反正和巩固、发展的作用。因为“文化大革命”的原因，我国的婚姻家庭法制建设一度停滞不前，过去已经消灭的一些恶习重新抬头，不断蔓延，1980 年《婚姻法》的实施正好对婚姻家庭领域起到了拨乱反正的重要作用。第三阶段，改革开放持续了十几年，国内发生了根本的变化，社会主义民主和法治有了长足发展。1980 年《婚姻法》以及其他相关法规的实施，特别是 2001 年对《婚姻法》的修改，加强了对婚姻家庭关系的法律调整，婚姻家庭法的规范体系基本形成。第四阶段，到 2020 年 5 月 28 日，十三届全国人大三次会议表决通过了《中华人民共和国民法典》，自 2021 年 1 月 1 日起施行，《婚姻法》同时废止。

（一）1950 年《婚姻法》

该法既是对中国人民在婚姻家庭领域里所进行的反封建斗争的经验的总结，又是为适应全国解放后改革婚姻家庭制度的实际需要而制定的，标志着我国婚姻家庭制度进入了一个新的阶段。它进一步摧毁了封建婚姻家庭制度，批判了婚姻家庭问题上的旧思想、旧风俗和旧习惯。该法第一条中明确规定，“废除包办婚姻，男尊女卑，漠视子女利益的封建主义的婚姻制度，实行男女婚姻自由，一夫一妻，男女权利平等，保护妇女和子女的合法权益的新民主主义的婚姻制度”，既指出了这部法律的基本任务，又确定了这部法律的基本原则；将矛头直指封建婚姻制度，从根本上禁止或废除了重婚、纳妾、童养媳、干涉寡妇婚姻自由和借婚姻关系问题索取财物等旧婚姻家庭制度下广泛存在于城市与农村中的现象。在保护妇女方面，

1950 年《婚姻法》也作了比较具体的规定，例如第二十四条规定："离婚时，原为夫妻共同生活所负担的债务，以共同生活时所得财产偿还；如无共同生活时所得财产或共同生活时所得财产不足清偿时，由男方清偿。男女一方单独所负的债务，由本人偿还。" 反对封建婚姻包办、买卖婚姻，反对男尊女卑，成为 1950 年《婚姻法》反对封建婚姻制度的主要内容。

该法具有十分显著的普遍性。毛泽东同志对这部法律予以极大地赞誉，他说："婚姻法是关系到千家万户、男女老少的切身利益，是普遍性仅次于宪法的根本大法之一。" 中华人民共和国成立初期，百废待兴，民主与法治建设刚起步，还没有宪法，只有具有临时宪法性质的《中国人民政治协商会议共同纲领》以及《中华人民共和国土地改革法》，1950 年《婚姻法》的颁布解决了广大人民群众的婚姻家庭问题，有利于社会主义初期经济、文化的恢复和发展。

为了保证婚姻家庭制度改革的顺利进行和保障第一部《婚姻法》的实施，1952 年 11 月和 1953 年 2 月，中共中央、政务院发布了贯彻《婚姻法》的重要文件，规定 1953 年 3 月为全国贯彻《婚姻法》运动月。通过深入的宣传运动，包办婚姻和买卖婚姻的数量明显减少，自主婚姻显著增多，取得了建国初期婚姻制度改革的极大成功。

20 世纪 50 年代初期到 60 年代中期，我国社会主义婚姻家庭制度初步建立起来，这不仅是我国婚姻家庭改革的重要丰碑，同时也标志着国际婚姻家庭立法的第三次进步。虽然在"文化大革命" 期间婚姻家庭制度改革出现曲折，但在党的十一届三中全会以后，法制建设开始逐渐恢复，我国婚姻家庭立法又进入了新的发展阶段。

初步建立的社会主义婚姻家庭制度也存在许多不足。1950 年《婚姻法》重婚姻关系轻家庭关系，没有涉及祖孙关系和兄弟姐妹关系；重人身关系轻财产关系，没有对夫妻共有财产的范围和权利的具体行使作出规定，有关的立法过于粗糙。为了解决 1950 年《婚姻法》实施中存在的问题，中央人民政府内务部、法制委员会、司法部和最高人民法院等有关机关和部门分别针对结婚、家庭关系、离婚、革命军人婚姻、民族婚姻、涉外婚姻等婚姻家庭的具体问题作出大量解答或批复、复函等，丰富了 1950 年《婚姻法》的内容，使 1950 年《婚姻法》的相关规定更加具体明确。

（二）1980 年《婚姻法》

1978 年改革开放以后，民主与法治日益受到重视，出台了一系列法律以维护当时的社会秩序，为了解决大量的遗留问题，保障公民的婚姻家庭权益，新中国的第二部《婚姻法》由此诞生。第二部《婚姻法》（下文称"1980 年《婚姻法》"）于 1980 年 9 月 10 日通过，1981 年 1 月 1 日实施，它是对 1950 年《婚姻法》的继承和发展，根据当时社会发展的新状况、新问题和司法实践修订，体现了新时期社会对婚姻家庭的要求。它的颁布巩固和发展了社会主义婚姻家庭制度、保障了公民婚姻家庭权益、促进了社会的稳定与进步。

1980 年《婚姻法》在体例结构上分为 5 章，共 37 条。第一章总则，是有关《婚姻法》的任务和原则的规定。第二章结婚，是有关婚姻成立的条件和程序的规定。第三章家庭关系，是有关夫妻、父母子女和其他近亲属的权利、义务的规定。第四章离婚，是有关离婚解除的程序和处理原则，以及离婚后子女抚养教育、财产和生活的规定。第五章附则，规定了有关执行与实施问题。1980 年《婚姻法》的进步性主要表现为以下几个方面：

（1）完善了《婚姻法》的基本原则。1980 年《婚姻法》在保留 1950 年《婚姻法》中婚姻自由、一夫一妻、男女平等保护妇女和子女合法权益等原则外，新增了两项基本原则，即计划生育原则和保护老人合法权益原则。为了保障有关原则的实施，还在总结实践经验的基础上增加了禁止买卖婚姻、禁止家庭成员间的虐待和遗弃的规定。

（2）修改了结婚的条件，在婚龄上进行了调整。将男 20 周岁、女 18 周岁的法定婚龄，提高到男 22 周岁、女 20 周岁。当时社会上对提高婚龄有三种意见。第一种，保留 1950 年《婚姻法》有关婚龄的规定，即男 20 周岁、女 18 周岁，认为这是尊重科学的体现，符合人类生育发展规律，同时能与大部分国外关于婚龄的规定保持一致。第二种，实行晚婚，将法定婚龄提高到男 25 周岁、女 23 周岁，认为这有利于控制人口，但遭到农民的坚决反对。第三种，适当提高法定婚龄，既不能和国际脱轨，又要符合中国国情，将男 20 周岁、女 18 周岁的法定婚龄，提高到男 22 周岁、女 20 周岁。适当提高法定婚龄可以合理控制中国人口的增长速度，更好地实行计划生育政策。

（3）扩大了家庭关系调整的范围。1950 年《婚姻法》只规定了夫妻间、父母子女间的权利和义务，1980 年《婚姻法》将祖孙和兄弟姐妹也纳入了调整范围，体现了对年幼和年老的弱者的特殊保护。例如第二十二条规定："有负担能力的祖父母、外祖父母，对于父母已经死亡的未成年的孙子女、外孙子女，有抚养的义务。有负担能力的孙子女、外孙子女，对于子女已经死亡的祖父母、外祖父母，有赡养的义务。"同时还增加了父母对未成年子女的管教、保护等规定。

（4）明确规定了离婚的法定条件。1980 年《婚姻法》第二十五条规定"男女一方要求离婚的，可由有关部门进行调解或直接向人民法院提出离婚诉讼。人民法院审理离婚案件，应当进行调解；如感情确已破裂，调解无效，应准予离婚。"在离婚的感情论与理由论多年的争论中，感情论最终取得胜利并被吸收到立法中。"双方感情确已破裂"成为确认准予离婚的法定条件，法律将感情因素看成婚姻存续的重要条件，司法上对离婚的态度由主和不主离，非因正当理由不能离婚向真正保障离婚自由转变。同时为了维护婚姻关系的相对稳定性，防止部分夫妻冲动离婚，对双方感情尚未达到确已破裂程度的，确立了诉讼离婚调解前置的规定。在离婚后的子女抚养、财产法分割、生活安排的等方面也对原规定作了一些修改。

（5）禁婚规定的修改。把 1950 年《婚姻法》中五代以内除兄弟姐妹外的其他旁系血亲是否通婚从习惯的规定，修改为禁止三代以内旁系血亲结婚。

（6）增加了登记结婚后，根据男女双方约定，可互为对方家庭成员的规定。

1980 年《婚姻法》颁行后，从 20 世纪 80 年代到 90 年代，我国的婚姻家庭立法又有了相当的发展。《中华人民共和国收养法》的颁行和修正，使作为婚姻家庭制度组成部分的收养制度有了比较完备的法律形式。《中华人民共和国民法通则》《中华人民共和国未成年人保护法》《中华人民共和国妇女权益保障法》《中华人民共和国老年人权益保障法》[①]等法律中，均有若干婚姻家庭法规范。《中华人民共和国继承法》中的某些规定，也与婚姻家庭法有关。在此期间，各地和有关部门以法律为依据颁行了许多涉及婚姻家庭事项的规范性文件，内容包括婚姻登记，收养登记，民族婚姻，涉外婚姻，涉侨、涉港澳台婚姻，保护妇女、儿童和老人权益等各个方面。最高人民法院对如何适用法律处理婚姻家庭案件等问题，先后作出大量的司法解释。一个以宪法为立法依据，以婚姻法为基本法，包括有关法律、法规、规章、司法解释的婚姻家庭法规范体系已经初步形成。

---

① 下文简称《民法通则》《未成年人保护法》《妇女权益保障法》《老年人权益保障法》。

（三）2001 年《婚姻法（修正案）》

改革开放二十多年来，我国社会生活和婚姻家庭生活发生了翻天覆地的变化。由于 1980 年《婚姻法》修法时间仓促，市场经济带来的副作用尚未在其中加以规定，婚姻家庭领域又出现了新的问题：传统的家庭分化，两代同居的核心家庭成为主要的家庭结构形式；家庭职能方式变迁，家庭的生产职能得到了一定程度的恢复；个人财产范围扩大，夫妻之间和家庭内部的财产关系日益复杂；家庭观念因受到西方价值观念的冲击，重婚纳妾、姘居婚外恋等现象挑战我国的一夫一妻制；家庭暴力案件呈上升趋势，因家庭不稳定损害妇女、儿童和老人合法权益的现象增多，影响社会安全和社会进步。因此全国人大组织公检法、工会、民政部等机关就是否需要修改《婚姻法》进行讨论，达成了一致意见，并在社会中进行广泛的调研，针对突出问题整合不同意见，对 1980 年《婚姻法》进了修订。

纵观修改 1980 年《婚姻法》的全过程，从 1995 年 10 月 30 日第八届全国人大常委会第十六次会议列入立法规划，到 2001 年 4 月底第九届全国人民代表大会第二十次会议通过《关于修改〈中华人民共和国婚姻法〉的决定》，历时五余年。其间，全国妇联面向社会进行了民意调查，倾听群众意见，因《婚姻法》涉及每一位公民的切身利益，全国人大还曾将《婚姻法修正草案》全文公布，提交全民讨论。这是我国法律界首次向全国征求意见，公民可以通过各种形式表达自己的观点与理解，立法日渐民主化，与时俱进、不断完善。需要明确，2001 年《婚姻法》不是一部独立的《婚姻法》而是在 1980 年《婚姻法》基础上修改形成的修正案。重申了 1980 年《婚姻法》中的基本原则，增加了新的原则和诸项重要内容。主要修改和增加的内容如下：

（1）增加规定禁止有配偶者与他人同居，禁止家庭暴力。修正后的《婚姻法》在总则中增加规定，禁止有配偶者与他人同居，并规定了相应的法律责任。有配偶者与他人同居导致离婚的，应当承担民事赔偿责任。

增加规定禁止家庭暴力。修正后的《婚姻法》具体规定了家庭暴力中受害人的权利、救助途径以及家庭暴力加害人的法律责任。对正在实施的家庭暴力，受害人有权提出请求，居民委员会、村民委员会以及其所在单位应当予以劝阻、调解；公安机关应当予以制止。对实施家庭暴力的家庭成员，受害人提出请求的，公安机关应当依照治安管理处罚的法律规定予以行政处罚。对实施家庭暴力构成犯罪的，依法追究刑事责任。受害人可以依照刑事诉讼法律的有关规定，向人民法院自诉；公安机关应当依法侦查，人民检察院应当依法提起公诉。实施家庭暴力导致离婚的，无过错方有权请求损害赔偿。

（2）增加了夫妻应当互相忠实，家庭成员应当互相帮助，维护家庭和睦、文明的倡导性规定。修正后的《婚姻法》明确规定夫妻应当互相忠实，互相尊重，倡导建立信任和平等的家庭成员关系。该法还增加规定家庭成员间应当敬老爱幼，互相帮助，维护平等和睦、文明的婚姻家庭关系。

（3）增设无效婚姻制度。修正后的《婚姻法》增加规定无效婚姻制度，具体将其分为无效婚姻和可撤销婚姻两类。无效婚姻为有下列情形之一的：① 重婚的；② 有禁止结婚的亲属关系的；③ 婚前患有医学上认为不应当结婚的疾病，婚后尚未治愈的；④ 未到法定婚龄的。当事人因胁迫结婚的，受胁迫一方可以向婚姻登记机关或人民法院请求撤销该婚姻。修正后的《婚姻法》还规定了无效婚姻和可撤销婚姻的法律后果。

（4）明确规定夫妻共同财产和个人财产的范围，完善夫妻约定财产制。修正后的《婚姻法》明确规定了夫妻在婚姻关系存续期间所得的财产如工资、奖金，生产、经营的收益，知识产权的收益，除《婚姻法》规定以外的继承或受赠所得的财产等，归夫妻共同所有。一方的婚前财产，一方因身体受到伤害获得的医疗费、残疾人生活补助费等费用，遗嘱或赠与合同中确定只归夫或妻方的财产，一方专用的生活用品，其他应当归一方的财产等，为夫妻一方的财产。修正后的《婚姻法》还对夫妻约定财产作出规定，夫妻可以约定婚姻关系存续期间所得的财产以及婚前财产归各自所有、共同所有或部分各自所有、部分共同所有。另外，修正后的《婚姻法》还规定了约定的形式及效力等。

（5）关注家庭成员中的弱势群体，进一步保障老年人的合法权益。修正后的《婚姻法》增补规定子女应当尊重父母的婚姻权利，不得干涉父母再婚以及婚后的生活。子女对父母的赡养义务，不因父母的婚姻关系变化而终止。有负担能力的孙子女、外孙子女，对于子女已经死亡或子女无力赡养的祖父母、外祖父母，有赡养的义务。对遗弃家庭成员的，受害人可以请求人民法院作出支付赡养费的判决；构成犯罪的，依法追究刑事责任。

（6）增设了法院判决离婚的列举性规定和离婚补偿原则、过错赔偿原则。修正后的《婚姻法》增补规定了准予离婚的具体情形：① 实施家庭暴力或虐待、遗弃家庭成员的；② 重婚或有配偶者与他人同居的；③ 有赌博、吸毒等恶习屡教不改的；④ 因感情不和分居满 2 年的；⑤ 其他导致夫妻感情破裂的情形。一方被宣告失踪，另一方提出离婚诉讼的，应准予离婚。

修正后的《婚姻法》明确规定了离婚时的补偿原则，夫妻书面约定婚姻关系存续期间所得的财产归各自所有，一方因抚育子女、照料老人、协助另一方工作等付出较多义务的，离婚时有权向另一方请求补偿，另一方应当予以补偿。修正后的《婚姻法》增设了离婚的过错方赔偿原则，因重婚，有配偶者与他人同居，实施家庭暴力，虐待、遗弃家庭成员等原因导致离婚的，无过错方有权请求损害赔偿。

修正后的《婚姻法》还规定：离婚时，一方隐藏、转移、变卖、毁损夫妻共同财产，或伪造债务企图侵占另一方财产的，分割夫妻共同财产时，对隐藏、转移、变卖、毁损夫妻共同财产或伪造债务的一方，可以不分或少分；离婚后，另一方发现有上述行为的，可以向人民法院提起诉讼，请求再次分割共同财产。

此外，修正后的《婚姻法》在结婚禁止条件、特殊主体提出离婚、离婚后父母的探望权以及法律责任等方面，均做了修改和补充规定，使得《婚姻法》具有可操作性，体现了法律的系统性和完整性。

（四）2020 年《民法典》婚姻家庭编

2020 年 5 月 28 日，我国通过了《中华人民共和国民法典》(下文简称《民法典》)，并将婚姻法整合进了第五编“婚姻家庭”,《民法典》对《婚姻法》做了较大的修改。在体例上，把第三章“家庭关系”分设两节，删掉了第五章“救助措施与法律责任”，增设第五章“收养”，把子女姓氏的条款调整到了人格权编，吸纳了部分司法解释中的规定到婚姻家庭编。在原则性条款方面，删掉了计划生育制度相关的原则性条款，增设了家风和收养等原则性条款，增设了亲属法中关于亲属的规定，删掉了“晚婚晚育应予鼓励”和“禁止溺婴、弃婴和其他残害婴儿的行为”，增设了夫妻双方对于子女平等的抚养、教育和保护的权利义务条款。同时也增设了许多制度条款，如“婚前隐瞒重大疾病的可撤销婚姻情形”和“协议离婚冷静期制度”等。在词语的运用上也尽量做到了符合实际，如将夫妻财产约定条款中的“夫妻”改为“男女双方”和将子女履行赡养义务条件中的父母“无劳动能力”修改为“缺乏劳动能力”。[①]

《民法典》婚姻家庭编与1980年《婚姻法》相比主要修改和增加的内容如下[②]：

（1）撤销受胁迫婚姻的起算点。1980年《婚姻法》规定受胁迫方要求撤销婚姻的时间起算点为“自结婚登记之日起”，而《民法典》中则把起算点修改为“自胁迫行为终止之日起”，大大地延后了撤销时间的起算点。《民法典》第一千零五十二条规定：“因胁迫结婚的，受胁迫的一方可以向人民法院请求撤销婚姻。请求撤销婚姻的，应当自胁迫行为终止之日起一年内提出。”“被非法限制人身自由的当事人请求撤销婚姻的，应当自恢复人身自由之日起一年内提出。”

（2）重病禁止结婚条款改为隐瞒重病的可撤销。1980年《婚姻法》规定“患有医学上认为不应当结婚的疾病”属禁止结婚的情形。《民法典》删除了“患有医学上认为不应当结婚的疾病”的条款，将其修改为“一方患有重大疾病的，应当在结婚登记前如实告知另一方；不如实告知的，另一方可以向人民法院请求撤销婚姻”。在撤销的时间方面规定“请求撤销婚姻的，应当自知道或者应当知道撤销事由之日起一年内提出”。

（3）新增婚姻无效或被撤销时，无过错方请求损害赔偿的条款。《民法典》第一千零五十四条第二款规定：“婚姻无效或者被撤销的，无过错方有权请求损害赔偿。”

（4）进一步明确了夫妻共同债务的范围。1980年《婚姻法》没有对“夫妻共同债务的范围”作出规定。2018年发布的《最高人民法院关于审理涉及夫妻债务纠纷案件适用法律有关问题的解释》中对夫妻共同债务做了明确具体的规定：“第一条　夫妻双方共同签字或者夫妻一方事后追认等共同意思表示所负的债务，应当认定为夫妻共同债务。第二条　夫妻一方在婚姻关系存续期间以个人名义为家庭日常生活需要所负的债务，债权人以属于夫妻共同债务为由主张权利的，人民法院应予支持。第三条　夫妻一方在婚姻关系存续期间以个人名义超出家庭日常生活需要所负的债务，债权人以属于夫妻共同债务为由主张权利的，人民法院不予支持，但债权人能够证明该债务用于夫妻共同生活、共同生产经营或者基于夫妻双方共同意思表示的除外。”《民法典》吸收了2018年司法解释的规定，明确了“夫妻共同债务的范围”，第一千零六十四条规定：“夫妻双方共同签名或者夫妻一方事后追认等共同意思表示所负的债务，以及夫妻一方在婚姻关系存续期间以个人名义为家庭日常生活需要所负的债务，属于夫妻共同债务。夫妻一方在婚姻关系存续期间以个人名义超出家庭日常生活需要所负的债务，不属于夫妻共同债务；但是，债权人能够证明该债务用于夫妻共同生活、共同生产经营或者基于夫妻双方共同意思表示的除外。”

（5）新增“离婚冷静期”制度。1980年《婚姻法》中的协议离婚可以直接办理离婚登记，《民法典》第一千零七十七条中规定：“自婚姻登记机关收到离婚登记申请之日起三十日内，任何一方不愿意离婚的，可以向婚姻登记机关撤回离婚登记申请。前款规定期间届满后三十日内，双方应当亲自到婚姻登记机关申请发给离婚证；未申请的，视为撤回离婚登记申请。”

---

① 杨立新．对修订民法典婚姻家庭编30个问题的立法建议[J]．财经法学，2017（6）：5-24.

② 冉克平．论《民法典婚姻家庭编（草案）》的体系、内容及其完善[J]．武汉大学学报（哲学社会科学版），2019（6）：149-158.

但离婚冷静期仅对登记离婚做限制，暂时未对诉讼离婚做限制。

（6）为解决“久调不判”的问题新增应当判决离婚的情况。在以 1980 年《婚姻法》为依据的司法实践中，有些当事人起诉离婚多次仍被判决不准离婚。《民法典》第一千零七十九条中规定：“经人民法院判决不准离婚后，双方又分居满一年，一方再次提起离婚诉讼的，应当准予离婚。”

（7）离婚后子女抚养的条款更有可操作性。1980 年《婚姻法》规定“哺乳期内的子女，以随哺乳的母亲抚养为原则”。《民法典》第一千零八十四条规定：“离婚后，不满两周岁的子女，以由母亲直接抚养为原则。已满两周岁的子女，父母双方对抚养问题协议不成的，由人民法院根据双方的具体情况，按照最有利于未成年子女的原则判决。子女已满八周岁的，应当尊重其真实意愿。”

（8）将法定共同财产制也纳入离婚经济补偿的范围，体现了对家庭主妇的保护。1980 年《婚姻法》规定主张离婚补偿，需证明夫妻实行“婚内财产分别所有制”，导致很多“家庭主妇”或其他对家庭付出较多的人离婚时没法主张离婚经济补偿。《民法典》删除“婚内财产分别所有制”的前提条件，规定夫妻采用“法定共同财产制”的，也纳入适用“离婚经济补偿”的范围，加强了对家庭负担较多义务一方权益的保护。《民法典》第一千零八十八条规定“夫妻一方因抚育子女、照料老年人、协助另一方工作等负担较多义务的，离婚时有权向另一方请求补偿，另一方应当给予补偿。具体办法由双方协议；协议不成的，由人民法院判决。”

（9）离婚损害赔偿条款新增“有其他重大过错”的兜底性规定。1980 年《婚姻法》规定主张离婚损害赔偿，仅限“重婚、与他人同居、家庭暴力、虐待遗弃家庭成员”，导致出轨、与他人非婚生子等情况无法主张离婚损害赔偿。《民法典》第一千零九十一条规定：“有下列情形之一，导致离婚的，无过错方有权请求损害赔偿：（一）重婚；（二）与他人同居；（三）实施家庭暴力；（四）虐待、遗弃家庭成员；（五）有其他重大过错。”这就将裁量权交给法院个案认定，以往得不到赔偿的出轨、与他人非婚生子等过错，有望得到法院认定。

（10）新增婚内财产分割条款。1980 年《婚姻法》规定“分割共同财产，须离婚”。《民法典》第一千零六十六条规定：“婚姻关系存续期间，有下列情形之一的，夫妻一方可以向人民法院请求分割共同财产：（一）一方有隐藏、转移、变卖、毁损、挥霍夫妻共同财产或者伪造夫妻共同债务等严重损害夫妻共同财产利益的行为；（二）一方负有法定扶养义务的人患重大疾病需要医治，另一方不同意支付相关医疗费用。”分割共同财产，可以不离婚，满足特定情况即可。

三、我国继承制度的发展演变

（一）我国古代社会的继承制度

中国古代继承制度主要包括身份继承和财产继承两方面。我国历史上最早的继承法确立于夏商时期。《史记·县本记》详细排列了夏氏家族的血缘世系，这表明了夏代王位继承制的大概情形。商初，王位继承是兄终弟及与父死子继并行，但以弟及为主，即兄死后，其王位由弟继承，无弟继者才传子。商朝末期，又逐渐实行了嫡长子继承制。据《史记·殷本记》记载：“帝乙长子为微子启，启母贱，不得嗣。少子辛，辛母正后，故立辛为嗣。”自此之后，嫡长子继承制为历代封建王朝所沿用。在财产继承方面，历朝历代实行诸子均分财产，并对不均分财产的情形以刑罚的手段来保障实现，也可由此窥见中国古代法律“民刑不分，诸法合体”的现象。

古代社会继承制度的主要特点：① 以身份继承为主，身份与财产继承并存；② 单一继承与共同继承并存；③ 否认男女平等；④ 土地为继承权的主要客体；⑤ 以法定继承为主。

（二）我国近代社会的继承制度

1911 年起草的《大清民律草案》中的继承编由于清王朝的覆灭没有得到施行。1925 年北洋政府主持的继承法草案一改过去历朝政府不允许异姓入继的规定，一定程度上动摇了封建血统主义观念的统治，但该草案宗祧继承色彩仍旧浓厚。1928 年南京国民政府主持编纂的《中华民国民法·继承编》是中国历史上第一部颁布实施的财产继承法律，它既吸收了外国先进法制理论，又注重与中国传统习俗的结合，促进了中国财产继承法制由传统向近代化的转变，是当时中国财产继承法律的集大成者。

近代继承制度的主要特点：① 仅实行财产继承；② 实行共同继承；③ 继承权存在着事实上的不平等；④ 遗嘱继承普遍适用；⑤ 重视遗产集中。

（三）新中国的继承立法

现代民法上的继承，特指财产继承，是指将自然人死亡后遗留的个人合法财产依照死者所立遗嘱的指定或根据法律的规定转归有权取得该项财产的人所有的法律制度。继承人的范围仅限于被继承人的近亲属。继承人依照法律的直接规定或被继承人的有效遗嘱，无偿取得其死亡近亲属遗留的个人合法财产。

1950 年 5 月 1 日施行的《中华人民共和国婚姻法》规定了家庭成员之间的财产继承权受法律保护。1985 年 4 月 10 日《中华人民共和国继承法》（下文简称《继承法》）正式颁布，这是一项以保护公民继承权为宗旨的重要民事法律。该法包括总则、法定继承、遗嘱继承和遗赠、遗产的处理、附则，共五章三十七条，自 1985 年 10 月 1 日起施行。遗产是公民死亡时遗留的个人合法财产，包括：公民的收入，公民的房屋、储蓄和生活用品，公民的林木、牲畜和家禽，公民的文物、图书资料，法律允许公民所有的生产资料，公民的著作权、专利权中的财产权利，公民的其他合法财产。个人承包应得的个人收益，依照《继承法》规定继承。个人承包，依照法律允许由继承人继续承包的，按照承包合同办理。《继承法》还对妇女的继承权、扶养老幼、法定继承人和继承顺序、遗产处理、少数民族的继承问题、涉外继承等作了明确规定。2020 年 5 月 28 日，十三届全国人大三次会议表决通过了《民法典》，继承法律制度编为第六编，得到进一步的完善和发展。《民法典》自 2021 年 1 月 1 日起施行，《继承法》同时废止。

四、我国收养制度的历史沿革

我国的收养制度历史悠久，据有史可考，夏朝就有了收养的事例。中国古代社会的收养，主要是出于立嗣的考虑。传统礼教非常注重立嗣，无子者，往往须立他人之子为“嗣子”，以传宗继祀。这就决定了其收养对象主要是以男性为主。此外，传统礼教在收养关系方面也一直遵循着“异姓不养”的原则，该原则在历代王朝的立法实践中被普遍采用。但是对于立嗣以外的收养关系，中国传统社会的法律也不是完全禁止的，这主要是基于儒家的仁本思想，出于人道主义的考虑。

收养是一种重要的民事法律行为，涉及对未成年人的抚养教育、对老年人的赡养扶助和财产继承等一系列民事关系。1982 年我国司法部根据婚姻法和户籍管理、计划生育等法律政策，制定了《办理收养子女公证试行办法》。但该办法是办理收养公证的行政规章，对收养的条件、效力、程序等重要法律问题无法做出规定。1991 年 12 月 29 日，第七届全国人大常委会第二十三次会议审议通过了《中华人民共和国收养法》（下文简称《收养法》）。该法包括总则、收养关系的成立、收养的效力、收养关系的解除、法律责任、附则，共六章三十三条，自 1992 年 4 月 1 日起施行。《收养法》规定，下列不满十四周岁的未成年人可以被收养：丧失父母的孤儿；查找不到生父母的弃婴和儿童；生父母有特殊困难无力抚养的子女。而收养人应当同时具备下列条件：无子女；有抚养教育被收养人的能力；年满三十五周岁。1998 年 11 月 4 日，九届全国人大常委会第五次会议审议通过了《关于修改〈中华人民共和国收养法〉的决定》，自 1999 年 4 月 1 日起施行。这次修订，主要涉及两个方面的内容：一是适当放宽收养条件。放宽收养社会福利机构抚养的查找不到生父母的儿童的条件、降低收养人的年龄下限、增加允许有条件地收养十四周岁以上的被收养人的规定。二是进一步完善收养程序。收养关系统一由民政部门登记成立，相应地完善涉外收养的规定。2020 年 5 月 28 日，十三届全国人大三次会议表决通过了《民法典》，自 2021 年 1 月 1 日起施行，《收养法》同时废止。

典型案例

夫妻双方婚前知道一方患有医学上认为不应当结婚的情形，婚后能否以对方患有重大疾病为由主张婚姻无效或可撤销？[①]

严某一于 2009 年 4 月经福建省武平县残疾人联合会认定为智力残疾三级。钟某于 2011 年 8 月经福建省武平县残疾人联合会认定为智力残疾二级。严某一、钟某及双方父母都知道二人的病情。2012 年 3 月 24 日，严某一的母亲与钟某的母亲陪同严某一和钟某前往武平县妇幼保健院进行婚前医学检查，经检查，未发现严某一存在医学上不宜结婚的情形。同日，严某一的母亲与钟某的母亲陪同严某一和钟某前往武平县民政局婚姻登记处办理结婚登记。婚后，钟某于 2013 年 5 月 12 日生育一男孩，取名严某二。严某二于 2017 年 12 月 22 日经福建省武平县残疾人联合会认定为智力残疾二级。2018 年 6 月起，钟某的父母将其接回娘家居住，严某一和钟某分居至今。严某一主张与钟某离婚。

本案的焦点是：严某一婚前知道钟某患有医学上认为不应当结婚的疾病，婚后能否以对方患有重大疾病为由主张婚姻无效或可撤销？婚姻无效或者被撤销，恶意当事人要不要对善意当事人的损害承担赔偿责任？

案例分析：1980《婚姻法》第十条规定了婚前患有医学上认为不应当结婚的疾病即重大疾病的人结婚，婚后尚未治愈的，婚姻关系为无效。《民法典》改变了以往的规定方式，不强行禁止患有重大疾病的人结婚，而是将结婚与否的权利交给患病的当事人和要与其结婚的当

---

① 杨立新. 中华人民共和国民法典释义与案例评注（婚姻家庭编）[M]. 北京：中国法制出版社，2020：81-86.

事人，这有利于保障患有重大疾病的自然人结婚的权利，体现了婚姻自由原则。但是，为了防止患有重大疾病的一方故意隐瞒自己的病情，不告知另一方，给另一方造成身体和精神上的损害，《民法典》规定了另一方若婚前未被如实告知时，可以向人民法院请求撤销该婚姻。换言之，一方在婚前未如实告知另一方自己的病情的，另一方享有撤销该婚姻的权利，从而保护了另一方的合法权利。但是，行使撤销权有除斥期间，未被告知病情的一方当事人应当自知道或者应当知道撤销事由之日起 1 年内提出，如果过了该期限，法律就视为其愿意接受该婚姻关系，放弃撤销婚姻的权利，当事人就无权再提出撤销婚姻的请求，但是，当事人仍可以通过离婚的方式，结束该婚姻关系。若本案发生在《民法典》生效后，严某一和钟某及双方父母事先都知道二人患有智力残疾三级、二级病情的情况下，双方仍选择进行结婚登记。显然，双方在结婚过程中，不存在互相隐瞒病情的情形，故严某一和钟某均无权请求法院撤销该婚姻或判决该婚姻无效。

《民法典》第一千零五十四条规定："无效的或者被撤销的婚姻自始没有法律约束力，当事人不具有夫妻的权利和义务。同居期间所得的财产，由当事人协议处理；协议不成的，由人民法院根据照顾无过错方的原则判决。对重婚导致的无效婚姻的财产处理，不得侵害合法婚姻当事人的财产权益。当事人所生的子女，适用本法关于父母子女的规定。"根据成立无效婚姻或者可撤销婚姻时当事人的主观状况，应当把当事人分为善意当事人和恶意当事人两种。例如，抢婚的一方当事人即为恶意当事人，被抢的一方当事人即为善意当事人。对于善意当事人因无效婚姻或者可撤销婚姻被宣告无效或者被撤销，造成财产损失和精神损害的，恶意当事人应当承担赔偿责任。可以借鉴的是，《瑞士民法典》第一百三十四条规定婚姻无效对配偶人产生的后果："1. 婚姻被宣告无效的，其善意结婚的妻子保留其因婚姻而取得的身份，但可恢复使用其婚前的姓名。2. 配偶在财产权上的纠纷，以及配偶请求损害赔偿、扶养费或抚慰金等的权利，准用离婚的有关规定。"

思考题

1. 简述我国 1980 年制定的《婚姻法》的特点。
2. 如何理解婚姻家庭法与民法的关系？

第二章 婚姻家庭法的基本原则

【内容提要】

婚姻家庭法的基本原则，既是婚姻家庭法的立法指导思想，也是婚姻家庭法的基本精神，还是婚姻家庭法操作、运行的基本准则。它贯穿婚姻家庭法的始终，集中体现了以婚姻家庭法为主导内容的婚姻家庭制度的本质和特点。我国婚姻家庭法的基本原则有国家保护原则、婚姻自由原则、一夫一妻原则、男女平等原则、保护弱势原则和和谐家庭原则。

【理论框架】

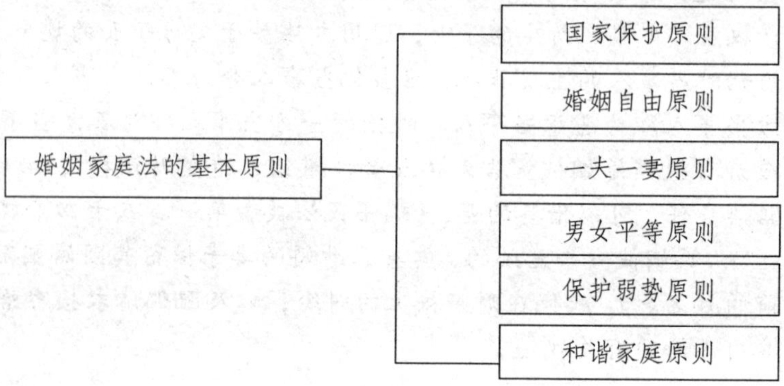

第一节 国家保护原则

一、国家保护原则的概念

国家保护原则即国家保护婚姻、家庭、母亲和儿童。《中华人民共和国宪法》(下文简称《宪法》)第四十九条第一款明确规定“婚姻、家庭、母亲和儿童受国家的保护”。该原则是《民法典》在婚姻家庭规定方面新增的一项原则，且放在《民法典》第一千零四十一条基本原则的第一款，可见国家保护婚姻家庭的态度和坚定立场。

二、国家保护原则的要求

国家保护原则虽然是新增的原则，但在其被正式写入《民法典》婚姻家庭编之前国家并非对婚姻家庭不予保护，写入法典之中是为更重视，是为加强保护。国家保护婚姻家庭包含以下要求：

第一，国家保护婚姻家庭，意味着国家和社会各方面应尽可能地保证每个合乎结婚条件的公民的结婚权、生育权、维持婚姻家庭生活的权利得以全面实现，保护每个合法的婚姻家庭能够正常发挥其各种功能。国家各项规章制度如安居工程、居民最低生活保障制度、计划生育、一夫一妻以及个人所得税中的专项扣除规定等都体现了对婚姻家庭的保护。

第二，国家保护原则不仅表明国家必须承担相应的义务和责任，也是赋予国家的一种权力。国家保护既要尊重公民的婚姻家庭，给私生活领域留下自治空间，又须在法律允许的范围对婚姻家庭进行合理的干预干涉。

第三，国家保护原则要求对妨碍公民正当行使婚姻家庭权利或有可能侵害他人此项权利的行为都必须给予否定。例如为预防和制止家庭暴力，专门制定了《中华人民共和国反家庭暴力法》。

第二节　婚姻自由原则

一、婚姻自由原则的概念

婚姻自由，是指公民有权按照法律的规定，完全自愿地决定自己的婚姻问题，不受任何人的强制和干涉。《宪法》第四十九条规定“禁止破坏婚姻自由”,《民法典》第一千零四十一条和第一千零四十二条分别规定“实行婚姻自由”和“禁止包办、买卖婚姻和其他干涉婚姻自由的行为”。根据这些规定，公民的婚姻自由受到法律的保护，婚姻自由原则是婚姻家庭法的核心基本原则，是我国婚姻家庭制度的重要基石。

二、婚姻自由的内容

婚姻自由包括结婚自由和离婚自由两个方面。

（一）结婚自由

结婚自由主要包括两个方面的内容：第一，结婚必须男女双方完全自愿且意思表示真实，不容许任何一方对另一方进行强迫、欺骗、乘人之危或任何第三者加以包办和非法干涉；第二，结婚必须符合法律规定的条件和程序。缔结婚姻不只是当事人双方的私事，同时也涉及他人和社会的利益。所以，不仅当事人要对结婚表示完全自愿和真实的态度，还要符合法律规定的结婚条件和程序。

（二）离婚自由

离婚自由也有两个方面的内容：第一，夫妻双方都有作出离婚决定、达成离婚协议的权利，即在夫妻感情确已破裂、婚姻关系无法继续维持下去的情况下，夫妻任何一方都有提出离婚的权利；第二，离婚同结婚一样，必须符合法定的条件，履行法定的程序，承担相应的法律后果。婚姻家庭法对离婚的条件、程序、离婚后子女的抚养和教育等问题，都做了明确的规定，这些规定既是对离婚自由的保障，又是对行使离婚自由权利的约束。

作为婚姻自由的两个方面，结婚自由是建立婚姻关系的自由，离婚自由是解除婚姻关系的自由；结婚自由是实现婚姻自由的先决条件，离婚自由是结婚自由的必要补充。婚姻自由不是绝对的、毫无限制的。婚姻家庭法规定的结婚的条件和程序、离婚的程序和处理原则，都说明婚姻自由是有一定范围和限度的。任何人行使婚姻家庭中的权利时，不得滥用权利，也不得因此损害他人的合法权益和社会的公共利益。

三、婚姻自由的禁止行为

我国《民法典》第一千零四十二条规定："禁止包办、买卖婚姻和其他干涉婚姻自由的行为。禁止借婚姻索取财物。"这是对法律所禁止的违反婚姻自由原则的行为的规定，是从另一个侧面对婚姻自由原则的必要补充，也是婚姻自由的内在要求。

（一）禁止包办、买卖婚姻和其他干涉婚姻自由的行为

包办婚姻是指婚姻关系以外的第三人（包括父母）违反婚姻自由原则，在完全违背婚姻当事人意愿的情况下，强迫其缔结的婚姻。买卖婚姻是指婚姻关系以外的人（包括父母）以索取大量财物为目的，包办、强迫他人缔结的婚姻。其他干涉婚姻自由的行为是指除包办、买卖婚姻以外的违反婚姻自由原则，阻挠、干涉他人行使婚姻自由权利的行为。如子女干涉父母再婚、干涉寡妇再婚、干涉和反对男方到女方家落户、干涉非近亲的同姓结婚、阻碍或胁迫他人离婚等。

（二）禁止借婚姻索取财物

借婚姻索取财物主要是指婚姻当事人一方向对方索要一定的财物，以此作为结婚条件的违法行为。索取财物的主体一般是婚姻当事人一方，有时也会发生第三人（如女方父母）索取财物，而男女双方对结婚基本是自主自愿的情况。这种婚姻关系在性质上违背了社会主义婚姻的基本要求，违反了婚姻自由原则，属于违法行为，婚姻家庭法是予以禁止的。

第三节　一夫一妻原则

一、实施一夫一妻的必然性

首先，人类社会的婚姻结构从杂乱的两性关系经过群婚制、对偶婚制，最后进入到一夫一妻制，这是必然的普遍规律。

其次，一夫一妻制符合婚姻的本质。恩格斯曾经指出："既然性爱按其本性来说就是排他的，……那么，以性爱为基础的婚姻，按其本性来说就是个体婚姻。"[①]只有实行一夫一妻制才能给夫妻感情专一、持久创造条件；才能使男女双方齐心协力，共同抚育子女，建设家庭，承担对社会应尽的责任和义务。

复次，一夫一妻制反映了男女性别比例的自然要求。人类社会除战争、瘟疫或其他人为的原因外，男女两性在绝大多数时候的自然增长和自然死亡的运行中，其比例基本上都是正常、平衡的。这从客观上限制了一夫多妻或一妻多夫，提出了实行一夫一妻的自然要求。

再次，从形式上看，一夫一妻制已成为当今世界各国普遍实行的婚姻原则。恩格斯曾经指出："我们现在正在走向一种社会变革，那时，一夫一妻制的迄今存在的经济基础，以及它

---

① 中共中央马克思恩格斯列宁斯大林著作编译局. 马克思恩格斯选集：第 4 卷[M]. 北京：人民出版社，1995：95.

的补充物即卖淫的基础，不可避免地都要消失。”“随着生产资料转归社会所有，……一夫一妻不仅不会终止其存在，而且最后对于男子也将成为现实。”[①]

最后，一夫一妻制既是男女平等的要求，又是实现男女平等的保障，对提高妇女的社会地位、家庭地位，保护妇女合法权益具有重要的现实意义。

此外，一夫一妻制还有利于婚姻的稳定和婚姻质量的提高，有利于家庭的和睦、团结、稳固和家庭职能的实现，有利于子女的健康成长。

二、一夫一妻原则的概念

一夫一妻制是指一男一女结为夫妻互为配偶的婚姻形式。其基本内涵包括：① 任何人都不得同时有两个或两个以上的配偶；② 已婚者在其配偶死亡或离婚前不得再行结婚，未婚男女不得同时与两个或两个以上的人结婚；③ 一切公开的、隐蔽的一夫多妻、一妻多夫都是非法的，受到法律的禁止和取缔；④ 违反一夫一妻制，情节轻微的要予以批评教育或行政处分，情节严重的应给予行政处罚，情节严重构成犯罪的要受到刑罚制裁。

三、一夫一妻的禁止行为

我国《民法典》第一千零四十二条规定：“禁止重婚。禁止有配偶者与他人同居。”禁止行为是从另一角度规定的，是法律规定违反一夫一妻原则的行为，是一夫一妻制度的内在要求，也是对一夫一妻原则的重要法律补充。

（一）禁止重婚

重婚是指有配偶者又与他人结婚的违法行为。重婚有两种形式：一是法律上的重婚，即有配偶的人又与他人登记结婚；二是事实上的重婚，即有配偶的人与他人虽未办理结婚登记，但公开以夫妻名义同居生活的。无论是法律上的重婚，还是事实上的重婚，都是违反一夫一妻制的严重违法行为，必须给予严肃处理和坚决取缔。

根据我国的有关法律和政策，重婚将导致下列法律后果：

（1）民事责任。重婚不具有法律效力；重婚是认定夫妻感情确已破裂，法院准予离婚的法定情形之一；在离婚时，重婚是无过错方要求过错方给予损害赔偿的法定理由之一。

（2）刑事责任。我国《刑法》第二百五十八条规定：“有配偶而重婚的，或者明知他人有配偶而与之结婚的，处二年以下有期徒刑或者拘役。”《刑法》第二百五十九条规定：“明知是现役军人的配偶而与之同居或者结婚的，处三年以下有期徒刑或者拘役。”

对于没有重婚故意的无配偶者，仅产生婚姻无效的民事后果，并不产生重婚罪的刑事后果。

（二）禁止有配偶者与他人同居

根据《最高人民法院关于适用〈中华人民共和国民法典〉婚姻家庭编的解释（一）》（下文简称《婚姻家庭编解释（一）》）第二条，所谓“有配偶者与他人同居的情形”，是指有配偶者与婚外异性，不以夫妻名义，持续、稳定地共同居住。婚外同居的双方虽然共同生活，但同居的双方对外不以夫妻名义，也无永久共同生活的目的。可见，婚外同居与重婚是不同的。

---

① 中共中央马克思恩格斯列宁斯大林著作编译局. 马克思恩格斯选集：第 4 卷[M]. 北京：人民出版社，1995：88-89.

一般来说，婚外同居不构成犯罪（和现役军人的配偶姘居或长期通奸并造成严重后果的除外），而故意重婚则构成犯罪。

有配偶者与他人同居将导致下列法律后果：

（1）当夫妻一方有重婚或有与他人婚外同居的行为，另一方诉请离婚时，调解无效的，可视为感情确已破裂，应准予离婚。

（2）因一方重婚或与他人婚外同居而导致离婚的，无过错的另一方有权请求损害赔偿。

《婚姻家庭编解释（一）》第三条指出：当事人起诉请求解除同居关系的，人民法院不予受理。但当事人请求解除同居关系，属于婚姻法规定的“有配偶者与他人同居”的，人民法院应当受理并依法予以解除。当事人因同居期间财产分割或子女抚养纠纷提起诉讼的，人民法院应当受理。

第四节　男女平等原则

一、男女平等原则的内涵

我国《宪法》第四十八条第一款规定：“中华人民共和国妇女在政治的、经济的、文化的、社会的和家庭的生活等各方面享有同男子平等的权利。”婚姻法中的男女平等原则，是宪法中男女平等原则的具体体现，是平等原则在婚姻家庭方面的落实，也是公平正义理念的要求。男女平等原则是指男女两性在婚姻家庭生活的各个方面都享有平等的权利，承担平等的义务。

二、男女平等原则的要求

（一）人身关系平等

人身关系平等具体表现为：

（1）在婚姻关系方面，按照《民法典》婚姻家庭编的有关规定，男女在结婚、离婚的条件、程序以及其相应的权利、责任和义务上，完全平等。如男女双方都有同等的结婚自由和离婚自由；夫妻双方都有各自使用自己姓名的权利；夫妻双方都有参加生产、工作、学习和社会活动的自由，一方不得对他方加以限制或干涉；夫妻双方都有实行计划生育的义务；男女双方都有相互继承遗产的权利；男女双方互负忠诚义务；等等。

（2）在父母子女关系方面，婚姻家庭法关于父母子女间的权利义务的规定对不同性别的家庭成员平等适用。如子女可以随父姓，可以随母姓；父或母都有抚养教育子女的义务，又有受子女赡养的权利；父母离婚后，未成年子女可以由母方抚养，也可以由父方抚养，抚养费由双方合理分担；父母子女都有相互继承遗产的权利；等等。

（3）在其他家庭成员关系方面，祖父母和孙子女、外祖父母和外孙子女之间、兄弟姐妹之间，法律地位是完全平等的。

（二）财产关系平等

财产关系平等具体体现在：

（1）夫妻双方对共同财产有平等的权利。《民法典》婚姻家庭编中明确规定“夫妻对共同所有的财产，有平等的处理权”。可见对于共同财产男女双方平等地占有、使用、管理、收益和处分，不因各自工作收入而有差别。

（2）夫妻双方对共同债务共同承担，个人债务个人承担。根据《民法典》有关婚姻家庭的规定以及相关法律解释，夫妻双方为满足共同生活所需而对外所负债务双方共同平等承担，若是各自利益所需一般则各自承担。

第五节　保护弱势原则

基于人权保障、社会秩序稳定和综合国力大幅度提高的现实，在婚姻家庭法中保护弱势是一项基本原则，也是社会的重要任务。在婚姻家庭法中弱势主要是指妇女、未成年人、老年人、残疾人，对这些群体合法权益的维护和保护才能真正实现平等。

一、保护妇女、未成年人、老年人、残疾人的具体内容

（一）保护妇女的合法权益

保护妇女的合法权益作为婚姻家庭法的基本原则，在我国有其特殊意义。首先，有利于消灭我国几千年的封建社会形成的男尊女卑、歧视妇女的封建文化残余影响，有利于提高妇女婚姻家庭地位；其次，男女两性存在与生俱来的差别，女性基于其生理、体质、心理等方面的特殊性，作为母亲在怀孕、分娩、哺育子女中起着不可替代的作用，社会理应给予充分的承认和必要的照顾；再次，社会分工造就了男女家庭角色的不同，妇女在实现人口再生产、从事子女抚养教育和组织家庭生活中的角色价值，应给予相应的特殊保护。

保护妇女的合法权益是一个内容丰富的完整体系，既系统地集中于《妇女权益保障法》，又分散在各法律部门构成的法律体系中。婚姻家庭法中将保护妇女合法权益作为男女平等原则的必然要求和重要补充，主要体现在对妇女的某些婚姻家庭权益加以特殊的确认和保护。例如，缔结婚姻后，男方可以到女方家落户；女方在怀孕期间、分娩后 1 年内或终止妊娠后 6 个月内，男方不得提出离婚；离婚时分割夫妻共同财产，应根据具体情况，对女方的权益予以照顾；离婚时如一方生活困难，另一方应给予适当的经济帮助。《民法典》收养编规定，无配偶的男性收养女性的，收养人与被收养人的年龄应当相差 40 周岁以上等。此外，作为一项法律原则，在具体操作适用时，对于法律上没有明文规定的某些问题，也都要特别注意保护妇女的合法权益。

另外，我国《妇女权益保障法》中设有婚姻家庭权益的专章，通过若干保障性、程序性和制裁性的规定，使我国妇女的合法权益保障机制更为完善。

（二）保护未成年人的合法权益

未成年人特别是儿童，是祖国的未来、民族的希望。我国《宪法》规定，“国家培养青年、少年、儿童在品德、智力、体质等方面全面发展”“婚姻、家庭、母亲和儿童受国家的保护”。我国还有专门的《未成年人保护法》《中华人民共和国预防未成年人犯罪法》。由于家庭对未成年人承担着不可替代的抚养、教育、保护功能，因而婚姻家庭法对未成年人特别是儿童权益的保护尤为重要。

我国《民法典》一方面在总则中确立了保护儿童合法权益的原则，另一方面在婚姻家庭编中规定了一系列旨在保护未成年人权益的内容：

（1）子女享有接受父母抚养的权利。孙子女、外孙子女享有附条件地接受祖父母、外祖父母抚养的权利。如果父母、祖父母、外祖父母不履行法定义务，子女或孙子女、外孙子女有要求父母或祖父母、外祖父母给付抚养费的权利。

（2）子女在法律地位上一律平等。在我国，婚生子女、非婚生子女、养子女和形成抚养关系的继子女，其法律地位都是平等的，他们的权利同样受到法律的保护，任何人都不得对他们进行歧视或危害。

（3）父母对未成年子女有管教、保护的权利和义务。

（4）禁止溺婴和其他残害婴儿的行为。

（5）子女有继承父母遗产的权利。

（6）父母对子女的义务不因父母离婚而消除。

此外，在处理离婚纠纷、解决财产分割和子女抚养问题时，在认定和处理事实婚姻与同居关系方面，都强调以未成年人的利益为中心，注意保护儿童的合法权益。《民法典》收养编也明确规定“收养应当有利于被收养的未成年人的抚养、成长”。所有这些都是婚姻家庭法保护儿童合法权益原则的具体体现。

（三）保护老人的合法权益

尊敬、赡养和爱护老人是中华民族的传统美德。我国《宪法》第四十五条规定：“中华人民共和国公民在年老、疾病或者丧失劳动能力的情况下，有从国家和社会获得物质帮助的权利。国家发展为公民享受这些权利所需要的社会保险、社会救济和医疗卫生事业。”第四十九条规定：“成年子女有赡养扶助父母的义务”“禁止虐待老人”。

保护老人的合法权益，是婚姻家庭法的基本原则之一，贯穿于婚姻家庭法的立法和执法的全过程。如我国《民法典》婚姻家庭编规定了子女对父母有赡养扶助的义务；父母或祖父母、外祖父母在一定条件下有要求子女或孙子女、外孙子女给付赡养费的权利；子女应当尊重父母的婚姻权利，不得干涉父母再婚以及婚后生活，子女对于父母的赡养义务不因父母的婚姻关系的变化而变化。

此外，我国《老年人权益保障法》中也有保护老年人合法权益的规定，使老年人老有所依、老有所养，任何虐待、遗弃老人的行为都是法律所禁止的。

（四）保护残疾人的合法权益

残疾人作为社会中的特殊的弱势群体，由于先天或者后天的原因，导致了身体的残疾，造成了这一群体在生存和发展中遇到了严重的问题。我国重视并保障残疾人的合法权益，《宪法》第四十五条明确指出：“国家和社会帮助安排盲、聋、哑和其他有残疾的公民的劳动、生活和教育。”我国还制定了《中华人民共和国残疾人保障法》《残疾人教育条例》和《残疾人就业条例》等专门的法律法规对残疾人在生活、家庭、教育以及就业等方面做出保障规范。

《民法典》始终贯彻保护残疾人合法权益的原则，在总则以及婚姻家庭编中规定了一系列旨在保护残疾人权益的内容：

（1）残疾人的合法权利受法律保护。

（2）侵害公民身体造成伤害的，应当赔偿残疾者生活补助费等费用；一方因身体受到伤害获得的医疗费、残疾人生活补助费等费用的属于夫妻一方的财产。

（3）对生活有特殊困难的缺乏劳动能力的继承人，分配遗产时，应当予以照顾。

（4）遗嘱应当对缺乏劳动能力又没有生活来源的继承人保留必要的遗产份额。

二、保护妇女、未成年、老人和残疾人合法权益的共同法律举措

我国《民法典》第一千零四十二条规定："禁止家庭暴力。禁止家庭成员间的虐待和遗弃。"这是为保护妇女、未成年、老人和残疾人合法权益作出的禁止性规定，因为弱势群体在婚姻家庭中容易遭受到轻视和虐待，甚至被遗弃。

（一）禁止家庭暴力

家庭暴力是指行为人以殴打、捆绑、残害、强行限制人身自由或者其他手段，给其家庭成员的身体、精神等方面造成一定伤害后果的行为。《婚姻家庭编解释（一）》第一条指出："持续性、经常性的家庭暴力，可以认定为《民法典》第一千零四十二条、第一千零七十九条、第一千零九十一条所称的'虐待'。"与社会其他领域中发生的暴力行为相比，从主体来看，家庭暴力的施暴者和受害者之间具有一定的亲属关系；从行为的环境来看，家庭暴力都发生于家庭内部，具有一定的隐蔽性；从侵害的客体来看，家庭暴力主要侵害了受害人的人身权，如生命健康权、人身自由权、婚姻自主权以及性权利等；从主观上来看，家庭暴力的施暴者是出于故意，而且施暴行为在时间上是具有一定连续性的。

《民法典》规定了对于家庭暴力受害者的法律救助措施和关于施暴者的法律责任，如受害者有权请求公安机关制止正在实施的家庭暴力，或请求公安机关依照治安管理处罚的法律规定予以行政处罚等。

（二）禁止家庭成员间的虐待和遗弃

虐待，是指以作为或不作为的方式，对家庭成员歧视、折磨、摧残，使其在精神上、肉体上遭受损害的违法行为，如打骂、恐吓、冻、饿、患病不予治疗等。遗弃，是指家庭成员中负有赡养、抚养、扶养义务的一方，对于需要赡养、抚养或扶养的另一方，不履行其应尽义务的违法行为。如成年子女不赡养无劳动能力或生活困难的父母；丈夫不扶养妻子；由兄、姐扶养长大的，有负担能力的弟、妹，对缺乏劳动能力、又无生活来源的兄、姐，不尽扶养义务；等等。

对虐待或遗弃家庭成员的人，应当进行严肃的批评教育，责令其改正错误，并给予适当的处分。对于拒不履行赡养、抚养、扶养义务的人，可依法强制其履行义务。对虐待、遗弃家庭成员构成犯罪的，依法追究其刑事责任。

第六节　和谐家庭原则

一、和谐家庭概念

以婚姻为基础的家庭是社会的细胞，是人们的基本生活单位，社会和谐离不开家庭和谐。

和谐家庭是以家庭成员的全面发展为基础，家庭成员之间、家庭与社会之间、家庭与自然之间相互和谐的家庭模式；是民主平等、学习求知、创业致富、道德高尚、环保节约的家庭追求。和谐家庭原则作为婚姻家庭法的重要原则，具有重要作用。

二、和谐家庭原则的体现

婚姻双方和家庭成员之间具有极为密切的人身关系和财产关系。对于如何正确处理婚姻家庭关系，构建和谐家庭，《民法典》第一千零四十三条规定："家庭应当树立优良家风，弘扬家庭美德，重视家庭文明建设。夫妻应当互相忠实，互相尊重，互相关爱；家庭成员应当敬老爱幼，互相帮助，维护平等、和睦、文明的婚姻家庭关系。"

夫妻间相互忠实的规定，即要求夫妻互守"贞操"，不能有婚外性行为，保持性的专一、忠诚，它不仅是我国传统彰扬之美德，也是婚姻排他性的必然要求。当然，法律要求夫妻相互忠实，并不意味着用法律手段强行维持感情确已破裂的夫妻关系。当因夫妻一方不忠实导致感情确已破裂的，在离婚的同时，受害的无过错方可以获得法律上的救济——请求损害赔偿。《婚姻家庭编解释（一）》第三条规定："当事人提起诉讼仅请求解除同居关系的，人民法院不予受理；已经受理的，裁定驳回起诉。"即夫妻关系并没有达到离婚的程度，配偶一方仅以对方有外遇、不忠实为由提起诉讼的，人民法院不予受理。

夫妻双方相互尊重，是男女平等原则的必然要求，也是互敬互爱、互相扶助的思想基础。夫妻间的相互尊重，表现在婚姻家庭生活的各个方面，如感情上的融合，精神上的体贴、慰藉，生活上的照料，经济上的通力合作，等等。此次《民法典》加入"离婚冷静期"也正是为了维护婚姻，保持家庭婚姻和睦。

家庭成员间应当敬老爱幼，是指晚辈家庭成员应当对长辈家庭成语予以尊敬，使之欢度晚年；长辈家庭成员应当对晚辈家庭成员予以爱护。敬老爱幼与保护老人、儿童合法权益的原则，是从不同的角度加以规定的。前者是在保护老人、儿童合法权益的基础上，根据儿童和老人特殊的生理、心理需要而提出的要求，后者主要是保护老人、儿童在人格权、财产权、继承权等方面的权利。

同时，法律还要求家庭成员间相互帮助，即父母子女之间、兄弟姐妹之间、长辈与晚辈之间，要互相尊重人格，在思想、生活和经济等方面相互关心和帮助，实现家庭的社会职能。

维护平等、和睦、文明的婚姻家庭关系，是指作为平等主体的家庭成员应当享有平等的权利，不得以强凌弱或对家庭成员实行差别待遇，提倡家庭成员间和睦相处、团结互助，避免无谓的纷争，不断提高家庭的物质与精神的文明程度。

典型案例

案例一：父母再婚需要子女同意吗？

张某是某县一工厂的车间干部，原本有一个幸福和睦的家庭，妻子贤惠能干，两个子女都先后成家，独立生活了。但是，天有不测风云，张某的妻子在一次车祸中不幸身亡，张某悲痛欲绝。在妻子去世后，张某参加了老年大学书法班的学习，结识了同学刘某。刘某系机关干部，老伴已去世多年，膝下无子女。刘某待人随和、心地善良，与张某很谈得来。双方在频繁的交往中，渐渐产生了感情，于是决定两人共度晚年。张某把打算与刘某结婚的消息告诉子女时，却遭到了他们的强烈反对。张某本以为子女会理解并成全自己，但不想却是这种态度。想把事情的真相告诉刘某，但又唯恐刘某伤心，因此在刘某面前吞吞吐吐，不知如何是好。刘某一眼就看出了张某的难处，说道："不要因为我把你的家搅乱了。毕竟我们都是上了年纪的人，如果子女反对，我们也不必太勉强。"两人相对无语。当张某迈着沉重的步子回到家中，发现家里的彩电、冰箱都被搬走，茶几上只留下了子女的一张便条，表明东西是他们搬走的，原因是怕张某将其送给刘某。张某顿感天旋地转，一头栽倒在沙发上。

问：张某有权再婚吗？张某的子女的行为是否合法？

案例分析：第一，《民法典》第一千零四十一条（《婚姻法》第二条）规定："实行婚姻自由、一夫一妻、男女平等的婚姻制度。"我国的婚姻自由，是指公民有权按照法律的规定，完全自愿地决定自己的婚姻问题，不受任何人的强制和干涉。它包括结婚的自由和离婚的自由两个方面。实行婚姻自由，是为了建立和巩固以爱情为基础的婚姻关系，它是我国婚姻家庭制度的重要基石。第二，《民法典》第一千零四十二条（《婚姻法》第三条）规定："禁止包办、买卖婚姻和其他干涉婚姻自由的行为。"这是对法律所禁止的违法婚姻自由原则行为的规定，是从另一方面对婚姻自由原则的必要补充。所以，婚姻自由是我国婚姻法的基本原则，也是法律赋予公民的一项基本权利。婚姻自由不仅是指青年男女的婚姻自由权不受他人的非法干涉，也包括老年人再婚的权利不允许他人包括子女的干涉。本案就是比较典型的子女干涉父母再婚自由的案例。本案中，张某丧偶后结识了心地善良的刘某，当二人决定共度晚年时遭到张某子女的强烈反对，甚至将父亲家中的一些财产搬走，生怕父亲将其财产送给刘某。张某子女的行为不仅违反道德，也违反了法律规定，其干涉父亲再婚的行为是非法的。张某有权再婚，这是任何人包括其子女都不得干涉的自由权利。

案例二：丈夫偷卖房，妻离婚维权①

2002 年梁先生结婚前贷款购买了一套位于莱阳市价值 11 万元的房子，首付 4.7 万元由梁先生支付，剩下的 6.3 万元贷款由徐女士和梁先生夫妻双方婚后共同偿还，男女方各出资一半。由于房子是以梁先生的名义买的，房产证、土地使用权证注明的产权人是梁先生。结婚几年后，梁先生在外地工作，徐女士带孩子在娘家住，房子一直空着。2011 年年底，徐女士的妹夫突然找到徐女士问道："你还不知道吗?听说你对象把你们的房子给卖了?"徐女士起初不信，赶忙到房产登记部门一问才知道，丈夫果真未经她同意偷偷把房子卖了。徐女士赶忙找了律师，准备起诉丈夫梁先生。在律师的协助下，徐女士立即与买主进行了联系，经过一番劝说，买主最终承认房子是他购买。原来，梁先生在 2011 年 11 月将房子以 26 万元的价格卖给了这位买主，首付 16 万元，剩下的 10 万元以房产抵押贷款的形式支付。徐女士委托律师申请法院将这 10 万元贷款进行了及时冻结。在莱阳法院法官的主持下，双方达成调解协议：徐女士和梁先生调解离婚，梁先生按出资比例一次性支付给徐女士 8 万余元。徐女士申请法院解除冻结买主 10 万元的银行房款。

---

① 中国法律网，访问网址：http://www. 5law. cn/html/20122/2012217101417339. shtml.

案例分析:《民法典》第一千零五十五条规定，夫妻在婚姻家庭中地位平等。男女平等在婚姻家庭中既包含身份关系上的平等，也包含财产关系上的平等，男女双方对夫妻共同财产有同等的使用、处分等权利。夫妻一方婚前签订不动产买卖合同，以个人财产支付首付款并在银行贷款，婚后用夫妻共同财产还贷，不动产登记于首付款支付方名下的，离婚时该不动产由双方协议处理。不能达成协议的，人民法院可以判决该不动产归产权登记一方，尚未归还的贷款为产权登记一方的个人债务。双方婚后共同还贷支付的款项及其相对应财产增值部分，离婚时应根据《民法典》第一千零八十七条（《婚姻法》第三十九条第一款）规定的原则，由产权登记一方对另一方进行补偿。该款规定：离婚时，夫妻的共同财产由双方协议处理；协议不成的，由人民法院根据财产的具体情况，按照照顾子女、女方和无过错方权益的原则判决。对夫或者妻在家庭土地承包经营中享有的权益等，应当依法予以保护。

案例三：容忍家庭暴力与虐待？

齐某大学毕业被分配到某政府机关工作，与该县工人谢某相识不久即成婚，生有一子，现年 9 岁。谢某性格内向，温柔贤淑，承担了全部家务及抚育儿子的义务。齐某道貌岸然，在外是谦谦君子，在家则如暴君，稍不遂心，便对谢某非打即骂。2018 年齐某升任县工业局局长之后，与未婚女秘书唐某勾搭成奸，便决心抛妻弃子，另结新欢。2019 年 5 月 16 日晚，齐某持自己草拟的离婚协议书逼谢某签字，谢某拒不同意。气急败坏的齐某便拿起事先准备的木棒，对谢某进行毒打，致谢某右臂粉碎性骨折，腰椎断裂，不能直立行走，右臂功能丧失。经法医鉴定为 3 级残废，基本丧失劳动能力。

公安机关侦查后，县检察院以齐某犯故意伤害罪向法院提起公诉，齐某被判处 12 年有期徒刑。齐某被判刑后，谢某又另案起诉，要求与齐某离婚，并要求齐某承担损害赔偿费 20 万元，儿子由自己抚养，齐某每月承担儿子抚养费 600 元。

案例分析:《民法典》第一千零七十九条规定，人民法院审理离婚案件，应当进行调解；如果感情确已破裂，调解无效的，应当准予离婚。有下列情形之一，调解无效的，应当准予离婚:（一）重婚或者与他人同居；（二）实施家庭暴力或者虐待、遗弃家庭成员；（三）有赌博、吸毒等恶习屡教不改；（四）因感情不和分居满二年；（五）其他导致夫妻感情破裂的情形。本案受害人谢某在婚后十多年中，受到齐某的虐待和暴力侵害，应当判决离婚。《民法典》第一千零九十一条规定，有下列情形之一，导致离婚的，无过错方有权请求损害赔偿:（一）重婚；（二）与他人同居；（三）实施家庭暴力；（四）虐待、遗弃家庭成员；（五）有其他重大过错。对谢某的离婚损害赔偿的请求应予以支持。《民法典》第一千零八十五条规定，离婚后，子女由一方直接抚养的，另一方应当负担部分或者全部抚养费。判决：双方离婚；家庭房屋及齐某的存款等夫妻共同财产共计价值 60 万元；齐某应分的部分，折抵损害赔偿费和子女抚养费。

思考题

1. 恩格斯指出：“一夫一妻制从一开始就具有它的特殊性质，使它成了只是对妇女而不是对男子的一夫一妻制。”这句话怎么理解？在现实生活中如何贯彻一夫一妻制原则？

2. 有人认为：“离婚冷静期”是法治思维的温情洋溢，也有人认为此种规定没有必要，甚至有网民认为离婚冷静期违背了婚姻自由的原则。怎么看待离婚冷静期与婚姻自由的关系？

3. 为什么要将国家保护婚姻家庭明确写入《民法典》婚姻家庭编之中？

第三章　亲属关系

【内容摘要】

亲属关系是人类社会生活中一种重要的社会关系，在法律内涵上有广义和狭义之分。广义的亲属关系泛指基于婚姻、血缘和法律拟制而形成的一切社会关系。狭义的亲属关系仅指法律调整范围内的亲属，是因婚姻、血缘或法律拟制而形成的依法相互享有特定权利和承担特定义务的人与人之间的社会关系。本章所讲的亲属关系专指狭义的亲属关系，内容包括亲属的概念、特征、分类、范围、亲等、亲属关系的发生与终止和亲属关系的法律效力等。

【理论框架】

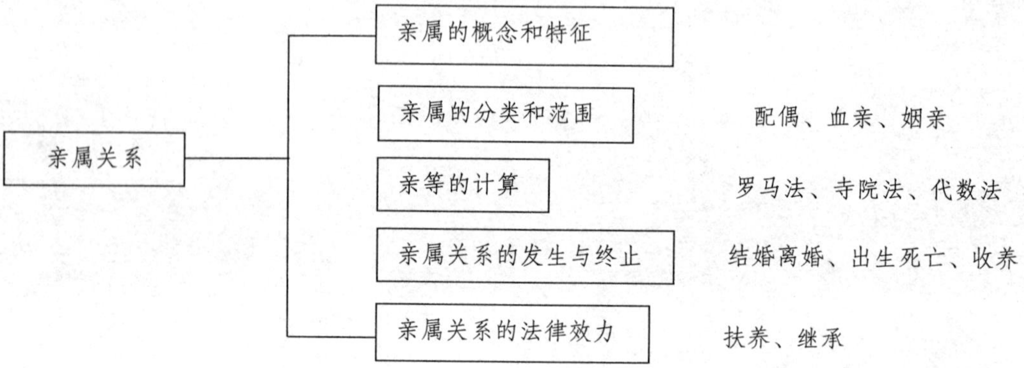

第一节　亲属的概念和特征

一、亲属的概念

亲属作为由两性关系和血缘关系联系起来的一定范围的人与人相互之间特定社会关系的外在表现和身份称谓，是人类社会发展到一定阶段产生的特定概念。前婚姻时代的人们并没有明晰的亲属意识；亲属关系及相应的观念是与婚姻禁忌同时形成的，并随着社会的发展而不断强化；一夫一妻制度确立之后，亲属制度才逐步走向完善，成为社会制度一个非常重要的组成部分。

亲属概念包含三方面含义：第一，亲属是一种人与人之间的社会关系，这种社会关系因婚姻、血缘和拟制血缘而产生。在这个含义上使用“亲属”概念，实际上是指“亲属身份关系”，是亲属之间的权利义务构成的法律关系。第二，亲属标志着具有亲属身份关系的人的特定身份。亲属是人与人之间的一种特定身份，具有特定亲属身份关系的人就具有特定的身份。这种身份是固定的，只要亲属身份关系存在，这种特定身份就不会改变，亲属之间不能相互更换位置而改变身份。在这个含义上的亲属概念，标志着亲属之间的不同身份地位及亲属身份关系的远近亲疏。第三，亲属也是具有亲属身份关系的人相互之间的共同称谓。亲属因其身份的不同，因其亲属身份关系的远近亲疏不同而有不同的称谓，如配偶、父母子女、祖父母孙子女、外祖父母外孙子女、兄弟姐妹、叔姑、舅姨、甥侄等，这些具体称谓集合起来称为“亲属”。在这个含义上使用的“亲属”，实际指的是亲属之间的共同称谓。

二、亲属的特征

由概念可以看出，法律意义上的亲属关系具有以下四个显著特征：

（1）亲属有固定的身份和称谓。身份和称谓是基于身份关系而产生的名称，是亲属身份的标志，它反映出一种特定身份关系。由身份和称谓可以看出其亲属关系的亲疏远近。一定的婚姻和血缘关系产生一定的亲属，而亲属身份一经产生就固定下来，非依法律规定不得变更。亲属称谓是亲属身份的表现形式，每种亲属身份都有固定的称谓，亲属身份不变，称谓不得变更。法律所确定的亲属身份和称谓，也可以因法律行为和法律事实的发生而变化。前者如离婚，解除了配偶之间的配偶身份和夫、妻的称谓；后者如配偶一方死亡，生存一方即与对方的亲属之间解除姻亲关系。

（2）亲属是一种基于血缘、婚姻或法律拟制而形成的人与人之间的社会关系。法律上的亲属必然有赖以产生的法律事实，但这种法律事实与一般民事法律关系不同。具体来说，亲属关系产生的法律事实包括自然人出生、缔结婚姻和收养等法律行为或身份事实的法律拟制，因而区别于其他社会关系。如收养会导致拟制血亲的发生；再婚和抚养的法律事实，能导致继父母子女关系的产生；结婚会导致配偶关系的产生。

（3）法律所确定的亲属之间具有特定的权利义务关系。由于亲属范围的广泛性，只有法律确认的亲属之间才有权利义务关系。其中，有些亲属间权利义务的实现是无条件的，如父母子女；而某些亲属间权利义务的实现则是有条件的，如祖孙、兄弟姐妹等。法律规定范围外的亲属则没有法定权利义务关系，如叔伯与侄子女等，但是法律并不妨碍他们之间自觉地履行道义上的社会责任。

（4）亲属作为人际互动关系，具有特定的组织形式或共同体结构。如现代法律意义上的亲属，已基本浓缩于家庭之内，家庭是典型的、普遍的亲属共同体；家庭中的亲属关系、亲子关系等涵盖了现代亲属关系的大部分内容。

亲属与家属的区别。家属是与家长相对应的称谓。我国古代的礼法规定，实行家长制，每个家庭设有家长，共同生活在一个家庭中的其他成员则为家属，主要包括家长的妻、子女、儿媳等近亲属。对于在家庭共同生活的奴婢、妾等，因为与家长有人身依附关系，法律也认为是家属。亲属与家属的主要区别是，亲属的范围要比家属的范围广得多，家属不一定是亲属，而亲属也不一定是家属。《婚姻法》已废除了家长制，无家长、家属的划分，改称家庭成员。民间习惯上虽仍然沿用家长、家属的说法，但其内涵已与古代的家长、家属不同。此种称谓已无法律意义。同居一家的家庭成员法律地位一律平等，享有平等的权利和承担平等的义务。

亲属与家庭成员的区别。家庭成员，是指同居一家共同生活并互有权利义务的亲属。我国古代提倡几代同堂的大家庭，家庭成员往往由血缘关系较为密切的近亲属以及其配偶组成。我国现代家庭成员一般由配偶及父母、子女等血缘关系极为密切的近亲属组成。随着社会发展，家庭规模日益缩小，由父母和未成年子女构成的核心家庭日趋增多。可见，亲属与家庭成员的区别是，家庭成员仅仅是亲属中的极少部分，亲属的范围要广泛得多。因此，家庭成员一定是亲属，而亲属不一定是家庭成员。

第二节　亲属的分类和范围

一、亲属的分类

亲属关系纵横交错、数量众多。按照不同标准，可以分为不同类型。如按照亲属间的联系中介，可分为男系亲与女系亲、父系亲与母系亲、直系亲与旁系亲；按亲属关系的亲疏远近，可分为近亲属和一般亲属；按亲属辈分，可分为长辈亲、晚辈亲和平辈亲；按亲属关系的发生原因，可分为配偶、血亲和姻亲。最后一种是现代国家和地区最基本的分类方法[①]，也是我国现行的亲属分类方法。

（一）配　偶

配偶即夫妻，是男女双方因结婚而产生的亲属关系，是血亲和姻亲产生的基础，在亲属关系中居于核心地位，是一切亲属关系的本源。在婚姻关系存续期间，夫妻双方互为配偶，双方之间产生夫妻间的人身关系和财产关系。

关于配偶是否为亲属，各国法律规定不尽一致。例如，德国旧民法和瑞士民法都认为配偶不是亲属；而日本和韩国的民法则将配偶列为亲属，它与血亲、姻亲在亲属类别中是并立的。本书认为，配偶作为亲属的类别之一应是毫无疑问的。中国历代的礼制和法律均认为配偶是亲属，服制图中有妻为夫服、夫为妻服的规定，彼此间的服制很重。[②]虽然配偶作为亲属的一个类别，无法归入任何一类亲系中，也无法计算亲等，但这并不能成为否定配偶为亲属类别之一的理由。相反，这恰恰应该成为配偶独立于血亲、姻亲之外亲属的一个充分理由。

（二）血　亲

血亲是基于生物遗传规律，具有血缘联系的亲属，是亲属中的主要部分。血亲本为自然血亲，即生物意义上的血亲。但亦可基于法律拟制而创设，这种血亲称为拟制血亲。

1. 按照血亲来源不同划分

（1）自然血亲。自然血亲是指出于同一祖先有血缘联系的亲属，如父母与子女、祖父母与孙子女、外祖父母与外孙子女、兄弟姐妹等。这些亲属无论是全血缘或半血缘，也无论是婚生还是非婚生，均为自然血亲。自然血亲在整个亲属范围内占重要地位，是家庭成员的主要组成部分。自然血亲还分为全血缘的自然血亲和半血缘的自然血亲。前者是指同胞的兄弟姐妹，他们的血缘都来自同一对男女。后者是指同父异母或者同母异父所生的兄弟姐妹，他们的血缘关系追根溯源，仅有一半相连。全血缘的自然血亲与半血缘的自然血亲在亲属之间

---

① 德国、法国、瑞士等国仅将亲属划分为血亲和姻亲两种，认为配偶仅是血亲和姻亲产生的基础，并无亲系、亲等可循，不仅未将配偶作为独立的亲属类型，而且认为配偶不应当被列入亲属的范畴。

② 杨大文，龙翼飞. 婚姻家庭法学[M]. 北京：中国人民大学出版社，2006：84.

的权利义务上没有区别。

应当注意的是自然血亲不受婚生或非婚生的影响。父母与婚生子女是自然血亲，与非婚生子女同样也是自然血亲，他们之间的血缘联系是客观存在的。

（2）拟制血亲。拟制血亲是指本无血缘联系或者没有直接的血缘联系，但法律确认与自然血亲有同等权利义务的亲属。拟制血亲一般因收养而产生，在养父母养子女之间产生父母子女的权利义务关系。《民法典》婚姻家庭编第一千一百一十一条规定，养父母和养子女间的权利义务，适用父母子女关系的有关规定，就是承认收养形成的拟制血亲关系。《婚姻法》另外承认形成了扶养关系的继父母与继子女为拟制血亲。《婚姻法》第二十七条第二款规定："继父或继母和受其抚养教育的继子女间的权利义务，适用本法对父母子女关系的有关规定。"这里以受其抚养教育为条件，把继父母与继子女分为姻亲关系和拟制血亲两种类型，没有受其抚养教育的为姻亲关系，受其抚养教育的作为拟制血亲对待。这种规定存在问题。继父母与继子女本为姻亲，不同于养父母和养子女之间的关系。其不同之处就在于，收养关系成立以后，养子女与生父母之间的亲属身份关系消灭；而继父母和继子女之间抚养关系的形成，并不消灭继子女与生父母之间的亲子关系。这就使凡是与继父母形成了抚养关系的继子女，具有与其继父母和生父母之间双重的亲子关系，使继子女享有了独特的法律地位。这种立法例是不切合实际的，应将继父母和继子女之间的关系归并于姻亲之中，形成收养关系的除外。

2. 按照血缘联系的不同划分

（1）直系血亲是指有直接血缘关系的亲属，包括生育自己和自己所生育的上下各代的亲属，如父母与子女、祖父母与孙子女、外祖父母与外孙子女等。在我国历史上，受重男系亲轻女系亲、重父系亲轻母系亲的思想影响，曾经有把外祖父母与外孙子女的亲属排除在直系血亲之外的做法和习惯，这是违反亲属法和自然法则的错误做法。

（2）旁系血亲是指双方之间无从出关系但同由一共同祖先所生的血亲，即与自己同出一源的亲属，如与自己同源于父母的兄弟姐妹，与自己同源于祖父母的伯、叔、姑以及堂兄弟姐妹和姑表兄弟姐妹，与自己同源于外祖父母的舅、姨以及姨表兄弟姐妹和舅表兄弟姐妹等。凡是与自己为同一高祖所生的子孙，除了直系血亲之外，均为五代以内的旁系血亲。

3. 按照血亲的辈分不同划分

按照血亲的辈分不同，血亲分为尊亲属、卑亲属和平辈血亲。尊亲属又称长辈亲，是指辈分高于自己的亲属，即父母以及父母同辈以上的血亲。父母、祖父母、外祖父母为自己的直系尊亲属，伯、叔、姑、舅、姨为自己的旁系尊亲属。卑亲属又称晚辈亲，是指辈分低于自己的血亲，即子女以及子女同辈以下的血亲。子女、孙子女、外孙子女为自己的直系卑亲属，侄子女、外甥、外甥女为自己的旁系卑亲属。平辈亲属又称为同辈亲，是指与自己辈分相同的亲属，如同胞兄弟姐妹、表兄弟姐妹、堂兄弟姐妹等。凡是平辈亲属都是旁系血亲。

4. 按照血亲联系的中介不同划分

按照血亲联系的中介不同，可以分为父系亲和母系亲。根据一个人的血缘一半源自父亲，一半源自母亲的生物学特点，亲属可以区分为父系亲和母系亲。父系亲是指以父亲的血缘为中介而联系起来的亲属。如祖父母、伯、叔、堂兄弟姐妹等。母亲亲是指以母亲的血缘为中介而联系起来的亲属。如外祖父母、舅、姨、舅表兄弟姐妹、姨表兄弟姐妹等。

（三）姻　亲

姻亲是指以婚姻为中介而产生的亲属，配偶一方与另一方的血亲之间为姻亲关系，如公婆与儿媳、岳父母与女婿等。以婚姻为中介产生的人际关系的范围很广，并非所有的人际关系都发生法律上的姻亲效果，如我国民间普遍认为己身的子女配偶的父母即亲家为当然的姻亲，但世界上大多数国家的亲属法上不以其为姻亲。根据姻亲间的联系环节，可以将姻亲分为血亲的配偶、配偶的血亲和配偶的血亲的配偶三类：

（1）血亲的配偶，是指己身的血亲包括直系血亲和旁系血亲的配偶，如儿媳、女婿，为直系血亲的配偶，嫂、姐夫、弟媳、妹夫、伯母、婶母、姑夫、姨夫等为旁系血亲的配偶。

（2）配偶的血亲，指己身配偶的血亲。就夫方来说，配偶的血亲是指岳父母、妻的兄弟姐妹及其子女等；就妻方来说，配偶的血亲是指公婆、丈夫的兄弟姐妹及其子女等。

（3）配偶的血亲的配偶，指己身的配偶的血亲的夫或妻。这种姻亲是以两次婚姻为中介而形成的。在男方而言，是指妻的兄弟之妻（舅媳）、姐妹之夫（连襟）；就妻方来说，则是指夫的兄弟之妻（妯娌）、夫的姐妹之夫（姑夫）。姻亲也同样有长辈、晚辈、平辈、直系、旁系之分。这种划分是以配偶或与配偶之亲系为准而定的。例如，公婆是自己丈夫的长辈直系血亲，那么，公婆就是自己的长辈直系姻亲。这种亲属身份关系是否为法律上的姻亲，各国法律规定不一。有的国家不予承认，如1890年《德国民法典》和现行《瑞士民法典》均不承认此类亲属，而只承认前两种亲属。有的国家对姻亲范围作扩大规定，不仅包括前三种姻亲，而且把血亲的配偶的血亲也扩展为姻亲，如韩国民法。我国传统不承认血亲的配偶的血亲为姻亲关系。

此外，在实际生活中，血亲的配偶的血亲，如亲家，这类亲属的亲密程度较高，对对应的亲属影响较大。但法律上通常不享有权利，也不承担义务。事实上，亲属的范围扩展得越广，越失去法律上的意义。故我国亲属法规定上述三种姻亲，不必再规定其他姻亲。至于发生法律效力的姻亲范围，则应限制在一定的亲等之内。

姻亲也同样有尊亲属、卑亲属、平辈亲属以及直系姻亲、旁系姻亲之分。这种划分以其配偶或与配偶的亲系为准。例如，公婆是自己的丈夫的直系尊亲属，公婆就是自己的直系尊姻亲；侄媳妇是自己侄儿的妻子，侄儿是自己的旁系卑亲属，侄媳妇就是自己的旁系卑姻亲。

亲属之间存在亲疏远近的区别，国外通常用亲等表示。我国没有这样的制度，使用近亲属的概念，确认配偶、父母、子女、兄弟姐妹、祖父母、外祖父母、孙子女、外孙子女为近亲属，在他们之间发生权利义务关系。超出这个范围的亲属，不发生权利义务关系，不受婚姻家庭法的调整。我国这个近亲属的概念，相当于“三代以内的血亲”。

二、亲属的范围

亲属的范围极其广泛，法律不可能、也无必要将所有的亲属都纳入其调整的范畴。法律所调整的只是一定范围内的亲属。此处所称的亲属范围，是指受法律调整的亲属的范围，即负有法律上的权利和义务关系的亲属的范围。由于风俗习惯、国情不同，在不同的国家和一国的不同历史时期，法律调整的亲属范围也不尽相同。一般而言，古代法律所调整的亲属关系范围显然大大宽于近现代的法律。

现代各国法律调整亲属范围的立法例，主要有以下两种立法模式：

（1）分别限定的立法模式，即立法不从总体上概括限定亲属的范围，而是在具体的亲属关系或法律事项上分别规定亲属的法律效力。也就是说，法律分别就禁婚亲、扶养、继承、监护等方面亲属的效力作出规定。如法国、我国均属这类立法模式。

（2）总体限定的立法模式，即立法从总体上概括限定亲属的范围，此范围之外的亲属关系则不属于法律的调整对象，也不具有亲属的法律效力。如现行《日本民法典》规定："下列人为亲属：六亲等内的血亲；配偶；三亲等内的姻亲。"

第三节　亲等的计算

一、亲等的概念和意义

（一）亲等的概念

亲等即亲属等级，是计算亲属关系亲疏远近的基本单位。亲等数越小的，表示亲属关系越亲近，亲等数越大的，表示亲属关系越疏远。计算亲等的客观依据是血亲联系，因此，能够直接计算亲等的仅以血亲为限。姻亲以血亲的亲等为其亲等，配偶之间不计亲等。

（二）亲等的意义

计算亲等的客观依据是血缘联系，由于血缘联系的远近不同，不同亲属间的亲疏远近差异程度很大。所以，亲等的计算是以血亲为基准，从而准用于姻亲。由于亲属的远近直接关系到伦理关系、权利义务关系和其他的社会法律关系。所以，古今中外都将亲属的计算作为亲属制度的重要内容。

二、亲等的计算

现代世界各国对亲等的计算方法主要有罗马法的亲等计算法、寺院法的亲等计算法两种。中国与之不同，1950 年《婚姻法》、1980 年《婚姻法》以及《民法典》均以世代来计算亲属关系的远近。

（一）罗马法的亲等计算法

这一亲等计算法源于古罗马时代，自古罗马法创设，随着罗马法的传播而为欧洲大陆法系国家相继实行。目前，该计算方法为世界上绝大多数国家所采用，是国际上通用的亲属计算方法。该计算方法分为直系血亲和旁系血亲两个方面。

1. 直系血亲的亲等计算规则

以己身为基点向上或向下数（不含己身），以间隔一世代为一亲等，两个被计算亲属间的世代数相加之和，即为其各自亲等数。例如，父母与子女为一亲等直系血亲；祖父母与孙子女、外祖父母与外孙子女为二亲等直系血亲，曾祖父母与曾孙子女、外曾祖父母与外曾孙子女为三等直系血亲……其他各代依此类推。

2. 旁系血亲的亲等计算规则

先从己身上数（不含己身）至己身与对方（即与其计算亲等者）最近的共同长辈直系血亲，再从该长辈直系血亲以下数至对方，两边各得一世数，将其相加即为旁系血亲的亲等数。例如，兄弟姐妹为二亲等旁系血亲；伯、叔、姑与侄、侄女，舅、姨与甥、甥女为三亲等旁系血亲；堂兄弟姐妹、表兄弟姐妹为四亲等旁系血亲……依此类推。

罗马法旁系血亲计算方法的特点是"代次相加"。其计算方法采用单向、双向计算都可，即计算时首先找到双方共同的最近直系长辈血亲，然后可以按世代数间隔单向计算数累计，也可以双向计数后相加。[①]例如，己身与表兄弟姐妹的共同直系长辈血亲是外祖父母。如果按照单向计算方法，己身到外祖父母是二亲等，再由外祖父母到表兄弟姐妹也是二亲等，累计相加就是四亲等旁系血亲。如果按照双向计算方法，己身到外祖父母是二亲等；表兄弟姐妹到外祖父母也是二亲等，两边相加也是四亲等旁系血亲。

关于姻亲亲等的计算，以"姻亲从血亲"为原则。如儿媳与公婆的亲等，因为丈夫与其父母是一亲等的直系血亲，所以，儿媳与公婆是一亲等的直系姻亲；伯叔与侄子女是三亲等的旁系血亲。所以，侄子女与伯（叔）母是三亲等的旁系姻亲。

（二）寺院法的亲等计算法

寺院法源于基督教会法规，由于受宗教和立法传统等原因影响，少数国家至今仍使用此计算法。该计算方法也分为直系血亲和旁系血亲两个方面。

1. *直系血亲亲等的计算*

与罗马法直系血亲的计算方法完全相同，即从己身往上或者往下数（不算己身）以一世为一亲等。

2. *旁系血亲亲等的计算*

计算旁系血亲的亲等与罗马法不同，采用的是比较选择方法。其计算如下：先从己身上数（己身不算）至己身与对方（即与其计算亲等者）的同源直系血亲，得一世数，再从对方上数至同源直系血亲，又得一世数，如果两边的世数相同，即以此数定其亲等；如果两边世数不同，则按世数多的一边定其亲等。如兄弟姐妹为一亲等旁系血亲，伯、叔、姑与侄、侄女，舅、姨与甥、甥女为二亲等旁系血亲；堂兄弟姐妹、表兄弟姐妹亦为二亲等旁系血亲……依此类推。由于旁系血亲的行辈可能相同，也可能不同，这种计算法往往不能准确地反映旁系血亲间的亲疏远近关系。

姻亲的亲等计算，与罗马法计算规则相似，都是以姻亲等级从血亲为原则，即以配偶为中介进行换算。如儿媳与公婆的亲等，因丈夫与其父母是一亲等的直系血亲，因此，儿媳与公婆就是一亲等的直系姻亲。

罗马法与寺院法两者计算直系血亲亲等数的方法完全相同，但计算旁系血亲亲等数的方法不同。

两者的主要不同点是，对己身上数至同源直系血亲多的世代数，与从同源直系血亲数至计算亲等的旁系血亲的世代数，罗马法计算法以两边世代数相加之和作为旁系血亲的亲等数，而寺院法计算法则只取一边的世代数作为旁系血亲的亲等数。由于两者对两边世代数的取舍不同，导致对旁系血亲的亲等计算结果也大不相同。显然，罗马法的计算方法能更科学地反映出旁系血亲间血缘关系的亲疏远近。随着罗马法的传播和各国法律文化的交流，罗马法亲等计算法已为当代绝大多数国家所采用。

---

① 陶毅. 婚姻家庭法[M]. 北京：高等教育出版社，2006：30.

（三）我国婚姻法中“代”的计算

“代”是目前我国法律规定的表示亲属关系亲疏远近的单位，我国先后颁布的两部《婚姻法》以及《民法典》都用“代”数来表示亲属关系的亲疏远近。一般情况下，代数越小，说明亲属关系越近。代数的计算方法分别以直系血亲和旁系血亲各自计算。

1. 直系血亲的计算方法

从己身往上或往下数（包括己身），以一辈为一代，相隔一世即为一代。例如上数至父母为两代；至祖父母，外祖父母为三代；从己身向下数至子女为两代；至孙子女，外孙子女为三代；直系血亲的远近均可用代数来表示。

2. 旁系血亲的计算方法

计算旁系血亲时，代数须以同缘关系为依据。首先找出同源直系血亲，按照直系血亲的计算法，从己身往上数（包括己身）至同源直系血亲，记下代数；再从同源直系血亲往下数至要计算的旁系血亲，记下代数。如果两边数字相同，即以此数定为代数。如果两边的代数不同，则取代数大的一边定为代数。如要计算同源于父母的兄弟姐妹之间的代数，首先找出同源直系血亲父母，自己为第一代，往上数父母为第二代；再从父母为第一代，往下数至兄弟姐妹是第二代；因此，兄弟姐妹为两代内的旁系血亲。如要计算自己与姑姑的代数，首先从自己上数至祖父母为三代，再从祖父母下数至姑姑为二代，两边数字不同，则自己与姑姑是旁系血亲三代，以此类推。

应当指出，我国现行的世代计算法，在旁系血亲的计算上，借鉴了寺院法亲等制的规则，其结果不能准确地反映出亲属关系的亲疏远近，说明我国“代”的计算方法有一定的缺陷。虽然通俗易懂、简便易行，但精确性不够。如己身与叔为三代以内旁系血亲，与同一祖父母的堂兄弟姐妹也是三代以内旁系血亲，代数相同，但血缘关系是有远近之别的。

应当注意的是，用我国世代计算法来表示血亲关系远近时，不能与罗马法亲等计算法简单相互换算。第一，我国的“代”是将己身算在内的，而罗马法不包括己身在内。第二，我国的三代以内旁系血亲不一定相当于罗马法四亲等以内的旁系血亲。例如，同罗马法的亲等计算法相比较，两代以内的旁系血亲是二亲等旁系血亲，三代以内的旁系血亲是四亲等内旁系血亲，四代以内旁系血亲是六亲等内旁系血亲，五代以内旁系血亲是八亲等内旁系血亲。

第四节　亲属关系的发生与终止

亲属关系作为一种民事法律关系，既可基于一定原因而发生，亦可基于一定原因而终止。亲属种类不同，其发生和终止的原因也不相同。例如，出生这一法律事实的出现，使父母与子女之间产生了亲子关系，父母或子女一方死亡，死者与生存一方的父母子女之间的权利义务就随之终止，并由此产生相应的法律后果。

一、配偶关系的发生与终止

配偶关系以婚姻成立为发生原因，是当代各国亲属立法的通例。依照我国《民法典》的规定，取得结婚证的时间，即婚姻关系成立的时间。

配偶关系因一定的法律事实而归于消灭。引起配偶关系终止的原因有两个：一是配偶一方死亡（包括自然死亡和宣告死亡）；二是夫妻双方离婚。配偶双方关系终止的时间为：夫妻一方自然死亡的时间、人民法院宣告死亡判决书生效的时间、登记离婚取得离婚证的时间以及人民法院准予离婚的调解书或判决书生效的时间。

二、血亲关系的发生与终止

（一）自然血亲的发生与终止

出生是引起自然血亲关系发生的唯一原因，亲子关系和其他自然血亲关系均基于出生这一事实而发生。出生的时间就是自然血亲发生的时间。这种发生原因不仅适用于婚生的血亲，而且适用于非婚生的血亲。这种关系不以人的意志为转移，无须当事人认可，也不需要履行任何法律手续。即使在生父母没有认领或者法律没有确认之前，非婚生子女与生父母之间实际存在的这种自然血亲关系也是不能否认和改变的。

自然血亲只能因一方死亡而终止，是古今中外立法的通例。自然血亲，除一方死亡外，不因任何人为条件而终止。死亡包括自然死亡和宣告死亡。

（二）拟制血亲的发生与终止

拟制血亲关系以所拟制的亲属身份关系依法成立为发生原因。由于身份关系种类的不同，发生和终止的原因也有所不同。

1. 养父母与养子女关系的发生与终止

合法有效的收养行为一经成立，收养人与被收养人便形成养父母子女之间的权利义务关系；同时，被收养人与收养人的其他近亲属也发生了拟制血亲关系。被收养人与收养人的父母、亲生子女之间发生养祖父母与养孙子女、养兄弟姐妹的关系。养父母与养子女关系因一方死亡而终止，或者因为收养关系的解除而终止，在收养关系解除后，收养人及其近亲属与被收养人的拟制血亲关系也自然终止。

2. 形成抚养事实的继父母与继子女关系的发生与终止

继父母与受其抚养的继子女之间因抚养而发生拟制血亲关系，其形成原因有两个：一是基于生父（母）与继母（父）结婚的法律行为；二是基于继父母继子女之间形成的抚养、教育的事实。只有这两个条件同时具备，继父母与继子女间才发生拟制血亲关系。

形成抚养事实的继父母与继子女关系，可因继父母或继子女一方死亡和生父（母）与继母（父）婚姻关系的解除而终止。但如果继父母对继子女抚养时间较长，彼此间的拟制血亲关系不因生父（母）与继母（父）婚姻关系的解体而终止。

拟制血亲的可变更性，决定了它既可以因一方死亡而终止，也可以因现存的亲属关系依法解除而终止。所以，收养关系主体自然死亡的时间、人民法院宣告死亡判决书的时间、解除收养关系的登记时间、人民法院准许解除收养关系的调解书或判决书生效的时间，是拟制血亲关系终止的时间。

三、姻亲关系的发生与终止

姻亲因婚姻成立而发生，婚姻成立是姻亲关系产生的基础；以配偶为中介，配偶一方才与另一方的亲属及双方的亲属间发生姻亲关系。婚姻成立的时间便是姻亲关系发生的时间。但婚姻成立以后，一方与另一方新出生的弟、妹之间的姻亲关系，是以婚姻的成立和该弟、妹的出生为发生原因的。

我国《民法典》对姻亲关系终止的原因尚无明确的规定，这方面的具体问题主要由当事人按照风俗习惯来处理。夫妻双方离婚是姻亲关系消灭的一般原因；而夫妻一方死亡后，姻亲当事人之间是否保持姻亲关系，法律没有明文规定。

第五节　亲属关系的法律效力

亲属关系一经法律调整，就会产生一定范围内的亲属所具有的权利义务关系，即亲属间的法律效力。这种效力在不同的法律部门中有不同表现。

一、亲属在婚姻家庭法上的效力

（1）相互扶养的权利义务。我国《民法典》规定，我国亲属间的抚养义务有两种：一是无条件的互相抚养义务，即夫妻间、父母对未成年或尚未独立生活的子女、子女对丧失劳动能力的父母；二是有条件的抚养义务，涉及祖父母、外祖父母与孙子女、外孙子女间以及兄弟姐妹之间。如果负有扶养义务的一方不履行扶养义务，享有扶养权利的一方有权要求其扶养，并可向人民法院起诉。

（2）遗产继承权。我国《民法典》规定，配偶、子女、父母为法定继承人，除丧失继承权者外，享有法定继承权。

（3）共同财产的效力。夫妻是关系最密切的亲属，所以《民法典》第一千零六十二条规定了法定的夫妻共同财产范围。

（4）禁止相互结婚。基于遗传学、优生学原理和伦理道德要求，禁止一定范围内的近亲属结婚。根据我国《民法典》的规定，直系血亲和三代以内的旁系血亲之间禁止结婚。

（5）其他权利与义务。如子女应当尊重父母的婚姻权利，不得干涉父母再婚和婚后的生活；未成年人造成国家、集体或他人财产损失时，其父母有赔偿义务。

二、亲属在民法上的效力

（1）法定监护人和代理的效力。近亲属是无民事行为能力人或限制民事行为能力人的法定代理人。例如，我国《民法典》规定，无民事行为能力或者限制民事行为能力人由其父母、配偶、成年子女、祖父母、外祖父母、成年的兄弟姐妹以及叔伯姑舅等关系密切的亲属担任监护人；父母是子女的法定代理人，依法行使代理权，进行民事活动。

（2）确定法定继承顺序的效力。一定范围内的亲属成为确定法定继承人顺序的依据，依《民法典》规定，配偶、子女、父母互为第一顺序的继承人；兄弟姐妹、祖父母、外祖父母为第二顺序的继承人。他们还可以成为遗嘱继承人，被继承人的子女先于被继承人死亡的，由被继承人的子女的直系晚辈血亲代位继承。被继承人的兄弟姐妹先于被继承人死亡的，由被继承人的兄弟姐妹的子女代位继承。对公、婆或岳父、岳母尽了主要赡养义务的丧偶儿媳或女婿为第一顺序法定继承人。

（3）申请宣告的效力。一定范围内的亲属可以对下落不明达法定失踪期限的人提起宣告失踪或撤销失踪宣告的申请，还可以提起宣告死亡或撤销死亡宣告的申请。对精神病人可向法院申请宣告无民事行为能力或限制民事行为能力。

（4）一定范围内的亲属享有对失踪人财产的代管权。《民法典》第四十二条规定，失踪人的财产由其配偶、成年子女、父母或其他愿意担任财产代管人的人代管。

三、亲属在刑法上的效力

（1）犯罪构成效力。某些犯罪的构成以有一定的亲属关系为前提。我国《刑法》规定的虐待罪、遗弃罪等，加害人与被害人之间必须有亲属关系才能成立。如果没有亲属关系，则可能构成其他犯罪。

（2）告诉、和解的效力。我国《刑法》规定，近亲属之间的虐待、遗弃或暴力干涉婚姻自由行为。只要没有发生被害人重伤、死亡的后果，就必须由被害人本人或其近亲属起诉，法院才能受理。而且即使告诉，在人民法院判决前，如被害人与加害人自行和解或原告人撤诉的，人民法院不予追究被告人的刑事责任。

四、亲属在诉讼法上的效力

（1）回避的效力。在刑事诉讼、民事诉讼、行政诉讼中，审判人员、检察人员、侦查人员、书记员、翻译人员等人员如果是本案当事人的近亲属，或与本案当事人有利害关系的，应当自行回避；如不回避，诉讼当事人可以申请他们回避。

（2）享有辩护权和代理权的效力。刑事案件被告人的近亲属可以担任被告人的辩护人，没有诉讼行为能力的民事案件的当事人，由取得法定代理人资格的近亲属代为进行民事诉讼活动，法定效力直接作用于被代理人。

（3）有权提起行政诉讼的公民死亡，其近亲属可以依法提起诉讼。

（4）死亡人的名誉权、著作权受到侵害，其近亲属可以依法提起诉讼。

（5）上诉、申诉效力。对第一审人民法院作出的判决、裁定，当事人的近亲属经当事人同意可以提出上诉；对已经发生法律效力的判决、裁定不服的，可以提出申诉。

（6）申请执行的效力。民事案件、刑事附带民事案件、行政案件的判决或裁定及调解协议中涉及财产内容的，义务人到期不履行义务，近亲属可以申请强制执行。

五、亲属在劳动法上的效力

（1）一定范围内的亲属享有接受抚恤金的权利。劳动者死亡后，其直系血亲、配偶可享受领取抚恤金、救济金的权利。直系血亲可享受一次性抚恤金或定期、不定期的生活困难补助。

（2）与配偶或父母分居两地、在国家机关、人民团体和全民所有制企事业单位工作满一年的固定职工，享有探亲权。

六、亲属在国籍法上的效力

（1）一定范围内的亲属关系是自然取得中国国籍的前提条件。根据《中华人民共和国国籍法》的规定，父母双方或者一方为中国公民，本人出生在中国或外国，即具有中国国籍。但父母一方或双方为中国公民，本人出生在外国的，且出生时就具有外国国籍的，则不具有中国国籍。一定范围的亲属关系是申请加入中国国籍的条件。与中国人有一定亲属关系的外国人、无国籍人或是中国人的近亲属的外国人、无国籍人，可申请加入中国国籍。

（2）一定范围内的亲属关系是申请退出中国国籍的条件。与外国人有一定近亲属关系的中国人，可以申请退出中国国籍。

典型案例

案例一：陈某等与甘州区梁家墩镇迎恩村民委员会等侵害集体经济组织成员权益纠纷案[①]

原告赵某某系迎恩村六社赵甲之女，户口在该村社。2014 年 12 月 31 日，赵某某与陈某登记结婚，2015 年 12 月 27 日生育一子取名陈某某，但迎恩村六社拒绝给原告陈某某入户。2015 年 1 月，原告陈某将户口迁入迎恩村六社。从 2014 年开始，被告迎恩村六社将部分土地出租，收取土地租金后给社员分配。2015 年该社给原告赵某某和陈某分配了土地租金。2016 年，该社给每位社员分配土地租金及提留款 1 150 元，但未给赵某某、陈某和陈某某分配。原告陈某认为，他迁到赵某某的户籍上，足以说明其具有迎恩村六社集体经济组织成员资格，而且其与赵某某之子陈某某出生在该社，理应具有该村社集体经济组织成员资格，故三原告享有迎恩村六社集体经济收益的分配权。本案的争议焦点是：户口在该村的赵甲之女赵某某、与赵某某结婚后将户口迁入该村的陈某以及出生在该村的赵某某和陈某的婚生子女陈某某是否为赵甲的家庭成员，是否合法取得该村社集体经济组织成员资格。

案例分析：《民法典》是我国第一次明文规定亲属概念的法律。《民法典》第一千零四十五条规定，亲属包括配偶、血亲和姻亲。配偶是因男女双方结婚而发生的亲属，其亲属身份始于结婚，终于配偶一方死亡或离婚。血亲是有血缘联系的亲属。姻亲是夫妻一方与对方亲属之间发生的亲属关系，可分为三类，即血亲的配偶、配偶的血亲以及配偶的血亲的配偶。近亲属包括配偶、父母、子女、兄弟姐妹、祖父母、外祖父母、孙子女、外孙子女。拟制的近亲属有共同生活的公婆、岳父母、儿媳、女婿。家庭成员包括配偶、父母、子女和其他共同生活的近亲属。本案中，赵某某是该村的村民赵甲之女，是基于血缘关系与赵甲产生的亲属关系，出生以来户口一直在迎恩村六社；陈某是赵某某的配偶，是与赵某某结婚而产生的亲属关系，婚后将户口迁入该村社，生产生活均在该村社；陈某某是陈某与赵某某的婚生子女，是夫妻二人的血亲，出生在该村社。因此，赵某某、陈某和陈某某不仅是合法的亲属，也是合法的家庭成员。农村集体经济组织成员资格具有很强的身份性质，它可以依法定事件如出生而取得，也可依合法行为如婚姻而取得。由于赵某某、陈某和陈某某是合法的家庭成

---

① 杨立新. 中华人民共和国民法典释义与案例评注婚姻家庭编[M]. 北京：中国法制出版社，2020：45.

员，且均取得该村社的户口，有权获得该村社集体经济组织成员的资格。

案例二：博某2与马某2等婚约财产纠纷案①

博某2系博某1与马某3的儿子，马某2系马某1与阿某的女儿，马某3与马某1系兄妹关系。2014年11月，博某2与马某2按彝族风俗习惯举行了婚礼，结婚时博某2家给马某2家彩礼钱90 000元。博某2与马某2未办理结婚登记，也未生育子女。马某2在原告家生活一段时间后外出打工，未再回原告家。博某2认为，其与马某2没有婚姻关系，请求法院判令马某2等三被告连带一次性退还原告给付的彩礼钱和赔偿为举行婚礼的各项开支费用。双方就彩礼返还一事协商未果，诉至法院。本案的焦点是：博某2与马某2的婚约关系是否成立，马某2三人是否应当返还彩礼钱。

案例分析：《民法典》第一千零四十八条规定：直系血亲和三代以内旁系血亲禁止结婚。禁止直系血亲或者三代以内的旁系血亲结婚，不仅是法律规定的义务，而且是伦理道德、传统风俗习惯的要求。如果没有这种禁止性规范，必然会导致一定的社会秩序的混乱。在对子女的影响上，直系血亲或者三代以内的旁系血亲之间结婚生子的，因血缘关系太近，容易将生理上和精神上的疾病或缺陷遗传给子女、后代，不利于优生优育；在伦理道德上，近亲结婚有悖于优良的传统文化，有碍于形成良好的婚姻道德观。因而，禁止一定范围的亲属结婚是合理的。就本案而言，博某2系博某1与马某3的儿子，马某2系马某1与阿某的女儿。由于马某3与马某1系兄妹关系，博某2与马某2是三代以内的旁系血亲，是法律禁止结婚的血亲关系。双方虽举行了结婚仪式，但未办理结婚登记，博某2与马某2之间不是婚姻关系，也不可能成为合法的夫妻。根据《婚姻家庭编解释（一）》第五条，支付彩礼的一方有权要求对方返还，且被告也认可收到彩礼90 000元，故马某2等三人应向博某2返还彩礼90 000元。

思考题

1. 罗马法亲等计算法、寺院法亲等计算法和世代亲等计算法有什么区别？
2. 我国婚姻法是如何计算直系血亲和三代以内旁系血亲的？
3. 各类亲属关系是基于什么原因发生和终止？
4. 除了婚姻法，亲属关系在其他民事法律上的效力有哪些？

---

① 杨立新. 中华人民共和国民法典释义与案例评注婚姻家庭编[M]. 北京：中国法制出版社，2020：60.

第四章　婚姻的成立

【内容提要】

结婚制度是婚姻制度的核心和重要组成部分。婚姻的成立不仅是男女双方的终身大事，而且还关系到民族健康、社会稳定及人类的生存发展。自阶级社会形成以来，通过法律手段规范结婚行为，是任何时代、任何国家的法律制度的一项重要内容。本章全面阐述了结婚的实质条件和程序要件；针对违法婚姻问题，介绍了无效婚姻、可撤销婚姻和事实婚姻；详细阐述了合法成立的婚姻受法律保护，不符合法定条件的男女结合不是夫妻关系的法律精神。

【理论框架】

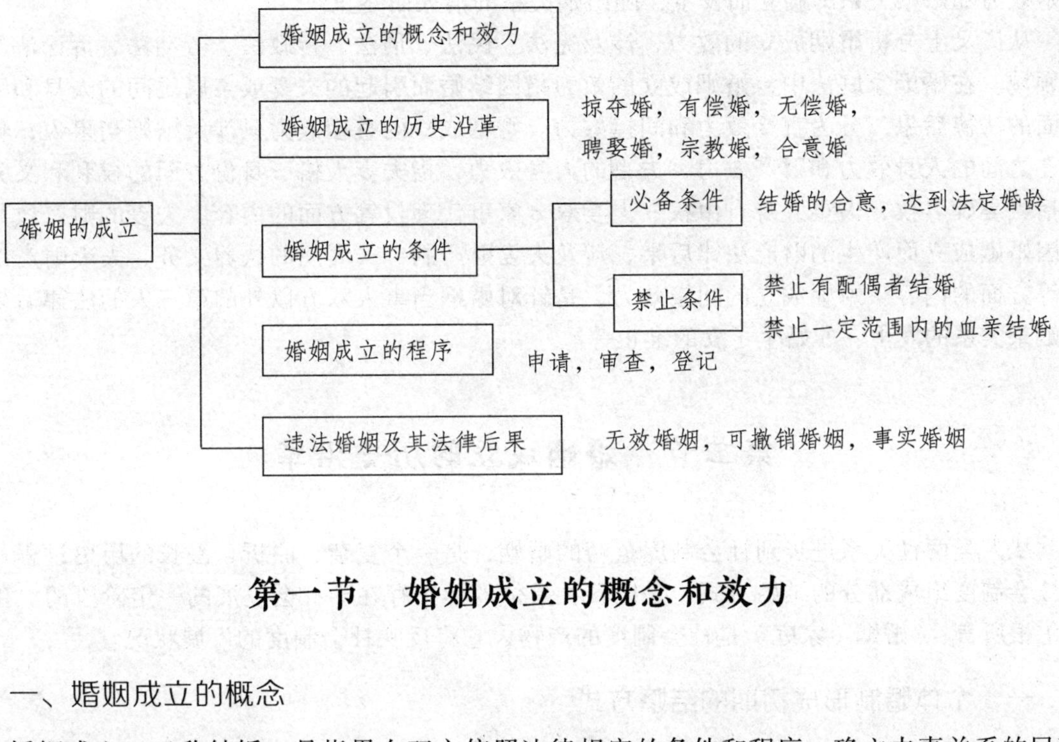

第一节　婚姻成立的概念和效力

一、婚姻成立的概念

婚姻成立，又称结婚，是指男女双方依照法律规定的条件和程序，确立夫妻关系的民事法律行为。婚姻成立在概念上有广义和狭义之分。广义的婚姻成立，包括订婚和结婚两方面的内容。古代法和近代法多采广义说，以订婚为结婚的必经程序，对婚约的效力予以保护。狭义的婚姻成立，仅指结婚，即夫妻关系的确立。现代法多采狭义说，不以订婚为结婚的必经程序，不承认婚约的法律效力。我国现行婚姻法采取狭义说，法律上没有关于订婚的规定，但也不禁止人们自由订立和解除婚约。

二、婚姻成立的特征

在我国，婚姻成立要合法有效，必须具备以下三个特征：

第一，结婚行为的主体必须是男女两性。这是婚姻关系自然属性的要求，是实现婚姻家庭人口再生产职能的自然基础。目前，世界上一些国家和地区的法律承认同性婚姻或同性同居者的合法地位，并赋予其与异性婚姻相同或部分相同的权利义务，反映了这些国家在法律制度层面承认家庭结构和家庭形式的多元化趋势。①

第二，结婚行为是法律行为，必须遵循法定的条件和程序。结婚行为是一种要式民事法律行为，只有依法缔结的婚姻关系才具有法律效力，才能为当时的社会制度所承认。

第三，结婚行为的法律后果是确立夫妻关系。男女双方因结婚形成了互为配偶的夫妻身份，相互享有法定权利、履行法定义务。夫妻身份关系确立后，未经法定程序，双方不能任意解除。

三、婚姻成立的效力

婚姻成立后，将会产生一系列重要的法律后果，这些后果的总和被称为婚姻的法律效力。婚姻效力随婚姻关系的确立而发生，随婚姻关系的消灭而终止。

从广义上分析婚姻成立的效力，涉及宪法、民法、刑法、行政法、劳动法、诉讼法等许多领域。在婚姻家庭法中，婚姻成立的效力指因结婚而引起的夫妻或亲属之间的人身和财产方面的法律后果，分为直接效力和间接效力。婚姻成立的直接效力只涉及婚姻当事人，包括夫妻之间的人身效力和财产效力。夫妻的人身效力，指夫妻人格、身份方面的权利和义务，包括夫妻姓名权、夫妻人身自由权、夫妻双方家事代理权等方面的内容。夫妻的财产效力，指因婚姻成立而产生的财产法律后果，涉及夫妻财产制、夫妻间的扶养义务、夫妻财产继承权等方面的内容。婚姻成立的间接效力，是针对婚姻当事人双方以外的第三人的法律后果，如姻亲关系的发生、非婚生子女的准正等。

第二节　婚姻成立的历史沿革

从人类两性关系进步到社会制度范畴的婚姻，是一个复杂、曲折、漫长的历史过程。作为社会制度组成部分的结婚方式，是以各种具体的形态存在于社会发展的一定阶段的。正如摩尔根所言："婚姻（家庭）是社会制度的产物，它将反映社会制度的发展状况。"②

一、个体婚制形成初期的结婚方式

（一）掠夺婚

掠夺婚又称抢婚，是指男子以暴力掠夺女子为妻的结婚方式。这种结婚方式最早出现在原始社会末期从对偶婚制向一夫一妻制过渡的时期，是在母权制向父权制过渡的历史演进中

① 陈苇. 婚姻家庭继承法学[M]. 北京：高等教育出版社，2014：60.

② 路易斯·亨利·摩尔根. 古代社会[M]. 杨东尧，马雍，马巨，译. 北京：商务印书馆，1999：232.

产生的。如我国《易经》中有“匪寇，婚媾”的记载。在罗马法的时效婚中，古罗马国王允许市民抢劫邻族妇女为妻，经过 1 年时间的占有，便被确认为正式的婚姻。现代社会中某些民族所保留的抢婚，仅作为一种礼仪性的婚俗而流传下来，不再具有暴力和违背女方意愿的内容。

掠夺婚的出现，折射出了人类社会的婚姻形式从对偶婚的“从妇居”向个体婚的“从夫居”的转化。

（二）有偿婚

有偿婚是指以男方向女方家庭支付一定代价为成婚条件而缔结的婚姻。这种婚制实质上是将女子作为等价物品进行交换，反映了旧时男女不平等及婚姻大事由父母一手包办的社会背景。根据有偿方式的不同，有偿婚主要有买卖婚、交换婚和劳役婚等表现形式。

买卖婚，是指以男方向女方家庭支付一定数量的金钱或其他等价物为条件而缔结的婚姻。买卖婚是在私有制和商品交换的基础上发展起来的，几乎是与掠夺婚同时产生的，并成为古代社会普遍存在的婚姻形式。如罗马法中确认的买卖婚姻，是罗马市民结婚的重要形式之一，要求男方以要式契约的方式购买女子为妻。而在中国，《礼记·曲礼》记载：“非受币，不交不亲。”

交换婚，又称互易婚，是指双方父母互换其女为子妇或男子互换其姐妹为己妻的婚姻。交换婚实质上是买卖婚的变相形式，其特点是以人易人、以人作为给付的代价。

劳役婚，是指以男方向女方家庭提供一定劳役为条件而成立的婚姻。劳役婚的成因一般是男方家既无财物可买媳，又无姐妹可换亲，只能以力代财，所以这种婚姻中男方的地位较低。

（三）无偿婚

无偿婚是指男方不需要向女方家庭支付任何代价而缔结的婚姻，主要包括赠与婚、收继婚、强制婚等表现形式。

赠与婚，是指父母或有权力者将其可以支配的女子赠与他人为妻而缔结的婚姻。

收继婚，是指女子在其丈夫死后有义务在家族内部转房而缔结的婚姻。如弟娶亡夫之嫂为逆缘婚、妹嫁亡妻之姐夫为顺缘婚。

强制婚，是指官府将罪人之妻女强制性地许配给他人为妻而缔结的婚姻。

二、中国古代的聘娶婚

聘娶婚，是指以男方向女方家庭交付一定数量的聘金、彩礼作为结婚条件的婚姻形式。聘娶婚通行于整个中国古代社会，曾经是最主要的成婚仪式，它以“婚礼”为形式，以买卖为实质，是一种注重形式要件的有偿婚。

中国的聘娶婚形成于西周时期所创制的“六礼”，后经法律认可，在奴隶制、封建制时代作为主要的结婚形式一以贯之，历经数千年而不衰。“六礼”为聘娶婚规定了完备的结婚程序。据《礼记》《仪礼》所载，“六礼”各个环节的具体内容是：纳采，即男方求亲须先委托媒人通言，女方家应许之后，男方才能备礼贽见；问名，即男方家委托媒人问明女方的出生年、月、日、时以及在姐妹中的排列次序等；纳吉，即在卜其吉凶后，如果卜得吉兆，则通知女方家；纳征，又称纳币，即纳聘财，男方家向女方家送交聘礼后，婚约即告成立，产生人身上的约束力；请期，即男方家择定婚姻日期，并商请女方家同意；亲迎，即男方作为新郎亲自到女家迎娶新娘，迎归后行“合卺”之礼以示成妻。此外，女子嫁入夫家后还须履行成妇之礼，经“庙见”后，始得成为夫方宗族的正式成员。《礼记》中记载了新妇成婚后第二天早上须拜见公婆，三月后拜祭宗族祖先的仪式。若妻未“庙见”而死，尽管已婚，但仍未取得加入夫家的资格，只能葬于娘家墓地。

“六礼”之制历经各个朝代，后世不及早期严格，渐有简化变通之势，但聘娶婚的本质始终不变。宋代减“六礼”为四，即“纳采”“纳吉”“纳征”“亲迎”。《朱子家礼》又再减为三，将“纳吉”并入“纳征”，并在明、清时期广泛通行。至今聘娶婚对于我国民间的婚嫁传统仍有很大的影响，在有些地区结婚要收彩礼就是聘娶婚习俗的延续。

三、欧洲中世纪的宗教婚

欧洲中世纪是基督教的全盛时期，许多国家以基督教为国教，寺院法凌驾于世俗法之上调整婚姻家庭关系。寺院法又称教会法，它是基督教义及罗马法与日耳曼法的综合。按照教会法对形式要件的要求而成立的宗教婚，是当时最主要的结婚方式。基督教对婚姻的基本观念是婚姻的神圣性与不可离异性，将婚姻视为“神作之合”，是神圣的“圣礼”，婚姻既然是一种宗教性契约，它便是不可解除的和永恒的。为保障婚姻的神圣性，教会法创设了一套结婚的宗教仪式，具有严格的条件和程序，凡结婚者必须依照举行。准备结婚的当事人在结婚前须向当地教会申请，婚事须经教会公告，婚礼由神职人员主持，当事人须宣誓并接受神职人员的祝福，婚姻始为成立和有效。直至宗教改革和婚姻还俗运动之后，宗教婚才逐渐为法律婚所代替，但至今在一些国家仍有一定的影响。

四、近现代社会的合意婚

合意婚，又称共诺婚，是依男女双方合意而成立的婚姻，以契约理论为基础，故又被称为自由婚或契约婚。欧洲宗教改革的直接后果之一就是婚姻还俗运动的开展。在16世纪，荷兰首先出现了选择民事婚制度，即允许婚姻当事人自由选择依宗教方式结婚还是依民事方式结婚。此后，法国、英国、德国等许多国家也相继肯定了合意婚的地位。如法国大革命以后，1791年的《宪法》明确规定“法律视婚姻仅为民事契约”，1804年的《法国民法典》第一百四十六条规定“未经合意不得成立婚姻。”

合意婚还婚姻以世俗面目，在价值观上同“自由”“平等”“民主”等观念是相一致的，在法理上是以契约论为基础，须以双方意思表示一致为成立条件，当事人从此在法律上成为婚姻的主体，享有了支配自己婚姻的权利。20世纪以来，许多国家相继对结婚立法予以修改，宗教势力对结婚制度的影响愈益减少，法定的结婚方式更趋简化。现代大多数国家的婚姻立法中，合意婚已成为婚姻成立的主要方式，“双方合意”是婚姻成立的首要条件，其法定的结婚方式主要有仪式制、登记制以及仪式与登记结合制。

第三节　婚姻成立的条件

婚姻成立的条件，即婚姻的实质要件，包括结婚的必备条件和结婚的禁止条件。

一、结婚的必备条件

结婚的必备条件，又称结婚的积极要件，是指当事人结婚时必须具备的法定条件。根据我国《民法典》的规定，结婚的必备条件包括男女双方须有结婚的合意和男女双方须达到法定婚龄这两个方面。

（一）男女双方须有结婚的合意

《民法典》第一千零四十六条规定："结婚应当男女双方完全自愿，禁止任何一方对另一方加以强迫，禁止任何组织或者个人加以干涉。"这是婚姻自由原则在结婚问题上的具体表现，是关于结婚合意的规定。结婚合意是婚姻的基础，在法定条件下，是否结婚、与谁结婚，均由当事人自己决定。"男女男双方完全自愿"包括以下几个方面的意思：

1. 申请结婚的主体在性别上必须是生理意义上的"男"与"女"

虽然有一些国家已经通过立法承认了同性婚姻的合法化，但目前我国立法尚未认可同性婚姻，所以仍应坚持结婚双方须为不同性别的结婚必备要件。在我国，婚姻登记机关认定男女，不是以出生时的性别为标准，而是以登记结婚时身份证上的性别及户口簿上的性别为标准。我国不允许同性结婚，但变性人的婚姻权利则应当受法律保护，变性人在更改身份证、户籍性别后，有权与异性自愿登记结婚。

2. 结婚当事人必须具有结婚的行为能力

结婚的行为能力是指当事人依法能够独立有效地实施结婚行为，并具有辨认结婚行为后果的能力。这包含两方面的内容，一是能够将与对方结婚的意思正确地表达出来；二是当事人能自主地、正确地判断婚姻的法律性质和法律意义。判断自然人结婚的行为能力，应当以年龄、智力、健康状况为标准。

3. 结婚双方的意思表示必须具有自愿性、真实性

在确定有无自愿、真实的结婚合意时，不能仅凭当事人外在的表示，还应注意这种外在的表示与当事人的内心意思是否一致。结婚合意中的意思表示不真实，大致可以分为三种情形：一是意思表示不自由，如当事人因受胁迫而同意结婚；二是意思表示虚假，如双方通谋成立虚构的婚姻；三是意思表示错误，如当事人因受欺诈或出于重大误解而同意结婚。依据我国《民法典》第一千零五十二条的规定，仅因受胁迫而结婚的，作为婚姻可撤销的法定原因，否认其法律效力；其他两种情形下产生的法律后果则由当事人自己承担。

结婚是男女双方的法律行为，双方自愿是婚姻结合的基础，法律排斥当事人一方强迫另一方结婚，排斥当事人父母或第三人包办或干涉当事人双方的婚姻，排斥当事人非自愿的被迫同意结婚。但是，法律并不排除当事人的父母或者他人对当事人的婚姻提出意见和建议，当然，是否缔结婚姻的决定应由当事人自行行使。

（二）男女双方须达到法定婚龄

法定婚龄是指法律规定的准予结婚的最低年龄，只有双方都达到法定婚龄的，才允许结婚。结婚是一种特殊的民事法律行为，将引起夫妻间权利义务的产生、亲属关系的变更、家庭结构的变化、人口的再生产等一系列社会后果和法律后果。所以各国法律对法定婚龄都有明确的规定。法定婚龄的规定是强制性规定，婚姻关系当事人必须遵守，男女双方或一方没

有达到法定婚龄要求结婚的，婚姻登记机关将不予登记。

由于婚姻关系是自然属性和社会属性的结合，因此，法定婚龄的确定取决于其自然因素和社会因素。自然因素是指人的生理、心理发育情况和智力成熟情况，以及地理、气候等条件。男女只有具备适龄的身心条件，才能正确履行夫妻之间的权利和义务，承担对家庭和社会的责任。社会因素是指一定的生产方式以及与之相适应的政治、经济、文化、人口状况、道德、宗教及民族习惯等。其中最主要的是社会生产力发展状况和人口状况，这是确定法定婚龄的主要依据。目前，世界上绝大多数国家规定的法定婚龄，男子在 14 ~ 21 周岁，女子在 12 ~ 18 周岁。

我国《民法典》第一千零四十七条规定："结婚年龄，男不得早于二十二周岁，女不得早于二十周岁。"可见，我国法定婚龄是男性为 22 周岁，女性为 20 周岁。计算时应注意：周岁一律按照公历的年、月、日计算；周岁以 12 个月计算，每满 12 个月即为 1 周岁；周岁从生日次日起计算，也就是说生日当天不算"满多少周岁"。

我国《婚姻法》曾有"晚婚晚育应予鼓励"的倡导性规定。但基于我国现在的社会经济发展状态和人口增长速度，充分考虑人们的身心发育状况、经济与人口状况、城乡差别等诸多因素，我国的计划生育政策已经发生了变化，2015 年修订的《中华人民共和国人口与计划生育法》（下文简称《人口与计划生育法》）第十八条新增"国家提倡一对夫妻生育两个子女"的规定，并将原来"国家稳定现行生育政策，鼓励公民晚婚晚育"的规定删除，因此，现在"晚婚晚育"已经不再继续被《民法典》所提倡。

二、结婚的禁止条件

结婚的禁止条件，又称结婚的消极要件，是指法律不允许当事人结婚时存在的婚姻障碍。根据我国《民法典》的规定，结婚的禁止条件包括禁止有配偶者结婚和禁止一定范围内的血亲结婚这两个方面。

（一）禁止有配偶者结婚

禁止有配偶者结婚，即禁止重婚，是现代文明社会一夫一妻制度的基本要求，世界上大多数国家都遵循这一原则，只有少部分国家因宗教信仰、历史传统、风俗习惯等原因例外。在实行一夫一妻制的国家，有配偶者又与他人结婚的，构成重婚。对重婚行为的民事规制，各国法律规定不一，有的以重婚为无效婚原因，如法国、德国、瑞士、英国、意大利、美国大部分州等；有的以重婚为撤销婚原因，如日本、韩国、瑞典等；有的以重婚为离婚原因，如美国部分州；有的既以重婚为无效婚原因，又为离婚原因，如中国。

我国《民法典》继续确认一夫一妻制这一婚姻家庭领域的基本原则，其第一千零四十二条明确规定"禁止重婚"。《婚姻登记条例》第六条规定，办理结婚登记的当事人一方或双方已有配偶的，婚姻登记机关不予登记。这一禁止条件属于婚姻成立的绝对障碍，要求男女双方在结婚时必须是无配偶的人，无配偶包括未婚、丧偶、离异三种情况。

（二）禁止一定范围内的血亲结婚

法律规定的禁止结婚的亲属，称为"禁婚亲"。从人类漫长的历史发展进程来看，随着对自然规律认识的逐渐深入，人类由窄至宽排除了一定范围内亲属的婚配。在群婚制时期，人类逐步排除了直系血亲之间以及旁系血亲兄弟姐妹之间的两性行为；进入个体婚制后，人类有意识地通过立法更进一步限制了禁婚亲的范围。

1. 禁止一定范围内的亲属结婚的理由

禁止一定范围的亲属结婚，具有优生学、遗传学上的科学根据。自然科学和人类生活的长期实践表明，血缘关系较近的男女结婚，更容易把双方身体上或精神上的某些缺陷和致病基因遗传给后代，严重影响人口素质，给民族健康带来不良影响。我国古籍《左传》中就有“男女同姓，其生不蕃”的记载。

禁止一定范围的亲属结婚，体现了人类在婚姻方面的伦理道德观。人类在长期的社会生活中形成的婚配禁忌和两性关系伦理道德观念认为，近亲结婚有碍教化，有悖于婚姻道德，容易造成亲属身份上和继承上的紊乱，在社会效果上产生很大的副作用。历史上中外各民族的风俗习惯都有关于一定范围内亲属通婚的限制，如我国古籍《白虎通·嫁娶》中有“不娶同姓者，重人伦，防淫佚，耻于禽兽同也”之说。近现代各国法律均根据本国的伦理道德、风俗习惯，禁止一定范围的亲属结婚，有的国家还禁止一定范围内的姻亲结婚，更是体现了伦理道德观的强大作用。

2. 禁止结婚的亲属的范围

以直系血亲为禁婚亲，是世界各国立法的通例。关于旁系血亲的禁婚范围，由于受文化传统和风俗习惯等因素的影响，不同国家的立法颇不一致。我国《民法典》第一千零四十八条规定：“直系血亲或者三代以内的旁系血亲禁止结婚。”

所谓“直系血亲”，是指具有直接血缘联系的亲属。依照世代计算法规定，凡是出自同一祖父母、外祖父母的血亲都是禁婚亲，包括生出自己的长辈和自己生出的晚辈。生出自己的长辈包括父母、祖父母、外祖父母以及更上的长辈；自己生出的晚辈包括子女、孙子女、外孙子女以及更下的直接晚辈。直系血亲之间无论其亲等或代数如何，都应当禁止结婚。

所谓“旁系血亲”，是指同源于祖父母或外祖父母的具有间接血缘关系的亲属。“三代以内的旁系血亲”是在血缘上和自己同出于三代以内的亲属，具体包括三类，一是同源于父母的兄弟姐妹，包括同父同母的全血缘的兄弟姐妹，以及同父异母或同母异父的半血缘的兄弟姐妹；二是同源于祖父母或外祖父母的不同辈分的伯、叔、姑与侄子、侄女，舅、姨与外甥、外甥女；三是同源于祖父母或外祖父母的辈分相同的堂兄弟姐妹、表兄弟姐妹。

3. 理解禁婚亲需要注意的问题

（1）关于拟制血亲之间能否结婚的问题。拟制血亲，又称“准血亲”或“法定血亲”，是指本来没有血缘关系，但法律上确认其权利义务与自然血亲相同的亲属。我们认为，拟制直系血亲同样应当适用禁婚亲的规定。理由主要是：第一，根据我国《民法典》第一千零七十二条、第一千一百一十一条规定，继父母与受其抚养教育的继子女之间的权利义务关系、养父母与养子女之间的权利义务关系，适用《民法典》对父母子女关系的有关规定。第二，养子女长期受养父母的抚养，处于被抚养、被教育的地位，为了防止收养人利用收养来和被收养人结婚，维护被收养人的权利和利益，因此禁止他们之间结婚。第三，依据伦理道德和社会风俗，养父母子女之间结婚有违社会伦理。无论这种拟制直系血亲关系是否解除，从法律精神和伦理要求上看，都应属于禁止结婚的范围。至于拟制旁系血亲间的通婚，一般认为，只要没有三代以内的旁系自然血亲关系，就没有禁止其结婚的正当理由，可以结婚。

（2）关于姻亲之间能否结婚的问题。姻亲是指配偶一方与另一方的血亲之间因婚姻而产生的亲属关系。关于姻亲之间能否结婚的问题，我国《民法典》没有作明文规定。我们认为，对于旁系姻亲，只要他们相互之间没有禁止结婚的三代以内的血缘关系，应准予结婚。对于直系姻亲之间应否准予结婚，比如丧偶岳母与丧偶女婿、丧偶公公与丧偶儿媳之间可否结婚，理论和实践中则有不同看法。通说认为，直系姻亲虽无直系血亲的法律地位，但由于直系姻亲之间通婚有悖社会伦理道德和风俗习惯，因此，尽管法律没有明文禁止，但基于伦理要求，应予以限制结婚为宜。有的国家在立法中禁止直系姻亲结婚，如《法国民法典》第十六条规定："直系尊血亲与卑血亲之间，不问其婚生或非婚生，禁止结婚。同系姻亲者，亦同。"再如《日本民法典》第七百三十五条规定："直系姻亲间，不得结婚。即使在姻亲关系终止后，亦同。"

需要注意的是，《民法典》删除了 1980 年《婚姻法》关于禁止患一定疾病的人结婚的规定，不再将"患有医学上认为不应当结婚的疾病"作为禁止结婚的情形。在当时，认为"患有医学上认为不应当结婚的疾病"的人，主要包括以下三类：一是严重遗传性疾病患者；二是在传染期内的指定传染病患者，如患有淋病、梅毒、麻风病、甲型肝炎、开放性肺结核的患者；三是正处在发病期间的有关精神病患者，如患有精神分裂症、躁狂抑郁型精神病以及其他重型精神病的患者。但禁止有上述疾病的人结婚，在实践中不仅很难操作，也有侵犯当事人的婚姻自由权之嫌。

缔结婚姻非常重要的是两人之间的意思自治，是否患有疾病并不必然会影响当事人的结婚意愿。如果一方有病尚未治愈甚至不能治愈，对方在知晓的情况下仍然愿意与之结婚，这并不有悖于公共秩序和善良风俗，法律没有禁止其结婚的必要性，反而法律应该对他们的婚姻关系予以保护，这实质上体现了国家对结婚当事人意思自治的尊重，彰显了立法的人本理念，是对人权的尊重和维护。

对于婚姻的成立条件，外国法中还有若干我国现行法没有的规定。如：未成年人结婚须得其法定代理人同意；禁止因奸受刑之宣告者或因奸判决离婚者与相奸者结婚；禁止监护人与被监护人结婚；等等。

第四节　婚姻成立的程序

一、婚姻成立的程序的概念和类型

（一）婚姻成立的程序的概念

婚姻成立的程序，即结婚的形式要件，是指法律规定的缔结婚姻所必须履行的法定手续。婚姻的成立，除要求当事人必须符合结婚的实质要件外，还必须符合一定的形式要件，即必须履行法定的结婚程序后，其婚姻关系才具有法律效力，才能得到国家和社会的认可。

（二）婚姻成立的程序的类型

纵观各国立法，目前婚姻成立的程序主要有仪式制、登记制和登记与仪式结合制三种类型。

仪式制，是指以当事人公开举行一定的结婚仪式作为婚姻成立的形式要件。它是一种古老的结婚制度，于个体婚制出现之初产生并且被长期沿袭下来。仪式制的具体表现形式有三种：一是宗教仪式，即按照宗教教义的要求，在特定的宗教场所内由神职人员主持举行的结婚仪式，如西班牙、希腊、葡萄牙等国均要求宗教仪式；二是世俗仪式，即按照民间习俗举行的结婚仪式，通常要有主婚人和证婚人参加，这种结婚仪式能反映民族和地域的文化传统，如我国古代以“六礼”为表现形式的聘娶婚；三是法律仪式，即依法由政府官员主持结婚仪式后，婚姻即告成立的结婚程序，这实际上是一种行政仪式，如德国、意大利、瑞士等国均要求法律仪式。有的国家规定，宗教仪式和法律仪式具有同等的效力，当事人可择其一，法律均予以承认，如英国、丹麦等国。

登记制，是指以依法到国家授权的登记机关进行结婚登记为婚姻成立的唯一形式要件。要求结婚的当事人必须首先向婚姻登记机关提出结婚申请，接受婚姻登记机关的审查，履行登记手续，取得结婚证后，婚姻关系即告成立。登记制既简便易行，也便于国家对结婚行为的有效管理和监督，因而被许多国家立法所采用。当前，中国、俄罗斯、日本、古巴、朝鲜等国均实行登记制。

登记与仪式结合制，是指既要进行登记又要举行仪式，二者缺一不可，婚姻才能成立。这种制度将现代结婚程序和传统结婚程序相结合，有的国家和地区规定登记在先、仪式在后，有的国家和地区规定仪式在先、登记在后。采用这一制度的有法国、罗马尼亚、匈牙利、美国部分州等。

二、结婚登记的机关和程序

（一）结婚登记的机关

内地居民办理婚姻登记的机关是县级人民政府民政部门或者乡（镇）人民政府，省、自治区、直辖市人民政府可以按照便民原则确定农村居民办理婚姻登记的具体机关。中国公民同外国人，内地居民同香港特别行政区居民、澳门特别行政区居民、台湾地区居民、华侨办理婚姻登记的机关是省、自治区、直辖市人民政府民政部门或者省、自治区、直辖市人民政府民政部门确定的机关。

婚姻登记机关的管辖范围，原则上以当事人的户籍为依据。当事人双方的户口在同一地区的，到当地婚姻登记机关办理结婚登记；当事人双方的户口不在同一地区的，可到任何一方户口所在地的婚姻登记机关办理结婚登记。中国公民同外国人在中国内地结婚的，内地居民同香港特别行政区居民、澳门特别行政区居民、台湾地区居民、华侨在中国内地结婚的，男女双方应当共同到内地居民常住户口所在地的婚姻登记机关办理结婚登记。

（二）结婚登记的程序

结婚登记是我国唯一有法律效力的结婚形式。根据我国《民法典》和《婚姻登记条例》的有关规定，婚姻成立的程序大致可分为申请、审查和登记三个环节。

1. 申　请

我国《民法典》第一千零四十九条规定：“要求结婚的男女双方应当亲自到婚姻登记机关申请结婚登记。”为了保障婚姻自由，便于婚姻登记机关审查，法律要求当事人双方应当亲自到婚姻登记机关申请结婚登记，不得由他人代理。申请时，办理结婚登记的内地居民应当出具下列证件和证明材料：本人的户口簿、身份证，本人无配偶以及与对方当事人没有直系血亲和三代以内旁系血亲关系的签字声明。离过婚的，还应当持离婚证。

2. 审　查

婚姻登记机关受理当事人结婚申请后，应当对当事人的申请依法进行审核和查证。婚姻登记员要审查当事人提交的证件和证明材料是否齐全、完备，证件内容是否与当事人本人的情况完全相符，有无伪造、涂改或冒名顶替的情况。审查中，婚姻登记机关可就需要了解的情况，向当事人提出询问，当事人应当如实回答，必要时，也可进行调查。婚姻登记机关可以要求有关单位和个人提供证明材料，有关单位和个人应当如实提供。

婚姻登记机关对不符合结婚登记条件的，不予受理，并给当事人出具《不予办理结婚登记通知单》。

3. 登　记

婚姻登记机关对当事人的结婚申请进行审查后，对于符合结婚条件的，应当当场予以登记，发给结婚证。当事人从取得结婚证时起，确立夫妻关系，依法享有配偶的权利，承担配偶的义务。对离过婚的，应当注销其原离婚证件。

办理结婚登记的当事人有下列情形之一的，婚姻登记机关不予登记：① 未到法定婚龄的；② 非双方自愿的；③ 一方或双方已有配偶的；④ 属于直系血亲或者三代以内旁系血亲的。对于不符合结婚条件的申请，婚姻登记机关不予登记，并应当向当事人说明不予登记的理由。当事人认为符合结婚登记条件而婚姻登记机关不予登记的，可以依照《中华人民共和国行政复议法》的规定申请复议；对复议决定不服的，可以依照《中华人民共和国行政诉讼法》(下文简称《行政诉讼法》)的规定提起行政诉讼。

第五节　违法婚姻及其法律后果

一、违法婚姻的概念和特点

违法婚姻，是指不符合法定婚姻要件，即不符合婚姻的实质要件或不符合婚姻的形式要件，而形成的非法婚姻关系。违法婚姻包括无效婚姻、可撤销婚姻和事实婚姻，其中无效婚姻、可撤销婚姻不符合婚姻的实质要件，事实婚姻主要是不符合婚姻的形式要件。合法缔结婚姻关系以后出现的违反结婚法定要件的婚姻，不属于违法婚姻。

概括而言，违法婚姻的特点主要体现为以下几方面：一是婚姻行为具有违法性，婚姻的成立不符合法定结婚实质要件或形式要件。二是外在表现为准夫妻性，婚姻当事人之间一般对内以夫妻相待，事实上存在夫妻权利义务关系；对外以夫妻相称，双方公开以夫妻名义共同生活。三是形成违法婚姻的责任主体具有多样性，其责任主体既可能是当事人一方或双方，也可能是当事人之外的第三人。四是违法婚姻的法律后果具有多样性，违法婚姻因其违法的原因不同、适用法律不同，其法律后果也不尽相同。

二、无效婚姻

无效婚姻，是指男女两性虽经登记结婚，但由于违反结婚的法定条件而不具有法律效力的违法结合。严格地讲，无效婚姻并不是婚姻的一个种类，只是用来说明借婚姻之名而违法结合的一个特定概念，其本质上只是一种同居关系。

（一）婚姻无效的原因

婚姻无效的原因是指导致婚姻无效的法定情形或事实。根据《民法典》第一千零五十一条的规定，导致婚姻无效的原因有三种：

一是重婚。重婚是指有配偶者又与他人登记结婚或者以夫妻名义同居生活的违法行为。无论是法律上的重婚，还是事实上的重婚，后一个婚姻关系均属无效。

二是有禁止结婚的亲属关系。就我国《民法典》的规定而言，凡直系血亲或三代以内旁系血亲结婚的，婚姻无效。

三是未到法定婚龄。婚姻当事人任何一方的年龄未到法定婚龄的，婚姻皆无效。这里的"未到法定婚龄"不是指结婚时未到法定婚龄，而是指在当事人申请宣告婚姻无效时仍未到法定婚龄。

（二）婚姻无效的请求权

1. 婚姻无效的请求权主体

婚姻无效的请求权主体，是指有权向人民法院就已经办理结婚登记的婚姻，申请宣告婚姻无效的主体。最高人民法院在有关司法解释中指出，申请宣告婚姻无效的主体，包括婚姻当事人及利害关系人，利害关系人包括：① 以重婚为由申请宣告婚姻无效的，为当事人的近亲属及基层组织；② 以有禁止结婚的亲属关系为由申请宣告婚姻无效的，为当事人的近亲属；③ 以未到法定婚龄为由申请宣告婚姻无效的，为未达法定婚龄者的近亲属。

2. 婚姻无效请求权的行使期限

为了维护婚姻关系的稳定，保障有关各方权益和社会利益，应当对婚姻无效请求权的行使期限作出明确规定。最高人民法院在有关司法解释中指出，如果请求权人向人民法院申请宣告婚姻无效时，法定的无效婚姻情形已经消失的，人民法院不予支持。也就是说，当事人申请宣告婚姻无效的，必须在法定事由消灭之前提出，婚姻无效的情形已经消失的，该婚姻转化为有效婚姻，承认其婚姻效力。这有利于保护当事人的婚姻权益，有利于社会稳定。

具体而言，以重婚为由申请宣告婚姻无效的，请求权应于重婚者的合法配偶死亡或合法婚姻当事人离婚以前行使；以有禁止结婚的亲属关系为由，这主要是指有禁止结婚的拟制血亲为由申请宣告婚姻无效的，请求权应于依法解除拟制血亲关系以前行使；以未达到法定婚龄为由申请宣告婚姻无效的，请求权应于婚姻双方当事人均达到法定婚龄以前行使。

（三）宣告婚姻无效的程序

根据最高人民法院有关司法解释，在依诉讼程序确认婚姻无效时，应当注意以下几个问题：

第一，对请求确认婚姻无效的诉讼，人民法院应当依法作出判决，不适用调解，并且原告申请撤诉的，不予准许。因为法律规定的婚姻成立的实质要件是强制性规范，不是任意性规范，当事人之间的结合是否具有法律效力，只能根据客观事实依法认定，不允许当事人之间作出妥协。有关婚姻效力的判决一经作出，即发生法律效力。依法判决宣告婚姻无效的同时，人民法院应当收缴双方的结婚证书，并将生效判决书寄送至原婚姻登记机关。婚姻登记机关收到人民法院宣告婚姻无效的判决书副本后，应当将该判决书副本收入当事人的婚姻登记档案。

第二，人民法院在宣告婚姻无效时，应同时对涉及财产分割和子女抚养的争议一并处理，对婚姻效力的认定和其他纠纷的处理分别制作裁判文书。对财产分割和子女抚养等问题的处理，既可以判决结案，也可以调解结案。不服财产分割和子女抚养问题的判决，当事人有权上诉。调解达成协议的，应当制作调解书。

第三，同一婚姻关系离婚和无效婚姻宣告的审理。人民法院受理离婚案件后，经审查确属无效婚姻的，应当将婚姻无效的情形告知当事人，并依法作出宣告婚姻无效的判决。人民法院就同一婚姻关系分别受理了离婚和申请宣告婚姻无效案件的，对于离婚案件的审理，应当待申请宣告婚姻无效案件作出判决后进行。婚姻关系被宣告无效后，涉及财产分割和子女抚养的，应当继续审理。

需要注意的是，1994 年 2 月 1 日颁行的《婚姻登记管理条例》曾规定，申请婚姻登记的当事人弄虚作假、骗取结婚登记的，婚姻登记管理机关应当撤销婚姻登记，对结婚、复婚的当事人宣告其婚姻无效并收回结婚证。2003 年 8 月 8 日公布、10 月 1 日起施行的《婚姻登记条例》，已无关于婚姻登记机关宣告婚姻无效的规定。因此，可以认为，目前有权宣告婚姻无效的主体只能是人民法院，即只能依诉讼程序宣告婚姻无效。

（四）婚姻无效的法律后果

根据《民法典》第一千零五十四条的规定："无效的或者被撤销的婚姻自始没有法律约束力，当事人不具有夫妻的权利和义务。同居期间所得的财产，由当事人协议处理；协议不成的，由人民法院根据照顾无过错方的原则判决。对重婚导致的无效婚姻的财产处理，不得侵害合法婚姻当事人的财产权益。当事人所生的子女，适用本法关于父母子女的规定。婚姻无效或者被撤销的，无过错方有权请求损害赔偿。"据此，婚姻被宣告无效后，会产生以下法律后果：

1. 无效婚姻的溯及力

无效婚姻自始没有法律约束力，即无效婚姻在依法被宣告无效时，才确定该婚姻自始不受法律保护。因此，婚姻被依法宣告无效后，无效的效力具有溯及力，双方婚姻关系被法律确认为自始不存在，自始不受法律保护。

2. 对当事人的法律后果

在人身关系方面，婚姻关系被宣告无效后，婚姻无效的效力溯及既往，当事人从婚姻关系开始时起就不具有合法的夫妻关系，互相不享有配偶权，并且自始不享有配偶权，不产生夫妻之间的权利和义务，如双方当事人之间没有法定的扶养义务。

在财产关系方面，由于无效婚姻关系不具有婚姻的法律效力，双方当事人之间不是合法的夫妻关系，因而原则上不能适用夫妻财产制的有关规定。双方在同居期间所得的财产不是夫妻共同财产，由当事人协议处理，协议不成时，由人民法院根据照顾无过错方原则判决。同居期间的财产已经形成共有的，应当按照共有的一般原则处理；没有形成共有的，则按照各自的财产归个人的原则处理；无法确认财产所有的性质的，按照共同共有原则处理。另外，因为没有夫妻这一身份，亦相互没有继承遗产的权利。

3. 对子女的法律后果

由于无效婚姻自始无效，双方当事人所生的子女究竟是婚生子女还是非婚生子女，法律并没有予以明确规定。从法学理论看，一般认为因为双方当事人没有合法的婚姻关系，其所生子女应为非婚生子女。根据《民法典》第一千零七十一条的规定，非婚生子女享有与婚生子女同等的权利，任何组织或者个人不得加以危害和歧视。因此，无效婚姻关系中父母所生育的子女享有与婚生子女同等的权利，不受其父母婚姻无效的影响，在抚养、教育、保护、继承、监护、代理等问题上，与合法婚姻中的父母子女关系应当同等对待，这对保护违法婚姻中的子女权益是十分必要和重要的。在婚姻被宣告无效后，当事人应当妥善处理好子女的抚养和教育问题；当事人不能就子女抚养和教育达成协议的，由人民法院依法判决。

4. 对重婚导致的无效婚姻的财产处理

应当保护好合法婚姻当事人的权益，妥善处理，不得侵害合法婚姻当事人的财产权益。人民法院审理重婚导致的无效婚姻案件时，涉及财产处理的，应当准许合法婚姻当事人作为有独立请求权的第三人参加诉讼。

三、可撤销婚姻

我国婚姻法规定的可撤销婚姻，是指男女两性虽经登记结婚，但由于违反结婚的法定条件而不具有法律效力，撤销权人可以向法院请求撤销婚姻的情形。

（一）婚姻撤销的原因

1. 因胁迫结婚的

《民法典》第一千零五十二条第一款规定："因胁迫结婚的，受胁迫的一方可以向人民法院请求撤销婚姻。"这里的"胁迫"，是指行为人以给另一方当事人或者其近亲属的生命、身体健康、名誉、财产等方面造成损害为要挟，迫使另一方当事人违背真实意愿结婚的情况。构成婚姻胁迫，须具备以下条件：① 行为人是婚姻当事人或者第三人，受胁迫者是婚姻关系当事人或其近亲属；② 行为人须有胁迫的故意，是通过自己的威胁而使另一方当事人产生恐惧心理，并基于这种恐惧心理而被迫同意结婚；③ 行为人须实施胁迫行为，使其产生恐惧心理；④ 受胁迫人同意结婚与胁迫行为之间须有因果关系。

2. 隐瞒重大疾病结婚的

根据《民法典》第一千零五十三条第一款的规定："一方患有重大疾病的，应当在结婚登记前如实告知另一方；不如实告知的，另一方可以向人民法院请求撤销婚姻。"也就是说在缔结婚姻关系时，如果一方患有重大疾病的，对另一方当事人负有如实告知义务，应当在结婚登记前如实告知另一方，另一方当事人同意的，仍然愿意和患重大疾病的一方结婚的，当然可以缔结婚姻关系，法律承认其婚姻关系的合法有效性。患病一方当事人如果不履行告知义务，即不告知或者虚假告知的，另一方当事人享有撤销权，可以向人民法院请求撤销该婚姻。

社会在进步，医疗手段也越来越先进，一些重大疾病慢慢能治愈了，所以立法对于重大疾病婚的态度产生了变化。在《婚姻法》中曾规定"婚前患有医学上认为不应当结婚的疾病，婚后尚未治愈的"，属于无效婚的情形；而现在的《民法典》则规定，一方当事人没有履行重大疾病如实告知义务的，属于可撤销婚。对于将隐瞒重大疾病作为婚姻可撤销事由的规定，在立法上还体现了对另一方当事人知情权的尊重。一般情况下，患有重大疾病应属于当事人的隐私。但结婚行为会形成亲密关系，会形成一系列权利义务，此时，患病一方的隐私权应让位于对方当事人的知情权，进而保障知情基础上的选择权。对方知情的情况下，是否患有重大疾病并不必然会影响当事人的结婚意愿。这是立法的进步，充分保障了当事人在婚姻问题上的意思自治，体现了对当事人婚姻自主权的尊重，体现了婚姻自由原则。

目前，重大疾病如实告知义务还只是一个原则上的规定，尚缺乏具体的可操作的细节。比如，重大疾病该如何界定？病到什么程度需要清楚告知？如果之前的重大疾病已经治愈康复，且不会影响到后续的生活和子女健康，这种情况下还需不需要告知？诸如癌症这样的疾病，早期治疗成功，但不排除日后有复发的可能，这属不属于交代的范围？这些问题是司法实践中会面临的不小的挑战，需要逐渐明确。

另外，根据最高人民法院的相关司法解释，因结婚登记程序存在瑕疵而引起的其他婚姻纠纷，如使用虚假身份、他人代理、登记手续不规范或证件不齐全等，当事人以此为由提起民事诉讼，主张撤销婚姻登记的，人民法院应当告知当事人可以依法申请行政复议或者提起行政诉讼。

（二）婚姻撤销的请求权

1. 婚姻撤销的请求权主体

根据《民法典》第一千零五十二条的规定，受胁迫结婚的，婚姻撤销的请求权主体仅限于“受胁迫的一方”。这是由于因胁迫而缔结的婚姻，受胁迫方在缔结婚姻关系时，不能真实地表达自己的意愿，为了贯彻执行婚姻自由原则，法律赋予受胁迫方提出撤销其婚姻效力的请求权，使其能够有机会自愿真实地表达自己对婚姻关系的态度，保护其合法权益。

根据《民法典》第一千零五十三条的规定，一方隐瞒重大疾病结婚的，另一方可以向人民法院请求撤销婚姻。可见，一方隐瞒重大疾病结婚的，婚姻撤销的请求权主体仅限于另一方。

2. 婚姻撤销请求权的行使期限

根据《民法典》第一千零五十二条第二款的规定，受胁迫结婚的，申请人应当自胁迫行为终止之日起一年内提出撤销婚姻的请求；被非法限制人身自由的当事人请求撤销婚姻的，应当自恢复人身自由之日起一年内提出。根据《民法典》第一千零五十三条第二款的规定，隐瞒重大疾病结婚的，应当自知道或者应当知道撤销事由之日起一年内提出撤销婚姻的请求。

需要注意，撤销婚姻的请求权受除斥期间的约束，除斥期间为一年，这里的“一年”不适用诉讼时效中止、中断或者延长的规定。超过除斥期间的，撤销权消灭，不得再提出撤销婚姻的请求。这样的规定，可避免可撤销的婚姻关系长期处于一种不稳定状态，从而更好地保护婚姻双方当事人的合法权益，特别是双方当事人所生子女的利益，有利于家庭、社会的稳定。

（三）婚姻撤销的程序

根据《民法典》第一千零五十二条、第一千零五十三条的规定，有权撤销婚姻的机关是人民法院。婚姻撤销请求权人可以依诉讼程序到人民法院申请撤销婚姻。

婚姻登记机关经审查认为受胁迫结婚的情况属实且不涉及子女抚养、财产及债务问题的，应当撤销该婚姻，宣告结婚证作废。申请撤销婚姻时，若涉及子女抚养、财产及债务问题还没有解决的，只能依诉讼程序撤销该婚姻。

人民法院审理婚姻当事人因受胁迫而请求撤销婚姻的案件，应当适用简易程序或者普通程序。人民法院依法撤销婚姻的，应当收缴双方的结婚证书，并将生效的判决书副本寄送原婚姻登记机关，婚姻登记机关应当将该判决书副本收入当事人的婚姻登记档案。

（四）婚姻撤销的法律后果

根据《民法典》及司法解释的相关规定，婚姻撤销的法律后果和婚姻无效的法律后果基本相同，这里就不再重复分析。

四、事实婚姻

（一）事实婚姻的概念和特征

事实婚姻是法律婚姻的对称。一般认为，事实婚姻是指符合结婚实质要件的男女，未办理结婚登记而公开以夫妻名义同居生活，周围群众也认为是夫妻关系的两性结合。

事实婚姻有以下几个方面的特征：第一，主观目的性，即当事人双方主观上具有创设夫妻法律关系的意愿，这一特征使事实婚姻与通奸、姘居等非婚两性关系区别开来。第二，客观现实性，即当事人双方有以夫妻名义共同生活的事实。第三，关系公示性，即事实婚姻应当是公开的，两人以夫妻名义的同居生活得到了周围群众的认可。第四，实质符合性，即双方符合结婚实质要件，这是事实婚姻区别于无效婚姻和可撤销婚姻的基本因素。第五，形式欠缺性，当事人以夫妻名义同居生活却没有履行结婚登记程序，不具有法定的结婚形式要件，这是事实婚姻与法律婚姻的主要区别。

（二）我国法律对待事实婚姻的态度

中华人民共和国成立后，根据我国的实际情况，在不同的时期，我国对事实婚姻的态度是不同的。具体而言，主要分为以下阶段：

1. 相对承认事实婚姻法律效力阶段

中华人民共和国以后，1950 年《婚姻法》明确规定结婚必须进行婚姻登记。然而由于实践中存在着大量的没有进行登记的事实婚姻现象，不得不通过司法解释和行政法规对事实婚姻采取相对承认的态度。1956 年 11 月 14 日《最高人民法院关于未登记的婚姻在法律上的效力问题的复函》、1979 年 2 月《最高人民法院关于贯彻执行民事政策法律的意见》的相关规定表明，在该时期对只欠缺结婚形式要件的事实婚姻是一律承认其效力的，与法律婚姻同等对待。1984 年 8 月 30 日《最高人民法院关于贯彻执行民事政策法律若干问题的意见》，要求起诉离婚时双方必须符合结婚的实质要件，而将虽以夫妻名义同居生活，但起诉时双方或一方不符合结婚实质要件的，作为非法同居关系处理。1989 年 11 月 21 日《最高人民法院关于人民法院审理未办理结婚登记而以夫妻名义同居生活案件的若干意见》指出，“为保护妇女和儿童的合法权益，有利于婚姻家庭关系的稳定，维护安定团结，在一定时期内，有条件的承认其事实婚姻关系，是符合实际的”。并进一步对认定事实婚姻进行了限制：在 1986 年 3 月 15 日《婚姻登记办法》施行以前，未办结婚登记手续即以夫妻名义同居生活，群众也认为是夫妻关系的，一方起诉“离婚”，如起诉时双方均符合结婚的法定条件，可认定为事实婚姻关系；在 1986 年 3 月 15 日《婚姻登记办法》施行之后，未办结婚登记手续即以夫妻名义同居生活，群众也认为是夫妻关系的，一方起诉“离婚”，如同居时双方均符合结婚的法定条件，可认定为事实婚姻关系，否则，应认定为非法同居关系。

2. 不承认事实婚姻法律效力阶段

1994 年 2 月 1 日实施的《婚姻登记管理条例》第二十四条规定：“未到法定结婚年龄的公

民以夫妻名义同居的，或者符合结婚条件的当事人未经结婚登记以夫妻名义同居的，其婚姻关系无效，不受法律保护。”这意味着，以 1994 年 2 月 1 日为界限，此后形成的事实婚姻关系，不再承认其法律效力，按非法同居关系处理。应当注意的是，这个规定没有溯及既往的效力。对此，1994 年 4 月 4 日《最高人民法院关于适用新的〈婚姻登记管理条例〉的通知》明确指出，在 1994 年 2 月 1 日之前形成的同居关系，在 1994 年 2 月 1 日之后起诉到人民法院的，应按照相对承认事实婚姻法律效力时期的不同要求，或者按照事实婚姻处理，或者按照非法同居关系处理。

事实婚姻在民事方面不再具有法律效力，但在刑事方面仍承认事实婚姻的婚姻事实，并据此追究当事人的重婚罪的法律责任。对此，最高人民法院〔1994〕10 号文件做了规定：《婚姻登记管理条例》发布施行后，有配偶者与他人以夫妻名义同居生活的，或者明知他人有配偶而与之以夫妻名义同居生活的，仍应按照重婚罪定罪处罚。这即是所谓的事实重婚。

3. 事实婚姻法律效力待定阶段

2001 年 4 月 28 日《婚姻法》修正，其第八条规定：“未办理结婚登记的，应当补办登记。”对此，《婚姻家庭编解释（一）》第六条、第七条对事实婚姻的处理作了明确的规定：

（1）男女双方依据《民法典》第一千零四十九条规定补办结婚登记的，婚姻关系的效力从双方均符合《民法典》所规定的结婚的实质要件时起算。也就是说，补办结婚登记具有溯及力，使其婚姻效力转正。

（2）对于未依据《民法典》第一千零四十九条规定办理结婚登记而以夫妻名义共同生活的男女，提起诉讼要求离婚的，应当区别对待：① 1994 年 2 月 1 日之前，男女双方已经符合结婚实质要件的，按事实婚姻处理，具有合法婚姻的效力。② 1994 年 2 月 1 日之后，男女双方符合结婚实质要件的，人民法院应当告知其在案件受理前补办结婚登记。第一，补办了结婚登记的，婚姻关系的效力从双方均符合《民法典》所规定的结婚实质要件时起算。第二，未补办结婚登记的，形成的是同居关系。《婚姻家庭编解释（一）》第三条规定：“当事人起诉请求解除同居关系的，人民法院不予受理。已经受理的，裁定驳回。当事人因同居期间财产分割或者子女抚养纠纷提起诉讼的，人民法院应当受理。”具体分割财产时，同居生活期间双方共同所得的收入和购置的财产，按一般共有财产处理；同居生活期间双方各自继承或受赠的财产，应按个人财产对待；同居生活期间因为共同生活和经营所形成的债权债务，可按共同债权债务处理。

现行《民法典》第一千零四十九条规定：“要求结婚的男女双方应当亲自到婚姻登记机关申请结婚登记。符合本法规定的，予以登记，发给结婚证。完成结婚登记，即确立婚姻关系。未办理结婚登记的，应当补办登记。”可见，依然延续了上述立法精神。

有学者认为，这“实际上是有条件地承认事实婚姻”①。在立法上再三明确结婚登记的重要性和必要性，同时强调事实婚姻法律效力待定，有待于当事人采取积极的态度予以确定。对 1994 年 2 月 1 日之后出现的符合结婚实质要件的事实婚姻，通过补办结婚登记，使事实婚姻关系转变为合法的婚姻关系，间接完成对事实婚姻法律效力的确认。

---

① 巫昌祯，杨大文. 中华人民共和国婚姻法释义与实证研究[M]. 北京：中国法制出版社，2001：55.

典型案例

案例一：事实婚姻与非婚同居的认定

张某（男）与王某（女）从1994年5月开始，没有办理结婚登记即以夫妻名义同居生活。同居时张某为23周岁、王某为21周岁，两人原来均无配偶，双方同居是自愿的；他俩不是三代以内的旁系血亲，也没有医学上认为不能结婚的疾病；周围群众均视他们二人为夫妻关系。2009年1月，张某因患心脏病死亡。当王某要求继承张某的遗产时，遭到张某的兄姐拒绝。他们提出：张某与王某没有办理结婚登记的手续，不是合法的夫妻关系，不能继承张某的遗产。问：

1. 王某与张某是一种什么样的关系？

2. 王某能否分得张某的遗产？

案例分析：

1. 王某与张某是同居关系，不是事实婚姻。根据最高人民法院相关司法解释，未按规定办理结婚登记而以夫妻名义共同生活的男女，起诉到人民法院要求离婚的，应当区别对待：① 1994年2月1日民政部《婚姻登记管理条例》公布实施以前，男女双方已经符合结婚实质要件的，按事实婚姻处理。② 1994年2月1日民政部《婚姻登记管理条例》公布实施以后，男女双方符合结婚实质要件的，人民法院应当告知其在案件受理前补办结婚登记；未补办结婚登记的，按解除同居关系处理。在本案中，王某与张某是1994年5月同居的，虽然双方符合婚姻成立的实质条件，但未办理结婚登记手续，故两人属于同居关系。

2. 王某不能以配偶身份继承张某的遗产，但由于王某和张某存在同居生活的事实，根据《民法典》第一千一百三十一条的规定："对继承人以外的依靠被继承人扶养的人，或者继承人以外的对被继承人扶养较多的人，可以分给适当的遗产。"王某可以以法定继承人以外对被继承人扶养较多的人的身份，酌情分得张某的适当的遗产。

案例二：原告提供受胁迫证据材料，法院依法判决撤销双方婚姻登记[①]

原告肖某某与被告商某某于2003年自行相识。2010年国庆节时，原告因感情问题心情不好，原、被告一起到杭州旅游，其间两人发生了性关系，被告拍摄了原告的裸照、性爱视频。之后被告以公开裸照、视频为由向原告提出要求结婚。2011年2月28日，原、被告在上海市黄浦区民政局登记结婚，婚后双方未共同生活，也未生育子女。2011年8月21日，原、被告签订协议书，主要内容为：双方于2011年2月28日在黄浦区民政局领取结婚证书，但双方一直没有共同生活，现就领取结婚证后的生活、财产等达成以下协议：（1）男方不得强迫女方与其同居；（2）男方承认在和女方领取结婚证时，曾经以公布女方裸体照片、性爱视频到网上胁迫过女方，登记结婚女方是不愿意的，由于女方已与其登记领证，男方应将所有照片、视频永久删除，也不得对女方采取暴力或其他恐吓手段；（3）女方提出解除婚姻关系，男方应当无条件同意；（4）双方各自财产与对方无关，女方不能主张男方给钱给物。现原告起诉

---

① 上海市黄浦区人民法院（2011）黄民一（民）初字第3134号判决书。转引自吴卫义、张寅. 婚姻家庭案件司法观点集成[M]. 北京：中国法制出版社，2015：17.

至法院，坚决要求撤销婚姻关系。

问：法院能否依法撤销原告肖某某与被告商某某的婚姻关系？

案例分析：婚姻自由是法律赋予公民的权利，婚姻关系的建立应以感情为基础。根据《民法典》第一千零五十二条的规定："因胁迫结婚的，受胁迫的一方可以向人民法院请求撤销婚姻。请求撤销婚姻的，应当自胁迫行为终止之日起一年内提出。被非法限制人身自由的当事人请求撤销婚姻的，应当自恢复人身自由之日起一年内提出。"本案原、被告之间的婚姻关系，根据原、被告的陈述，双方签订的协议书，及证人证言等证据显示，被告以公布裸体照片、性爱视频等威胁手段，强迫原告与其登记结婚，系违背原告的真实意愿，应属胁迫婚姻。故原告现提出撤销婚姻的诉讼请求，符合法律相关规定，法院依法予以支持，判决如下：撤销原告肖某某与被告商某某于 2011 年 2 月 28 日的婚姻登记。

思考题

1. 我国《民法典》规定的婚姻的成立条件有哪些？
2. 在我国婚姻成立需要经历哪些程序？实行结婚登记制度的意义是什么？
3. 我国无效婚姻的种类和法律后果有哪些？
4. 我国可撤销婚姻的种类和法律后果有哪些？

第五章　夫妻关系

【内容提要】

夫妻是婚姻关系存续中的男女双方，法律上的夫妻是指男女双方以永久共同生活为目的，依法自愿缔结的具有权利义务内容的两性结合。夫妻关系在现代家庭关系中占据着重要地位，在法律上集中表现为两个方面：一是夫妻人身关系，二是夫妻财产关系。人身关系是指夫妻间存在的与配偶身份紧密相连而没有直接经济内容的权利义务关系。该关系根源于婚姻的内在属性和社会功能，根植于人伦道德要求，包括夫妻姓名权、人身自由权、住所决定权等内容。财产关系指夫妻间具有经济内容的权利义务关系，是夫妻人身关系的外化表现和对婚姻、家庭这一身份共同体的财产性法律规制。

【理论框架】

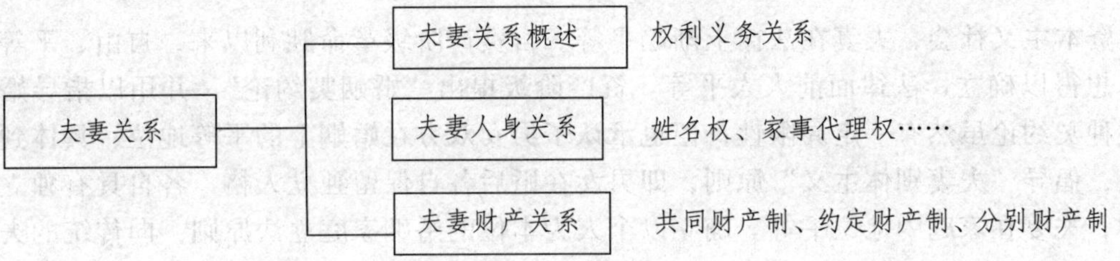

第一节　夫妻关系概述

一、夫妻关系的特征

夫妻是婚姻关系存续中的男女双方。一般意义上的夫妻关系是基于婚姻而形成的具有经济、感情、伦理和法律等多方面内容的特定社会关系，由道德、习惯加以调整。法律上的夫妻关系则是指由法律规定的夫妻双方之间的权利义务关系。但夫妻关系本身具有广泛的内容，其主要具有如下特征：

（1）必须是男女两性合法的结合。男女双方符合法律所规定的结婚条件，并履行了法定的结婚手续，才能结为夫妻。男女两性间任何形式的非法结合（如重婚、非法同居）都不是夫妻关系。

（2）必须以永久共同生活为目的。男女双方不以永久共同生活为目的之结合（如同居），不是夫妻关系。

（3）夫妻是共同生活的伴侣。夫妻必须共同承担生育和抚养子女、赡养和扶助老人等责任。

（4）夫妻关系具有专属性。夫妻关系是基于配偶身份而产生的权利和义务关系，这种权利和义务仅仅属于具有配偶身份的男女之间，而且是对等的。

二、夫妻关系的法律地位

夫妻双方在家庭中的地位，是与男女两性的社会地位相一致的。夫妻关系的性质和特点，取决于一定的社会制度，随着社会经济基础及与之相适应的婚姻家庭关系的发展，夫妻在家庭中的地位也相应地发生变化。依据不同的社会经济基础和社会制度，各国对于夫妻关系的立法例有所不同，主要分为夫妻一体主义、夫妻别体主义及夫妻共同主义①。我国在立法层面强调夫妻在婚姻家庭关系中的平等地位，《民法典》第一千零五十五条规定：夫妻在婚姻家庭中地位平等。但从发展脉络看，夫妻关系的立法大致经历了以下几个发展阶段。

（一）男尊女卑、夫权统治时期

在奴隶社会、封建社会，礼制和法律调整夫妻关系的规范多采取“夫妻一体主义”，即夫妻因婚姻成立在法律上合二为一，人格相互吸收。夫妻在家庭中的地位，以男尊女卑、夫权统治为特征。我国古籍载，“男帅女，女从男，夫妇之义由此始也。妇人从人者也：幼从父兄，嫁从夫，夫死从子”“夫者，妻之天也”“夫为妻纲”。这些句子表明夫妻关系完全是一种尊卑、主从关系，这种不平等的关系，被法律公开确认。

（二）在法律形式上渐趋平等的时期

在资本主义社会，夫妻在法律上渐趋平等。自资产阶级革命胜利以来，自由、平等、民主等思想得以确立，法律面前人人平等。资产阶级提出“婚姻契约论”，并用以指导婚姻立法。这种契约论虽然有一定局限性，但也承认了男女双方在婚姻上的平等地位，具体到夫妻关系上，倡导“夫妻别体主义”原则，即男女在婚后各自保留独立人格，各自具有独立的行为能力，夫妻在家庭中地位平等。确立以个人为本位的婚姻家庭立法原则，向传统的夫权统治提出挑战，是一种历史的进步。但是，资本主义国家早期的亲属法带有明显的封建残余，对已婚妇女的人身权利和财产权利，以至她们的行为能力都做了各种限制。

（三）从法律上平等向实际上平等的过渡时期

在社会主义社会，夫妻关系不再是过去那种尊卑、主从关系，而是新型的地位平等、人格独立的关系。但由于我国目前尚处于社会主义初级阶段，夫妻不平等的现象在一些家庭中仍然存在，妇女在家庭中的地位与法律的规定还存在一定差距。

第二节　夫妻人身关系

一、夫妻人身关系的概念

夫妻人身关系是指夫妻之间存在的与配偶身份紧密相连而无直接经济内容的权利义务关系，表现为夫妻共同生活，互相扶助。其主要包括姓氏权、同居义务、忠实义务、婚姻住所商定权和日常家事代理权等内容。夫妻人身关系决定着夫妻财产关系，夫妻财产关系从属于

---

① 房绍坤，范李瑛，张洪波. 婚姻家庭与继承法[M]. 北京：中国人民大学出版社，2020：58.

夫妻人身关系。

婚姻作为一种特殊的社会组织，承担着生育繁衍、养老育幼、情感慰藉等功能。具有独立人格的夫妻之间具有相应的身份关系是实现这些功能的基础。婚姻效力的法律规定体现了社会对男女两性关系的基本立场和态度，旨在依照社会要求分配夫妻之间婚姻利益与负担，形成婚姻的内部秩序。各国婚姻家庭法关于婚姻身份效力的规定主要包括三个方面的内容：一是基于对夫权、家长权的否定，在夫妻关系上强化配偶人格权；二是与婚姻本身密切相关的身份效力，如同居义务、忠实义务等；三是以夫妻身份权利为前提而派生出来的财产性权利，如共同财产权、相互扶养权、相互遗产继承权关系，一般被称为夫妻财产权。

二、夫妻姓名权

姓名，是姓与名的结合，是确定和代表社会成员个体与其他人相区别的文字符号和标记。其中姓氏标志着家族血缘团体的称号，体现每个社会成员所属的亲属团体；名则是代表个人的语言符号。姓名结合，意味着个人与群体之间的内在联系，具有重要的社会功能。

姓名权是指公民有决定、使用和依法变更自己姓名并排除他人干涉或者非法使用的权利。姓名权是人格权的重要组成部分，是基于人身关系而产生的一项重要民事权利，有无使用自己姓名的权利是夫妻双方有无独立人格的标志。

在我国封建社会，婚姻多实行“男娶女嫁”的结婚方式。女子婚后即加入夫宗，冠以夫姓而丧失姓名权，这是人身依附关系的表现。《中华民国民法·亲属编》第一千条规定：“妻以其本姓冠以夫姓，赘夫以其本姓冠以妻姓，但当事人另有订定者不在此限。”该规定虽然指出夫妻双方可以约定自己的姓氏，但仍带有明显的封建残余。

中华人民共和国成立后，为充分体现和保证男女平等，提高妇女的法律地位，法律对姓名权加以严格保护和确认。《民法通则》第九十九条规定：“公民享有姓名权，有权决定、使用和依照规定改变自己的姓名，禁止他人干涉、盗用、假冒。”1950 年和 1980 年两部《婚姻法》都规定“夫妻双方都有使用自己姓名的权利”。《民法典》第五编第一千零五十六条同样明确夫妻双方都有各自使用自己姓名的权利。所以，我国立法发展过程中，对于夫妻各自享有的姓名权，不因婚姻成立或终止而变化这一原则性规定一直未发生变化。当然，夫妻双方就姓名权问题另作约定的除外。

三、夫妻双方都有参加生产、工作、学习和社会活动的自由

夫妻人身自由权，是指夫妻从事社会职业、参加社会活动、进行社会交往的权利，是夫妻双方家庭地位平等的重要标志。

中华人民共和国成立以来，大力宣传男女平等、妇女解放，号召广大女性从家庭中走出来，参加社会生产劳动。1950 年《婚姻法》第九条规定：夫妻双方都有选择职业、参加工作和参加社会活动的自由。1980 年《婚姻法》、2020 年《民法典》均规定：夫妻双方都有参加生产、工作、学习和社会活动的自由，一方不得对另一方加以限制或干涉。这些规定为夫妻平等地行使权利和承担义务提供了法律保障，虽然平等地适用于夫妻双方，但就针对性而言，主要是保障已婚女性的人身自由权。此外，我国还专门制定了《妇女权益保障法》，对包括人身权利在内的各项妇女权利加以保护。

四、夫妻的婚姻住所决定权

婚姻住所是指夫妻婚后共同居住和生活的场所，也是夫妻行使权利和履行义务的场所。婚姻住所决定权是指夫妻在平等协商的基础上，选择、决定夫妻婚后共同生活住所的权利。对于婚姻住所由谁决定，古今中外立法有不同的规定。在奴隶社会和封建社会实行“男娶女嫁”的结婚方式，夫妻关系是男尊女卑、夫为妻纲，妻从属于夫，普遍实行“妻从夫居”的婚居方式，婚姻住所决定权掌握在丈夫手中。资产阶级国家建立后，各国立法的早期通例仍明确将婚姻住所决定权授予丈夫。现代社会以来，随着男女平权观念的深入及女权运动的发展与影响，夫妻平等意识渐入人心，各国法律大都转向婚姻住所由夫妻共同决定。《民法典》第一千零五十条规定：“登记结婚后，根据男女双方约定，女方可以成为男方家庭的成员，男方可以成为女方家庭的成员。”这一规定表明，在我国的婚姻家庭中夫妻平等地享有婚姻住所决定权，体现了男女双方享有平等的婚姻住所决定权的立法精神，是对我国传统的“妇从夫居”这一婚姻居住方式的重要改革。

五、夫妻双方生育的权利义务

我国是人口众多的国家，实行计划生育是国家的基本国策。夫妻双方履行计划生育义务，既通过调整婚姻家庭关系而间接作用于生育关系，也直接调整生育关系。主要有三层含义：第一，实行计划生育是夫妻双方的义务。计划生育既然是基本国策，就要求全体公民严格遵守，实行计划生育作为夫妻的法定义务，具有强制性。第二，实行计划生育必须破除重男轻女的封建思想。由于封建礼制的影响，在我国“多子多福”“重男轻女”“不孝有三，无后为大”等封建思想还有一定影响，一些人由于受传宗接代思想的影响，不惜违反计划生育政策，超生多生。第三，实行计划生育是夫妻双方的法定权利。计划生育既是夫妻双方的法定义务，也是双方的一项法定权利。夫妻享有国家法律规定生育子女的自由和权利，任何人不得干涉；同时，夫妻双方也有不生育的自由和权利，任何人不得强迫或干涉。育龄夫妻有权根据国家法律以及自身情况，决定是否生育，何时生育。

《婚姻法》第十六条规定“夫妻双方都有实行计划生育的义务”，将计划生育确定为夫妻双方的法定义务。但是，《民法典》删减掉了《婚姻法》第六条中关于“鼓励晚婚晚育”以及第十六条实行计划生育义务的内容，从立法层面删除了计划生育作为法定义务的依据。现行规定中，《人口与计划生育法》第十七条规定：“公民有生育的权利，也有依法实行计划生育的义务，夫妻双方在实行计划生育中负有共同的责任。”

另外，关于生育权的性质，我国并未在法律层面作出明确规定，学术界对此也存在较大争议。有观点认为生育权应属于人格权范畴，不以是否具有特定配偶身份关系为前提，根据这一观点则认为即使无配偶者也应当具有生育权。与此同时，另有观点认为，自然人并非任何时候都享有生育权，故其不应属于人格权范畴。①

六、日常家事代理权

日常家事代理权是指夫妻一方在处理日常家庭事务或因该类事务而与第三人交往时互为

① 杨遂全，等. 婚姻家庭法新论[M]. 北京：法律出版社，2003：144.

法定代理人。夫妻一方的意思或行为视同夫妻双方共同的意思表示，夫妻双方共同承担代理行为产生的后果，夫妻一方对对方从事家事行为产生的债务承担连带责任。

我国《婚姻法》没有明文规定夫妻日常家事代理权，而是强调夫妻相互协商、共同处理家庭生活问题。但从具体内容来看，包含了日常家事代理的精神。《最高人民法院关于适用〈中华人民共和国婚姻法〉若干问题的解释（一）》第十七条规定了“夫妻因日常生活需要而处理夫妻共同财产的，任何一方均有权决定”，这是我国婚姻法对于家事代理权的第一次明确表态。2021年生效的《民法典》填补了这一条文空白，其第一千零六十条规定：“夫妻一方因家庭日常生活需要而实施的民事法律行为，对夫妻双方发生效力，但是夫妻一方与相对人另有约定的除外。夫妻之间对一方可以实施的民事法律行为范围的限制，不得对抗善意相对人。”至此，正式明确了夫妻关系中的家事代理权，其区别于传统民法意义上的法定代理权，前者的适用范围仅限夫妻双方对于家庭事务的处理范畴，其行为结果直接归属于夫妻双方，日常家事代理权的权利基础在于夫妻关系的存续，与身份关系并存，其产生与消灭均伴随于夫妻关系的成立或消灭。

七、同居及忠实义务

（一）同居义务

同居是指男女双方以配偶身份共同生活，包括物质生活、精神生活和夫妻性生活等重要内容。同居是婚姻自然属性必然派生出来的权利，是夫妻共同生活必不可少的内容。法律规定夫妻有同居的权利和义务，将人的本能需求合理地置于婚姻制度保护之下，使婚姻与人的本性相协调。同居也是婚姻社会属性的要求，其从本质上就是一种共同生活关系。

（二）忠实义务

忠实义务是指夫妻间在性生活上应互守贞操、保持专一的义务；也包含夫妻一方不得遗弃他方，不得为第三方利益牺牲、损害配偶他方利益。

忠实针对夫和妻而言，在婚姻关系存续期间，夫妻各方均有权要求对方忠于自己，不与婚外异性发生或保持性关系。婚姻忠实义务主要出于以下几点原因：第一，是落实一夫一妻制度的根本要求；其二，夫妻相互忠实是婚姻当事人共同一致的强烈要求；第三，夫妻相互忠实，是子女血缘清白的保证和配偶身心健康的需要；第四，明确夫妻有相互忠实的法定义务，为调整婚姻关系的其他具体制度提供了法律依据。

我国《民法典》没有明确规定夫妻忠实义务，只是在第一千零四十三条中要求：“家庭应当树立优良家风，弘扬家庭美德，重视家庭文明建设。夫妻应当互相忠实，互相尊重，互相关爱；家庭成员应当敬老爱幼，互相帮助，维护平等、和睦、文明的婚姻家庭关系。”该规定仅仅是一个倡导性的规范，而不是强制性法定权利义务规范。

八、夫妻之间有相互扶养的权利和义务

广义的扶养指一定范围亲属间相互扶养和扶助的法定权利和义务，是晚辈对长辈的赡养、平辈亲属间的扶养、长辈对晚辈亲属的抚养的统称。狭义的扶养是指平辈亲属相互之间在经济上的供养和生活上的扶助。我国法律意义上的扶养，主要指夫妻间相互供养和生活扶助的法定权利和义务。

夫妻间相互扶养的权利和义务是配偶权的重要内容，也是配偶身份关系和婚姻共同体的物化表现。《民法典》第一千零五十九条规定：“夫妻有相互扶养的义务。需要扶养的一方，在另一方不履行扶养义务时，有要求其给付扶养费的权利。”可见，夫妻之间的互相扶养，既是权利又是义务。夫妻之间不得以约定形式改变这种法定义务。目前，我国对扶养程度没有规定，但根据夫妻家庭地位平等的精神，应包括供给被扶养人全部生活必需费用以及精神和生活上的扶助。关于现行扶养制度的具体内容将在第九章进一步阐释。

第三节　夫妻财产关系

一、夫妻财产制的概念

夫妻财产制又称婚姻财产制，是指规范有关夫妻婚姻前后财产归属、管理、使用、收益和处分等内容的法律制度，是主要基于身份关系而产生的以财产为内容的权利义务关系。夫妻财产制关系着婚姻家庭基本物质生活条件，又与民事交易安全密切相关，因而受到各个国家和地区婚姻家庭法的重视。该制度的核心是夫妻婚前和婚后所得财产的所有权问题。

二、夫妻财产制的类型

根据夫妻财产制的内容，该制度主要分为吸收财产制、统一财产制、共同财产制、分别财产制、联合财产制等类型。

（一）吸收财产制

吸收财产制是古代通行的夫妻财产制度，是指除夫的财产为其本人专有外，妻子携入的财产和婚后所得的财产的所有权、管理权以及用益权皆归属于夫；只有个别情况下，夫应在婚姻关系解除时返还妻的财产。

（二）统一财产制

统一财产制是指婚后除特有财产外，将妻子的婚前财产估定价额，将所有权转归丈夫所有，妻子则保留在婚姻关系终止时，对此项财产原物或价金的返还请求权。这种财产制度将妻的婚前财产所有权转变为对夫的一种债权，使女方处于极为不利的地位，带有明显的夫权主义色彩。它虽然较之吸收财产制是一种进步，但却有悖于男女平等原则，多为早期资本主义立法所采用，现代各国已很少采用。

（三）共同财产制

共同财产制是指婚后除选择约定财产制外，夫妻的全部财产或部分财产归双方共同所有，按照共同共有原则来行使权利、承担义务，婚姻关系终止时加以分割。以共同范围的不同，又具体划分为一般共同制、动产及婚后所得共同制、婚后所得共同制、婚后劳动所得共同制和剩余共同财产制等形式。共同财产制的根本在于谋求夫妻经济生活与身份的一致，内部与外部的一体，既符合婚姻共同体的本质目的，又保障从事家务劳动而无收入或收入较低一方的权益。

（四）分别财产制

分别财产制是指夫妻婚前、婚后所得的财产归各自所有，独自管理、使用、收益和处分，不受对方的支配和干涉的财产制度。只有在取得对方同意的条件下，一方才能处分另一方的财产。夫和妻各自所得及其孳息都归各自所有，配偶没有婚前财产和婚后财产之分，也没特有财产之说，婚姻共同生活费用由夫妻共同承担。婚姻关系终止时，对夫妻财产通过结算予以分配或继承。分别财产制保证了已婚妇女独立的财产权，从理论上看，是最典型的夫妻平等的财产制度。

（五）联合财产制

联合财产制又称为管理共同制或收益共同制，指夫妻的婚前和婚后所得财产仍归各自所有，除特有财产外，将夫妻财产联合在一起，由夫管理、收益。夫对妻原有的财产享有占有、使用、管理、收益和必要的处分权，丈夫负责家庭生活费用和财产管理费用，妻子不再负担家庭费用；婚姻关系终止时，妻的财产由其本人收回或其继承人继承。

三、我国的法定夫妻财产制

（一）我国法定夫妻财产制的立法沿革

我国古代的礼法在夫妻财产上实行宗族或者家庭成员财产共有的“同居共财”制度，无独立的夫妻财产制度可言。近代以来，清末及北洋政府的律令基本上也依照原有的夫妻财产制度。1930 年南京国民政府颁布的《中华民国民法·亲属编》，借鉴欧洲大陆法系各国立法例，规定联合财产制为法定夫妻财产制，其主要内容有：除特有财产外，结婚时属于夫妻之财产及婚姻关系存续中夫妻所取得之财产为其联合财产，由夫管理并负担管理费用；妻对于本人之原有财产保有所有权，但夫享有用益权及孳息的所有权；夫对妻之原有财产为处分时应征得妻之同意，但为管理上所必要之处分除外。显而易见，这是一种片面维护夫方权益的不平等财产制度。

1950 年《婚姻法》全面废除封建夫权，实行男女平等的法律制度，妻子在财产上与男子有同等的权利。其第十条规定：“夫妻双方对于家庭财产有平等的所有权和处理权。”1980 年《婚姻法》对夫妻财产制度作了必要的修正：（1）将法定夫妻财产制由原来的一般共同制改为婚后所有共同制；（2）将“家庭财产”改为“夫妻财产”；（3）明确规定夫妻可以在法定共同财产制之外另行约定，即承认约定财产制。1980 年《婚姻法》是在计划经济的背景下出台的，当时夫妻财产的基本状况是：夫妻财产的数量少、种类单一、财产关系相对简单。在这部法律实施 20 年之后，我国社会、经济、文化，人们的价值观念和生活方式发生了翻天覆地的变化，夫妻财产关系亦出现了新内容、新情况。1980 年《婚姻法》逐渐暴露出一些不足，不能完全适应我国经济关系发展和公民财产关系的需要。

（二）我国现行的法定夫妻财产制

2001 年的《婚姻法（修正案）》关于夫妻财产制的规定有两个特点：一是将婚前个人财产和婚后所得财产权属作了明确的规定；二是明确区分了婚后所得中属于双方共有的财产和个人特有财产。我国现行夫妻财产制度历经 10 余年的使用，在此期间，我国社会经济状况发生了极大变化，在婚姻家庭领域的财产关系上也有新的反映。最高人民法院分别于 2001 年 12

月、2003 年 12 月、2011 年 7 月三次通过司法解释进行补充。2020 年，《民法典》第五编对此进行了进一步汇编整理。

1. 夫妻共同财产

按《民法典》的规定，我国实行婚后所得共同制。根据法律规定，凡是被认定为夫妻共同财产的，必须具备三个要件：第一，必须是在夫妻关系存续期间双方合法取得的财产，婚姻关系被法律承认前和依法终止后双方所得以及各种非法所得均不属于夫妻共同财产。第二，必须是未被双方约定为个人所有财产或约定无效的婚后所得，凡是已经被有效约定为个人所得财产的不再视为夫妻共同财产。第三，必须是法定个人特有财产以外的双方婚后所得财产。夫妻共同财产的内容排除个人特有财产，其范围具有法定性。

在《婚姻法》第十七条的基础上，《民法典》第一千零六十二条将劳务报酬以及投资的收益，列入夫妻共同财产的范围，以此扩大夫妻共同财产的范围，缩减一方转移或者变卖财产的可操作空间。《民法典》生效后，在夫妻关系存续期间所得的下列财产，归夫妻共同所有：

（1）工资、奖金、劳务报酬。这里的工资、奖金、劳务报酬指一切为国家机关、社会团体、企事业单位和其他组织从事劳务活动所获得的收入。既包括从事上述劳务活动而获得的固定工资、定额奖金，也包括不定期和不定额的其他奖励和实物，还应包括在职期间从事其他劳务活动的收入；既包括从事固定工作获得的工资和奖金，也包括从事临时性劳作获得的报酬，以及用这些收入购置的动产、不动产。无论夫妻各方收入多寡、有无收入，均不影响他们对财产的共有权。毕竟婚姻是夫妻共同经营的事业，无论是配偶双方参加职业劳动谋得收入，还是一方劳动所得而另一方料理家务、养育子女，都同样是为家庭共同事业作贡献。

（2）生产、经营、投资收益。这里的生产、经营及投资既包括从事生产活动、商业活动，也包括在工业、农业、服务业、信息业、金融证券业等领域从事组织管理、承包、租赁、投资等经营活动。依照法律规定，如果当事人没有就有关财产的归属作出约定或约定无效的，在婚姻关系存续期间，不论是一方或双方进行的生产活动，收益均应归夫妻共同所有；进行经营活动的，无论是单独的还是共同的投资经营，所得收益均应视为夫妻共同财产，所负债务也应视为夫妻共同债务，法律另有规定的依法律规定。

（3）知识产权收益。知识产权作为一种智力成果权，包括著作权、商标权、专利权、发明权和发现权等，是与特定人身密不可分的人身权和财产权。知识产权中的人身权具有人身专属性，属于权利人个人所有，不为夫妻共有。但因知识产权而取得的财产收益，如专利转让费、作品稿酬等，属知识产权中的财产权，应为夫妻共同共有。《婚姻家庭编解释（一）》第二十四条规定：知识产权的收益，是指婚姻存续期间，实际取得或者已经明确可以取得的财产性收益。

（4）非特定性的继承或受赠财产。继承所得的财产，指依《民法典》规定，夫妻一方或双方继承的积极财产，即以遗产清偿被继承人所欠的税款和债务后所剩余的财产。受赠财产，是指因赠与合同所得财产。在婚姻关系存续期间，夫妻一方依法定继承或双方依遗嘱继承所得遗产以及夫妻双方依赠与合同共同所得的财产为夫妻共同财产。但在婚姻关系存续期间，夫妻一方依遗嘱继承所得遗产以及夫妻一方依赠与合同所得的财产为夫妻个人财产。这一规定一方面从关注家庭、满足婚姻共同体存在所必需的财产出发，体现了对夫妻共同财产权益的保障；另一方面，又尊重了公民对个人所有财产的处分权，贯彻了保护个人财产所有权的法律原则。

（5）夫妻一方个人财产在婚后产生的收益，除孳息和自然增值外，应认定为夫妻共同财产。

（6）其他应当归夫妻共同所有的财产。由于现实生活的复杂性和夫妻财产的多样性，法律难以对婚后所得且应归双方共有的财产全部罗列，所以最后进行了如此规定。

（7）人民法院审理离婚案件，涉及分割发放到军人名下的复员费、自主择业费等一次性费用的，以夫妻婚姻关系存续年限乘以年平均值，所得数额为夫妻共同财产。前款所称年平均值，是指将发放到军人名下的上述费用总额按具体年限均分得出的数额。其具体年限为人均寿命七十岁与军人入伍时实际年龄的差额。

2. 夫妻个人特有财产

夫妻个人特有财产亦称夫妻保留财产，是指在实行夫妻共同财产制的同时，依照法律规定或双方约定，各自保留一定范围的财产为个人所有并排斥夫妻共有，夫或妻独立享有对该项财产的占有、使用、收益和处分权。个人特有财产制以共同财产制为前提，是对夫妻共同财产制的补充和限制。依照《民法典》第一千零六十三条的规定，下列财产属于个人特有财产（夫妻一方的个人财产）：

（1）一方的婚前财产。婚前财产是指夫妻双方婚姻关系正式成立之前各自所有的财产，包括婚前个人劳动所得、继承或受赠的财产以及其他合法财产。

（2）一方因受到人身损害获得的赔偿或者补偿。这类费用带有强烈的人身专属性，且与保护特定当事人的生命健康权紧密相关，只能作为夫妻个人特有财产，因此应当被排除在夫妻共同财产范围之列。

（3）遗嘱或赠与合同中确定只归一方的财产。该规定充分尊重订立遗嘱和赠与合同的财产所有权人依法处分自己财产的权利和意愿，也是出于保护个人财产权利的要求。有关法律解释认为：婚后由一方父母出资为子女购买的不动产，产权登记在出资人子女名下的，视为只对自己子女一方的赠与，该不动产应认定为夫妻一方的个人财产。

（4）一方专用的生活用品。这是指夫妻在婚姻关系存续期间，以夫妻共同财产购置的用于个人生活需要的专属生活用品，如个人专用的衣物、装饰品、化妆品，个人专业所需的书籍、资料等。

（5）其他应当归一方的财产。如军人的伤残保险金、伤残补助金、医药生活补助费属于个人财产。

四、我国的夫妻约定财产制

（一）夫妻约定财产制的概念

夫妻约定财产制是指夫妻以契约的方式商定夫妻在婚前和婚姻关系存续期间所得财产的归属、管理、使用、收益、处分和债务清偿，婚姻终止时财产的分割与清算等事项，从而全部或部分排除法定夫妻财产制适用的制度。

1930 年的《中华民国民法·亲属编》在我国历史上首次正式对夫妻财产进行了立法。新中国成立后，1950 年《婚姻法》未对夫妻财产约定作明文规定，但却允许实行夫妻约定财产制。1980 年《婚姻法》肯定了夫妻财产约定的法律效力，在第十三条中规定“夫妻在婚姻关系存续期间所得的财产，归夫妻共同所有，双方另有约定的除外”。2001 年修改后的《婚姻法》

第十九条对夫妻财产约定进行了大量补充。2011 年 7 月,《最高人民法院关于适用〈中华人民共和国婚姻法〉若干问题的司法解释（三)》对夫妻约定财产进行了进一步补充。《婚姻法》第十九条规定了夫妻财产约定制度；2020 年,《民法典》又将原条文中的“夫妻”修改成了“男女双方”，这并不仅仅是简单的表述方式上的改变。未来期待相关司法解释出台对此进一步进行解释，例如双方在婚前签订协议时，还不符合“夫妻”的身份要求。所以婚前财产约定直接适用第十九条是有一定问题的,《民法典》修改为“男女双方”后，有望将婚前财产约定纳入婚姻家庭编调整的范围。

（二）我国现行的夫妻约定财产制

1. 约定的成立条件

现行法律制度并未对夫妻财产约定的成立条件作明确规定，但夫妻财产的约定是一种特殊的民事法律行为，不仅要符合民事法律行为的一般要件，还要符合《民法典》婚姻家庭编的有关规定，夫妻订立财产约定应具备以下条件：

（1）双方须有完全民事行为能力。夫妻财产制约定属重大民事行为，是一种具有强烈身份性质的财产合同，其缔约当事人为夫妻双方或即将结婚的男女双方，因此当事人须具有完全民事行为能力，且不得由他人代理。

（2）约定必须由双方自愿、意思表示真实。夫妻财产约定须双方完全自愿，必须经过双方当事人协商一致。

（3）不违反法律或社会公共利益。约定不得超出夫妻个人财产和共同财产的范围，不得损害国家、集体或他人利益，不得规避法律或损害集体和他人的利益，不得规避养老育幼、清偿第三人债务等法律义务。

（4）约定必须采用书面形式。夫妻财产约定是一种要式法律行为，必须采取一定形式或履行一定程序才能成立。《民法典》第一千零六十五条明确规定：“约定应当采用书面形式。”

2. 约定的内容

《民法典》第一千零六十五条对夫妻财产约定的范围作了规定。根据该规定，我国夫妻财产约定的范围比较宽泛，具体内容包括以下 3 种：

（1）约定实行分别财产制。双方对上述财产享有完全的占有、使用、收益和处分权，他方不得加以干涉。但是一般说来，这种约定制度应当同时就婚姻共同生活所需费用的分担加以约定。

（2）约定实行一般共同制。除个人特有财产外，不论是婚前还是婚后财产，只要是合法所得，一律归双方共同共有。

（3）约定实行混合财产制。婚姻关系存续期间所得的财产以及婚前财产部分各自所有，部分共同所有。

3. 约定的时间和效力

（1）时间。依法律规定，双方作出财产约定的时间可以在结婚之前，也可以在婚姻关系存续期间。但是，婚前作出约定的，在婚姻关系正式成立之后才发生夫妻财产约定的效力；婚姻关系存续期间所作的约定，若采用的是分别财产制或混合财产制则应明确是否溯及既往。

（2）效力。夫妻财产约定的效力分为对夫妻双方的效力和对夫妻关系以外的第三人的效力两部分。就对夫妻双方而言，法律明确规定：夫妻对婚姻关系存续期间所得的财产以及婚前财产的约定，对双方具有约束力。就对第三人而言，双方约定采用一般共同制的，原则上不会产生对第三人效力方面的争端；而约定实行分别财产制的则有可能出现对第三人效力的问题，第三人知道该约定的，对第三人有效，否则效力不及于第三人。

4. 约定的变更和撤销

《民法典》并未就此作出明确规定，但是按照一般的民法原理，夫妻财产约定可以依法变更或者撤销。在变更或撤销时，应遵循夫妻财产约定的一般原则，不得规避法律义务，也应采用书面形式并明确告知有利害关系的第三人。

典型案例

案例一：领证后婚礼前男方给付女方财物的性质？①

2017年11月，原告张某某与被告左某某经介绍相识。2018年7月11日，两人登记结婚；同年9月10日，原告为被告购买价值2.8万元的金银首饰；9月13日，原告的父亲向原告账户转款10万元；9月23日至9月30日，原告分6次将该10万元转入被告账户；10月5日，两人按照当地风俗举办了婚礼。然而从婚前至婚后，双方之间从未有过两性生活，为此吵闹不断。原告请自己的嫡亲叔叔和被告的父母共同出面调解未果，遂于2019年2月20日诉至法院，要求准予离婚，并请求判令被告返还彩礼10万元。起诉前，原告曾分别至苏州市立医院、苏州大学附属第二医院进行专项体检，检测报告均显示其身体正常。被告同意离婚，但辩称自己对无性生活没有过错，是原告存在身体障碍；10万元也不是彩礼，而是原告婚后交其保管的夫妻共同财产，拒绝返还。另查明，婚姻登记时，原告26周岁，被告29周岁。双方婚前未有同居。被告虽竭力否认原告单方体检结果的真实性，在法庭予以释明后，却拒绝参加法院委托的对原告重新体检过程的见证。

案例分析：《婚姻家庭编解释（一）》第五条规定："当事人请求返还按照习俗给付的彩礼的，如果查明属于以下情形，人民法院应当予以支持：（一）双方未办理结婚登记手续；（二）双方办理结婚登记手续但确未共同生活；（三）婚前给付并导致给付人生活困难。适用前款第二项、第三项的规定，应当以双方离婚为条件。"本案中，原、被告之间仅有夫妻之名，并无夫妻之实。双方虽办理了结婚登记，却从未享受过夫妻权利或履行过夫妻义务，并未建立起真正意义上的婚姻家庭，因此夫妻关系可谓名存实亡，可以认定两人确未共同生活，符合离婚的实质性要件，应当准予离婚。对于原告给付被告的10万元的性质，尽管转账发生在结婚登记后，却仍属于两人举办婚礼前所发生的一方重大财产变动事项。根据给付的时间节点和金额大小，再结合给付的背景、缘由以及财物来源等因素综合考量，无法从性质上排除是原告为了和被告缔结婚姻所给付的彩礼，被告依法负有返还义务。至于返还范围，应当视双方结婚的时间长短、导致离婚的原因以及彼此的过错程度等因素综合认定。现根据原告提

① 最高人民法院. 领证后婚礼前男方给付女方财物的性质？[J]. 人民司法·案例，2019（26）：41-45.

供的体检报告，再结合双方的诉辩和庭审自认，以及被告无正当理由拒绝见证法院委托对原告重新体检的态度，依照举证妨碍规则，可以推定导致两人确未共同生活的责任在于被告一方。据此，判决双方离婚，被告返还原告彩礼 10 万元。

案例二：赖某等与周某民间借贷纠纷案[①]

2012 年 12 月 17 日，赖某与曹某结婚。2013 年 12 月至 2014 年，赖某陆续向周某借款 290 000 元，约定借款月利率为 2%。2015 年 11 月 15 日，赖某归还周某 60 000 元。同日，赖某重新出具借条 1 张，交由周某收执。借条主要约定：借款金额为 230 000 元，利息每月 4 600 元，利息每月付清，借款期限 1 年。后赖某未按约还款付息，经周某催讨，赖某于 2016 年 3 月 10 日，以三明礼邦工艺品有限公司的名义出具借条 1 张交由周某收执。2016 年 10 月 25 日，赖某作为转让方，周某作为受让方签订《三明礼邦工艺品有限公司股权转让协议》，该协议约定"赖某将其持有的三明礼邦工艺品有限公司 2.069%股权（认缴出资额 20 690 元）以 230 000 元转让给周某，周某同意按此价格购买该股权"。2017 年 1 月 12 日，赖某与周某到宁化县工商行政管理局办理了三明礼邦工艺品有限公司股权变更登记。周某认为，赖某、曹某立即支付周某以借款本金 230 000 元为基数，按月利率 2%为标准，自 2015 年 11 月 15 日起至 2016 年 10 月 25 日止的利息 52 133 元。本案的焦点是：赖某经营的三明礼邦工艺品有限公司产生的收益是否属于其与曹某的共同财产，赖某、曹某夫妻是否应当以该资产向周某偿还债务。

案例分析：夫妻在婚姻关系存续期间因生产、经营、投资的收益所得的财产，为夫妻的共同财产，归夫妻共同所有。夫妻对共同财产，有平等的处理权，即夫或妻就处理夫妻共同财产上的权利是平等的。因日常生活需要而处理夫妻共同财产的，任何一方均有权决定。夫或妻非因日常生活需要对夫妻共同财产作出重要处理决定，夫妻双方应当平等协商，取得一致意见。他人有理由相信其为夫妻双方共同意思表示的，另一方不得对抗善意第三人。债权人就婚姻关系存续期间夫妻一方以个人名义所负债务主张权利的，应当按夫妻共同债务处理。在本案中，赖某与曹某婚姻关系存续期间对外经营三明礼邦工艺品有限公司，该公司所产生的收益是夫妻二人在婚姻关系存续期间因经营所得的财产，属于夫妻共同财产。由于夫妻对共同财产有平等的处理权，赖某有权向周某转让部分股权抵周某的债务。赖某未经配偶曹某的同意，非因日常生活需要处理夫妻共同财产的股权，该法律行为不应对曹某有效，但周某有理由相信赖某转让股权是基于夫妻双方共同意思表示，故曹某无法以其不知道借款一事为由对抗善意的第三人周某。赖某经营的公司收益用于夫妻共同生产经营，属于夫妻的积极的共同财产，与之相对应的消极财产即债务也当然属于夫妻共同债务，故赖某与曹某应当以夫妻共同财产偿还周某的债务。[②]据此判决：赖某、曹某应在判决生效之日起十日内支付周某借款利息 52 133 元。

---

① 参见案例（2017）闽 0424 民初 1670 号；二审法院为福建省三明市中级人民法院，案号为（2018）闽 04 民终 220 号。

② 杨立新，等. 中华人民共和国民法典释义与案例评注——婚姻家庭编[M]. 北京：中国法制出版社，2020：133.

思考题

1. 夫妻人身关系包含哪些内容？
2. 夫妻财产制有哪些类型？
3. 简述我国现行的夫妻财产制度。

第六章　婚姻的终止

【内容提要】

婚姻终止是合法有效的婚姻因一定法律事实归于消灭的法律制度。婚姻终止不仅在婚姻关系当事人之间引起人身关系、财产关系的变化，也会引起婚姻关系当事人与第三人之间的权利、义务的变更和消灭。婚姻的终止需符合法定条件才能够产生解除婚姻关系的法律效果。婚姻关系的解除涉及夫妻财产的分割、子女的抚养及债务的清偿，因一方的过错导致离婚的，无过错方有权请求损害赔偿。

【理论框架】

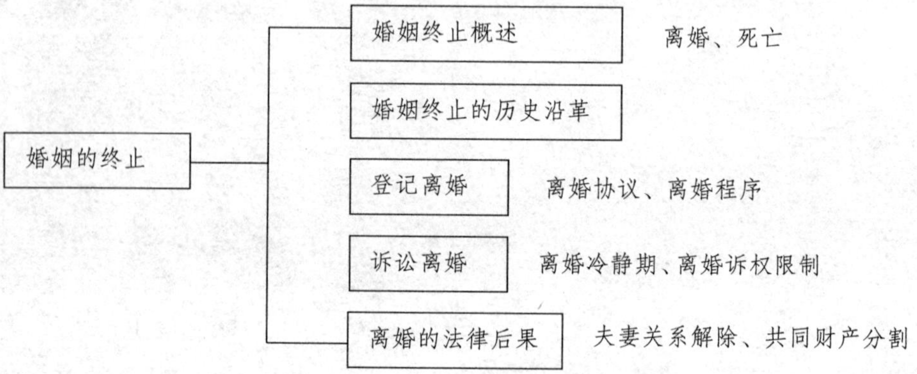

第一节　婚姻终止概述

一、婚姻终止的概念和情形

（一）婚姻终止的概念

婚姻终止是指合法有效的婚姻关系因发生一定的法律事实而归于消灭，当事人双方婚姻关系消灭，夫妻身份不复存在。

（1）婚姻终止有严格的法律界定。只有合法有效的婚姻关系存在，才会有婚姻关系终止的法律后果发生。

（2）婚姻的终止须基于一定的法律事实。配偶一方死亡或者离婚是婚姻终止的两种法律事实。

（3）婚姻终止将产生一系列的法律后果。婚姻终止不仅在婚姻关系当事人之间引起人身关系、财产关系的变化，也会引起婚姻关系当事人与第三人之间的权利、义务的变更和消灭。

（二）婚姻终止的情形

（1）因配偶死亡而终止。配偶自然死亡，婚姻关系的主体一方已不复存在，婚姻关系即自然终止，法律对此无须作明文规定。如果是因为配偶失踪经宣告死亡程序由人民法院宣告死亡，被宣告死亡人与配偶的婚姻关系，自死亡宣告之日起消灭。由于死亡宣告是一种法律推定，实际上可能会有两种情况，一种情况是推定正确，被宣告死亡的人确实死亡；另一种情况是推定不正确，即被宣告死亡的人并未真的死亡而又重新出现或确知其没有死亡。经本人或利害关系人申请，由人民法院撤销原宣告死亡的判决。在原判决发生法律效力的期间内，如果被宣告死亡人的配偶已与他人登记结婚的，其婚姻关系具有法律效力。如被宣告死亡人重新出现，他们原来的婚姻关系不能自行恢复。即使其配偶再婚后又离婚或者再婚配偶又死亡的，他们的婚姻关系也不能自行恢复。如果被宣告死亡人的配偶尚未再婚的，婚姻关系从撤销死亡宣告之日起自行恢复。

（2）因离婚而终止。离婚是指夫妻双方生存期间，依照法律规定的条件和程序，解除婚姻关系的法律行为。

二、离婚与别居

别居，是指婚姻双方暂时或永久地解除同居义务但是维持婚姻关系的法律制度。别居制度产生于中世纪的欧洲，是在教会法禁止离婚的情形下，为解除夫妻双方不堪共同生活而设立的制度。当代大多数国家都采取了离婚自由的法律制度，但仍有一些国家保留了别居制度。

离婚与别居的区别主要有：① 别居期间，离家不离婚，婚姻关系仍处存续状态，双方只解除同居义务，但不得另行结婚，否则构成重婚；离婚则完全解除婚姻关系，离婚后，双方均有再婚的权利。② 别居期间夫妻仍负贞操义务，离婚后双方无此法律义务。③ 别居期间夫妻仍有相互扶养的义务，离婚后此义务完全消灭。④ 别居期间夫妻间仍有相互继承财产的权利，离婚后则无此权利。

别居与离婚存在一定的联系，绝大多数规定别居的国家同时规定了将别居一定期限作为判决离婚或转化为离婚的法定理由。我国没有别居制度的规定，但在 2001 年的《婚姻法（修正案）》中将夫妻感情不和分居满 2 年作为判定夫妻感情确已破裂判决离婚的法定理由。

第二节　婚姻终止的历史沿革

婚姻终止制度是婚姻家庭制度的重要组成部分，它的发生、发展和演变，受到社会物质生产关系的制约，并且受到政治、文化、道德、宗教等因素的深刻影响。我国的婚姻终止制度就发展历程来看，经历了以下几个阶段：

一、古代社会的婚姻终止制度

1. 专权离婚制

在奴隶社会、封建社会，总体上实行的是专权离婚制度。其特点是丈夫享有离婚的特权；对妻子来说，婚姻是不可离异的。

2. 几种主要离婚制度

（1）“七出”的规定是典型的专权离婚制度。“七出”是允许男子休妻、男家弃妇的七种理由。妻子违反“七出”中的一条，丈夫就可休弃她，如：不孝顺公婆，不生育儿子，与人通奸，嫉妒丈夫的妾，患恶性传染病，多嘴多舌，擅自动用家庭财产。古代礼、法还设有例外情况，以“三不去”对“七出”进行限制：给公婆服过三年丧的，曾与丈夫同甘共苦现在富贵的，无娘家可归的妻子，不能被休弃。而妻子只能“从一而终”，在丈夫生前，不能提出离异；丈夫死后，也要守节，不得再嫁。

（2）义绝，是强制离异制度。义绝不是独立的离婚制度，而是一种刑事案件附带的民事法律后果。根据《唐律疏义》的解释，构成义绝的事由包括：夫妻间及与相互的亲属间的殴打、谩骂、杀害、通奸的行为。发生这以上事由之一，经官府处断，夫妻的婚姻关系必须强行离异，否则就会被处刑。义绝与“七出”不同。“七出”是于礼应出，于法可出，而非必出，合当义绝而不绝者，则须依律科刑。

（3）和离，是协议离异制度。《唐律·户婚律》中规定“若夫妻不相安谐而和离者不坐”，即夫妻感情不和，可以自愿协议离婚，并且不受处罚。但在封建桎梏的控制下，毫无经济保障、受着“三从四德”和贞操观念束缚的妇女，实际上是无法实现和离愿望的。所谓的“两愿离”，主要取决于丈夫或夫家。

（4）呈诉离婚，是出于特定缘由的离异制度。男方据以呈诉的理由常有“妻背夫在逃”“男妇虚执翁奸”“妻杀妾子”等。女方据以呈诉的理由常有“夫逃亡三年不还”“夫抑勒或纵容妻妾与人通奸”“夫典雇妻妾”“翁欺奸男妇”等。例如明、清律均规定，受财典雇妻妾与人者，除处以刑罚外，勒令离异。

二、近现代社会的婚姻终止制度

南京国民政府在1930年公布的《中华民国民法·亲属编》确立了两愿离婚和判决离婚两种制度。

（1）两愿离婚，指夫妻双方可以书面的形式协议离婚。如果是未成年人的，要征得法定代理人的同意；离婚后子女的监护，由丈夫决定，有另外约定的从约定。

（2）判决离婚，指通过法院的裁判解除婚姻关系的制度。《中华民国民法》规定了可判决解除婚姻关系的十种情形：① 重婚者；② 与人通奸者；③ 夫妻一方不堪同居之虐待者；④ 妻对于夫之直系尊亲属为虐待，或受夫之直系尊亲属之虐待，致不堪共同生活者；⑤ 夫妻一方以恶意遗弃他方在继续状态中者；⑥ 夫妻之一方意图杀害他方者；⑦ 有不治之恶疾者；⑧ 有重大不治之精神病者；⑨ 生死不明已逾三年者；⑩ 被处三年以上之徒刑或因犯不名誉之罪被处徒刑者。同时，将“同意”“宥恕”“期间经过”等作为离婚之诉不受理的原因。

三、中华人民共和国婚姻终止制度

1950 年，我国颁布了第一部《婚姻法》，对我国的婚姻终止制度作了全面的规定：① 在婚姻终止方式上，双方可以自愿离婚和经过诉讼离婚。② 在婚姻终止程序上，离婚需经登记机关审查或经过人民法院判决方可产生解除婚姻关系的效力；调解是解除婚姻关系中的重要程序；特殊情况下对配偶的离婚诉权加以限制，即女方怀孕期间及分娩后一年内男方不能提出离婚诉讼和现役军人的配偶离婚须经军人同意。③ 规定了婚姻终止后夫妻财产的分割及子女的抚养问题。

1980 年《婚姻法》对婚姻终止制度进一步进行了完善。在婚姻终止方式上继续实行协议离婚和诉讼离婚并行的制度，明确将“感情确已破裂”作为人民法院裁判离婚的标准。

2020 年《民法典》对婚姻终止制度作了重要的修改和补充，具体内容在下文详述。

第三节　登记离婚

登记离婚又称协议离婚，是指婚姻关系当事人双方自愿达成离婚合意并通过离婚登记程序解除婚姻关系的法律制度。婚姻登记机关经过审查和询问相关情况后，对符合离婚条件的当事人予以登记并发给离婚证，自双方签收离婚证之日起，婚姻关系即告解除。如果没有经过婚姻登记机关的审查和确认，离婚协议不产生解除婚姻关系的法律效力。

一、登记离婚的条件

离婚虽是以解除夫妻关系为目的的行为，但往往会涉及财产的分割和子女的抚养等诸多问题。《民法典》第一千零七十六条规定：夫妻双方自愿离婚的，应当签订书面离婚协议，并亲自到婚姻登记机关申请离婚登记。离婚协议应当载明双方自愿离婚的意思表示和对子女抚养、财产以及债务处理等事项协商一致的意见。婚姻登记机关查明双方确实是自愿并对子女、财产及债务等问题已适当处理时，发给离婚证。

（一）当事人须为合法夫妻并且具有完全民事行为能力

（1）协议离婚的当事人双方应当具有合法夫妻身份。以协议离婚方式办理离婚的，仅限于依法办理了结婚登记的婚姻关系当事人，不包括未婚同居和有配偶者与他人非法同居的男女双方，也不包括未办理结婚登记的“事实婚姻”中的男女双方。

（2）协议离婚的当事人双方均应当具有完全的民事行为能力。只有完全民事行为能力人才能独立自主地处理自己的婚姻问题。一方或者双方当事人为限制民事行为能力或者无民事行为能力的，即精神病患者、痴呆症患者，不适用协议离婚程序，只能适用诉讼程序处理离婚问题，以维护没有完全民事行为能力当事人的合法权益。离婚行为必须由离婚当事人亲自所为，其他任何人不能代为行使离婚权利。就离婚行为的发起来看，必须由夫妻双方或一方亲自提出；就离婚过程来看，一般必须由夫妻双方亲自参与；就离婚的后果来看，不论是身份的还是财产方面的后果都必须由夫妻双方亲自承受。

（二）当事人双方自愿协议离婚

“双方自愿”是协议离婚的基本条件，协议离婚的当事人应当有一致的离婚意愿。这一意愿必须是真实而非虚假的，必须是自主作出的而不是受对方或第三方欺诈、胁迫或因重大误解而形成的，必须是一致的而不是有分歧的。

（三）已对子女抚养、财产、债务等问题达成一致处理意见

此规定是协议离婚的必要条件。如果婚姻关系当事人无法对离婚后的子女抚养、财产、债务等问题达成一致处理意见，则不能通过婚姻登记程序离婚，只能通过诉讼程序离婚。

（1）子女抚养问题处理。当事人双方应在有利于保护子女合法权益的原则下对离婚后有关子女抚养、教育、探望等问题做合理的、妥当的安排。

（2）财产问题处理。这指对婚姻关系存续期间夫妻共同财产如何分割的问题。当事人双方应在不侵害任何一方合法权益的前提下，对夫妻共同财产做合理分割。

（3）债务问题处理。这指在不侵害国家、集体和第三人利益的前提下，对共同债务的清偿做出负责的处理。

二、登记离婚的主管机关

离婚登记按地域进行管辖，登记离婚的主管机关是婚姻当事人一方户籍所在地的婚姻登记机关。在城市是街道办事处或者市辖区、不设区的市人民政府的民政部门，在农村是乡、民族乡、镇的人民政府。在婚姻登记管理机关中，由持有婚姻登记管理员证书的人员从事协议离婚的登记工作。

三、登记离婚的程序

（一）当事人申请

当事人协议离婚的，应到一方户口所在地的婚姻登记管理机关申请离婚登记。由于离婚是一种重要的身份法律行为，因此，当事人双方必须亲自到婚姻登记管理机关申请离婚登记，不得委托他人代为办理。申请时应持双方的结婚证、户口簿、居民身份证等证件和证明，以及离婚协议书。离婚协议书应当写明双方当事人的离婚意思表示以及关于子女抚养、夫妻一方生活困难的经济帮助、财产分割及债务处理等协议事项，并由双方当事人签字或者盖章。

（二）婚姻登记管理机关审查

婚姻登记管理机关应对当事人的离婚申请进行审查，查明当事人所携带的证件和证明是否齐全，当事人是否符合登记离婚的诸项条件。婚姻登记管理机关如查明仅为夫妻一方要求离婚，或者夫妻双方虽然都同意离婚，但在子女和财产等问题上未达成协议的，婚姻登记机关不予受理。对于协议离婚的，婚姻登记机关可以进行调解。

（三）离婚冷静期

离婚冷静期是指夫妻离婚时，强制要求双方暂时分开考虑清楚后再行决定是否继续离婚的时间期限。

纵观世界，很多国家为避免冲动离婚，都在离婚手续中规定一定的冷静期，给想离婚的夫妻以一定的时间慎重考虑。例如：加拿大法律规定，婚姻破裂而且分居达一年者，才准许办理离婚手续，除非已有通奸或虐待的证据；美国的普通离婚程序中，需要经过 6 个月的等候期之后，离婚手续才会办理完成，夫妻关系才可以终止；英国法律规定，婚姻当事人一方或双方作出离婚声明后，须经过 9 个月的反省与考虑期，如果离婚申请人和当事人都认为婚姻无法维持，则准许离婚。韩国为遏制不断上升的离婚率，在 2005 年推出了“熟虑期”和义务调解制度，规定申请离婚的夫妇如有子女，必须经过 3 个月的“熟虑期”，如无子女，则“熟虑期”为 1 个月。从 2010 年 6 月起，韩国大法院推出了“离婚熟虑制”。实践表明，这种“离婚熟虑制”效果显著。京畿道水原地方法院试行该制度半年后，协议离婚取消率从 6%上升到了 23%。[①]

为让感情尚未破裂的婚姻重归于好,《民法典》第一千零七十七条创设了离婚冷静期制度。自婚姻登记机关收到离婚登记申请之日起三十日内，任何一方不愿意离婚的，可以向婚姻登记机关撤回离婚登记申请。前款规定期限届满后三十日内，双方应当亲自到婚姻登记机关申请发给离婚证；未申请的，视为撤回离婚登记申请。

（四）离婚登记和发给离婚证

离婚冷静期届满后三十日内，双方亲自到婚姻登记机关申请发给离婚证的，婚姻登记机关查明双方确实是自愿离婚，并已经对子女抚养、财产以及债务处理等事项协商一致的，予以登记，发给离婚证。离婚证是婚姻关系已经合法解除的具有法律效力的文件。当事人从取得离婚证之日起，解除婚姻关系。

经过审查，对不符合法定条件而不予登记的，婚姻登记管理机关应当以书面形式说明不予登记的理由。

第四节　诉讼离婚

一、诉讼离婚概述

（一）诉讼离婚的概念

诉讼离婚，又称判决离婚，是婚姻当事人向人民法院提出离婚请求，由人民法院调解或判决而解除婚姻关系的一项离婚制度。当事人双方未就解除婚姻关系达成一致，或者双方虽然同意离婚，但在子女、财产以及债务问题上不能达成一致意见，可通过诉讼方式解除婚姻关系。

（二）诉讼离婚的特征

诉讼离婚制度有下述特征：① 诉讼离婚有着法定的必要条件，即“感情确已破裂，调解无效”。② 在诉讼活动中，人民法院对争议处理起主导作用，对当事人提出的离婚请求和理由进行审查，是否准予离婚取决于人民法院的依法裁量。③ 人民法院依法作出的调解和判决，在发生法律效力后，即具有强制执行力，当事人不履行调解书和判决书中所确定的义务的，人民法院可依另一方的申请予以强制执行。

二、诉讼离婚程序

（一）起　诉

当事人提起的离婚诉讼，原则上由被告住所地人民法院管辖。但在下述情况下，采用特殊地域管辖：

（1）夫妻一方离开住所地超过一年，另一方起诉离婚的案件，可以由原告住所地人民法院管辖。夫妻双方离开住所地超过一年，一方起诉离婚的案件，由被告经常居住地人民法院

---

① 元涛. 韩国人离婚要“熟虑”[EB/OL]. [2019-12-29]. https://xian. qq. com/a/20101025/000286. htm.

管辖；没有经常居住地的，由原告起诉时被告居住地人民法院管辖。

（2）在国内结婚并定居国外的华侨，如定居国法院以离婚诉讼须由婚姻缔结地法院管辖为由不予受理，当事人向人民法院提出离婚诉讼的，由婚姻缔结地或者一方在国内的最后居住地人民法院管辖。

（3）在国外结婚并定居国外的华侨，如定居国法院以离婚诉讼须由国籍所属国法院管辖为由不予受理，当事人向人民法院提出离婚诉讼的，由一方原住所地或者在国内的最后居住地人民法院管辖。

（4）中国公民一方居住在国外，一方居住在国内，不论哪一方向人民法院提起离婚诉讼，国内一方住所地人民法院都有权管辖。国外一方在居住国法院起诉，国内一方向人民法院起诉的，受诉人民法院有权管辖。

（5）中国公民双方在国外但未定居，一方向人民法院起诉离婚的，应由原告或者被告原住所地人民法院管辖。

（6）已经离婚的中国公民，双方均定居国外，仅就国内财产分割提起诉讼的，由主要财产所在地人民法院管辖。

（二）调　解

根据《民法典》第一千零七十九条规定，夫妻一方要求离婚的，可以由有关组织进行调解或者直接向人民法院提起离婚诉讼。人民法院审理离婚案件，应当进行调解；如感情确已破裂，调解无效，应准予离婚。由此可见，调解是诉讼离婚程序中的重要环节。

调解是人民法院审理离婚案件的必经程序，目的在于防止当事人草率离婚，以及在双方当事人不能和解时，有助于平和、妥善地处理离婚所涉及的方方面面的问题。调解和好不成，双方还是坚持离婚的，也可以调解离婚。调解离婚有助于解决财产和子女问题，由此而达成的调解离婚协议，双方当事人一般都能自觉履行。调解达成协议，必须当事人双方自愿，不得强迫；调解应本着合法的原则进行，调解协议的内容不得违反法律规定。

经过人民法院的调解，会出现三种可能：

（1）调解和好。人民法院将调解和好协议的内容记入笔录，由双方当事人、审判人员、书记员签名或者盖章，协议的法律效力至此产生。

（2）调解离婚。双方同意离婚，妥善安排子女今后的生活、合理分割财产等。人民法院应当按照协议的内容制作调解书。调解书应写明诉讼请求、案件的事实和调解结果，并由审判人员、书记员署名，加盖人民法院印章。离婚调解书经双方当事人签收后即具有法律效力。

（3）调解无效。双方就是否离婚或者子女抚养、财产分割等方面达不成协议，在这种情况下，离婚诉讼程序继续进行，由法院依法进行判决。

《民法典》第一千零七十九条规定，有下列情形之一，调解无效的，应当准予离婚：重婚或者与他人同居；实施家庭暴力或者虐待、遗弃家庭成员；有赌博、吸毒等恶习屡教不改；因感情不和分居满二年；其他导致夫妻感情破裂的情形。一方被宣告失踪，另一方提起离婚诉讼的，应当准予离婚。

（三）判　决

对于调解无效的案件，人民法院应当依法判决。判决应当根据当事人的婚姻状况，判决准予离婚或者判决不准离婚。

对于确实无挽救、和好可能的婚姻，便让确已破裂的感情及时止损，夫妻双方能够重新选择自己的幸福。《民法典》为那些“刚性离婚”的夫妻开辟出一条道路，规定经人民法院判决不准离婚后，双方又分居满一年，一方再次提起离婚诉讼的，应当准予离婚。

三、离婚诉权的限制

解除婚姻关系的权利尽管主要是当事人意愿的体现，但基于婚姻关系中某些特殊群体利益保护的需要，法律对特定主体的离婚请求权进行了适当的限制。

（一）对男方离婚请求权的限制

《民法典》第一千零八十二条规定了对男方离婚诉权的限制。女方在怀孕期间、分娩后一年内或者终止妊娠后六个月内，男方不得提出离婚；但是，女方提出离婚或者人民法院认为确有必要受理男方离婚请求的除外。

这项规定是对妇女、儿童身心健康的特别保护，特定条件下限制了男方提出离婚的请求权。女方怀孕期间、分娩后一年内或终止妊娠后六个月内，一方面胎儿或婴儿正处在发育阶段，正需要父母的合力抚育；另一方面女方也需要身心的康复，如果此时男方提出离婚请求，对妇女的精神刺激过重，既影响妇女的身体健康，也不利于胎儿或婴儿的保育。

该规定限制的主体是男方，而不是女方；限制的是男方在一定期限内的起诉权，而不是否定和剥夺男方的起诉权，只是推迟了男方提出离婚的时间，并不涉及准予离婚与不准予离婚的实体性问题。但是，男方在此期间并不是绝对的没有离婚请求权，法律还有例外规定，即人民法院认为“确有必要”的，也可以根据具体情况受理男方的离婚请求。所谓“确有必要”，一般是指比该条特别保护利益更为重要的利益需要关注的情形。哪些情形“确有必要”受理，由人民法院认定。比如，女方危及男方人身安全，女方通奸以致怀孕，等等。

法律还规定了该条的另一种例外情形，即在此期间女方提出离婚的，不受此规定的限制。女方自愿放弃法律对其的特殊保护，说明其本人对离婚已有思想准备，此时不应加以限制，法院应根据实际情况判予离婚。

（二）对现役军人配偶离婚请求权的限制

现役军人的离婚需特殊处理。《民法典》第一千零八十一条特别规定了对军婚的保护：现役军人的配偶要求离婚，应当征得军人同意，但是军人一方有重大过错的除外。现役军人的配偶提出离婚，现役军人不同意的情况下，如果婚姻基础和婚后感情都比较好，人民法院应配合现役军人所在单位对军人的配偶进行说服教育，劝其珍惜与军人的婚姻关系，正确对待婚姻问题，尽量调解和好或判决不予离婚。但是，如果感情确已破裂，确实无法继续维持夫妻关系，经调解无效，人民法院应当通过军人所在单位的政治机关，向军人做好工作，经其同意后，始得准予离婚。该条规定适用的主体是现役军人和现役军人的配偶。下列情形不适用本条规定：

（1）如果双方都是现役军人，则不是该条调整的对象。如果双方都是现役军人，不管由谁首先提出离婚诉讼，若要适用本条的规定，则必然会妨害另一方军人的利益。这与该条特殊保护军人婚姻的立法意图不相符合。

（2）现役军人向非军人主动提出离婚的，不适用本条的规定，应按一般离婚纠纷处理。

军人配偶离婚请求权的限制也有例外，“须得军人同意”不是绝对的。如果夫妻感情破裂是由于军人一方的重大过错造成的，非军人配偶一方也可以提出离婚。“重大过错”主要包括：军人一方具有重婚、婚外同居、家庭暴力、虐待、遗弃等情形的。总之，处理涉及军人的离婚问题，有关部门必须慎重对待，从严掌握。

四、判决离婚的法定条件

人民法院审理离婚案件，应当进行调解；如感情确已破裂，调解无效，应准予离婚。判断夫妻感情是否确已破裂，应当从婚姻基础、婚后感情、离婚原因、夫妻关系的现状和有无和好的可能等方面综合分析。《民法典》第一千零七十九规定的调解无效的情形中，第五项采用的是“其他导致夫妻感情破裂的情形”说法，由此可以推出前四项列举的情形都属于“夫妻感情破裂的情形”，包括：重婚或者与他人同居；实施家庭暴力或者虐待、遗弃家庭成员；有赌博、吸毒等恶习屡教不改；因感情不和分居满二年。

其他导致夫妻感情破裂的情形，通常可以从以下几个方面进行考虑：

（1）婚前隐瞒了精神病，婚后经治不愈的，或者婚前知道对方患有精神病而与其结婚，或一方在夫妻共同生活期间患精神病，久治不愈；

（2）双方办理结婚登记后，未同居生活的；

（3）一方被依法判刑，或其违法、犯罪行为严重伤害夫妻感情的；

（4）一方有生理缺陷，不能发生性行为的；

（5）夫妻双方因是否生育发生纠纷，致使感情确已破裂，一方请求离婚的；

（6）一方下落不明满 2 年，对方起诉离婚，经公告查找确无下落的。

第五节　离婚的法律后果

一、离婚对当事人身份上的效力

（一）离婚后夫妻关系

夫妻关系是男女两性基于自愿而结成的婚姻关系，可依法律程序而成立，亦可依法律行为而消除。离婚后，夫妻关系解除，双方可以获得再婚权。

（二）离婚后父母子女间的关系

婚姻关系的解除，只是夫妻双方的基于婚姻而存在的人身关系和财产关系归于消灭，但父母与子女之间存有的血亲关系不因父母离婚而消除。为使子女的合法利益不因父母离婚而受到损害，父母与子女间的关系，不因父母离婚而消除，离婚后，子女无论由父或母直接抚养，仍是父母双方的子女，父母对子女仍有抚养、教育、保护的权利和义务。

（三）离婚后的拟制血亲关系

拟制血亲所形成的父母子女关系，与亲生父母子女关系不同，是否解除，视情况而定。

1. 继父或继母与继子女的抚养关系

由于继父或继母与继子女没有血缘关系，因此，当继父（母）与生母（父）离婚时，继子女与继父母的关系应本着以下原则处理：

（1）生父与继母或生母与继父离婚时，继父或继母对曾受其抚养教育的继子女，不同意继续抚养的，不能勉强，继子女与继父或继母的关系可自然解除。继父或继母愿意继续抚养继子女的，人民法院应予准许。

（2）受继父或继母长期抚养、教育的继子女已成年的，继父或继母与继子女已经形成的身份关系和权利义务关系不能因离婚而自然解除；只有在继父或继母或继子女一方或双方提出解除继父母子女关系并符合法律规定的条件下，才可以解除。但由继父或继母养大成人的并独立生活的继子女，对于生活困难、无劳动能力的继父或继母晚年的生活费用应该继续承担。

2. 养父母与养子女的抚养关系

养父母与养子女之间的身份关系及其权利义务关系，不因养父母离婚必然解除。养父母离婚后，养子女无论由养父或养母抚养，仍是养父母双方的养子女。在特殊情况下，如养父母离婚时经生父母及有识别能力的养子女同意，双方自愿达成协议，未成年的养子女一方面可依法解除收养关系，由生父母抚养；另一方面可以变更收养关系，由养父或养母一方收养。但变更或解除必须符合《民法典》的要求，不得侵犯未成年养子女的合法权益。

二、离婚对当事人财产上的效力

（一）离婚时夫妻共同财产的处理

离婚时，夫妻的共同财产由双方协议处理；协议不成的，由人民法院根据财产的具体情况，按照照顾子女、女方和无过错方权益的原则判决。对夫或者妻在家庭土地承包经营中享有的权益等，应当依法予以保护。

夫妻一方隐藏、转移、变卖、毁损、挥霍夫妻共同财产，或者伪造夫妻共同债务企图侵占另一方财产的，在离婚分割夫妻共同财产时，对该方可以少分或者不分。离婚后，另一方发现有上述行为的，可以向人民法院提起诉讼，请求再次分割夫妻共同财产。

离婚时的财产分割是离婚所产生的法律后果之一。法律允许夫妻双方在离婚时就财产问题自行协商处理。在分割时首先应对财产的性质作出界定。在分割夫妻共同财产时，应区分与生产经营相关的财产、房屋以及知识产权等不同类型财产而做不同处理，原则上做均等分割，但根据生产、生活的实际需要和财产来源等情况，具体处理时也可有所差别。

（1）与生产经营有关的财产。① 夫妻双方分割共同财产中的股票、债券、投资基金份额等有价证券以及未上市股份有限公司股份时，协商不成或按市价分配有困难的，人民法院可以按数量比例分配；② 涉及分割夫妻共同财产中以一方名义在有限责任公司的出资，另一方不是该公司股东的，按不同情形分别处理；③ 涉及分割夫妻共同财产中以一方名义在合伙企业中的出资，另一方不是该企业合伙人的，当夫妻双方协商一致，将其合伙企业中的财产份额全部或部分转让给对方，按不同情形分别处理；④ 夫妻以一方名义投资设立个人独资企业的，可因是否主张经营企业而做不同处理。

（2）关于房屋。在房屋分割中要体现对妇女儿童权益的保护，将房屋分割和子女抚养结合起来。

婚姻关系存续期间，双方用夫妻共同财产出资购买以一方父母名义参加房改的房屋，产权登记在一方父母名下，离婚时另一方主张按照夫妻共同财产对该房屋进行分割的，人民法院不予支持。购买该房屋时的出资，可以作为债权处理。

夫妻一方婚前签订不动产买卖合同，以个人财产支付首付款并在银行贷款，婚后用夫妻共同财产还贷，不动产登记于首付款支付方名下的，离婚时该不动产由双方协议处理。不能达成协议的，人民法院可以判决该不动产归产权登记一方，尚未归还的贷款为产权登记一方的个人债务。双方婚后共同还贷支付的款项及其相对应财产增值部分，离婚时由产权登记一方对另一方进行补偿。

一方未经另一方同意出售夫妻共同共有的房屋，第三人善意购买、支付合理对价并办理产权登记手续，另一方主张追回该房屋的，人民法院不予支持。夫妻一方擅自处分共同共有的房屋造成另一方损失，离婚时另一方请求赔偿损失的，人民法院应予支持。

（3）关于农村土地承包经营权。在农村，夫妻共同财产的分割主要涉及房屋、承包的土地、果园等。《妇女权益保障法》规定，国家保障妇女享有与男子平等的财产权利。在农村，妇女在划分责任田、口粮田以及批准宅基地等方面，享有与男子平等的权利，不得侵害妇女的合法权益。妇女结婚、离婚后，其责任田、口粮田和宅基地等，应当受到保障。农村地区，土地、果园大部分实行家庭联产承包责任制，每个家庭承包的面积是根据家庭人口按本村人均面积分配的，因此，女方在土地承包上同样享有承包经营权。

通常婚姻关系存续期间，夫妻一方请求分割共同财产的，人民法院不予支持。下列情形除外：① 一方有隐藏、转移、变卖、毁损、挥霍夫妻共同财产或者伪造夫妻共同债务等严重损害夫妻共同财产利益行为的；② 一方负有法定扶养义务的人患重大疾病需要医治，另一方不同意支付相关医疗费用的。

（二）离婚经济补偿

夫妻一方因抚育子女、照料老年人、协助另一方工作等负担较多义务的，离婚时有权向另一方请求补偿，另一方应当给予补偿。具体办法由双方协议；协议不成的，由人民法院判决。

（三）离婚时夫妻债务清偿责任

离婚时，夫妻共同债务应当共同偿还。共同财产不足清偿或者财产归各自所有的，由双方协议清偿；协议不成的，由人民法院判决。婚姻关系终结时，夫妻债务清偿应遵循的原则是共同债务以共同财产清偿，个人债务以个人财产偿还。为夫妻共同生活所欠的债务，无论是否为夫妻共同所为，他方是否认可，均应推定为共同债务。凡为个人需要而支付的费用或负担债务，应由本人以其个人财产清偿，他方无代偿义务。夫妻对婚姻关系存续期间所得的财产约定归各自所有的，夫或妻一方对外所负的债务，第三人知道该约定的，以夫或妻一方所有的财产清偿，其举证责任由夫或妻一方承担。

（四）离婚后经济帮助

离婚时，如果一方生活困难，有负担能力的另一方应当给予适当帮助。具体办法由双方协议；协议不成的，由人民法院判决。

婚姻关系存续期间，夫妻双方有互相扶养的义务，一方不履行扶养义务时，需要扶养的一方有要求对方付给扶养费的权利。婚姻关系终结后，仍要求一方对生活困难的另一方从其个人财产中给予适当的帮助，实质是夫妻间扶养义务的延续。现代的配偶扶养是双向的，但实际上由于妇女的经济能力大多低于男性，尤其在农村，这种差距更为明显，因此离婚时要求对方给予帮助的女性比例要远远大于男性。

（五）离婚后子女抚养费的负担

婚姻关系的解除并不影响父母子女关系。离婚后，子女由一方直接抚养的，另一方应当负担部分或者全部抚养费。根据《婚姻家庭编解释（一）》的规定，抚养费包括子女生活费、教育费、医疗费等费用。负担费用的多少和期限的长短，由双方协议；协议不成的，由人民法院判决。前款规定的协议或者判决，不妨碍子女在必要时向父母任何一方提出超过协议或者判决原定数额的合理要求。离婚后的夫妻双方都有平等地负担子女生活费和教育费的经济责任，这是法律规定父母对未成年子女的抚养和抚育费负担的强制性的、无条件的、双方平等的义务，当事人都应当自觉遵照执行。至于经济负担数额和期限等问题，应从子女的实际需要和父母双方所能负担的能力量力而定，合理解决。

给付子女抚养费的数额，一般是根据父母离婚的当时，子女所需的必要费用和给付者的经济能力而确定的。但随着社会经济的发展以及人的具体情况的不断变化，关于子女生活费和教育费的协议或判决，不妨碍子女在必要时向父母任何一方提出超过协议或判决原定数额的合理要求。具体办法可由子女与父母协议解决，协议不成的，可由法院依诉讼程序处理。

此外，还有减免父或母一方抚养费的情况，一般有两种：（1）抚养子女的父或母既有经济负担能力，又愿意独自承担全部抚育费；（2）负给付义务的父或母因出现某种困难，确实无法或没有能力给付抚养费的，可以通过协议或判决，酌情减免给付数额。但减免是有条件的，一旦被减免方情况好转，有能力给予抚养费时，应依照原定数额给付。

需要说明的是，免除抚育费，只是就抚养费而言，其教育子女的其他义务是不能被免除的，另一方不得以减免抚养费为由，限制或剥夺另一方探望子女等权利。变更抚育费，原则上限于子女提出或根据子女利益，由直接抚养子女的一方以子女的名义提出，但权利主体只能是子女。

三、离婚损害赔偿

在分割夫妻共同财产时，人民法院对夫妻共同财产的处理，应坚持照顾无过错方的原则。有下列情形之一，导致离婚的，无过错方有权请求损害赔偿：重婚；与他人同居；实施家庭暴力；虐待、遗弃家庭成员；有其他重大过错。损害赔偿包括物质损害赔偿和精神损害赔偿。离婚过错赔偿方式分为两类：一是在夫妻共同财产分割中，向无过错方多分财产，这是审判实践中的做法；二是在夫妻财产归各自所有、或共有财产不足以补偿的情况下，过错方以自己的财产向无过错方作出补偿。

四、离婚对父母子女的法律后果

（一）关于离婚后子女的抚养归属

离婚虽然不能消除父母与子女之间的关系，但抚养方式却会因离婚而发生变化。对离婚后的子女抚养问题具体规定如下：

1. 确定子女抚养的原则

有利于子女身心健康，保障子女的合法权益，是处理离婚后子女抚养归属问题的基本原则和出发点，须在此前提下，结合父母双方的抚养能力和抚养条件等具体情况妥善解决。

2. 确定子女抚养的具体办法

（1）两周岁以下子女的抚养。不满两周岁的子女，以由母亲直接抚养为原则。但母亲有下列情形之一的，也可随父亲生活：一是母亲患有久治不愈的传染性疾病或其他严重疾病，子女不宜与其共同生活的；二是母亲有抚养条件不尽抚养义务，而父亲要求子女随其生活的，并对子女健康成长没有不利影响的；三是因其他原因，子女确无法随母方生活的，如母亲的经济能力及生活环境对抚养子女明显不利的，或母亲的品行不端不利于子女成长的，或因违法犯罪被判服刑不可能抚养子女的，等等。父母协议不满两周岁子女由父亲直接抚养，并对子女健康成长无不利影响的，人民法院应予支持。

（2）两周岁以上不满八周岁的子女的抚养。处于该年龄阶段的子女，随父或随母生活，首先应由父母双方协议决定，父母双方对抚养问题协议不成的，由人民法院根据双方的具体情况，按照最有利于未成年子女的原则判决。法院应当进行调解，在当事人双方自愿、合法的前提下，协商决定：未成年子女由父方抚养，或随母方生活，或者在有利于保护子女利益的前提下，由父母双方轮流抚养，对上述几种抚养方式，法院都是可以准许的。

如果当事人双方就子女抚养问题无法达成协议的，法院应结合父母双方的抚养能力和抚养条件等具体情况，根据有利于子女健康成长的原则妥善地作出裁决。父亲和母亲均要求随其生活，一方有下列情形之一的，可予优先考虑：① 已做绝育手术或因其他原因丧失生育能力的；② 子女随其生活时间较长，改变生活环境对子女健康成长明显不利的；③ 无其他子女，而另一方有其他子女的；④ 子女随其生活，对子女成长有利，而另一方患有久治不愈的传染性疾病或其他严重疾病，或者有其他不利于子女身心健康的情形，不宜与子女共同生活的。

（3）八周岁以上未成年子女的抚养。父母双方对八周岁以上的未成年子女随父或随母生活发生争执的，应当尊重该未成年子女的真实意愿。

此外，父母双方抚养子女的条件基本相同，双方均要求子女与其共同生活，但子女单独随祖父母或外祖父母共同生活多年，且祖父母或外祖父母要求并且有能力帮助子女照顾孙子女或外孙子女的，可作为子女随父或母生活的优先条件予以考虑。在有利于保护子女利益的前提下，父母双方协议轮流抚养子女的，应予准许。父母双方可以协议子女随一方生活并由抚养方负担子女全部抚育费。但经查实，抚养方的抚养能力明显不能保障子女所需费用，影响子女健康成长的，对单方负担全部抚育费的请求，不予准许。

3. 子女抚养归属的变更

父母离婚后，在一定条件下，子女抚养归属可以根据父母双方或子女的实际情况的变化，依法予以变更。抚养归属的变更，有两种形式：

（1）双方协议变更。父母双方协议变更子女抚养关系的，只要有利于子女身心健康和保障子女合法权益，应予准予。

（2）一方要求变更。凡一方要求变更子女抚养关系的，有下列情形之一的，应予支持。① 与子女共同生活的一方因患严重疾病或因伤残无力继续抚养子女的；② 与子女共同生活的一方不尽抚养义务或有虐待子女行为，或其与子女共同生活对子女身心健康确有不利影响的；③ 八周岁以上未成年子女，愿随另一方生活，该方又有抚养能力的；④ 有其他正当理由需要变更的。父母双方协议变更子女抚养关系的，应予准许。

另外，对于在离婚诉讼期间，双方均拒绝抚养子女的，可先行裁定暂由一方抚养。离婚后，一方要求变更子女抚养关系，双方对此不能达成协议时，应另行起诉。

（二）离婚后对子女的探望权

婚姻家庭法中的亲权是以主体间特定的亲属身份为发生依据的，父母婚姻关系的终结并不改变父母与子女的血缘身份关系。离婚后，不直接抚养子女的父或母，有探望子女的权利，另一方有协助的义务。人民法院作出的生效判决中未涉及探望权的，当事人有权就探望权问题单独提出诉讼。行使探望权利的方式、时间由当事人协议；协议不成时，由人民法院判决。父或母探望子女，不利于子女身心健康的，由人民法院依法中止探望的权利；中止的事由消失后，应当恢复探望的权利。

典型案例

案例一：湛某与长沙市雨花区民政局及第三人曹某撤销婚姻登记案①

原告湛某与第三人曹某于2009年5月21日登记结婚，婚后育有两个女儿。2013年1月，湛某被诊断为脑梗死。2016年5月25日，湛某与第三人曹某提交申请离婚登记声明书、离婚协议书、原告与第三人的户口及身份证复印件等材料向被告申请离婚。其中，原告的户口及身份证复印件上载明："本人结婚证已遗失，产生的法律纠纷由本人承担。"长沙市雨花区民政局经过询问等法定程序后，于当日为湛某及第三人曹某办理了离婚登记，并颁发离婚证。2016年6月21日，湛某的父亲委托广东医学院司法鉴定中心对原告在2016年5月办理离婚等手续时有无民事行为能力进行鉴定。2016年7月6日，广东医学院司法鉴定中心作出司法鉴定意见书，鉴定意见为：被鉴定人湛某在2016年5月办理离婚等手续时属于限制民事行为能力人。2016年8月16日，雨花区人民法院作出（2016）湘0111民特51号民事判决书，宣告湛某为限制民事行为能力人，并指定其父为原告的监护人。原告诉请判决确认被告行政行为违法，并撤销离婚登记。

案例分析：离婚应为双方自愿而真实的意思表示，而湛某在离婚登记时属于限制民事行为能力人，无法确定湛某申请离婚为其真实意思表示，湛某与曹某提交的申请离婚登记材料存在多处明显缺漏。《婚姻登记条例》第十二条规定："办理离婚登记的当事人有下列情形之一的，婚姻登记机关不予受理……（二）属于无民事行为能力人或者限制民事行为能力人的……"长沙市雨花区民政局为不符合登记离婚条件的当事人办理了离婚登记，该行政行为不符合法律规定。鉴于离婚登记较强的不可逆转性，对原告要求撤销涉案离婚登记的主张，不予支持。判决确认长沙市雨花区民政局于2016年5月25日作出的离婚登记违法。当然，离婚登记不可撤销，只是身份关系不能恢复，并不影响对当事人造成财产损害的赔偿责任，对于导致错误离婚登记的有过错的当事人或者行政机关应当对无过错的当事人的财产和精神

① 杨立新. 中华人民共和国民法典释义与案例评注婚姻家庭编[M]. 北京：中国法制出版社，2020: 223.

损害承担赔偿责任。

案例二："离婚冷静期"案例①

2017 年 2 月，四川省安岳县一名年轻女子前往法院提起诉讼，提出与丈夫离婚。经法院调查，这对夫妇均为"85 后"，结婚后因带小孩等琐事经常发生纠纷。此前，因为琐事吵闹打架后，女子离家外出。女子外出务工两年后，便回到安岳向法院提起离婚诉讼。

审理中，法院了解到，这对夫妻平日里发生纠纷，主要原因在于双方年轻、脾气大，都坚持自己的个性。审理过程中，女方有了放弃诉讼的意愿，为此，法庭认为双方离婚可能是出于一时冲动。

审理结束后，法院结合正在开展的家事审判方式和工作机制改革试点，决定对这对夫妻发出"离婚冷静期"通知书。"离婚冷静期"通知书要求双方在冷静期内保持镇静和理智，三思而后行，并限定双方在 3 个月内不得向法院或民政部门提出离婚。冷静期满前 7 日内，双方可根据情况向法院申请适当延长。冷静期内，若双方已和好或达成一致意见，也可到法院签署协议书或申请撤回起诉。

案例分析：为了让离婚案件的效率和效果更好地结合，法院发出"离婚冷静期"通知书，"离婚冷静期"可以避免一些情绪化的"鲁莽离婚"。夫妻双方在冷静期内充分考虑离婚对家庭、小孩和父母的影响。离婚进入司法程序后，离还是不离，法官考量的主要标准是夫妻感情是否已经破裂。现实生活中，第一次起诉判离的可能性其实不大。等到第二次起诉，离婚的可能性则大大增加。而法院判决不准离婚和调解和好的离婚案件，没有新情况、新理由，原告在 6 个月内又起诉的，不予受理。这意味着，第一次没有判离到第二次起诉，中间至少需要 6 个月。这 6 个月，事实上也就充当了冷静期的功能。

思考题

1. 导致婚姻终止的情形有哪些？
2. 哪些情况下可以视为感情破裂？
3. 何种情况下可以提出离婚损害赔偿？

① 案例来自四川新闻网，http://scnews. newssc. org/system/20170318/000760667. html. 2017-3-18。

第七章　收养关系

【内容提要】

收养制度是亲属制度的组成部分，养父母与养子女之间的权利义务关系、养子女与养父母的亲属之间的权利义务关系也是家庭关系的组成部分。本章介绍我国收养制度，包括收养的含义和基本理论、基本原则、收养关系的确立及效力、收养关系的解除和终止。

【理论框架】

- 收养关系
  - 收养制度概述：收养的概念、特征、意义
  - 收养的基本原则：最有利于被收养人原则、保障收养人和被收养人合法权益原则；平等自愿原则、不得违背公序良俗原则、不得违背计划生育原则
  - 收养关系的成立：实质要件、形式要件、无效收养
  - 收养关系的法律效力：情形、程序、后果
  - 收养关系的解除：拟制效力、解销效力、无效收养

第一节　收养制度概述

一、我国收养制度的起源

自然人的寿命是有限的，而人类需要延续。每个人穷其一生积累的精神财富和物质财富需要后代在其死亡后继承。对死亡者而言，自己积累的财富由何人继承，并无意义，但防止人们争夺死者财富的需要和私有制经济基础上人们对家庭的责任等因素催生了老人财富主要由其直系后代亲属继承的制度。有些人因种种原因没有子女或者和子女反目成仇，于是，收养制度应运而生。

早在原始社会收养就相当盛行，为当时习惯所确认。氏族为了增强自己的力量，可以吸收别的氏族成员或战争未杀死的奴隶加入本氏族，成为该氏族的成员，享有该氏族的一切权利，人丁不旺的氏族通过收养兴旺发达，因此称“为族的收养”。恩格斯在《家庭、私有制和国家的起源》中指出：“收养外人入族的事情，是根据氏族个别成员的提议而实行的，男子可以提议收养外人为兄弟或姊妹，女子可以提议收养外人为自己的孩子；为了确认这种收养，必须举行入族典礼。”可以看出，最早的收养不是为了个人的需要，而是为了氏族的利益。

奴隶社会和封建社会实行宗法制度，收养往往是出于宗祧继承的目的，为的是家长制家庭的利益，称“为家的收养”。在罗马法的影响下，收养这一法律概念为许多大陆法系国家所普遍承认，这对后来大陆法系各国亲属立法中的收养制度产生了重要的影响。我国古代的立嗣制度，就是这种类型的收养。

我国的收养制度历史悠久，据有史可考，夏代就有了收养的事例。此后，历代均出现收养子女的事例。春秋时代齐国政治家管仲，提倡实行奖励收养孤儿的政策。凡百姓收养一个孤儿，免征一个儿子的徭役；收养两个孤儿，免征两个儿子的徭役；收养三个孤儿，尽家无征。后来，历代皆有收养子女的事实。如云梦睡虎地《秦简》中记载：“士五甲无子，以弟子为后，与同居。”《三国志·武帝纪》中记载：曹操的父亲曹嵩，本姓夏侯，后被曹腾收为养子。凡无子家庭，可立同宗侄子为嗣，以延续后代，承继宗祧。对三岁以下的孤儿、遗弃儿，应恤孤乞养，收为义子，但不得为嗣。从唐代及至明、清各代律例，都设有立嗣制度和乞养幼儿的完备的法律规定。《唐律疏议》卷十二《户婚律》：“即养异姓男者，徒一年；与者笞五十。其遗弃小儿年三岁以下，虽异姓，听收养，即从其姓。”

随着人类社会形态的更替，特别是家庭观念、家庭模式的转变，收养制度也完成了其社会功能的变迁，从而为现代社会继续接受，并得到进一步发展完善。新中国成立后，在宣布废除一切封建主义的婚姻家庭制度的同时，旧的“立嗣”制度也被彻底取消，建立了社会主义的新的收养制度。

二、收养的概念和特征

（一）收养的概念

我国现在法律上的收养是指自然人依照法律规定，领养他人的子女为自己的子女，在本无自然血亲关系的收养人与被收养人间形成拟制血亲的父母子女关系的民事法律行为。收养行为产生的法律关系叫收养法律关系，在收养法律关系中，领养他人子女的人是收养人，被领养的人是被收养人，将子女或儿童送与他人收养的父母、其他监护人或社会福利机构是送养人。由于收养人和被收养人之间形成了法律拟制父母子女关系，故收养人也就是养父母，而被收养的人则是养子女。收养制度是亲属制度的组成部分，收养的成立是亲属关系发生的途径之一。国家保护合法的收养关系。

（二）收养的特征

（1）收养是受法律保护的一种法律行为。收养关系应当按照法律规定的程序确立，即达成收养协议，并到被收养人所在地的民政主管部门登记。收养关系一经确立，养子女和生父母及其亲属、养父母及其亲属之间的权利义务关系依法发生变化，其中涉及的权利要受法律保护，其中涉及的义务可由国家强制力强制履行。依法成立的收养关系解除或者终止的，应当依照法定条件和程序进行，收养关系依法解除或者终止后，养子女和生父母及其亲属、养父母及其亲属之间的权利义务关系再次依法发生变化。

（2）收养产生法律拟制血亲关系。一方面，收养关系成立后，收养人和被收养人之间产生了与婚生父母子女相同的权利义务关系，被收养人与生父母之间的权利义务关系因收养关系成立而消除。另一方面，为避免权利义务重叠，原来就有直系血亲关系的人之间不得建立收养关系。至于旁系血亲，由于我国有数千年的过继传统，现代收养法将传统的过继关系纳入收养法的调整范围，视之为收养关系，故直系血亲关系不得变为法律拟制血亲关系，旁系血亲关系可以变为法律拟制血亲关系。

（3）收养只能发生在自然人之间。收养的目的是解决自然人养老和自然人去世后的财富继承问题，所以，收养只适用于自然人之间，而不适用于社会组织，社会福利机构救助、抚养孤儿、弃儿的，不适用收养制度。

（4）收养不能发生在直系血亲之间。收养是建立父母子女关系的法律行为，直系血亲之间，法律已经设定了父母子女关系或者类似于父母子女关系的权利义务关系，直系血亲之间收养，在法律上毫无意义。

（三）收养与立嗣、寄养、乞养的区别

（1）收养与立嗣的区别。在我国奴隶社会、封建社会时期，每个家庭都应有宗子主持对宗庙、祧庙的祭祀活动，无子的男子可以立同宗同姓的侄子为嗣子，由嗣子主祭宗庙和祧庙，传宗接代，承继祖业，这就是宗祧继承制度下的立嗣制度。立嗣与收养不同：男子无子才能立嗣，女子无后不能立嗣，而收养制度中，收养人可以是男子，也可以是女子；嗣子只能是同宗同姓的侄子，而收养制度中，被收养人可以是异姓男性或者女性；立嗣一般以当事人书面过继文书或者口头约定为据，官府并不干预，而我国现行的收养需要符合法定条件并履行法定程序。

（2）收养与寄养的区别。寄养是指由于父母工作、生活条件等原因，无法与子女共同生活而委托他人代其抚养子女。寄养不同于收养，抚养人与被寄养人之间不产生法律拟制的父母子女关系，被寄养人与其生父母之间的权利义务关系不会因寄养而消失。

（3）收养与乞养的区别。在我国古代，还有乞养制度，人们出于怜悯之心，收养异姓弃儿，使其免受饥饿、寒冷导致的死亡，被抚养的弃儿不分男女，也不论是否与收养人同宗同姓，乞养又叫义养，抚养人叫“义父”“义母”，被抚养人叫“义子”“义女”，义子女不享有嗣子的祭祀权和财产继承权。在当前，我国法律不保护乞养关系，义子女对义父母没有养子女的权利和义务。

三、收养的意义

收养制度作为家庭关系产生的一种方式，在现实生活中发挥着积极的作用，其意义有以下四个方面：

（1）可以使丧失父母的孤儿得到健康的成长。丧失父母的孤儿、因特殊原因不能与父母共同生活的子女，能在养父母的培养教育之下，享受家庭的温暖，健康成长。

（2）可以使那些没有子女的人在感情上得到慰藉。通过收养，那些没有子女或丧失子女的人，能在感情上得到慰藉，心理上得到满足，在晚年时老有所养，充分享受天伦之乐。

（3）可以使社会问题得到有效的解决。目前，由于我国经济尚不够发达，社会福利机构相对有限，因此，公民之间的收养行为，可以减轻国家的经济负担，使社会问题得到有效的解决，从而促进社会的安定团结。

（4）可以弘扬社会扶助风尚。收养制度是亲属制度不可缺少的组成部分，在任何类型的社会里，都有与其经济制度相适应的收养制度为其服务。通过收养，弘扬社会成员间相互扶助的道德风尚，实现幼有所育，老有所养，完善家庭关系，对促进社会主义的安定团结和精神文明建设有着积极的意义。

第二节　收养的基本原则

《民法典》第一千零四十四条规定："收养应当遵循最有利于被收养人的原则，保障被收养人和收养人的合法权益。禁止借收养名义买卖未成年人。"据此，我国收养法坚持五项基本原则。

一、最有利于被收养人原则

我国《民法典》保护合法的收养关系，目的是使被收养的未成年人被正常抚养，健康成长。

在收养关系成立方面，法律规定被收养人只能是未成年人中丧失父母的孤儿、查找不到生父母的人或者生父母有特殊困难无力抚养的子女，而收养人应当是无子女或者只有一个子女，有抚养、教育和保护被收养人的能力，未患有在医学上认为不应当收养子女的疾病，无不利于被收养人健康成长的违法犯罪记录，年满三十周岁的人。这样规定收养条件，目的就是使未成年人在健康成长发生困难时，通过收养使他们得到养父母的抚养、教育和保护，从而得以健康成长。

在收养的效力方面，我国《民法典》第一千一百一十一条规定："自收养关系成立之日起，养父母与养子女间的权利义务关系，适用本法关于父母子女关系的规定；养子女与养父母的近亲属间的权利义务关系，适用关于子女与父母的近亲属关系的规定。"这样规定的目的，是要让被收养的未成年人获得与亲子同等的地位和权利。

在收养关系解除方面，收养人在被收养人成年以前，不得解除收养关系。收养人不履行抚养义务，有虐待、遗弃等侵害未成年养子女合法权益行为的，送养人有权要求解除养父母与养子女间的收养关系。这些规定的目的是确保未成年的收养人得到正常抚养，从而使其健康成长。

二、保障收养人和被收养人合法权益原则

收养是确立法律拟制血亲关系的法律行为，收养人基于自己的善念主动承担起本不该由其承担的抚养、教育、保护养子女的责任，其善念和善行理应得到合理的回应。被收养人脱离亲生父母的监护，幼小的心灵需要直面无法预测的未来，他们应当得到与未被收养的孩子一样的成长环境。我国《民法典》坚持保障收养人和被收养人合法权益原则，具体体现如下：收养关系成立后，当事人不得单方解除收养关系；收养人不履行抚养义务，有虐待、遗弃等侵害未成年养子女合法权益行为的，送养人有权要求解除养父母与养子女间的收养关系；收养关系解除后，经养父母抚养的成年养子女，对缺乏劳动能力又缺乏生活来源的养父母，应当给付生活费；因养子女成年后虐待、遗弃养父母而解除收养关系的，养父母可以要求养子女补偿收养期间支出的抚养费；生父母要求解除收养关系的，养父母可以要求生父母适当补偿收养期间支出的抚养费；等等。

三、平等自愿原则

收养是民事法律行为，收养应遵循民法的平等原则和自愿原则。收养人、送养人、年满

八周岁的未成年被收养人在确立、解除收养关系时，法律地位平等，按照自愿协商原则确立或者解除收养关系，任何一方都不得以欺诈、胁迫的手段或者乘人之危，在违背对方真实意思的情况下确立或者解除收养关系。平等自愿原则体现在我国《民法典》中，如收养人收养与送养人送养，须双方自愿；收养年满八周岁以上未成年人的，应当征求被收养人的同意。收养人与送养人可以协议解除收养关系，如果养子女年满八周岁以上的，应当征得本人同意。收养关系当事人各方或者一方要求办理收养公证的，应当到有资格的公证机构办理收养公证。

四、不得违背公序良俗原则

收养行为不仅关系着当事人的切身利益，而且还直接涉及社会公共利益，所以，有必要从维护社会公德的立场，对收养子女的行为加以必要的制约。不得违背社会公德的原则体现在我国《民法典》中，如无配偶的男性收养女性的，收养人与被收养人年龄应相差 40 周岁以上，目的是预防不伦性行为等违背公序良俗的行为。禁止借收养名义买卖未成年人，是为了维护人非商品的现代基本公序良俗。收养人不履行收养义务，有虐待、遗弃等侵害未成年人养子女合法权益行为的，送养人有权要求解除养父母与养子女的收养关系。因养子女成年后虐待、遗弃养父母而解除收养关系的，养父母可以要求养子女补偿收养期间支出的生活费和教育费。

五、不得违背计划生育原则

我国对生育实行计划控制，使人口增长同经济和社会发展相适应，计划生育是我国基本国策，收养不得违背计划生育的法律、法规。遵守计划生育法律、法规的要求集中体现在收养关系的成立条件方面，按照我国《民法典》的规定，中国公民收养人应当是年满 30 周岁尚无子女或者只有一个子女的人，有一个子女的收养人只能收养一个子女，无子女的收养人可以收养两名子女（收养孤儿或者残疾儿童的除外），送养人不得以送养子女为理由违反计划生育的规定再生育子女。这些规定是《人口与计划生育法》的自然要求。

第三节　收养关系的成立

按照我国《民法典》的规定，应当在具备法定条件的前提下，按照法定程序设立合法的收养关系，故收养关系的成立，需要具备实质要件，也要具备形式要件。

一、收养关系成立的实质要件

（一）被收养人的条件

按照我国《民法典》第一千零九十三条规定，被收养人应当符合下列条件：

（1）属于未成年人。

（2）应当是丧失父母的孤儿，或者是查找不到生父母的人，或者是生父母有特殊困难无力抚养的子女。

我国《民法典》对被收养人规定的条件，一方面是对年龄的限制，收养的目的是在收养人与被收养人之间确立父母子女关系，因此，收养人与被收养人之间应有合理的年龄差距。

限制年龄的目的是就是使未成年的被收养人与养父母建立深厚的感情，稳定收养关系；另一方面要求被收养人抚养教育条件缺失。规定被收养人抚养教育条件缺失，目的就是让那些缺乏必要抚养教育条件的孩子通过收养，得到养父母良好的抚养、教育和保护，从而得以健康成长。

（二）收养人应具备的条件

我国《民法典》对有配偶的人和无配偶的人规定了不同的收养条件。

1. 有配偶的收养人应具备的条件

（1）夫妻双方必须共同收养。夫妻一方不同意收养，或者未作同意收养的意思表示的，另一方不得单独收养子女。

（2）夫妻无子女或者只有一个子女（含养子女）。为坚持一对夫妻一般只能生育两个子女的计划生育法律，我国《民法典》要求无子女或者只有一个子女的夫妻才能收养子女。

（3）夫妻均年满三十周岁。

（4）夫妻有抚养、教育和保护被收养人的能力。

（5）夫妻均未患有在医学生认为不应当收养子女的疾病。

（6）夫妻均无不利于被收养人健康成长的违法犯罪记录。

2. 无配偶的收养人应具备的条件

（1）子女未超过一个。

（2）无配偶的男性收养女性的，收养人与被收养人的年龄应当相差四十周岁以上。

（3）年满三十周岁，有抚养、教育和保护被收养人的能力，未患有在医学上认为不应当收养子女的疾病，且无不利于被收养人健康成长的违法犯罪记录。

（三）送养人应当具备的条件

按照我国《民法典》第一千零九十四条规定，下列人员可以作为送养人：

1. 有抚养义务的人同意送养之孤儿的监护人

按照我国《民法典》的有关规定，有两类人可以成为孤儿的监护人，一类是孤儿的祖父母、外祖父母、成年兄或者姐，另一类是孤儿生父母的其他亲属、朋友。孤儿的祖父母、外祖父母、成年兄或者姐与孤儿有法定的权利义务关系，监护人送养孤儿时，应征得孤儿祖父母、外祖父母、成年兄或者姐的同意。

2. 儿童福利机构

按照《未成年人保护法》的规定，县级以上人民政府及其民政部门应当根据需要设立救助场所，对流浪乞讨等生活无着的未成年人实施救助，承担临时监护责任，并及时通知其父母或者其他监护人领回。对孤儿、无法查明其父母或者其他监护人的未成年人，以及其他生活无着的未成年人，由民政部门设立的儿童福利机构收留抚养。收养人愿意收养社会福利机构收容抚养的未成年人的，由该社会福利机构作为送养人。

3. 有特殊困难无力抚养子女的生父母

父母对子女有抚养教育的义务，这种义务是不能放弃的，但父母有特殊困难无力抚养子女的情况下，固守父母对子女的义务，则不利于子女的健康成长，故我国《民法典》允许有特殊困难无力抚养子女的父母送养子女，送养子女的父母应当向负责登记的民政部门举证证明有特殊困难无力抚养子女的事实。生父母一方不明或者查找不到的，可以单方送养。

4. 监护人

未成年人的父母均不具备完全民事行为能力且可能严重危害该未成年人的，该未成年人的监护人可以将其送养。

父母送养子女应遵守如下限制性规定：

（1）生父母有配偶并具备完全民事行为能力的，须夫妻协商一致，共同送养。但是生父母一方不明或者查找不到的，另一方可以单方送养子女。

（2）生父母无力抚养的子女，可以由生父母的亲属、朋友抚养，但这种抚养只是单纯的抚养关系，不需要履行收养手续，也不属于收养关系。

（3）配偶一方死亡，另一方送养未成年子女的，死亡一方的父母有优先抚养的权利。

（四）特殊收养的条件

1. 收养三代以内同辈旁系血亲子女的条件

我国《民法典》第一千零九十九条规定："收养三代以内同辈旁系血亲的子女，可以不受本法第一千零九十三条第三项、第一千零九十四条第三项和第一千一百零二条规定的限制。华侨收养三代以内同辈旁系血亲的子女，还可以不受本法第一千零九十八条第一项的限制。"在我国奴隶制、封建制时代，一个家庭中，如果家长无子，经同宗同辈旁系血亲同意，可以立同宗同辈旁系血亲的儿子为嗣子，由嗣子继承对宗庙和祧庙的主祭权，家庭无嗣子，被视为有违礼制，这种传统在社会上影响深远。我国《民法典》不认可宗法制度下的立嗣制度，但对立嗣者与嗣子之间的共同生活和扶养关系，作为收养关系对待。所以，收养三代以内同辈旁系血亲的子女的，可以不受生父母有特殊困难无力抚养子女、无配偶者收养异性子女，收养人与被收养人之间年龄相差 40 岁以上这两个条件的限制。华侨居住在国外，国外一般不实行计划生育制度，华侨收养三代以内同辈旁系血亲的子女的，不受子女不超过一人的限制。

2. 收养孤儿、残疾儿童或者社会福利机构抚养的查找不到生父母的弃婴和儿童的条件

按照我国《民法典》第一千一百条第二款的规定，收养孤儿、残疾未成年人或者社会福利机构抚养的查找不到生父母的未成年人的，不受已有子女数量的限制。收养孤儿、残疾未成年人或者社会福利机构抚养的查找不到生父母的未成年人的行为属于援助弱者、分担社会困难的积极人道主义行为，对这种行为，我国《民法典》允许有子女者、已经收养子女者实施，但需要具备收养人的其他条件。

3. 收养继子女的条件

我国《民法典》第一千一百零三条规定："继父或者继母经继子女的生父母同意，可以收养继子女，并可以不受本法第一千零九十三条第三项、第一千零九十四条第三项、第一千零九十八条和第一千一百条第一款规定的限制。"形成了抚养教育关系的继父母和继子女之间的权利义务，适用《民法典》对父母子女关系的有关规定，但在现实生活中，继子女与形成了抚养教育关系的继父（母）、生父母存在双重权利义务关系，情感纠葛和经济压力导致继子女与继父母不履行义务的纠纷时有发生。继父或者继母经继子女的生父母同意，收养继子女，则继子女的身份就变为了养子女，其与生父（母）的权利义务关系因收养关系成立而消除，

双重权利义务关系也因此消除，可以促进家庭关系的和睦和稳定。另外，对抚养教育子女而言，与继子女共同生活的继父母对继子女付出的努力和牺牲，不仅仅是支付抚养费、不直接抚养教育子女的生父（母）无法比拟的，养育子女的艰辛也是无法用金钱来衡量的，所以，我国《民法典》鼓励继父母收养继子女，收养时不受“生父母有特殊困难无力抚养”“已有子女不超过一人”“有抚养教育被收养人的能力”“未患有在医学上认为不应当收养子女的疾病”“无不利于被收养人健康成长的违法犯罪记录”“年满三十周岁”等条件的限制。继父（母）收养继子女的，不改变继子女与直接抚养教育自己的生父（母）之间的权利义务关系。

（五）收养合意

1. 收养合意的含义

合意是指当事人双方意见一致。“合意”一词源自罗马法，它当时是指合同当事人内心意思的一致，实际上“协议”一词常常也就是指“合意”。大陆法学者通常用“意思表示一致”或“合致”的表述来概括这种合意。合意通常是指合同双方当事人作出意思表示并达成了一致的一种状态。合意是合同成立的最基本的条件，收养作为民事法律行为，满足意思自治的原则要求，必须形成收养合意。收养合意是指收养人、送养人与年满八周岁的被收养人对于实施收养行为，确立收养关系作出一致的意思表示。

2. 收养合意的要求

第一，送养人同意。根据《民法典》第一千零九十七条规定，生父母送养子女须双方共同送养。生父母一方不明或者查找不到的可以单方送养。第二，收养人同意。根据《民法典》第一千一百零一条规定，有配偶者收养子女时应夫妻双方共同收养。第三，有识别能力的被收养人同意。《民法典》第一千一百零四条规定，收养人收养与送养人送养，须双方自愿。收养八周岁以上未成年人的，应当征得被收养人的同意。

二、收养关系成立的形式要件

我国《民法典》第一千一百零五条第一款规定：“收养应当向县级以上人民政府民政部门登记。收养关系自登记之日起成立。”一般情况下，收养人和送养人自愿达成收养协议后，双方到被收养人户籍所在地的县级以上人民政府民政部门申请收养登记，并提交收养申请书、收养协议书、双方居民身份证、双方户籍证明和双方基层组织证明，民政部门经收养评估和审查，符合收养条件的，发给准予收养的证书，收养关系自登记之日起成立。

收养查找不到生父母的弃婴和儿童的，办理登记的民政部门应当在登记前予以公告，公告期满，仍然查找不到生父母的，才能办理无收养协议书的收养登记。

收养关系的各方或者一方当事人愿意订立书面收养协议的，应当订立书面收养协议。收养关系的各方或者一方当事人要求办理收养公证的，应当办理收养公证。收养关系成立后，公安部门应当依照国家有关规定为被收养人办理户口登记。

外国人在我国收养子女的，应当经其所在国主管机关依照该国法律审查同意。收养人应当提供由其所在国有权机构出具的有关其年龄、婚姻、职业、财产、健康、有无受过刑事处罚等状况的证明材料（这些证明材料应当经收养人所在国外交机关或者外交机关授权的机构认证，并经我国驻该国使领馆认证，但是国家另有规定的除外），并与送养人签订书面协议，亲自向省、自治区、直辖市人民政府民政部门申请登记。

收养人、送养人要求保守收养秘密的，其他人应当尊重其意愿，不得泄露。

第四节　收养关系的法律效力

收养的效力，是指因收养民事法律行为的成立而导致的相应的法律后果。自收养关系成立之日起，将产生一系列的法律效力。收养的效力主要表现为：新亲子关系及其他亲属关系产生，而原亲子关系归于消灭。它不仅涉及养父母、养子女及其生父母关系，而且还涉及养父母养子女与其他近亲属的关系。收养的效力分为拟制效力和解消效力两个方面。

一、收养的拟制效力

收养的拟制效力是指收养产生新的由法律确认的亲子关系及其他亲属间权利义务关系的效力。《民法典》第一千一百一十一条第一款：“自收养关系成立之日起，养父母与养子女的权利义务的关系，适用本法关于父母子女关系的规定；养子女与养父母的近亲属间的权利义务关系，适用本法关于子女与父母的近亲属关系的规定。”

（1）对养父母与养子女的拟制效力。养父母与养子女之间产生拟制直系血亲关系，适用父母子女关系的规定。养子女可以随养父或者养母的姓，经当事人协商一致，也可以保留原姓；养父母与养子女互负抚养、赡养的义务，互享继承权。

（2）养子女与养父母的近亲属间的拟制效力。养子女与养父母的近亲属间形成拟制直系或旁系血亲的关系，适用子女与父母的近亲属的关系的规定。

二、收养的解消效力

收养的解消效力是指收养使被收养人与生父母间的权利义务关系依法终止消除的效力。《民法典》第一千一百一十一条第二款：“养子女与生父母及其他近亲属间的权利义务关系，因收养关系的成立而消除。”“其他近亲属”指祖父母、外祖父母、兄弟姐妹。根据该规定，我国只承认完全收养，以避免权利义务关系的重叠。

收养的解消效力是对生父母子女和近亲属法律关系的解消，而对血缘关系是无法消除的。所以《民法典》关于禁止结婚条件——直系血亲和三代以内旁系血亲——的规定仍然适用于养子女与生父母的近亲属之间的结婚行为。

三、无效收养

无效收养行为，是指欠缺收养成立的法定要件而不发生法律效力的收养行为。《民法典》第一千一百一十三条第一款规定：“有本法第一编关于民事法律行为无效规定情形或者违反本编规定的收养行为无效。”

（一）无效收养的原因

无效收养的原因主要包括以下几种：

1. 收养人、送养人不具有相应的民事行为能力

行为人具有与其从事的民事行为相当的民事行为能力，是对民事主体资格的要求。无论何种民事法律行为，都是以当事人的意思表示为基础的，并且以产生一定的法律后果为目的。因此行为人必须正确理解自己行为的性质和后果，具备独立地表达自己意思的能力。收养行为旨在建立重要的父母子女关系，所以作为收养关系当事人的收养人必须是具备完全民事行为能力的自然人，如果收养人不具备完全的民事行为能力，不能独立表达自己的意思以及理解其行为的法律后果，收养行为是无从谈起的。由于在收养关系中，被收养人多为八周岁以下的未成年人，根据《民法典》的规定，他们都是限制民事行为能力人或者无民事行为能力人，所以其作为收养关系的当事人，必须要由其法定代理人代理其从事收养行为，而作为被收养人法定代表人的民事主体，必须是具有完全民事行为能力的。否则，从事的收养行为将不具有法律效力。

2. 当事人的意思表示不真实

这是指收养人同意收养、送养人同意送养及年满八周岁的被收养人同意被收养并非出于本人的真实意思意愿。民法上的意思表示，就是当事人把设立、变更、终止民事权利、民事义务的内在愿望表示于外部的行为。意思表示是民事法律行为的本质特征。在收养行为中，所谓意思表示真实，就是收养行为必须出于当事人的自愿、反映当事人的真实意思。如果收养关系的当事人并没有真正通过收养关系建立父母子女关系的内在意思，而是试图通过收养来达到其他不法的目的；或者通过收养来规避计划生育政策和法律法规；或者当事人表示出来的收养的意思不是出于当事人的自愿，而是被欺诈、胁迫的结果等。只要具有这些情形，就说明当事人从事收养的民事行为的意思表示是不真实的，由此而形成的收养关系不具备法律效力。

3. 违反法律和社会公共利益

这里所指法律，是广义上的法律，不仅包括收养法，还包括国家颁布的各种法律、法规。所谓社会公共利益就是社会共同的利益，如公共秩序、社会公德等。保护和调整社会公共利益是法律和政策的共同任务，我国的法律和社会公共利益是一致的。收养行为是当事人之间设定亲属权利义务的民事法律行为，这种当事人之间的权利、利益和义务不能违背法律和社会公共利益，否则，就不能赋予其法律效力。收养关系当事人的收养行为不违反法律，是指其行为不应当违反法律的强制性的规定，要求当事人的行为内容不违法、行为的动机目的不违法以及行为的方式不违法。

4. 收养不符合成立的法定方式

主要包括以下几种情形：第一，违反《民法典》中关于收养的基本原则的收养行为无效。违反收养的基本原则，是指违反《民法典》规定的有利于被收养的未成年人的抚养、成长的原则，遵循平等自愿的原则，不得违背社会公德的原则以及不得违背计划生育的法律、法规的原则。这些原则都是收养法规的基本宗旨，如果收养行为违反这些原则，当然不能产生法律效力。第二，违反《民法典》规定的实质要件的收养行为无效。收养行为成立的实质要件，是指《民法典》规定的关于收养人、送养人以及被收养人的资格条件。我国《民法典》对于收养人、送养人以及被收养人的资格条件均作了严格的规定，除某些特殊的收养行为根据《民法典》规定可以不受某些条件的限制外，一切收养行为均须遵守这些条件，收养行为一旦违

反这些实质性条件的规定，就不发生法律效力。第三，违反《民法典》规定的程序要件的收养行为无效。收养行为成立的程序性要件，是指《民法典》规定的成立收养行为必须进行的程序要求，主要是指收养登记的有关规定。我国对收养关系有着明确的法律界定，为了保护合法的收养关系，保证有利于被收养的未成年人的抚养和成长，保障被收养人和收养人的合法权利，我国法律在收养关系上实行的是登记制度，没有经过县级以上民政部门登记的收养关系是无效的。即使当事人根据法律规定的原则和实质性的条件要求，达成了成立收养关系的协议，而且符合《民法典》关于民事法律行为生效条件的一般性规定，只要未经过民政部门的登记，合法的收养关系就尚未成立。政府主管部门的登记可以增加收养关系的严肃性和权威性，预防、减少纠纷，所以《民法典》对于登记成立的规定是合理而必要的，世界各国对于收养行为均采取登记成立的原则。

（二）无效收养的法律后果

《民法典》第一千一百一十三条第二款规定："无效的收养行为自始没有法律约束力。"被收养登记机关撤销收养登记从而无效的，也应如此。这就意味着，凡是被确认无效的收养行为，不产生收养关系成立的任何法律后果。无效收养的当事人存在违法犯罪行为的，如收养人借收养名义拐卖儿童，父母借收养名义出卖亲生子女等，还应当承担相应的行政违法责任和刑事责任。

第五节　收养关系的解除

一、解除收养的法定情形

按照我国《民法典》规定，收养人在被收养人成年以前，不得解除收养关系，但是，收养人、送养人双方协议解除的除外。养子女八周岁以上的，应当征得本人同意。但由于收养关系是一种拟制的亲子关系，可能因各种原因导致收养关系的恶化和事实上的解体，因此当收养关系无法继续维持时，强行维持收养关系，并不利于被收养人的抚养和成长，也不利于收养人的生活安宁，收养关系应当允许依法解除。依据我国《民法典》的规定，出现下列情形的，可以解除收养关系。

（1）收养人和送养人达成解除收养的协议。当收养人和送养人双方自愿协议解除收养关系，并且年满八周岁以上的未成年子女也同意解除的，收养关系可以解除。

（2）送养人基于收养人的过错行为要求解除收养关系。《民法典》第一千一百一十四条第二款规定："收养人不履行抚养义务，有虐待、遗弃等侵害未成年养子女合法权益行为的，送养人有权要求解除养父母与养子女间的收养关系。送养人、收养人不能达成解除收养关系协议的，可以向人民法院提起诉讼。"为维护合法收养关系的稳定，送养人不得随意解除收养，但送养人发现收养人不抚养被收养人，有虐待、遗弃等侵害未成年养子女合法权益行为的，可以单方提出解除收养关系的要求。

（3）养父母和成年养子女协议解除收养关系。《民法典》第一千一百一十五条规定："养父母与成年养子女关系恶化、无法共同生活的，可以协议解除收养关系。不能达成协议的，可以向人民法院提起诉讼。"成年养子女具有完全民事行为能力，由于某种原因导致与养父母关系恶化，无法继续共同生活时，为了各自生活的安宁，可以由双方协议解除收养关系。不能达成协议的，双方都可以向人民法院提起解除收养关系的诉讼。

二、解除收养的法定程序

（一）登记解除

当事人协议解除收养关系的，应当到民政部门办理解除收养关系的登记。

（1）申请。收养关系当事人持居民户口簿、居民身份证、收养登记证和解除收养关系的书面协议，共同到被收养人常住户口所在地的收养登记机关申请办理解除收养关系登记。

（2）审查。收养登记机关收到解除收养关系登记申请书及有关材料后，应当自次日起 30 日内进行审查。

（3）登记。对符合法律规定的，为当事人办理解除收养关系的登记，收回收养登记证，发给解除收养关系证明。

（二）诉讼解除

（1）起诉。收养关系当事人不能就解除收养关系事宜达成协议的，可以向人民法院起诉。提起诉讼的当事人可以是收养人，也可以是送养人，还可以是成年的被送养人。

（2）受理。人民法院对符合法律规定的解除收养关系起诉条件的案件决定立案审理。

（3）调解。人民法院审理解除收养关系的案件，应当做好调解工作。当事人达成解除收养关系协议的，制作调解书。收养关系自签收之日起合法解除。

（4）判决。经调解不能达成解除收养协议的，作出准予或不准解除收养关系的判决。收养关系自判决书生效之日起依法解除。

三、解除收养的法律后果

收养关系解除后，养子女与养父母及其他近亲属间的权利义务关系即行消除，与生父母及其他近亲属间的权利义务关系自行恢复，但成年养子女与生父母及其他近亲属间的权利义务关系是否恢复，可以协商确定。

收养关系解除后，经养父母抚养的成年养子女，对缺乏劳动能力又缺乏生活来源的养父母，应当给付生活费。生活费的数额，应视养父母的实际需要和成年养子女的负担能力而定，一般不低于当地居民生活费用标准。因养子女成年后虐待、遗弃养父母而解除收养关系的，养父母可以要求养子女补偿收养期间支出的生活费。

生父母要求解除收养关系的，养父母可以要求生父母适当补偿收养期间支出的生活费，但因养父母虐待、遗弃养子女而解除收养关系的除外。

典型案例

案例一：收养人解除收养，送养人可以要求支付违约金吗？

李甲丧偶，有一六岁的儿子李乙，因李甲要外出打工，无力抚养李乙，2016 年 3 月，李甲与张某达成协议，由张某收养李甲六岁的儿子李乙，李甲为此而向张某一次性支付被收养人生活费3万元。协议中还约定，任何一方违反约定，应当承担违约金20万元。该收养协议成立以后，在当地民政部门办理了登记手续。两年后李乙上学，在校期间比较顽皮，经常与同学打架。2020年5月李乙将一同班同学眼睛打伤，张林为此向受害人支付了医药费等赔偿金共计5万元。2020年6月张某以该孩子顽皮为由提出解除收养协议。李甲拒不接受，后因考虑孩子已无法与张某共同生活，故李甲又同意解除收养协议，但要求张某退还3万元费用，并承担违约金20万元。张某提出，自己已经为小孩殴打他人支付了5万元赔偿金，不能再向李甲返还财产，对20万的违约金，张某表示无力支付。

请解答如下问题：

1. 李甲支付给张某3万元的被扶养人生活费，该如何认定？

2. 双方约定20万元违约金的行为，是否合法？

3. 双方解除收养合同，是否合法？

案例分析：收养行为是一种依法变更父母子女间的权利和义务的特殊民事行为，涉及人的身份和亲权，故收养不适用合同法，只适用收养法和婚姻法的相关规定。收养关系一旦成立，养父母对养子女就产生了无条件的抚养教育义务，成年后的养子女对养父母有无条件的赡养扶助义务，故收养人不能因为收养向送养人收取任何费用。同样，送养人不能因为送养向收养人收取任何费用。《民法典》第一千零四十四条第二款规定："禁止借收养名义买卖未成年人。"本案中，送养人李甲自愿送给收养人张某小孩的生活费3万元，只能认定为单方面的赠与行为，作为赠与行为，是有效的，李甲不得在赠与行为成立后要求返还3万元。另外，收养关系不适用合同法，我国收养法、婚姻法中没有任何违约金的规定，双方关于"任何一方违反约定，应当承担违约金20万元"的约定是无效的，解除收养关系时，李甲要求张某支付20万元违约金的请求是不成立的。关于解除方面，在被收养人成年之前，收养人一般不能解除收养关系，但收养人、送养人双方协议解除的除外，养子女年满八周岁以上的，应当征得本人同意。《民法典》第一千一百一十四条规定："收养人在被收养人成年以前，不得解除收养关系，但是收养人、送养人双方协议解除的除外。养子女八周岁以上的，应当征得本人同意。"

案例二：子女被收养后，生父母能要回监护权吗？

原告赵某与蔡甲于2012年自愿登记结婚，2014年12月婚生一女，取名蔡小甲，双方于2018年9月13日在婚姻登记机关自愿登记离婚，但因双方都不想抚养婚生女蔡小甲，即在登记离婚的同时与蔡乙、马某签订了收养协议。该协议经公证机关公证后，原、被告即将蔡小甲送给蔡乙、马某收养，此时蔡乙、马某均不满三十岁。2019年12月初，原、被告双方复婚，想将蔡小甲领回抚养，遭到拒绝。此后，原告赵某经常去蔡乙、马某住处看望蔡小甲，引起蔡乙、马某反感。2020年5月，赵某、蔡甲向法院起诉，主张撤销收养协议，恢复对蔡小甲的监护权。

案例分析：《民法典》第一千零九十三条规定，未成年的丧失父母的孤儿、查找不到生父母的未成年人或生父母有特殊困难无抚养能力的子女方可被收养。本案被收养人蔡小甲不属于上述任何一种情况；《民法典》第一千零九十八条的规定，收养人应同时具备三个条件，其中一个是收养人年满三十周岁，而本案中收养人蔡乙、马某收养蔡小甲时均不符合本条件；《民法典》第一千一百零五条规定，收养应当向县级以上人民政府民政部门登记。收养关系自登记之日起成立。本案的收养协议虽然经过公证，但是公证不是收养成立的形式要件。因此，本案收养行为违反了《民法典》的有关规定，应确认为无效，被告蔡乙、马某应将被收养人蔡小甲送还原告。

思考题

1. 收养关系成立之后，养子女和自己的兄弟姐妹、祖父母、外祖父母的权利义务关系是否适用我国《民法典》的相关规定？为什么？

2. 收养为什么需要登记？

3. 收养解除有哪些情形？有什么法律后果？

4. 无效收养的原因是什么？

第八章　亲子关系

【内容提要】

亲子关系是人们最亲密的社会关系之一，涉及父母子女关系，父母与婚生子女关系，父母与非婚生子女关系，继父母与继子女关系，养父母与养子女关系，父母与人工生育子女、代孕子女的关系，亲权的特征、行使及限制以及亲子关系的延展等内容。

【理论框架】

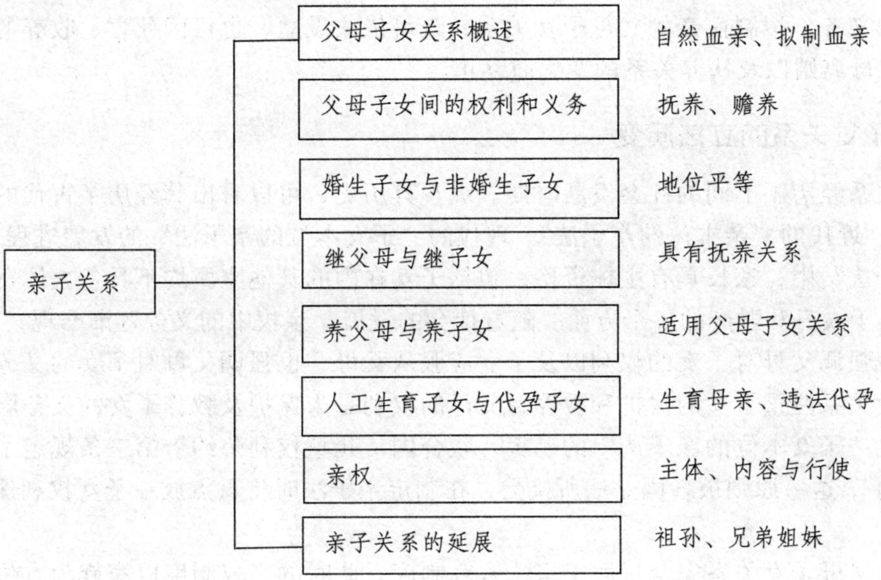

第一节　父母子女关系概述

一、父母子女关系的概念

父母子女关系又称亲子关系，亲子关系中的“亲”指父母亲，“子”指子女。亲子关系在法律上指父母与子女间权利义务关系的总和。父母子女是血缘关系最近的直系血亲，也是家庭关系的重要组成部分。

二、父母子女关系的种类

婚姻法的理论通说和现行立法中，根据父母子女关系产生原因的不同将父母子女关系分为自然血亲的父母子女关系和拟制血亲的父母子女关系。

（一）自然血亲的父母子女关系

自然血亲的父母子女关系基于子女出生的法律事实而产生，包括婚生的父母子女关系和非婚生的父母子女关系。婚生的父母子女关系是指存在合法婚姻关系的男女与所生育子女之间的关系。非婚生的父母子女关系是指没有合法婚姻关系的男女与其所生育子女之间的关系。根据《民法典》的规定，非婚生子女享有与婚生子女同等的权利，任何组织或者个人不得加以危害和歧视。由于自然血亲的父母子女关系是因血缘联系而存在的，所以自然血亲的父母子女关系只能因死亡而终止。《民法典》第一千零八十四条规定："父母与子女间的关系，不因父母离婚而消除。"但法律上的权利和义务，在通常情况下，将因父母将子女送养而消除。

（二）拟制血亲的父母子女关系

拟制血亲的父母子女关系是指原本不存在父母子女关系，而基于收养或再婚的法律行为而人为发生的父母子女关系，包括养父母子女关系和形成扶养关系的继父母子女关系。依法拟制的父母子女关系，是人为设定而由法律确认的，在法律上与自然血亲的父母子女关系具有同等的权利和义务。拟制血亲的父母子女关系，既可依法设立，也可因死亡、收养的解除或继父母与生父母离婚以及扶养关系的变化而终止。

三、父母子女关系的立法演变

父母子女关系经历了不同的社会发展时期。纵观其历史，可以看出其经历了古代的"家本位的亲子法"、近代的"亲本位的亲子法"、现代的"子女本位的亲子法"的发展进程。①在"家本位的亲子法"中，家长具有主体资格，包括子女在内的其他家属均不具备主体资格，家长的支配权及于人身和财产的各个方面。随着社会的发展，亲权中的义务逐渐凸现，"亲本位的亲子法"既强调父母对子女的权利以及子女应服从父母，也强调父母对子女的义务。近现代的父母子女关系注重子女的保护和教养，父母的权利是为保护及教养子女的义务履行而设立的，有转为"子女本位的亲子法"的趋势。联合国《儿童权利公约》第三条规定了"儿童最大利益原则"，这一原则被各国立法所接受，在制定亲子法时将重点放在子女权利保护方面。②

我国古代的父母子女关系完全从属于宗法家庭制度。此时的亲权制度以家族为本位。所谓"君为臣纲、父为子纲"，子女被视为家长的私有财产，无独立人格。③在人身权方面，家长有绝对的对子女教令、惩戒和主婚等权力。如《吕氏春秋·荡兵》中"怒笞不可偃于家"，即家父保有鞭笞教令的权利。在财产权方面，父母也有种种为礼、法肯定的特权。"父母在、不有私财""父母在不得别藉异财"等表明，家族财产属于家长所有，子女在财产关系上也依附于父母。1930 年国民政府公布的《中华民国民法·亲属编》有关亲子关系的立法以保护子女权益为原则，父母子女关系趋于平等，形成了一个内容上倾于传统，形式上西化的亲权制度。新中国成立后，1950 年颁布的婚姻法废除了漠视子女利益的封建主义婚姻制度，实行保护子女合法权益的新民主主义的婚姻制度，并设专章规定"父母子女之间的关系"。1980 年

---

① 王丽萍．婚姻家庭法律制度研究[M]．济南：山东人民出版社，2004.
② 王丽萍．亲子法研究[M]．北京：法律出版社，2004.
③ 瞿同祖．中国法律与中国社会[M]．北京：中国政法大学出版社，1998.

《婚姻法》规定中以近三分之一的篇幅共计十一个条文规定父母子女关系。2001《婚姻法（修正案）》确立了新型的以保护未成年子女合法权益为原则的，父母子女之间平等、相互扶养的权利义务关系。[①]《民法典》在第五编“婚姻家庭”的第三章第二节“父母子女关系和其他近亲属关系”中，对父母子女的权利义务关系等内容作出详细的规定，是当前调整亲子关系的基本法律规范。

第二节　父母子女间的权利和义务

一、父母对子女有抚养的义务

抚养指父母在经济上对子女的供养、在生活上对子女的照料，包括负担子女的生活费、教育费、医疗费等。抚养教育既是父母应尽的义务，又是子女享有的权利。《民法典》第一千零六十七条第一款规定：“父母不履行抚养义务的，未成年子女或者不能独立生活的成年子女，有要求父母给付抚养费的权利。”除法律另有规定外，任何情况下父母都必须履行抚养义务。离婚后的父母，无论子女由哪方抚养，另外一方不因此免除其对子女的抚养义务。

二、父母对未成年子女有教育、保护的权利和义务

《民法典》第一千零六十八条规定：“父母有教育、保护未成年子女的权利和义务。未成年子女造成他人损害的，父母应当依法承担民事责任。”

1. 教　育

教育是指父母在思想品德上对子女的关怀和培养，并按照法律和道德规范的要求对未成年子女进行管理和必要的约束。教育子女是父母的一项重要的职责，包括两方面的内容：一是父母应当尊重未成年子女受教育的权利，必须使适龄的未成年子女按照规定接受义务教育，不得使在校接受义务教育的未成年人辍学；二是父母应当以健康的思想、品行和适当的方法教育未成年子女，引导未成年子女进行有益身心健康的活动。

未成年子女常因年龄小不辨是非、自控能力低、缺乏理智等原因对客观事物不能正确认识和理解，在法律上属于无行为能力人和限制行为能力人。法律将教育未成年子女的责任赋予父母，是为了防止未成年子女进行危害他人的行为，有利于未成年子女的健康成长。

2. 保　护

保护是对未成年子女合法人身权利和财产权利的监督和维护。未成年子女的人身权利受宪法和法律的确认和保护，父母对非法侵犯未成年人子女人身权利的行为，有采取必要措施予以制止的义务，并可在必要时进行正当防卫。对未成年子女已造成损害的，其父母有权代理受害子女起诉，要求人民法院追究侵权人的民事和刑事责任。

父母对未成年子女未尽到监护责任，其子女对他人的合法权益造成损害的，父母应当承担赔偿经济损失等民事责任；已尽到监护责任的，可以适当减轻。子女已成年，对他人的合法权益造成损害的，父母通常不再为子女承担赔偿责任。但是，子女致人损害时已成年但无

---

① 孔庆明，胡留元，孙季平. 中国民法史[M]. 沈阳：吉林人民出版社，1996.

经济收入的，应由父母垫付，垫付有困难的，也可以判决或调解延期给付。

三、子女对父母有赡养扶助的义务

《民法典》第一千零六十七条第二款规定："成年子女不履行赡养义务的，缺乏劳动能力或者生活困难的父母，有要求成年子女给付赡养费的权利。"《老年人权益保障法》第十四条规定："赡养人应当履行对老年人经济上供养、生活上照料和精神上慰藉的义务，照顾老年人的特殊需要。"

赡养，是指子女对父母的供养，即在物质上和经济上为父母提供必要的生活条件。扶助，是指子女对父母在精神上和生活上的关心、帮助和照料。子女对父母的赡养扶助不仅是法律规定的义务，也是社会道德的必然要求。子女赡养扶助父母是无期限的，同时也不得附加任何条件。赡养人不得以放弃继承权或其他理由，拒绝履行赡养义务。对于被赡养人有生活来源，但因丧失劳动能力、生活不能自理而需要劳务扶助，起诉至人民法院的，人民法院应当受理，从而促使义务人全面履行义务。义务人有能力赡养而拒绝赡养，情节恶劣，构成遗弃的，应依法追究刑事责任。

四、子女应当尊重父母的婚姻权利

婚姻自由是我国婚姻家庭法律的基本原则，公民有权依法自主决定自己的婚姻问题，不受任何人的非法干涉或强迫。《民法典》第一千零六十九条规定："子女应当尊重父母的婚姻权利，不得干涉父母离婚、再婚以及婚后的生活。子女对父母的赡养义务，不因父母的婚姻关系变化而终止。"这一规定，为老年人的离婚、再婚自由以及再婚后的生活提供了有力的法律保障。干涉父母婚姻自由情节恶劣、后果严重的，应按照有关规定追究法律责任。

五、父母子女有相互继承遗产的权利

《民法典》第一千零七十条规定："父母和子女有相互继承遗产的权利。"

根据《民法典》第一千一百二十七条规定，父母、子女相互都是法定继承中的第一顺序继承人。子女包括婚生子女、非婚生子女、养子女和有抚养关系的继子女；父母包括生父母、养父母和有抚养关系的继父母。婚生子女、非婚生子女、养子女和有抚养关系的继子女都有平等的继承权。

第三节　婚生子女与非婚生子女

生子女是与父母存在血亲关系的子女，并且根据该子女是否在父母婚姻关系存续期间受胎或者出生，又可分为有婚姻关系的父母所生子女与无婚姻关系的父母所生子女，即婚生子女和非婚生子女。

一、婚生子女

（一）婚生子女的概念

婚生子女，是指在婚姻关系存续期间受胎并于日后出生的子女。早期法律区分婚生子女

和非婚生子女，一是为了传宗接代，避免血缘上的混乱；二是为了家庭财产继承时确认继承人的需要。近现代以来，立法的意义更多的是保障婚姻当事人及其子女的权益。

从大多数国家的立法上看，婚生子女应当符合三个条件：

第一，该子女应为具有合法配偶身份的男女所生；

第二，该子女的血缘来自具有合法配偶身份的男女关系；

第三，该子女出生于合法的婚姻关系存续期间或婚姻关系消灭后的法定期限内。

由此可见，其生父母之间是否存在婚姻关系，是婚生子女和非婚生子女的根本区别。

（二）婚生子女的推定与否认

1. 婚生子女的推定

婚生子女的推定，是指妻子在婚姻关系存续期间受胎或所生子女推定为其夫的婚生子女的制度。婚生子女的推定制度是对子女婚生性和合法性的法律认定。

母子（女）关系，基于母亲分娩的事实而容易确认。父子（女）关系的确定，因父亲在子女孕育、生产过程中的作用较为复杂，有时存在血缘上的父亲与母亲之夫不相符合的情况，确认父子关系需要启动特别的法律程序。一夫一妻制使父亲身份的确定变得简单，仅依据婚姻关系就足以确认父子关系。婚生子女推定是最便宜、可行的确定亲子关系的办法，它从子女出生于母亲这一事实出发，直接认定子女与生母之夫具有血缘关系。

许多国家的法律对婚生子女的推定制度做了规定，但推定的原则和方法不尽相同。如英国普通法规定，子女在婚姻关系存续期间出生的，不问其是否婚前受胎，只要在出生时父母之间有合法婚姻关系，子女就取得婚生子女身份。《德国民法典》规定，在婚姻关系存续期间，夫在妻受胎期间与妻同居者，所生子女为婚生；婚前受胎婚后所生，所生子女亦为婚生，即使婚姻宣告无效也不影响子女的婚生性。《法国民法典》规定，子女系在婚姻关系存续期间受胎者，夫即为夫。夫妻双方结婚满 180 天以上出生的子女为婚生子女，在婚姻关系解除后的 300 天之内出生的子女亦为婚生子女。

新中国成立以来的婚姻法从未明文设立婚生子女推定制度。但实际上，法定有关父母子女关系的内容是按照婚生子女推定理论予以安排的。

2. 婚生子女的否认

婚生子女的否认，是指当事人依法享有否认婚生子女为自己所亲生的诉讼请求权的制度。由于确认婚生子女是依据法律推定的，所以婚生推定的结果应当允许当事人依据一定的事实予以否认。各国设立的婚生子女否认制度是对婚生推定制度的一种合理限制。综观其他国家关于婚生子女否认的法律规定，有以下几点内容：

（1）否认权人。否认权人即法定的享有否认子女为婚生的诉讼请求权人。有的国家仅限于丈夫有否认权，如法国、日本等；有的国家规定丈夫和子女均享有否认权，如德国、瑞士等。

（2）否认的原因。从各国法律规定看，对于婚生子女否认的原因，大多采用概括主义。一般来说，凡能举证足以推翻子女为婚生事实的，即可提出否认之诉。否认的主要原因是在妻子受胎期间夫妻未曾同居。在其受胎期间如有一次同居的事实，其否认权丧失。

（3）否认的效力。对于婚生子女关系的否认是身份法上的重大法律行为，必须经过法院的裁决。在法院做出否认的判决之前，任何人不得主张子女是非婚生子女。

（4）否认之诉的时效。各国法律对否认之诉的时效作了规定，但其长短差距很大，短则只有一个月，长的将近两年。关于时效的计算，各国多规定从知悉需要行使权利时开始。

二、非婚生子女

（一）非婚生子女概念

非婚生子女是指没有合法婚姻关系的男女所生的子女。非婚生子女包括未婚男女所生的子女；已婚男女与第三人发生性行为所生的子女；经否认确定的非婚生子女；妇女被强奸所生子女以及其他无合法婚姻关系的当事人所生之子女。我国民间也把非婚生子女称为“私生子女”。

从自然属性上讲，非婚生子女与婚生子女并无区别。但是，从生育的社会属性上讲，非婚生子女是婚生子女的对称，是没有合法婚姻关系的父母所生的子女。在漫长的历史发展过程中，非婚生子女的法律地位和社会地位经历了很大变化。古代社会的非婚生子女备受歧视，与婚生子女具有完全不同的地位。直到近代，许多国家的法律仍然不承认非婚生子女享有与婚生子女同样的权利。到了第二次世界大战以后，非婚生子女的法律地位才有了比较明显的改善。但目前仍有一些国家保留了非婚生子女与婚生子女的区别待遇，如现行《日本民法典》规定，非婚生子女继承时的应继份为婚生子女应继份的二分之一。

我国《民法典》第一千零七十一条规定：“非婚生子女享有与婚生子女同等的权利，任何组织或者个人不得加以危害和歧视。不直接抚养非婚生子女的生父或者生母，应当负担未成年子女或者不能独立生活的成年子女的抚养费。”

（二）非婚生子女的准正

1. 准正的概念和缘由

非婚生子女的准正是指已出生的非婚生子女因特定缘由取得婚生子女的资格。所谓特定缘由，一是生父与生母结婚；二是法官宣告。准正制度始于罗马法，为保护非婚生子女的利益，现代大陆法系国家和英美法系国家多设有准正制度。

（1）非婚生子女因父母结婚而准正。在法律实践中，不同国家对准正的程序要求不尽一致。大体可以分为两类：一类是只要非婚生子女的生父母结婚，就产生准正的法律后果，无需其他形式；另一类是除了生父母结婚之外，还必须履行生父的认领程序，才发生非婚生子女准正的效力。

（2）非婚生子女因法官宣告而准正。主要发生在两种情况之下：一种是非婚生子女的生父母虽协议结婚但一方死亡；另一种是非婚生子女的生父母虽欲结婚但存在婚姻障碍。在这两种情况下，应非婚生子女本人或婚约一方的请求，法官可以做出准正宣告。

2. 准正的要件

（1）非婚生父母子女之间有其身份赖以确定的血缘关系；

（2）生父母须有结婚的事实或司法宣告；

（3）准正的依据是法律事件而非法律行为。

一旦准正生效，非婚生子女即取得婚生子女的资格，产生一切婚生子女的权利和义务。准正的效力通常是溯及孩子出生时。但是，个别国家也有不同规定。

第四节　继父母与继子女

一、继父母子女的概念及类型

（一）继父母子女的概念

继父母是指母之后夫或父之后妻。继子女是夫与前妻或妻与前夫所生的子女。继父母与继子女关系一般指生父或生母再婚后，子女与后母或后父之间形成的姻亲关系。继父母子女关系形成的原因大体有两种：① 生父或生母一方死亡，他方带子再婚；② 生父与生母离婚，一方或双方又与他人结婚。已形成抚养教育关系的继父母子女，适用父母子女关系的法律规定，双方享有父母子女间的各种权利，承担相应的义务。

（二）继父母子女关系的类型

1. 未形成抚养关系的继父母与继子女关系

在父亲或者母亲再婚时，继子女已经成年并独立生活；或者虽未成年但仍由其生父或生母提供生活教育费，没有受继父或继母的抚养教育，也没有对继父或继母尽赡养义务。此类继父母和继子女之间在法律上未形成父母子女关系，属于直系姻亲关系。

2. 形成了抚养关系的继父母与继子女关系

在生父或者生母再婚时，未成年或未独立生活的继子女随生父母一方与继父或继母一起生活，继父或继母对其承担了部分或全部抚养费的，形成抚养关系。《婚姻家庭编解释(一)》第四十二条规定：《民法典》第一千零六十七条所称“抚养费”，包括子女生活费、教育费、医疗费等费用。成年继子女在事实上对继父母长期进行了赡养扶助，亦视为形成了扶养关系。此类继子女与继父母之间形成了法律上的父母子女关系，同时继子女与生父母之间保持着父母子女关系。因此，该子女有双重的父母子女关系。

二、继父母子女法律地位

继父母与形成抚养教育关系的继子女之间，既有姻亲关系，又有扶养关系，类同于法律拟制的直系血亲关系，其各自的权利和义务，适用法律关于父母子女关系的规定。形成了抚养教育关系的继父母子女间的权利和义务，与亲生父母子女的权利和义务是相同的。

基于血缘的原因，父母子女关系不因父母离婚而消除。因此，继子女和与其有扶养关系的继父母之间，与其生父母之间是双重的权利义务关系。继父母子女之间的关系主要表现为以下四种形式：

（1）生父或生母再婚时子女已成年，子女与后母或后父不形成继父母子女关系。这种姻亲关系因为双方未形成扶（抚）养关系，也就不发生法律上的权利义务；双方既不承担抚养教育和赡养扶助的权利义务，也不享有继承权。

（2）生父或生母再婚时其子女虽未成年，但不与后父或后母共同生活，不受其抚养教育。这种继父母子女关系也不存在法律上的权利义务关系，双方只作为一般亲属关系对待。

（3）生父或生母再婚时子女尚未成年，与后母或后父共同生活，并受其抚养教育长大成人而形成的继父母子女关系。这种关系中继父母对继子女抚养教育的事实，已使双方的姻亲关系转化成法律拟制血亲关系，即通常所称的“有抚养关系的继父母子女关系”。这种继父母与继子女关系虽无血缘关系，但法律确定双方发生与有血缘关系的亲属相同的权利义务关系。

（4）生父或生母再婚时，未成年子女为继父或继母收养，形成收养关系的继父母子女。我国《民法典》第一千一百零三条规定“继父或者继母经继子女的生父母同意，可以收养继子女”，这种收养关系一经成立，继父母子女间的姻亲关系即消灭，而养父母子女的拟制血亲关系即形成。被收养的继子女不再与送养生父或生母有法律上的权利义务关系，该生父或生母再也不用负担抚养教育该子女的义务，也不能享受该子女赡养扶助的权利，双方相互之间均丧失继承权。

第五节　养父母与养子女

一、养父母养子女的概念

养父母养子女关系因收养行为而产生。收养行为指自然人依法领养他人的子女，通过法律拟制的方式在收养人与被收养人之间创设父母子女关系的一种法律行为，需遵守严格的条件和程序。合法有效的收养关系将产生法律拟制的血亲关系。

收养关系的当事人是收养人和被收养人。收养人被称为养父或养母，被收养人被称为养子或养女。尽管送养人以其行为促成了收养关系的发生，但送养人并不是收养关系的主体。

二、养父母与养子女的法律关系

《民法典》第一千一百一十一条规定：“自收养关系成立之日起，养父母与养子女间的权利义务关系，适用本法关于父母子女关系的规定；养子女与养父母的近亲属间的权利义务关系，适用本法关于子女与父母的近亲属关系的规定。养子女与生父母以及其他近亲属间的权利义务关系，因收养关系的成立而消除。”因此，养父母与养子女之间的关系，是一种法律拟制的亲子关系，亲子之间的权利义务适用自然血亲的父母子女关系的相关规定的。

因此，养父母对养子女享有抚养、教育、保护的权利义务，养子女对养父母应当履行赡养扶助的义务。《民法典》中有关父母与子女互为第一顺序的法定继承人的规定，均适用于养父母与养子女。

此外，在养子女姓氏的问题上，我国民法的相关规定较为灵活。《民法典》第一千一百一十二条规定：“养子女可以随养父或者养母的姓氏，经当事人协商一致，也可以保留原姓氏。”因此，养子女的姓氏可也以随养父或养母，也可以保留原姓氏，既体现了对当事人意思自治的充分尊重，也与《民法典》第一千零一十五条关于自然人的姓氏选取方式一致，符合收养制度的根本宗旨。

三、养父母子女关系与有抚养关系的继父母子女关系的异同

（一）相同点

（1）养父母子女关系与有抚养关系的继父母子女关系都属于拟制血亲，均非基于子女出

生的法律事实而发生，养父母与养子女之间、继父母与继子女之间均不存在血缘关系。

（2）养父母子女与有抚养关系的继父母子女之间的权利义务关系，均适用法律关于亲生父母子女关系的规定。

（二）不同点

（1）养父母子女关系因收养关系的设立而产生；有抚养关系的继父母子女关系因生母再嫁或者生父再娶而发生，同时须存在继父母与继子女之间形成抚养教育的事实。

（2）养父母子女之间自收养关系成立之日起即形成拟制血亲关系；继父母与继子女之间自扶养关系形成之时起形成拟制血亲关系。

（3）养子女与生父母之间的权利义务关系，因收养关系的成立而消除；有抚养关系的继子女与生父母之间的权利义务关系，不因未共同生活而消除，因此继子女与生父母、继父母之间，形成双重的权利义务关系。

（4）养父母子女关系因解除收养关系导致权利义务终止，但在一定条件下，养父母可以请求养子女给付生活费或补偿收养期间支出的抚养费。《民法典》第一千一百一十七条规定："收养关系解除后，养子女与养父母以及其他近亲属间的权利义务关系即行消除，与生父母以及其他近亲属间的权利义务关系自行恢复。但是，成年养子女与生父母以及其他近亲属间的权利义务关系是否恢复，可以协商确定。"《民法典》第一千一百一十八条规定："收养关系解除后，经养父母抚养的成年养子女，对缺乏劳动能力又缺乏生活来源的养父母，应当给付生活费。因养子女成年后虐待、遗弃养父母而解除收养关系的，养父母可以要求养子女补偿收养期间支出的抚养费。生父母要求解除收养关系的，养父母可以要求生父母适当补偿收养期间支出的抚养费；但是，因养父母虐待、遗弃养子女而解除收养关系的除外。"而有抚养关系的继父母与继子女关系，不因再婚关系的终止（包括离婚、生父或生母死亡导致的婚姻关系消灭）而当然解除。一方要求解除该权利义务关系的，人民法院应视具体情况作出是否准许解除的调解或判决。[①]

第六节 人工生育子女与代孕子女

一、人工生育及人工生育子女的概念

人工生育技术又称为辅助性生育技术，是现代科学技术研究的重大突破，是采用人工方法取出精子或卵子，再经人工技术将精子或卵子或受精卵注入妇女子宫，使其受孕生育的一种全新的生育技术。通过实施人工生育，可以解决不育和不宜生育的问题，使得无法自然生育子女或者患有严重遗传性疾病的夫妇获得生育的权利，并实现优生优育。因此，人工生育在一定程度对社会发展是积极有利的。2001 年，原卫生部颁布的《人类辅助生殖技术管理办法》第三条明确规定："人类辅助生殖技术的应用应当在医疗机构中进行，以医疗为目的，并符合国家计划生育政策、伦理原则和有关法律规定。"人工生育子女则是指利用人工生育技术受胎而出生的子女。

① 参见《最高人民法院关于继父母与继子女形成的权利义务关系能否解除的批复》，1988-01-22。

二、人工生育子女的种类

（一）人工体内授精子女

人工体内授精是指实施人工辅助将精液注入女性子宫内以取代性交使妇女受胎分娩。根据精子来源的不同，人工体内授精又分为两种情况：

一种是将夫妻双方的精、卵细胞，用人工方法在母体内结合生育子女，此称为同质人工授精。所生的子女为婚生子女，夫妻与所生的子女间具有血缘关系，与自然血亲的父母子女关系相同。

另一种是用丈夫以外的第三人提供的精子对妻子进行人工授精生育，此称为异质人工授精，所生子女和生母之夫没有血缘关系。所生的亲子关系，要区分情形：经父母双方知情和同意的，异质人工授精所生育的子女，认定为双方的婚生子女，即使孩子是在夫妻离婚或者丈夫去世后出生，都不影响其婚生子女的地位。《婚姻家庭编解释（一）》第四十条规定：在婚姻关系存续期间，夫妻双方一致同意进行人工授精，所生子女应视为婚生子女，父母子女之间权利义务关系适用《民法典》的有关规定。据此，无论该人工生育子女是否与父母有血缘关系，均应当视为夫妻双方的婚生子女，其亲子关系适用自然生育下的父母子女的权利义务关系。但是，妻子未经丈夫同意接受的异质人工授精受孕的，所出生的子女与受精母亲的丈夫的关系仍然有争议。

从我国目前的司法实践来看，如果在婚姻关系存续期间，丈夫不同意人工授精的，实施人工授精系妻子一人的行为，其丈夫事后不予追认的，所生子女与丈夫之间无父子（女）关系，丈夫对该子女的婚生性享有否认权，该子女为非婚生子女。因此，取得丈夫同意是确立人工生育子女法律地位的关键。

（二）人工体外授精子女（试管婴儿）

人工体外授精子女即通常所说的试管婴儿，是指用人工的方法取卵，精子和卵子在实验室试管中结成胚胎后再植入子宫妊娠的生殖技术。因精子和卵子的供体不同又可分为四种：

一是采用夫妻的精子和卵子在体外授精，再植入妻子的子宫内妊娠。这样生育的子女与父母双方均有自然血亲关系。

二是在夫妻双方同意的情况下，采用第三人提供的精子和妻子的卵子在体外授精再植入妻子的子宫内妊娠。这样生育的子女属于生母和生母之夫的婚生子女。

三是在夫妻双方同意情况下，采用丈夫的精子和第三人的卵子在体外授精，再植入妻子的子宫内妊娠。所出生婴儿的母亲出现了遗传母亲和生身母亲分离的情况，怀孕的妻子和其丈夫才是该婴儿的法定父母。

四是在夫妻双方完全同意的情况下，采用第三人提供的精子和卵子在体外授精，在试管内形成胚胎后植入妻子的子宫内妊娠生育。应从最有利于婴儿利益的角度，确认生育母亲和其丈夫是婴儿的法律父母。

三、代孕及代孕子女的概念

代孕，指运用现代医疗技术将人工授精培育成功的受精卵或胚胎植入非妻子的妇女体内，由该妇女进行子女的孕育。通过代孕方式所生育的子女称为代孕子女。一般而言，生育后妻子将以亲生母亲的身份对该子女进行抚养。

四、代孕及代孕子女的法律认定

从广义来讲，代孕子女也属于人工生育子女的范畴。当前，各个国家和地区对代孕的态度大致分为两类：一类是承认代孕的合法地位，但实施严格的立法和实践控制，如美国的部分州政府承认代孕的合法性；另一类否认代孕的合法性，将一切代孕行为均视为非法行为，我国的法律规范即对代孕行为采取了绝对禁止的态度。同时，当前大多数国家均禁止以营利为目的的代孕行为。

本书认为，现阶段我国立法不承认代孕行为的合法性主要原因如下：首先，代孕行为蕴含着破坏传统婚姻家庭模式的风险，有可能导致传统家庭关系的根基动摇。生育子女是婚姻家庭关系的重要内容，若代孕合法化，则导致生育功能脱离夫妻关系而发生，会对传统婚姻家庭关系产生负面影响。其次，代孕行为可能导致妇女的生命健康权利无法得到良好的保障。代孕母亲的妊娠过程，往往伴随着不确定的风险，若出现流产、多胎、胎儿畸形等问题时，相关的风险和损失应当由谁来承担？最后，代孕行为被视为是一种侵犯人的尊严的行为。①

尽管当前我国法律禁止代孕行为，但代孕子女的亲子关系认定问题仍然值得作进一步研究。因为不论合法或者非法，一旦婴儿出生，就必须根据法律确定他（她）的身份关系，而不能将之“消灭”或“视为不存在”。②但代孕所生子女的亲子关系认定具有一定的复杂性，涉及代孕目的的实现、参与当事人的利益、代孕子女的权益保护等，这不仅是法律层面的问题，还涉及伦理道德、公序良俗层面的问题。目前，我国法律对此缺乏相关规定，理论上主要有血缘说、分娩说、契约说（或称人工生殖目的说）、子女利益最佳说四种学说。

综上所述，代孕子女的亲子关系问题有待进一步的理论研究和实践探索，应当基于保障儿童最大利益原则，在兼顾各方利益的基础上进行深入研究，以对代孕所产生的亲子关系司法纠纷作出积极、有效的回应。

第七节　亲　权

一、亲权的概念与特征

（一）亲权的概念

亲权是父母享有保护教育未成年子女和管理未成年子女财产的权利和义务的统一，是基于父母子女之间的亲缘关系而产生的以未成年子女利益为核心的专属于父母的一种身份权，是为未成年子女利益而设立的一项专门法律制度。

（二）亲权的特征

从概念中可以看出，亲权具有以下特征：

（1）亲权是一种身份权。亲权是父母基于其身份而发生的对未成年子女的权利和义务，

---

① 刘婉婉. 代孕行为的伦理审视与法律规制[J]. 昆明理工大学学报（社会科学版），2019，19（4）: 34-39.

② 马忆南. 婚姻家庭继承法学 [M]. 4 版. 北京：北京大学出版社，2019：165.

父母子女间的亲子关系是亲权发生的前提。

（2）以管教和保护未成年子女为目的。

（3）既是权利又是义务。亲权是父母基于其身份关系而对未成年子女的权利义务的综合体，具有权利义务双重性及统一性，不能任意抛弃或滥用。

（4）具有时间性。亲权是父母对未成年子女的权利与义务，只能在子女未成年阶段行使，若子女已成年，就脱离其父母的保护。

（5）亲权的内容主要是父母对未成年子女的人身照顾权和财产照顾权。

（6）亲权具有专属性。亲权为父母专有并以教育、保护未成年子女为特定目的。

二、亲权的主体

亲权的主体指参与亲权关系，享有权利承担义务的人。它包括：亲权人即父母，亲权相对人即未成年子女。

亲权人是行使亲权的权利义务主体。作为亲权行使主体的父母，包括生父母、养父母和形成抚养关系的继父母等。亲权人也根据亲子关系的不同而有着不同的变化：

（1）婚生子女，父母均健在且婚姻关系存续期间，父母为共同亲权人，有平等的亲权行使权。非婚生子女未经生父认领时，生母为单独亲权人。非婚生子女经生父认领后，生父也获得亲权人的法律地位，生父母均为亲权人，亲权的行使比照婚生子女亲权人亲权的行使。

（2）养子女的亲权由养父母来行使，亲生父母无权行使。

（3）继子女的亲权人首先为与其共同生活的生父母一方。继父母子女关系大致有两种情况：一是继父母子女之间存在抚养教育关系，如父或母再婚时，子女没有成年或未独立生活，未成年或未独立生活的继子女与继父母共同生活，继父或继母对其进行了抚养教育；二是继父母子女之间不存在抚养教育关系，如父或母再婚时，子女已经成年并已独立生活，继子女并不依靠继父母抚养教育。

亲权相对人即为受亲权保护的未成年子女。一旦成年子女即脱离亲权关系，失去亲权相对人的法律资格。亲权相对人既包括婚生子女，也包括非婚生子女、养子女、形成抚养关系的继子女。

三、亲权的内容

亲权的内容是亲权制度的核心，是亲权法律效力的具体表现。亲权作为权利与义务的复合体，主要包括以下内容。

（一）人身方面的亲权

（1）子女的姓名设定权。子女的姓名是身份关系的标志。

（2）抚养权。父母须为未成年子女的健康成长提供必要的物质条件，包括哺育、喂养、抚育，提供生活、教育和活动的费用等。

（3）教育权。依照法律和道德的要求，父母应当以适当的方式教育未成年子女全面、健康的成长，对子女的行为进行引导及必要的约束，对未成年子女的日常行为进行监督管理，防止其因不当行为给国家、集体或他人造成损害。

（4）居住所指定权。父母对未成年子女的住所或居所享有指定权，子女不得随意离开父母指定的住所或居所。

（5）身份行为的代理权和同意权。身份行为具有专属性，要求当事人本人为意思表示，一般不允许代理。但从保护未成年子女利益的角度出发，其父母依法享有同意权和代理权。未成年子女是无民事行为能力人或限制民事行为能力人，不能独立地为民事法律行为，父母是未成年子女的法定代理人。

（6）子女交还请求权。当未成年子女被他人诱骗、拐卖、劫持或隐藏时，父母依法享有请求交还子女的权利。这是亲权人行使保护权的重要内容。

（7）惩戒权。未成年子女有不当行为时，父母在合理程度内可以按照法定方式惩戒未成年子女。

（二）财产方面的亲权

（1）财产行为的代理权和同意权。父母是未成年子女为财产行为的法定代理人。

（2）管理权。父母对未成年子女的财产享有管理的权利。管理权的范围可及于未成年子女已享有所有权的一般财产。

（3）用益权。父母有合理地支配、利用未成年子女的财产和获取孳息的权利。亲权人行使用益权时，应当从有利于保护未成年子女的财产收益出发，使用时应高度注意，尽量避免造成财产的损失。

（4）处分权。父母对未成年子女财产的处分权受到法律的严格限制。一般情况下，父母对子女的财产不享有处分权，只有出于子女的利益和需要，经法院或监护机关批准，亲权人才能对未成年子女的财产进行处分。

四、亲权的行使与限制

亲权的行使以保护未成年子女合法利益和父母共同行使为原则。在婚姻关系存续期间，亲权应由父母共同行使，以意思表示一致决定亲权行使的内容，单独行使符合配偶中相互代理的，应为有效。如父母意思不一致时，应考虑男女平等与保护未成年子女的立法原则，并虑及中国的固有文化传统及地域辽阔、人口众多等其他国情，由父母协商解决由谁来行使亲权。父母在行使亲权时，不得故意杀害未成年子女或遗弃、虐待未成年子女；不得故意侵占未成年子女财产或者故意使子女负担不当债务；不得滥用惩戒权，对子女进行人身体罚；不得放任对子女的教育和管理，导致未成年子女利益受损严重。

五、亲权的停止和消灭

（一）亲权的停止

亲权的停止，是指作为亲权人的父母过失或故意作出有损未成年人利益的行为达到法律所指定的滥用亲权的程度，已使未成年子女的人身或财产受到了严重损害，而依法停止其亲权人的权利的制度。

1. 亲权因剥夺而停止

亲权被剥夺的原因主要是父母一方或双方对未成年子女有重大犯罪行为，严重伤害了未成年子女利益或者滥用亲权对未成年子女的身心健康或财产利益造成损害。

2. 亲权因中止而停止

亲权人有以下情形之一的，中止其亲权：

（1）被宣告为无民事行为能力或限制民事行为能力人。

（2）离婚后不与未成年子女共同生活的父母一方，除部分亲权仍在行使外，其他部分已处于中止状态。

（3）因长期外出、重病等原因存在亲权不能的。

3. 亲权因转移而停止

亲权转移是指亲权因协议或法院的宣告，由亲权人转移给他人或社会救济机构行使。亲权转移后，原亲权人停止亲权，由受转移人取得亲权或监护权。

（二）亲权的消灭

亲权的消灭，是指基于法定的事由致使亲权无须履行或无法履行，从而使亲权归于消灭。包括绝对消灭和相对消灭两种。绝对消灭是指因子女死亡或子女成年归于自然消灭。相对消灭是指父母一方死亡、死亡一方的亲权虽已消灭，但另一方的亲权仍在或父母双亡时，尚可为未成年子女另行设置监护，以监护为亲权之延伸。

第八节　亲子关系的延展

尽管当前大多数家庭是以夫妻关系和父母子女关系为中心的核心家庭模式，但基于亲子关系所延展的祖孙关系和兄弟姐妹关系依然在家庭中发挥着重要的作用，祖孙关系是隔代的亲属关系，兄弟姐妹是最亲密的旁系血亲关系。在一定条件下，祖孙之间、兄弟姐妹之间会产生权利义务关系。

一、祖孙关系

（一）祖孙的概念和范围

祖孙关系，是指祖父母与孙子女、外祖父母与外孙子女之间的关系，是家庭关系中除父母子女以外的最近的直系血亲关系。祖孙关系不仅包括血缘关系的祖孙关系，而且也包括养祖孙关系和事实上具有抚养关系的继祖孙关系。

德国、日本、瑞士等国家的法律对祖孙之间的抚养和赡养义务都作了规定，而且既没有区分父系亲还是母系亲，也没有区分孙辈为男性或者女性。随着经济的发展，人的寿命在普遍延长，人口的老龄化已成为一个不容忽视的社会问题。尽管我国的社会保障体系正在建立和完善，但靠社会的力量还远远不能承担对老年人的扶养。同样，对于父母已经死亡或者无力抚养的孙子女、外孙子女，社会福利院等机构也没有能力完全承担起抚养的义务。因此，隔代扶养可以说是我国在相当长的时间内将面临的一个问题，需要法律对此问题作出明确的规定。在这一背景下，2001 年《婚姻法（修正案）》对祖孙之间的抚养、赡养关系进行了完善。2020 年，我国《民法典》延续了这一规定，明确了在一定条件下，祖父母、外祖父母与孙子女、外孙子女之间的抚养、赡养义务。

（二）祖孙之间的权利和义务

1.（外）祖父母与（外）孙子女间的抚养、赡养义务

当前我国《民法典》对（外）祖父母与（外）孙子女间的抚养、赡养义务有如下规定。第二十七条第二款规定，“未成年人的父母已经死亡或者没有监护能力的，由下列有监护能力的人按顺序担任监护人：（一）祖父母、外祖父母；（二）兄、姐；（三）其他愿意担任监护人的个人或者组织，但是须经未成年人住所地的居民委员会、村民委员会或者民政部门同意。”第一千零七十四条规定，“有负担能力的祖父母、外祖父母，对于父母已经死亡或者父母无力抚养的未成年孙子女、外孙子女，有抚养的义务。有负担能力的孙子女、外孙子女，对于子女已经死亡或者子女无力赡养的祖父母、外祖父母，有赡养的义务。”

为发扬中华民族尊老爱幼的传统美德，体现婚姻法保护儿童和老人合法权益的原则，《民法典》规定了祖孙间的抚养、赡养义务，但应具备一定的条件。

（1）（外）祖父母抚养（外）孙子女的条件。

第一，（外）祖父母有负担能力。这是一个先决条件，如果抚养人没有抚养能力，自己都无法解决温饱问题，则谈不上抚养他人，“有负担能力”应理解为（外）祖父母具有经济条件和监护能力。

第二，（外）孙子女的父母已经双亡或一方死亡、另一方确无力抚养，或者父母均丧失抚养能力。（外）孙子女的父母已经双亡或父母一方死亡，生存一方也无力抚养子女，或者父母虽生存，但因经济或身体条件，无法对子女尽相应抚养义务，根据《民法典》第二十七条第二款的规定，有负担能力的（外）祖父母可以担任（外）孙子女的监护人，承担抚养义务。

第三，（外）孙子女尚未成年。只有是未成年人，才产生抚养的问题，如果是成年人，则根本不存在抚养的事情。如果（外）孙子女虽未满 18 周岁，但已满 16 周岁，能以自己的劳动能力维持自己基本生活水平的，其已视为完全民事行为能力人，（外）祖父母则不必对其尽抚养义务。

（2）（外）孙子女赡养（外）祖父母的条件。

第一，（外）孙子女有负担能力。（外）孙子女已独立生活，有负担能力，能够赡养需要赡养的（外）祖父母，则其应尽赡养义务。

第二，（外）祖父母的子女已经死亡或虽未死亡但无力赡养。（外）祖父母的子女死亡或因经济、身体条件而无力赡养的，（外）孙子女才有赡养（外）祖父母的义务。

第三，（外）祖父母必须是需要赡养的人。如果（外）祖父母自己本身有独立生活的能力，经济、身体条件都较好，则（外）孙子女可以不承担赡养义务。（外）祖父母与（外）孙子女间的抚养、赡养义务必须具备相应的条件，才产生相关的抚养、赡养义务。适用上述条件时，不以同居一家、共同生活为限。

2. 祖孙间的继承权

根据我国《民法典》第一千一百二十七条的规定，（外）祖父母是（外）孙子女遗产的第二顺序法定继承人。在没有第一顺序继承人或第一继承人均放弃或丧失继承权的情况下，（外）祖父母可以继承（外）孙子女的遗产。即使由第一顺序法定继承人继承遗产，但（外）祖父母对（外）孙子女尽了较多的抚养义务或（外）祖父母已丧失劳动能力又没有生活来源，依靠（外）孙子女抚养的，根据《民法典》的规定，（外）祖父母也可以适当分得（外）孙子

女的遗产。根据《民法典》第一千一百二十八条规定，（外）孙子女对（外）祖父母的遗产有代位继承权。

（三）祖孙之间履行义务的方式与途径

关于抚养或赡养的方式，我国民事法律规范没有作出专门规定，只规定对不履行抚养或赡养义务的人，权利人有要求其履行义务的权利。实践中抚养或赡养的方式主要有以下两种，当事人可以根据自身的情况来选择：一是共同生活抚养或赡养，即被抚养或赡养人与抚养或赡养义务人共同居住在一起，进行直接的抚养或赡养；二是通过给付抚养或赡养费、探视、扶助等方式完成扶养义务。

抚养或赡养义务人在履行抚养或赡养义务时，往往需要和被抚养或赡养人就抚养或赡养义务的程序、抚养或赡养的具体方式等内容进行协商，达成对当事人均具有约束力的抚养或赡养协议。如果当事人之间无法达成协议，那么，可以请求人民法院通过判决来确定权利和义务。

抚养或赡养协议达成后或者人民法院的判决生效后，当事人的经济和生活状况往往会出现一些新的变化，如果仍然要求当事人按照原有的抚养或赡养协议或者判决来执行，可能会使一方当事人利益受到损害，因此，当事人需要通过一定的途径来变更抚养或赡养权。

所谓变更抚养或赡养权是指抚养或赡养义务人、抚养或赡养权利人以及抚养或赡养程序和方法的变更。在抚养或赡养当事人一方或双方经济和生活状况发生变化时，抚养或赡养权利人和抚养或赡养义务人都有权要求变更原抚养或赡养协议或者有关抚养或赡养的判决。当事人首先可以在自愿、平等的基础上进行协商，协商不成时，可以向人民法院起诉，来重新确定双方的权利和义务。

二、兄弟姐妹关系

（一）兄弟姐妹的概念和范围

兄弟姐妹是血缘最密切的同辈旁系血亲关系，是家庭关系中最重要的组成部分之一。兄弟姐妹，包括同父母的亲生兄弟姐妹、同父异母或者同母异父的兄弟姐妹、养兄弟姐妹、有事实扶养关系的继兄弟姐妹。

在一般情况下，兄弟姐妹应由他们的父母抚养，因而他们相互之间不发生权利义务关系。但是在特定条件和特定情况下，兄、姐与弟、妹之间会产生有条件的扶养义务。当然，法律对兄弟姐妹间扶养义务的规定，主要是从同胞兄弟姐妹之间的关系来确定的，因为他们是血缘关系最密切的同辈旁系血亲。同父异母或者同母异父兄弟姐妹，以及没有血缘关系的养兄弟姐妹和有抚养关系的继兄弟姐妹，如果符合法律规定的条件和情形，相互之间也将产生扶养与被扶养的权利义务关系。

（二）兄弟姐妹之间的权利和义务

我国1950年《婚姻法》没有对兄弟姐妹间的扶养关系作出规定，但在实际生活中，兄、姐扶养教育弟、妹却是常见的现象。1980年《婚姻法》结合我国家庭成员间关系较为密切的实际，从爱小育幼的角度出发，将兄、姐在特定条件和特定情况下扶养弟、妹的内容纳入了法律的调整范围。1980年《婚姻法》第二十三条规定：“有负担能力的兄、姐，对于父母已经死亡或父母无力抚养的未成年的弟、妹，有抚养的义务。”使有负担能力的兄、姐，对于父母已经死亡或父母无力抚养的未成年的弟、妹的扶养成为一项法定义务。此后，1984 年《最高人民法院关于贯彻执行民事政策法律若干问题的意见》第二十六条作出解释：“由兄、姐抚养长大的有负担能力的弟、妹，对丧失劳动能力、孤独无依的兄、姐，有扶养的义务。”根据这一司法解释，由兄、姐抚养长大的有负担能力的弟、妹，与丧失劳动能力、孤独无依的兄、姐间也产生了有条件的扶养义务。

在 2001 年修改的《婚姻法》中，将弟、妹在特定条件和特定情况下负有扶养兄、姐的义务上升为法律内容，取得了各方面广泛的共识。在现实生活中，许多兄、姐在扶养弟、妹时，节衣缩食、倾囊而助、全力以赴，有的甚至牺牲了个人的婚姻。按照权利、义务对等原则，弟、妹理应回报尽了扶养义务的兄、姐。扶养不仅是物质方面的，也包括精神上的安慰和生活上的照顾。因此，修改后的《婚姻法》把在实际生活中和司法实践中认为是可行的做法以法律形式加以规范，规定：“由兄、姐扶养长大的有负担能力的弟、妹，对于缺乏劳动能力又缺乏生活来源的兄、姐，有扶养的义务。”

1. 兄弟姐妹间的抚养义务

兄弟姐妹间原本不存在法定的抚养义务，但为维护家庭生活的和谐团结、保护相关家庭关系人的利益、弘扬中华民族的传统美德，我国《民法典》第一千零七十五条规定：“有负担能力的兄、姐，对于父母已经死亡或者父母无力抚养的未成年弟、妹，有扶养的义务。由兄、姐扶养长大的有负担能力的弟、妹，对于缺乏劳动能力又缺乏生活来源的兄、姐，有扶养的义务。”根据这一规定，兄、姐与弟、妹之间在一定条件下也具有抚养义务。这一规定是在延续 1980 年《婚姻法》相关规定的基础上，吸收了 1984 年《最高人民法院关于贯彻执行民事政策法律若干问题的意见》第二十六条的规定而确定的兄弟姐妹相互间的权利与义务。

（1）兄、姐抚养弟、妹的条件。

第一，兄、姐有负担能力。为保证未成年的弟、妹健康成长，兄、姐必须具有负担能力，即应具有相应的经济、监护能力，才能承担起抚养未成年的弟、妹的义务。

第二，父母已经死亡或父母无力抚养。父母对未成年子女的抚养义务是法定的，但是在父母死亡（包括自然死亡或宣告死亡）或因身体原因和经济条件无力抚养的情况下，有负担能力的兄、姐应尽抚养义务。

第三，被抚养的弟、妹，必须是未成年人。被抚养人必须尚未成年，不能独立生活，必须依靠成年的具有负担能力的兄、姐承担抚养义务。如果弟、妹已经成年，能够独立生活，则兄、姐不承担抚养义务。如果弟、妹虽未满 18 周岁，但已满 16 周岁，能以自己的劳动能力维持自己基本生活水平的，其已视为完全民事行为能力人，无须兄、姐抚养。

上述三个条件必须同时具备，才产生兄、姐对弟、妹的抚养义务。

（2）弟、妹抚养兄、姐的条件。

第一，弟、妹有负担能力。弟、妹必须具有负担抚养兄、姐的能力，即有相应的经济物质条件才承担抚养义务，如果弟、妹连自身的生活都不能保障，就无法对兄、姐承担抚养义务，因此，只有弟、妹有负担能力，才能承担抚养义务。

第二，弟、妹由兄、姐抚养长大。在父母死亡或无力抚养的情况下，兄、姐抚养未成年的弟、妹长大成人，从权利义务相一致的原则出发，由兄、姐抚养长大的弟、妹应对需要他人抚养的兄、姐尽抚养义务。

第三，兄、姐缺乏劳动能力且缺乏生活来源。兄、姐因自身身体原因无法劳动并且又没有生活来源，需要弟、妹的关心、照顾，弟、妹应对他们承担抚养义务。

上述三个条件必须同时具备，才产生弟、妹对兄、姐的抚养义务。

2. 兄弟姐妹间的继承权利

亲兄弟姐妹、养兄弟姐妹和有扶养关系的继兄弟姐妹之间有相互的财产继承权。亲兄弟姐妹是指父母所生的兄弟姐妹，包括同一父母所生的兄弟姐妹、同父异母和同母异父的兄弟姐妹。这些兄弟姐妹之间相互间都有平等的继承权。养兄弟姐妹属于法律拟制的旁系血亲，他们之间的法律地位与亲兄弟姐妹完全相同，均享有相互继承遗产的权利。收养关系解除后，养兄弟姐妹之间的权利义务关系也随之消灭。解除收养关系的被收养人如果与生父母恢复父母子女关系的，即与亲兄弟妹的关系也恢复，其相互间有继承遗产的权利。继父母与继子女间形成扶养关系的，继兄弟姐妹之间互有继承遗产的权利。

继兄弟姐妹之间的继承权，因继兄弟姐妹的扶养关系而发生，没有扶养关系的，不能互为第二顺序继承人；继兄弟姐妹之间继承了遗产的，不影响其继承亲兄弟姐妹的遗产。《民法典》第一千一百二十七条规定，兄弟姐妹互为第二顺序法定继承人，没有第一顺序继承人时，被继承人的兄弟姐妹可以继承遗产。第一千一百二十八条规定，被继承人的兄弟姐妹先于被继承人死亡的，由被继承人的兄弟姐妹的子女代位继承。这些条文为兄弟姐妹之间相互享有继承权利提供了充分的法律依据。

典型案例

案例一：成年子女不能独立生活　父母仍然有抚养义务吗？

刘某与李甲离异时，法院判决儿子李乙随母亲生活。李乙大学毕业后，在一次交通事故中脑部受伤，精神状况时好时坏，缺乏独立生活能力。刘某为了给儿子治病，花光了全部积蓄，为了孩子的前途，避免耽误孩子的正常生活和治疗，她便找到李甲要求他支付儿子的抚养费，但李甲以李乙已经成年，自己已经没有抚养义务为由拒绝支付。李甲有抚养儿子李乙的义务吗？

案例分析：《民法典》第一千零六十七条规定，父母不履行抚养义务的，未成年子女或者不能独立生活的成年子女，有要求父母给付抚养费的权利。《婚姻家庭编解释（一）》第四十一条规定：不能独立生活的子女，指尚在校接受高中及其以下学历教育，或者丧失、部分丧失劳动能力等非因主观原因而无法维持正常生活的成年子女。从本案的情况来看，李乙因交通事故导致脑部受伤，无法正常工作生活，没有经济来源，应属于上述规定中不能独立生活的成年子女。因此，李甲有义务支付抚养费。

案例二：抚养过甲的刘某能够要求赡养费吗？

2001 年，王某在丈夫去世后，带着 8 岁的儿子甲与刘某一起生活，2005 年与刘某生育一女乙。2011 年，因与刘某产生矛盾，王某带着儿子甲独自生活，女儿乙随刘某生活。2018 年，刘某因病残疾，生活陷入困难。此时甲已经工作，每月收入 5 000 元。刘某要求甲每月支付其生活费500元被拒绝，因此诉至法院。刘某的请求能否得到支持？

案例分析：《民法典》第一千零七十二条规定：继父或者继母和受其抚养教育的继子女间的权利义务关系，适用本法关于父母子女关系的规定。由于王某并未与刘某登记结婚，他们之间属于非婚同居关系，甲与刘某之间不属于《民法典》中有抚养关系的继父与继子的关系，因而没有形成拟制血亲，所以对刘某的请求不予支持。

思考题

1. 我国《民法典》规定的父母子女有哪些权利和义务？
2. 简述亲权的特征及内容。
3. 祖孙在什么条件下产生权利义务关系？
4. 简述弟、妹对兄、姐尽扶养义务的条件。

第九章　扶养制度

【内容提要】

扶养制度是婚姻家庭法中以亲属关系为基础的重要制度。本章立足《民法典》第五编第三章的体系化设计，从广义角度对扶养制度进行了介绍与分析。本章内容主要包括扶养的含义与性质、扶养的范围与顺序、扶养的成立、扶养的方式、扶养的变更与消灭等具体内容。学习本章，应注重建立体系化的思维，从广义视角关注赡养制度、抚养制度与狭义的扶养制度之间的联系与区别。同时，应注重思考扶养制度的内涵与《民法典》婚姻家庭编立法价值之间的内在关联。

【理论框架】

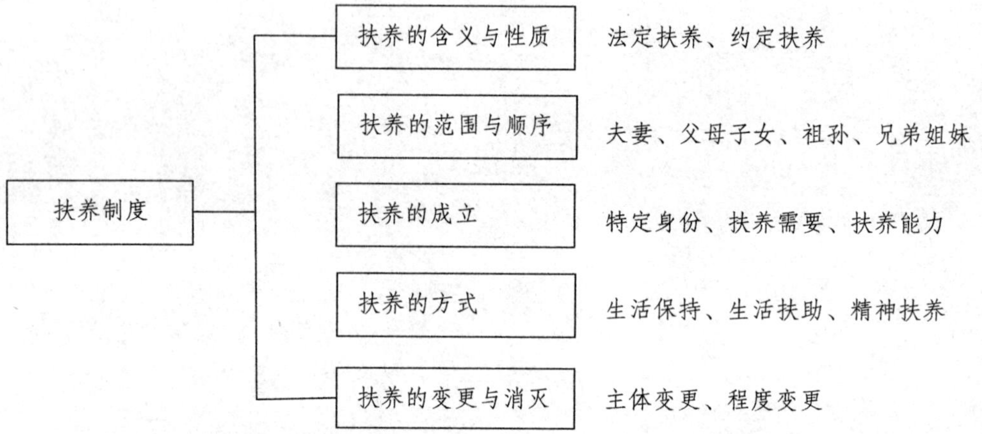

第一节　扶养的含义与性质

一、扶养的含义

在婚姻家庭关系中，扶养是指亲属间一方对他方提供必要的生活供养，扶养人在经济上、精神上对被扶养人提供必要的关心照顾和帮助。扶养是涉及民生福祉的大问题，在任何时期都有因各种原因而无力生活的人，例如老弱、残疾人等，为了使这一部分特殊生活状态的群体能有所依，则需要依靠扶养制度的建立。各国法律在扶养义务设定上都较为一致，基本上都规定了夫妻之间、父母子女之间、直系亲属间相互扶养的义务，但在扶养内容方面有所差异，多数国家将扶养定义为亲属间的经济供养义务。我国《民法典》中则依据扶养主体间关系的不同，将扶养主要分为长辈亲属对于晚辈亲属的抚养、平辈亲属间的扶养和晚辈对长辈亲属的赡养。由此可理解为，广义的扶养实质指一定范围的亲属间相互扶助供养的权利义务关系，应当容纳抚养制度和赡养制度；而狭义上的扶养，则主要是平辈亲属间相互扶助供养的权利义务关系，例如夫妻之间的扶养义务、兄弟姐妹间的扶养义务等。

二、扶养的性质

现行扶养制度可归纳为法定扶养与约定扶养，法定扶养关系的成立基于法律强制性规定，以特定亲属关系为前提，一方对另一方负有法定扶养义务，对于保障儿童、老人合法权益具有重要意义。约定扶养主要分为协议扶养和遗嘱扶养，亦可统一称为“基于法律行为的扶养”，指非亲属间依据协议而负担扶养义务的一般债权债务关系，不以特殊身份关系为前提，例如没有法定扶养义务的遗赠人与受遗赠人之间就扶养关系设定所签订的遗赠扶养协议、立遗嘱人在遗嘱中设定的继承人负担的扶养义务等。本章节就现行扶养制度的讨论仅限于产生于法律强制性规定的扶养，区别于一般的民事法律关系，亲属间的扶养性质主要体现为以下几点：

1. 特定身份关系

首先，法定扶养关系主要基于特定的亲属关系，以特有的身份属性作为扶养关系确立的首要条件；因此，扶养应区别于国家及社会对于特殊困难群体的福利性救济性帮扶，其本质上依赖于身份关系。法定扶养关系的产生并不独立于身份关系之外，也不仅仅依据被扶养人具有扶养需求，亲属身份是扶养的前提，扶养则是亲属身份在婚姻家庭关系中的法律效力。其次，扶养义务虽主要以财产给付为内容，但其具有人身专属性，需符合法定扶养义务人之范畴，在扶养关系存续期间，权利人的以财产给付为内容的专属扶养请求权不得转让或继承。

2. 特定关联性

具有扶养权利义务关系的特定亲属间，扶养请求权和扶养义务不具有对价关系，并不是一般意义上的利益交换关系。例如，父母对子女的抚养，既可理解为父母的权利，也可视为父母的义务；又如，抚养与赡养也并非对等关系，均属于以特定身份为基础的法定的扶养义务。在我国现行法律制度下，父母对于未成年子女具有抚养义务，成年子女不履行赡养义务的，缺乏劳动能力或者生活困难的父母，也有要求成年子女给付赡养费的权利。

3. 特定时效性

亲属关系作为扶养关系确立的身份要件，权利人对于扶养费用到期未进行主张，并不直接理解为权利本身的放弃，在特定身份关系存续期间，权利人具有扶养需求，义务人具有扶养能力，那么扶养权利人就应当持续享有扶养请求权，不受单一时效影响。因此，扶养关系依据身份属性和客观条件而长期存在，与一般民事权利义务受时效影响不同。

第二节　扶养的范围与顺序

一、扶养的范围

关于承担扶养和请求扶养的范围，《民法典》第一千零五十九条、一千零六十七条、一千零七十二条、一千零七十四条以及一千零七十五条分别规定了不同亲属关系间的扶养义务，具有扶养义务的亲属范围可正式明确，即配偶、父母、子女、兄弟姐妹、祖父母、外祖父母、孙子女及外孙子女。

（一）夫妻间相互扶养的义务

夫妻间相互扶养的义务，是法律明确规定的扶养情形。《婚姻法》第二十条规定：夫妻互有扶养义务。一方不履行扶养义务时，需要扶养的一方，有要求对方给付扶养费的权利。《民法典》第五编中仍然沿用了这一规定。

1. 夫妻间的扶养义务以夫妻关系为前提

夫妻之间接受扶养的权利和履行扶养义务均以婚姻关系合法存续期间为条件，无论婚姻实际状态如何，双方仍然处于合法夫妻关系时，则互相负有扶养义务；一方向另一方所负担的必要的扶养义务，实质即另一方所享有的请求扶养的权利。

2. 夫妻间的扶养主要以扶养费的形式体现

扶养义务的履行主要以基本生活扶助和必要经济供养为限度，目的在于维系被扶养一方的基本生活水平，在一方没有固定收入或缺乏生活来源生活困难时，或者一方因年老、患病等原因确需生活救济时，另一方不予以扶助的，可依据法定义务规定要求对方给付扶养费。

3. 夫妻间扶养义务为法定义务

夫妻间抚养义务属于民法上强制性规定所设定的义务，即使夫妻双方在婚前或婚后约定实行分别财产制，也不可以协议约定的方式排除扶养义务之规定的适用，法定义务不得因双方意志而改变。当夫妻间因扶养义务的履行而发生争议时，主张扶养费用的一方可以通过调解或诉讼的方式向另一方追索；若夫妻一方不履行法定的扶养义务而导致另一方陷入生活十分困难的境地，情节恶劣、后果严重的，可能构成遗弃罪，则在承担民事责任之外还应承担相应的刑事法律责任。

（二）父母与子女间的扶养义务

《民法典》第一千零六十七条规定："父母不履行抚养义务的，未成年子女或者不能独立生活的成年子女，有要求父母给付抚养费的权利。成年子女不履行赡养义务的，缺乏劳动能力或者生活困难的父母，有要求成年子女给付赡养费的权利。"从广义的扶养义务的角度理解，父母与子女间的义务应分为父母对于子女的抚养义务和成年子女对于父母的赡养义务。

1. 父母对于子女的抚养义务

父母对未成年子女抚养义务的范围往往是全方位的，与对成年子女的基本生活扶助不同。无论经济条件如何，子女一旦出生，父母即使降低自身生活水平也应无条件地承担扶养义务，以保障未成年子女基本的生存和生活，包括子女受教育的费用、生活所需等。但是，父母对于成年子女的扶养义务则是基本的扶助义务，根据《民法典》的规定，年满 18 周岁的公民，依法具有完全民事行为能力，原则上应不再依赖父母抚养，父母对于子女的抚养义务因子女的成年而消灭。但因个人生理、心理、学习就业情况等差异，一部分成年人还需要他人抚养。例如大部分在校大学生读书期间并无基本生活来源，甚至后续升学后仍然无法以自身能力获得固定收入，目前社会常态仍是以父母给予生活费用为主；又如部分成年子女因疾病意外等完全或部分丧失劳动能力，不具有获取生活来源的独立能力。所以，成年并不直接等于具有劳动能力，即使有劳动能力不等于有独立经济来源和生活保障，社会中仍有一部分成年人还需要他人扶养，则父母在维持自身生活之外还应依法负有成年子女必要的生活扶助义务。值得注意的是，关于继父母与继子女扶养义务的认定，根据《民法典》第一千零七十二条第二款的规定，继父或者继母和受其抚养教育的继子女间的权利义务关系，参照适用关于父母子女关系的规定，实质上与非婚生子女规定具有相似性。从被扶养人基本权益保障角度出发，不直接抚养非婚生子女的生父或者生母，应当负担未成年子女或者不能独立生活的成年子女的抚养费。

2. 成年子女对于父母的赡养义务

《民法典》对《婚姻法》第二十一条有所修改，进一步明确了子女对于父母的赡养义务虽以特定亲属关系为前提，但是子女应是成年子女。这实质上也是对扶养人扶养能力的适当考量，但在立法上很难将扶养能力标准量化。以年龄标准为界限具有完全民事行为能力的成年子女原则上应负有法定赡养义务，但是并非成年子女一定具有扶养能力。故此条规定应仅仅理解为将未成年人排除在法定赡养义务人范围之外，若成年子女自身生活困难且无固定生活来源，仍然也可能因特定情势而无法认定为具有扶养能力。

（三）祖孙之间的扶养义务

祖孙本质是隔代亲属，一般情况下，祖孙之间不产生扶养义务，由父母对子女进行抚养，子女随之尽到自身赡养义务。但是，现实生活中亦可出现客观情况导致父母子女之间无法尽到扶养义务。因此，《民法典》第一千零七十四条明确规定，有负担能力的祖父母、外祖父母，对于父母已经死亡或者父母无力抚养的未成年孙子女、外孙子女，有抚养的义务。有负担能力的孙子女、外孙子女，对于子女已经死亡或者子女无力赡养的祖父母、外祖父母，有赡养的义务。据此可以总结出，祖孙之间的扶养义务是有条件的，且可细分为抚养义务与赡养义务。

1. 孙子女、外孙子女的赡养义务

孙子女、外孙子女对于祖父母、外祖父母的赡养义务，依据法律规定，应是在两个前提条件之下产生。第一，必要的扶养能力。虽然孙子女、外孙子女负有赡养义务，但义务的履行以其具有履行能力为前提，自己的劳动收入及配偶收入能够满足自身和配偶的基本生活、教育、医疗等需求，或者降低一定生活水平后仍有剩余的，才能视为具有基本的扶养能力。第二，祖父母、外祖父母的子女无赡养能力或已经死亡。无力赡养主要指无法依靠自身劳动能力保证基本生活水平，无法满足自身及第一顺位继承人必要的生活、教育及医疗需求，我国法律虽未明确规定，但是在民事法律关系中，除去父母对未成年子女的抚养，扶养义务原则上主要是一种生活扶助义务，以本身基本生存生活为首位，若祖父母、外祖父母的子女不具有赡养能力，或者已经死亡的，按照《民法典》一千零七十四条第二款，由具有赡养能力的孙子女、外孙子女履行法定赡养义务。

2. 祖父母、外祖父母的抚养义务

一般情况下，首先存在扶养（抚养）关系的应是父母子女之间，父母对未成年子女及不能独立生活的成年子女具有抚养义务，但若孙子女、外孙子女的父母丧失抚养能力或者死亡的，根据我国《民法典》一千零七十四条第一款的规定，由具有履行能力的祖父母、外祖父母承担抚养义务。但是，与父母对子女的抚养义务有所不同，祖父母、外祖父母抚养义务仅对于未满 18 周岁的未成年孙子女、外孙子女。父母的法定抚养义务分为对未成年子女的无条件的全方面抚养义务和对于无法独立生活成年子女的生活扶助义务，而祖父母及外祖父母对于无生活来源的成年孙子女、外孙子女并无法定抚养义务，即使其父母死亡或者丧失抚养能力。当然，道德层面的帮扶不在讨论范畴。其次，孙子女、外孙子女父母已经死亡或丧失抚养能力，父母无抚养能力指其无法依靠自身劳动能力或者自身其他收入满足法定第一继承人及自身的基本生活、医疗需求，其中“父母”包括婚生子女的婚生父母、非婚生子女的生母、有扶养关系的继父母和有收养关系的养父母。由于抚养教育能力被视为收养人符合收养资格的必要条件，故而有观点认为，在理解父母不具有抚养能力这一要件时可排除养父母，因为收养关系成立本身则要求收养人具有抚养能力。但是，收养人在收养关系成立时具有抚养能力并不意味着抚养过程中经济状况持续不变，也可能在生活过程中因某种原因丧失抚养能力，例如家庭经济状况因经营不善而恶化等，所以养父母仍然可能出现无力履行抚养义务的情况。最后，义务的履行需要义务人具有基本的履行能力，祖父母、外祖父母有负担能力是其承担法定义务的前提，指其可以依靠自身劳动能力或者其他收入，如养老金、退休金等，满足需要扶养的配偶、未成年子女、不能独立生活的成年子女和需赡养的父母必要生活、医疗费用后，仍具有扶助孙子女、外孙子女的经济能力。如果祖父母、外祖父母均有抚养能力，则可根据具体经济情况和生活实际情况共同承担，法律并未明确规定义务履行的方式，也可由当事人主动协商确定。

（四）兄弟姐妹间的扶养义务

《民法典》一千零七十五条规定：“有负担能力的兄、姐，对于父母已经死亡或者父母无力抚养的未成年弟、妹，有扶养的义务。由兄、姐扶养长大的有负担能力的弟、妹，对于缺乏劳动能力又缺乏生活来源的兄、姐，有扶养的义务。”

1. 兄、姐对弟和妹负有附条件的扶养义务

一般情况下，兄弟姐妹均应由其父母抚养，他们相互间并不直接产生扶养关系，仅在父母不能或者无法履行抚养义务时，兄弟姐妹之间在一定条件下产生了扶养义务，但这一义务的履行仅对于未满 18 周岁的未成年弟、妹，且兄、姐依据自身实际经济情况具有负担能力，但是此时若祖父母、外祖父母同样具有负担能力，是否还应该由兄、姐扶养呢？我国《民法典》中未对此进行明确规定。本书认为，在同时满足祖父母、外祖父母承担抚养义务和兄弟姐妹间扶养义务时，应视实际经济能力和生活来源情况进行分担，以保障被扶养人基本生活、医疗和教育需要为限度。

2. 弟、妹对兄、姐的扶养义务以由被扶养人的先前扶养为前提

由兄、姐扶养长大的弟、妹，在自身具有扶养能力时，对于缺乏劳动能力或处于生活困境的兄、姐应履行扶养义务。但是，无论是祖孙之间的扶养关系，还是兄弟姐妹间的扶养关系，均只是补充性扶养义务，应当区别于父母子女间、夫妻之间的扶养义务。补充性义务原则上都是生活扶助义务，都应当首先考量义务人自身的负担能力，即是否具有义务履行能力。

总而言之，被扶养人提出扶养请求权时应满足三个条件：第一，被请求一方应当属于具有扶养义务的亲属范围；第二，满足扶养人履行扶养义务的顺序要求；第三，除夫妻扶养关系、父母子女扶养关系外，其余扶养人扶养义务的履行以具有扶养能力为前提，且被扶养人具有受扶养的需要；扶养能力及扶养需要既包括物质上的，也包括精神上的，未成年人只能

作为被扶养人，不能成为扶养义务人。

二、扶养的顺序

根据我国现行法律规定，亲属之间基于特定的亲属关系而产生的扶养义务在条件及顺序上是法定的，例如，只有在配偶、父母及子女无力承担扶养义务，无法对被扶养人提供必要的经济生活供给时，才由具有相应经济实力、扶养能力的外祖父母、祖父母、孙子女、外孙子女以及成年的兄弟姐妹进行扶养。因此，从法律规定上可以明确，扶养人具有扶养主体的资格是承担扶养义务的前提，另外还应当按顺序履行扶养义务，第一顺位扶养人应为配偶、父母及子女，只有第一顺位扶养人无法履行扶养义务时，才由第二顺位扶养人扶养，即被扶养人的祖父母、外祖父母、孙子女、外孙子女及成年兄弟姐妹。

值得注意的是，第一顺位扶养人虽负有法定扶养义务，但因某些客观原因，例如患病、意外等，可能丧失扶养能力，无法对被扶养人提供基本的生活保障，从而有负担能力的第二顺位扶养人才有条件地承担扶养义务，这是一种补充性生活扶助义务。

第三节　扶养的成立

一、扶养成立的概念

扶养关系的成立旨在明确扶养人与被扶养人之间的权利义务关系，必须是在特定当事人之间，且必须经过一定的形式和程序，其结果是导致特定当事人之间形成扶养权利义务关系。扶养成立规定了扶养权利人主张权利、扶养义务人承担扶养义务的条件，只有符合了法律规定条件的人，才能成为扶养权利人和扶养义务人，缺少任何一个条件，扶养义务便不能成立。明确扶养成立的条件有助于当事人明确自己享有的权利以及承担的相应义务，更好地行使权利、承担义务。

二、扶养关系的成立条件

抚养关系的成立通常应符合三个要件：一是特定身份关系，二是权利人有扶养需要，三是义务人有扶养能力。

1. 特定身份关系

特定的身份关系是扶养关系成立的前提条件，被扶养人虽然具有扶养需要，但是其行使扶养请求权的对象法定。具有扶养义务的亲属范围为配偶、父母、子女、兄弟姐妹、祖父母、外祖父母、孙子女及外孙子女。所以，扶养的成立应在法定范围内。

2. 扶养的需要

扶养需要是指享受扶养权利的人不能够独立维持自己的生活、无谋生的能力，因而需要扶助和帮助。即使是在法律规定的亲属范围之内，如果不具备这一法定要件，那也无所谓扶养义务。由此可见，亲属法上的扶养与道德范畴的扶助有所区别，也不同于国家和社会提供的福利和社会保障。这一概念在不同国家和地区也有着不同的规定，《德国民法典》中对于扶养成立条件的规定较为集中，其判断扶养需要的标准主要是只有不能为自己提供生活费的人才能够成为生活费权利人[①]。《意大利民法典》对扶养的成立条件做了较为系统化的规定，分别确认了扶养成立的一般性要件和兄弟姐妹之间扶养义务成立的要件，其判断扶养需要的标准主要是当事人不能维持自己的生活开支并且必须在非常需要的情况下才能主张权利[②]。我国台湾地区有关规定将不能维持生活并无谋生能力作为要件。我国澳门特别行政区有关规定也将扶养成立之要件与扶养的程度作了共同规定，要求扶养义务人提供的扶养应当与自己的经济能力和受扶养人的需要相称，并且在考虑扶养程度时，应当考虑扶养人能不能自我维持生活。

3. 扶养的能力

关于扶养能力的规定，各个国家和地区的有关规定不尽相同。《德国民法典》要求考虑义务人的就业和财产状况；《意大利民法典》也要求考虑扶养义务人的经济状况；《日本民法典》要求法院考虑扶养义务人的资力；我国台湾地区有关规定指出，如果扶养义务人因为负担扶养义务而不能维持自己生活则免除其义务；我国澳门特别行政区有关规定指出，扶养义务人提供的扶养应当与扶养人的经济能力相称。

扶养需要是扶养成立的前提条件，扶养能力是权利实现的基础。只有存在扶养需要，才能够谈及扶养的权利义务关系问题，谈及扶养的成立。同时，义务人有扶养能力是扶养成立的必要条件。因此，扶养需要与扶养能力决定了扶养的最终成立。扶养的成立应在法定范围内，同时满足扶养需要和扶养能力。

除上述扶养关系成立的三大要素外，不同的扶养关系成立的条件各不相同。在我国《民法典》中，虽然并未明确规定扶养成立的条件，但是立法对不同类型的亲属之间成立扶养的条件规定了不同的判断标准。对于扶养权利人来说：在夫妻之间，当夫妻一方不履行扶养义务时，“需要扶养”的一方可以要求对方给付扶养费；在父母子女之间，当子女“未成年或不能独立生活”时，可以向父母要求抚养费，反之，当父母“无劳动能力或生活困难”时，可以向子女要求赡养费；在祖孙之间，对于孙子女、外孙子女来说，“未成年”且“父母已经死亡或父母无力抚养”是判断标准，对于祖父母、外祖父母来说，“子女已经死亡或子女无力赡养”是判断标准；在兄弟姐妹之间，在弟、妹“父母已经死亡或父母无力抚养”时，有负担能力的兄姐承担扶养义务，而在兄姐“缺乏劳动能力或缺乏生活来源”时，有负担能力的弟妹负有扶养义务。考虑各国、各地区关于扶养权利人有受扶养需要的规定以及我国现行法律的规定，可以看到，将我国《民法典》中的规定理解为扶养权利人不能维持自己的生活且无谋生能力是较为恰当的。

三、不同扶养关系的成立时间

1. 第一顺位扶养关系

第一顺位扶养人应为配偶、父母及子女。夫妻扶养关系从婚姻合法有效成立之时起产生，至婚姻合法有效终止时消灭，在婚姻关系有效存续的整个过程中一直存在且具有法律拘束力，因而是一种状态性的、持续性的法律关系。父母子女间的扶养关系自子女出生时起，或收养关系、继父母子女关系成立时起，在父母具有抚养能力时，对于未成年子女和无独立生活能

① 德国民法典[M]. 陈卫佐，译. 北京：法律出版社，2006.
② 意大利民法典[M]. 陈国柱，译. 北京：中国人民大学出版社，2006.

力的成年子女均应尽到抚养义务，反之，成年子女对于父母或养父母、继父母所应承担的赡养义务以法定亲属关系为前提，自被扶养人具有扶养需要时成立扶养关系。

2. 第二顺位扶养关系

第二顺位扶养人为祖父母、外祖父母、孙子女、外孙子女及成年兄弟姐妹，该顺位范围内扶养关系主要为补充性扶养义务，在被扶养人的父母、子女和配偶均无扶养能力或者死亡时，第二顺位扶养人具有负担能力，在被扶养人处于生活困境无固定生活来源时，由祖父母、外祖父母或兄弟姐妹为被扶养人提供基本生活、医疗保障，此时扶养成立。

第四节　扶养的方式

一、现行扶养制度立法模式

依据是否需要扶养义务人付出代价为标准，亲属之间的扶养义务主要分为两种立法主义。第一种将扶养划分为生活保持义务和生活扶助义务。前者要求扶养义务人作出较大自我牺牲，而这一义务是无条件的自我牺牲，使被扶养人与扶养人之间的生活质量相等[①]。后者则是不要求作出较大自我牺牲的生活扶助义务，在履行扶养义务时以不牺牲扶养人的生活质量为必要限度，仅在义务人具有扶养能力时对被扶养人提供必要生活保障。第二种则在立法上未进行明确区分，仅规定了扶养义务。我国《民法典》及相关司法解释规定的夫妻之间的扶养义务、父母子女之间的扶养义务是无条件的，扶养义务人要履行扶养义务一定程度上可能影响自身生活水平，是一种生活保持义务；而祖父母、外祖父母与孙子女、外孙子女之间的扶养关系，兄、姐和弟、妹之间的扶养关系，均是有前提条件的，扶养人在承担扶养义务时以自身具有扶养能力为前提，是一种补充性的不要求作出较大自我牺牲的生活扶助义务。虽然我国立法上并未直接将抚养义务归纳为生活保持义务和生活扶助义务，但从法律条文规定可总结出我国采取的是第一种立法主义，各亲属关系间的扶养义务和限度有所差异。

二、扶养的方式

我国现行扶养制度中，并没有就某一扶养关系确定必须或唯一的扶养方式，仅规定了权利义务关系和前提条件。因此，扶养义务的履行方式则留有立法空白，在实践中主要以满足扶养人基本生活需求为限度，可根据不同的标准将扶养方式简要划分为以下几类：

1. 依据扶养内容的不同划分

扶养方式可分为同居生活扶养和不同居生活扶养，其中不同居生活扶养以给付相应扶养费用为内容。前者主要是扶养人为被扶养人解决基本生活食宿，保障其日常生活所需，同吃同住的情形，主要在夫妻扶养关系、父母子女扶养关系中常见，即第一顺位扶养人通常采用同居生活扶养，既方便扶养人履行扶养义务，又能够使得被扶养人得到较全面的生活保障。后者则是以扶养费用给付形式存在，第一顺位和第二顺位扶养人均可能采用支付扶养费的方

① 杨大文. 亲属法[M]. 北京：法律出版社，2004：293.

式履行扶养义务，例如离异家庭等，在难以实现同吃同住进行扶养时，扶养人向被扶养人供给金钱或必要生活物品以维持其生活所需。但是，在不同居扶养方式中，往往易出现拖欠扶养费用或不给予扶养费用等情形，扶养费给付纠纷是扶养问题最突出之所在，此时享有扶养权利的被扶养人有权通过司法途径向义务人追偿其扶养费。

2. 依据扶养条件和程度的不同划分

扶养方式可分为生活保持扶养和生活扶助扶养。前文所述，我国在立法上并未明确具体的生活保持或生活扶助型扶养，但法律规定可总结划分为这两种不同的方式，旨在区分不同类型的亲属之间的扶养条件和扶养程度，以便于扶养义务人履行义务。根据不同的扶养人顺位关系，较为严格的生活保持型扶养是需要扶养义务人作出较大牺牲，可能降低自身生活水平的法定义务。

3. 依据给付方式不同划分

抚养方式主要有以下两种模式：一种是支付扶养金或者以实物供养，可分为定期给付、不定期给付、金钱给付、劳务给付等；另一种是扶养义务人将扶养权利人迎至家中加以扶养的方式，也可以分为定期和不定期两种。从国内、国外扶养方式的比较来看，绝大多数国家规定了两种以上的扶养方式，我国立法中仅规定了一种扶养方式。在我国实践当中，给付扶养费有其独特的优势，一方面，在考虑扶养费用的标准时，可以参考扶养义务人的经济能力、被扶养人的生活需要、当地实际生活水平；另一方面，在履行中，金钱给付方式简单易行，容易被各方当事人接受，且便于执行。相对地，将扶养权利人接到家里扶养的方式可操作性较弱，不仅扶养的标准难以确定，扶养义务人的履行行为也将受到质疑。在扶养义务人为数人时，如何确定各自对扶养权利人的照顾程度，难以达成一致。但法律仅规定金钱给付扶养方式，也要求扶养义务人有相当的现金储备及稳定的资金来源。在扶养义务人的收入有限的情况下，这一扶养方式就难以实施。随着物质生活水平的提高和人们自身素养的提高，可以考虑增加精神扶养的方式。

三、精神扶养

精神扶养是扶养者要对被扶养人给予关心、尊重、照顾，主动慰藉其心灵、精神，可以充分满足其心理上的需求。精神扶养既包括长辈对晚辈的精神关爱，也包括晚辈对长辈的精神赡养。在现实生活中，精神扶养需求更多的体现在精神赡养上。

精神赡养一般指在家庭生活中，赡养人理解、尊重、关心、体贴老年人的精神生活，在精神上给予其慰藉，满足其精神生活的需要，使其愉悦、开心。精神赡养一直以来饱受争议。我国部分学者表示精神慰藉不应该被纳入扶养义务的范畴，我们可以简单地将“扶养”理解为扶助供养。立法的观念应当顺应时代的变化，尽管我们无法强制要求负责扶养的一方履行精神慰藉的义务，可仍不能否认法律条款中“口号性”的条款存在的价值。首先，从法律的角度来看，婚姻法规定了子孙对父母等长辈有赡养义务。《老年人权益保障法》则具体规定：赡养就是“经济上供养、生活上照料和精神上慰藉”等。《民法典》没有排除精神赡养，《老年人权益保障法》明确规定有精神赡养。可见，精神赡养是有法律根据的。其次，精神赡养不仅仅是一个道德问题或一种道德义务，也是一种法律义务。对于需要对老人提供精神赡养的作为行为（即应当作为而不作为），包括提供精神需求上的物质保障和精神慰藉，属于给付之诉的，老人可以提起给付之诉；对于对老人进行精神虐待或限制老人人身自由（包括精神生活自由）的行为（即对于不应当作为而作为），属于侵权，老人可以提出排除妨害和停止侵害之诉。

经济水平不佳时人们更关心的是温饱问题，在物质条件已经大有改善的当今社会，扶养应具有多元性、全面性。因此，精神扶养可作为扶养的重要方式之一予以规定，以鼓励扶养义务人对被扶养人的精神陪伴和抚慰，实现扶养制度的多样性。

第五节　扶养的变更与消灭

一、扶养关系的变更

扶养的变更是指已经发生的扶养关系因主体或内容发生变化而相应变化。扶养的变更应本着有利于被扶养人的身心健康、保障扶养当事人合法权益的原则，首先由相关当事人通过协议进行；当协议不成时，才由人民法院依法作出合理的判决。

1. 主体变更

在扶养关系中，如果只有一个扶养人和被扶养人，则不存在扶养义务人或扶养权利人的顺序问题，也不存在扶养人的变更问题。而当扶养关系人有数人，扶养义务人或扶养权利人有一定的顺序时，便会出现扶养关系人的变更。从世界范围看，关于扶养义务人和扶养权利人顺序的规定，在立法上主要有两种。一是概括主义，即法律只作原则规定，具体则由扶养义务人或扶养权利人协商，或者法院确定。二是列举主义，即法律具体明确规定扶养义务人和扶养权利人的顺序。

我国法律虽然没有对扶养人的变更问题作出明确的规定，但是实际上蕴含着这方面的内容。从有关规定的精神看，在两种情况下可以发生扶养人的变更：一是发生一定的法律事实。根据《民法典》的规定，父母应是未成年子女的第一抚养义务人，即在父母健在并有能力抚养的情况下，成年的兄、姐对未成年的弟、妹没有扶养义务。但是，如果父母死亡或者丧失劳动能力，那么，成年的兄、姐则应依法对未成年的弟、妹承担扶养义务。二是扶养成立的条件发生变化。按照《民法典》的规定，在一定的条件下，祖父母有抚养孙子女的义务，成年的兄、姐对未成年的弟、妹有扶养的义务。假设父母死亡时，兄、姐也没有成年，那么，兄弟姐妹应由有条件的祖父母抚养。待兄、姐成年并有扶养能力后，祖父母丧失了扶养能力，那么，对未成年弟、妹的扶养义务则由祖父母承担变更为兄、姐承担。

2. 程度变更

扶养程度是指扶养义务人应给予扶养权利人扶养的水平和标准。这一水平也是扶养义务人对扶养权利人履行扶养义务的标准。关于扶养程度的规定，一方面可以满足扶养权利人的需要，保障扶养权利人受扶养权益的实现，在扶养义务人扶养水平达不到法定的扶养水平时，权利人可以主张更高水平的扶养请求权；另一方面也限定扶养权利人的扶养需要，防止其提出过分的扶养请求。

扶养的程度受义务人的经济状况和权利人实际需要的影响。一般认为，扶养的标准是扶养人应保证被扶养人的生活必需的费用，如衣食住所需的费用、接受教育的费用、医疗护理费用等。当然，扶养关系不同，法律要求扶养的程度也不一样，夫妻父母子女间的扶养，要求达到生活保持的程度，即使扶养人降低或牺牲自己的生活地位，也应维持被扶养人的生活，扶养人与被扶养人有共生义务。而兄弟姐妹之间、祖父母、外祖父母与孙子女、外孙子女之间的扶养义务，只要求达到生活扶助的程度，扶养义务人在不降低或牺牲自己相当的生活水平之限度内，给予被扶养人必要的生活费。但是，不管哪种扶养关系，扶养义务人的经济状况总有可能发生变化而影响扶养人的扶养能力。如扶养人经济收入的增加或减少，市场物价指数提高或降低等原因直接影响扶养人的扶养给付能力；同样，被扶养人的需求也会发生变化。这就必然导致扶养程度的实际变化。

关于扶养程度的变更，我国《民法典》没有具体的规定，有学者认为：子女抚养费的数额，可根据子女的实际需要、父母双方的负担能力和当地的实际生活水平确定；因上学、患病等原因，实际需求已超过原定抚养费数额的，子女可以要求父母增加抚养费。

二、扶养关系的消灭

1. 扶养关系消灭的概念

扶养的消灭，又称扶养义务的消灭或终止，是指当某种法定原因发生时，当事人之间已经存在的扶养关系不再存在。扶养的消灭是基于法定的原因，扶养消灭造成的结果是当事人之间原本已经存在的扶养关系不再存在。规定扶养消灭的意义在于：当扶养权利人不再需要扶养时，可以免除扶养义务人所承担的义务；而在扶养义务人无力承担扶养义务时，可以避免义务人承担扶养义务导致自身生活困难，这同时也是对权利人利益的保障，通过制度的规定，让其他有负担能力的义务人及时补位，保证扶养权利人利益的实现。

2. 扶养关系消灭的原因

扶养关系消灭的主要原因有三种：一是当事人死亡，这种情形导致扶养关系自然终止。当扶养权利人死亡时，无人再需要享有扶养权利，则扶养义务消灭；当扶养义务人死亡时，无人再能负担扶养之义务，则扶养义务消灭；当扶养权利人和扶养义务人均已死亡时，无人享有权利也无人承担义务，权利人和义务人之间的扶养关系自然消灭。二是当事人亲属身份的解除。扶养义务是依照一定身份关系产生的，当此种关系消灭时，扶养关系也随之消灭，如夫妻间因离婚而消灭扶养关系、子女为他人收养等。三是扶养条件的变化。扶养权利方不再需要扶养，或者扶养义务方扶养能力完全丧失，或者成年子女已成年独立生活、兄弟姐妹间的扶养因一方没有负担能力而消灭，等等。扶养条件变化不会导致扶养关系永久地消灭，倘若引起扶养关系的事实再一次出现，扶养关系也可能会再一次发生或者再一次恢复。

典型案例

案例一：胡某诉张某变更抚养关系案　全国第一道未成年人“人身安全保护令”①

原告胡某、被告张某于2000年经法院判决离婚，女儿张某某（1996年出生）由父亲张某

① 参见《最高人民法院发布保护未成年人权益十大优秀案例》，2019-05-31。

抚养。离婚后，张某经常酗酒、酒后打骂女儿张某某。2005 年，张某因犯抢劫罪被判处有期徒刑三年。刑满释放后，张某酗酒恶习未有改变，长期对女儿张某某实施殴打、谩骂，并限制张某某人身自由，不允许其与外界接触，严重影响了张某某的身心健康。2011 年 3 月 19 日深夜，张某酒后将睡眠中的张某某叫醒实施殴打，张某某左脸受伤，自此不敢回家。同月 26 日，不堪忍受家庭暴力的张某某选择不再沉默，向司法部门写求救信，揭露其父家暴恶行，态度坚决地表示再不愿意跟随父亲生活，要求跟随母亲胡某生活。胡某遂向法院起诉，请求变更抚养关系。鉴于被告长期存在严重家暴行为，为防止危害后果进一步扩大，经法官释明后，原告胡某向法院提出了保护张某人身安全的申请。

案例分析：被告张某在与其女张某某共同生活期间曾多次殴打、威胁张某某，限制张某某人身自由的情况属实，原告的申请符合法律规定。依法裁定：一、禁止张某威胁、殴打张某某；二、禁止张某限制张某某的人身自由。裁定作出后，该院向市妇联、区派出所、被告所在村委会下达了协助执行通知书，委托上述单位监督被告履行裁定书确定的义务。后本案以调解方式结案，张某自 2011 年 4 月 28 日起由胡某抚养。

案例二：非亲子关系的抚养费返还和精神损害赔偿①

李某与石晓某经人介绍于 1998 年 10 月相识相恋，当年年底订婚并开始同居，1999 年 11 月登记结婚，2000 年 6 月 22 日生育一女李雨某。2009 年 6 月，双方在民政局协议离婚，约定李雨某由其父李某自行抚养。后李雨某一直由李某独自抚养至 2014 年 10 月。2014 年 11 月初，石晓某将李雨某接走，与其共同居住至 2016 年 12 月底。在此期间，李某每月给付李雨某一定金额的抚养费。自 2017 年开始，石晓某自行抚养其女李雨某。2017 年 2 月 10 日，李某委托司法鉴定所对其与李雨某进行亲子鉴定，结论为排除李某是李雨某的生物学父亲。石晓某认可该份鉴定意见书的真实性和证明目的。

案例分析：夫妻应当互相忠实，互相尊重。根据已查明的事实，在原、被告婚姻关系存续期间，石晓某与他人生育一女，其行为严重破坏了夫妻间的感情、侵害了李某的合法权益、造成了李某较大的精神痛苦。对此，石晓某应承担相应的民事责任。关于李某要求石晓某返还其为李雨某支付的抚养费，因其并非李雨某的生物学父亲，李某为李雨某支付的抚养费应由其母亲石晓某给付。关于给付数额，法院根据子女的实际需要、父母双方的负担能力及当地的实际消费支出水平，综合考虑各方面因素确定为 20 万元。关于精神损害抚慰金的主张，考虑到石晓某的行为存在过错，严重影响夫妻关系，给李某造成较大精神创伤，故对于此项主张予以支持，具体数额酌情确定为 5 万元。最终，法院依照《婚姻法》第四条（现为《民法典》第一千零四十三条），《最高人民法院关于确定民事侵权精神损害赔偿责任若干问题的解释》第一条、第八条之规定，判决：一、石晓某自行抚养其女李雨某；二、石晓某赔偿李某精神损害抚慰金 5 万元；三、石晓某支付李某已支付李雨某的抚养费 20 万元。

---

① 参见《人民司法·案例》，2020（14）：39，参考案例（2017）京 0111 民初 10637 号。

思考题

1. 扶养关系有哪些特点?
2. 如何完善我国的扶养制度?
3. 是否应将直系姻亲纳入扶养范围?
4. 生活保持义务与生活扶助义务有何区别?
5. 扶养有何现实意义?

第十章 监 护

【内容提要】

监护是婚姻家庭法中关于家庭成员间权利义务关系所涉及的重要组成部分，也是民法中关于自然人的重要部分之一，此制度主要研究对无行为能力人和限制行为能力人的人身、财产权益依法实行的监督和保护。在有些国家中，把对限制行为能力人的监督和保护称为保佐。学习本章，首先应当对监护的概念、类型进行完全地理解和掌握，为进一步学习和研究监护人确定、职责等各项具体监护制度打下基础。

【理论框架】

监护	监护与监护权	监护、监护权
	监护的类型	未成年人监护、成年人监护
	监护人的确定	法定监护、遗嘱监护、指定监护、协议监护、意定监
	监护人的职责	人身权利、财产权利、两大原则
	监护资格的撤销与恢复	监护资格的撤销、监护资格的恢复
	监护关系的终止	监护关系终止原因、监护关系终止法律后果

第一节 监护与监护权

一、监护

（一）监护的概念

监护是民法乃至婚姻法中在理论和实践层面都非常重要的一项法律制度。所谓监护，是指民法上所规定的对于无民事行为能力人和限制民事行为能力人的人身权利、财产权利及其他合法权益进行监督、保护的一项法律制度。履行监督和保护职责的人，称为监护人；被监督和保护的人，则称为被监护人。监护从其本质上讲就是对缺乏行为能力人的监督和照顾，弥补被监护人民事行为能力不足的一项制度。监护设立的目的主要是保护无民事行为能力人和限制民事行为能力人的合法权益，从而维护社会秩序的稳定。

（二）监护的历史沿革

监护制度起源于罗马法，罗马法中规定了两种监护人的创设方式及相应职责。对于未成年人所设的监护人，称之为保护人；对于不能辨认自己行为的成年人所设的监护人，称之为照管人。前者的职责在于保护未成年人的身体，后者的职责在于照管被照管人的财产，保护人与照管人总称为罗马法上的监护人。

监护制度最早产生的基础是宗族制和家长制，当时背景下的监护人具有家长辅佐人、代表人身份，监护权则是基于身份而具有的支配性质权利，体现的是私有性。随着宗族制和传统大家庭的瓦解，普通家庭成为社会组成单元的核心，监护则不再被视为一种私人事务，监护人被视为一种公职，除有法定原因外，任何人不得拒任监护人，而国家也创设一定的司法和行政规范进行规制，可见监护向公法化、社会化方向演进的趋势。

近现代民法监护制度并未区分保护人与照管人，则均统称为监护人，仅因为被监护的对象不同而分为未成年人监护和不能辨认自己行为的成年人监护。现代各国家和地区的民法对于监护制度的规定则各不一致，如美国对于成年人监护进行改制，废除禁治产宣告制度，建立以维护成年障碍者人格尊严和正常社会参与为宗旨的成年照顾制度；法国则规定成年人法律保护措施；德国同样废除禁治产宣告制度，改采照管制度①。

二、监护权

（一）监护权的概念

监护权，是指监护人对于未成年人和精神病人等无民事行为能力人和限制民事行为能力人的人身权益、财产权益所享有的监督、保护的一种权利。从其本质来看，监护权是对于无民事行为能力和限制民事行为能力的未成年人和成年人的合法权益实施管理和保护的一种法律资格。对处于父母保护之下的未成年人来讲，父母和子女之间的权利义务已由法律规定，未成年人的监护权人自然为其父母，此为监护权的典型表现形式。而无父母或父母不能行使监护权以及被宣告为无行为能力或行为能力受到限制人的人身和财产受到他人保护的权利，也系监护权的一种表现形式。

（二）监护权的性质

明确监护权的性质旨在明确监护人的法律地位。对于监护权性质学界众说纷纭，一是认为监护权是一种身份权，是基于特定身份关系而产生的，故而监护权应是一种权利；二是认为监护权并没有赋予监护人任何利益，监护人仅承担监护的负担，因而法律课加给监护人更多的是义务，故而监护权是一种义务；三是认为监护权纯粹是为了保护被监护人的利益，并未允许监护人借监护以谋取自身利益，故而监护权仅为一种职责。而从我国《民法典》第三十五条所界定的监护职责来看，整个制度的核心是保护被监护人的合法权益，绝对不允许监护人借监护以谋取自身利益，且明文规定监护为职责，故本书认为监护权的本质为一种职责而非民事权利。

---

① 梁慧星. 民法总论[M]. 北京：法律出版社，2017：105.

第二节　监护的类型

一、监护分类概述

我国《民法通则》仅用第十六条至十九条四个条文对监护进行规定，而《婚姻法》《收养法》《未成年人保护法》等法律中仅零星涉及监护的规定，并未构建起完整的监护制度。《民法通则》中规定的法定监护、指定监护、协议监护、委托监护四种监护类型又较为简洁，可操作性不强。在《民法典》起草过程中，总结了《民法通则》实施以来有关监护制度的实践，并参考发达国家和地区监护立法改革的经验，对监护制度进行重构和革新，填补了原制度的空白部分，并废除了《民法通则》精神病人监护制度，代之以为完全不能辨认或不能完全辨认自己行为的成年人设立监护人的监护制度。我国《民法典》规定了六种监护人的确定方式，分别为法定监护、遗嘱监护、指定监护、协议监护、意定监护以及没有依法具有监护人资格的人时由民政部门或者居委会、村委会担任监护人。

二、监护的类型

《民法典》中的监护按照被监护对象的不同，可划分为对未成年人监护以及对成年人监护；若按照监护的依据不同，则可划分为法定监护、遗嘱监护、指定监护、协议监护、意定监护、民政部门和村委会、居委会担任监护。

（一）对象不同的监护类型

1. 未成年人监护

在大多数大陆法系国家的民法典中，父母和子女之间的关系通常规定在亲权制度之中，其中就涵盖了监护职责的全部内容，而监护制度则旨在保护不在亲权之下的未成年人的人身和财产利益，即能够担任未成年人监护人的只能是父母之外的其他非亲权人。英美法系国家则大多采取统一的监护制度，父母或其他适格主体对于未成年人的照管统称为监护，只不过在担任监护人的顺序上，父母处于天然的优先地位。我国对于未成年人的监护保护与其他国家不同，并未将父母与子女的关系完全归入亲权制度中，父母是未成年人的当然监护人，未成年人的监护因出生而开始。《民法典》第二十七条第一款规定："父母是未成年子女的监护人。"可见我国《民法典》沿用了自《民法通则》以来一直采用的广义监护概念，将父母纳入法定监护人的范畴。未成年人父母已经死亡或者没有监护能力的，则由有监护能力的人担任监护，但监护主体的不同会导致监护的身份与责任不同。

2. 成年人监护

在我国，民事行为能力是划定成年监护对象的唯一标准。《民法典》第二十八条规定了无民事行为能力或限制民事行为能力的成年人的监护人确定方式。其中，配偶、父母、子女及其他近亲属担任监护人为法定义务；其他愿意担任的个人或组织取决于个人意愿，为非法定义务。

虽然我国采取的以完全不能辨认或者不能完全辨认自己行为的标准来判别是否需要监

护，这种判别标准存在较大的灵活性，但与其他国家监护制度相比，仍显保守。自20世纪中叶以来在全球范围内的监护制度改革浪潮中最为突出的发展趋势是弱化行为能力与监护关系设立之间的联系，使监护制度的保护对象范围扩张至所有不能正常照顾自己利益的成年人，而不再以其行为能力欠缺作为前置条件。日本法上，成年法定监护制度包括保护“因精神上障碍而欠缺辨识事理的能力，并处于常态者”的监护制度、保护“因精神上的障碍辨识事理的能力显著不足者”的保佐制度、保护“因精神上的障碍导致辨识事理的能力不足者”的辅助制度。其背后的理念在于，改变以往先剥夺监护对象行为能力，再通过监护制度对其进行保护的做法，而将法律介入缩小至必要的最小限度，并按监护对象的具体情况予以弹性照顾。

（二）法律依据不同的监护类型

1. 法定监护

法定监护，是指由法律直接规定监护人范围和顺序的一种监护人确定方式。法定监护可以由一人或者多人担任，法定监护人的确定是根据有资格成为法定监护人的顺序前后进行判断，顺序在先的优于顺序在后的。但在特定情形下也可改变法定监护的顺序，如法院可以依监护人间的协议而改变顺序，前一顺序监护人无监护能力或对被监护人明显不利的，人民法院有权从后一顺序中择优确定监护人。

2. 遗嘱监护

遗嘱监护，是《民法典》的新增规定，是指担任被监护人的监护人为父母时，则可以通过遗嘱为子女指定监护人的一种监护人确定方式。这既是基于父母子女之间特殊的血缘关系，也是对父母享有的亲权的尊重，与其他监护方式相比，更有利于关注被监护人的个性化需求，体现了现代民法的人文关怀精神。

3. 指定监护

指定监护，是指在对监护人的确定有争议时，由有权机关通过法定程序依据法定标准确定监护人的一种监护人确定方式。《民法典》第三十一条从指定监护的申请规则、考量标准、临时监护人制度、法律效果四个方面对指定监护做出了较为全面和完整的规范，具有较强的可操作性，是多年来司法实践经验和理论研究成果的结晶。

4. 协议监护

协议监护，是指依法具有监护资格的人之间可以通过协议确定监护人的一种监护人确定方式。我国《民法典》第三十条规定了相对较为灵活的协议监护来变更监护人，但变更应当从尊重被监护人的真实意愿出发，不能仅以监护人的角度变更监护权。此规则承继自《民通意见》第十五条，但增加了尊重被监护人真实意愿的要求，体现了我国民法对被监护人意愿的尊重，也在一定程度上体现了监护制度理念的发展和变化。

5. 意定监护

意定监护，是指有完全民事行为能力的成年人，可以与其近亲属、其他愿意担任监护人的个人或者组织事先协商，以书面形式选择自己监护人的一种监护人确定方式。意定监护是《民法典》新增的一项成年监护制度，同遗嘱监护一样，其相对于法定监护在法律适用上亦具优先效力，是具有完全民事行为能力人将对自己生活的自主决定权以某种形式延续至其行为能力丧失之后，形成自治基础上的他治，体现了民法的私法自治原则，也适应了社会的老龄化趋势。该项制度最能体现监护制度理念中的尊重被监护人自我决定权。

6. 民政部门和村委会、居委会担任监护

民政部门和村委会、居委会担任监护，此为法律在监护人选任规则中设置的兜底性条款。在没有依法具有监护资格之人的情形下，国家必须承担起其职责，为行为能力欠缺者提供有效保护，此亦显示出现代社会对人权保障要求的提高和国家公权力对监护领域的介入。从法律的相关规定来看，立法者有意让民政部门承担主要监护职责，而村委会、居委会发挥补充性作用。

第三节　监护人的确定

我国现有的监护制度系以遗嘱监护和意定监护为原则，以法定监护为基础，以指定监护为保障，该体系显示出了对被监护人自我决定权的尊重，标志着我国的监护理念从全面接管被监护人转变为以被监护人为权利主体，将法律介入缩小到必要的最小限度，从而实现对被监护人权利的实质保护，也意味着从对交易安全的注重转变为更加注重对权利的尊重和保护。《民法典》在对监护制度进行规定时，不仅规定了以当事人自主意思为基础的遗嘱监护和意定监护，在法定监护、指定监护中也充分注重了对被监护人“真实意愿”的尊重。

一、监护人的确定

（一）法定监护人的确定

《民法典》第二十七条和第二十八条分别规定了未成年人和成年人法定监护人的范围以及顺序。与《民法通则》相比，《民法典》扩大了法定监护人的范围、取消了单位的同意权、增加了民政部门的同意权、明确了法定监护人的监护顺序。扩大法定监护人的范围使得监护人的选择具有更多可能性，从而更易于选择出符合社会实际的监护人。而取消单位同意权则反映了社会的变迁，《民法通则》时期单位不仅承担经济职能，也承担了一部分社会管理和保障职能，其后的社会、政治、经济改革使得单位与个人之间的关系发生了巨大变化，单位功能更为单一，在市场经济环境下，员工的工作单位也不再具有对员工或其子女承担监护职责的能力。增加民政部门的同意权，反映了国家力量对于监护事务的介入，对监护对象的保护上升为社会和国家义务。明确法定监护人的监护顺序，目的在于减少因争夺或者推诿监护职责而产生的法律纠纷，该顺序实际上与《最高人民法院关于贯彻执行〈中华人民共和国民法通则〉若干问题的意见》（以下简称《民通意见》）第十四条规定的法院指定监护人时可以适用的监护顺序是大致相同的，也反映了法律的历史性、连贯性。

1. 未成年人的法定监护人确定

我国未成年人的监护人确定有以下几种情形：第一，未成年人的父母为当然监护人。其监护人资格从未成年人出生时当然取得，不须任何手续和程序。父母作为监护人，来自法律直接规定，不得随意放弃。第二，按照《民法典》第二十七条第二款的规定，未成年人的父母已经死亡的或没有监护能力的，由下列有监护能力的人按顺序担任监护人，依次为：（一）祖父母、外祖父母；（二）兄、姐；（三）其他愿意担任监护人的个人或者组织，但是须经未成年人住所地的居民委员会、村名委员会或者民政部门同意。第三，按照《民法典》第三十二条的规定，没有上述监护人的，监护人由民政部门担任，也可以由具备履行监护职责条件的被监护人住所地的居民委员会、村民委员会担任。第四，未成年人的父母不能履行监护职责时或死亡前，可为子女设立委托监护人或遗嘱监护人。其中遗嘱监护人为《民法典》新增内容，规定在第二十九条，被监护人的父母担任监护人的，可以通过遗嘱指定监护人。

其中需要特别注意的两个问题是：第一，关于"监护能力"的判断问题。监护确定多次提及"监护能力"一词，虽对监护能力的界定目前尚无明确的标准，但可以确认的是，具有监护能力首先要求具有完全民事行为能力。至于其他条件，应在实践中具体判断，法律不可能一一作出规定。第二，兄、姐作为监护人，不以"已成年"为前提条件。兄、姐作为未成年人的监护人，有顺序上的要求，即需在父母死亡或没有监护能力的情况下，同时在祖父母和外祖父母均无法担任监护人的情况下，才能担任监护人。在立法草案中曾规定为"成年的兄、姐"，后又将"成年的"删去，这就表明并不要求"兄、姐"已成年。但需注意，按照前面论及的具有"监护能力"以具有"完全民事行为能力"为条件，即便未要求兄姐已成年，仍然要求应为或视为具有完全民事行为能力，否则此时的"兄、姐"都需要监护人，无法作为未成年人的监护人，而具有完全民事行为能力的兄、姐，要么为具有完全民事行为能力的成年人，要么为16周岁以上以自己劳动收入为主要生活来源的未成年人。

2. 成年人的法定监护人确定

我国《民法典》第二十八条规定了成年人的监护人确定顺序，无民事行为能力或限制民事行为能力的成年人，由下列有监护能力的人按顺序担任监护人，依次为：（一）配偶；（二）父母、子女；（三）其他近亲属；（四）其他愿意担任监护人的个人或者组织，但是须经被监护人住所地的居民委员会、村民委员会或者民政部门同意。

此监护人确定方式需要注意三个问题：第一，该规定确定监护人的范围相较《民法通则》有所扩大。原规定范围为"配偶、父母、成年子女、其他近亲属和关系密切的其他亲属、朋友、单位等"，《民法典》一方面将"成年子女"的"成年"删除，另一方面兜底规定了"其他愿意担任监护人的个人或组织"。第二，成年人的监护人不再以关系密切为判断原则。随着公益事业发展，有监护能力与意愿的组织不断增多，由社会组织担任监护人是对家庭监护的有益补充，可以缓解生育意愿不足、人口流动增大导致的监护压力。成年人的法定监护人确认为以担任监护人意愿为原则出发，则更有利于被监护人的保护。第三，关于监护人"能力判断"问题。成年人的法定监护人中第二顺位包含子女，这里的子女应与未成年监护人的兄、姐的理解相同，具备完全民事行为能力方可。

（二）遗嘱监护人的确定

在整个婚姻家庭环境中，父母与子女间情感深厚，父母最为关心子女成长与权益保护，故允许父母选择自己最信任、对保护子女最有利的人担任监护人成为遗嘱监护的核心。虽然遗嘱监护人可以为父母指定的任何人，但对于遗嘱监护人的确定仍需要注意以下几点：

（1）按照遗嘱监护的规定被监护人的父母需通过遗嘱的方式指定监护，但需满足特定条件，即被监护人的父母立遗嘱时正担任着监护人。如果父母没有担任监护人，包括因侵害被监护人合法权益被撤销监护人资格、因丧失监护能力没有担任监护人等情形，则父母不能通过遗嘱的形式为被监护人指定监护人。

（2）遗嘱监护的适用对象既包括父母的未成年子女，也包括行为能力存在欠缺的成年子女。但仅有被监护人的父母有权作出遗嘱监护，其他监护人无权通过遗嘱为被监护人指定监护人，即使在成年监护中配偶为第一顺位的监护人，而父母仅为第二顺位的监护人，也仅只有父母有权利选择遗嘱监护。

（3）若父母双方均采用遗嘱监护，应由最后行使监护权的父或母一方做出遗嘱监护为准。有效的遗嘱监护只会改变监护顺序，并不会使被指定人在遗嘱人死亡后直接成为被监护人的监护人，只有在其表示愿意承担此项监护职责后，才会正式成为监护人，若被指定人拒绝接受此项任命，则需根据法定监护或者指定监护的相关规则进行选任。

（4）关于遗嘱指定监护与法定监护的关系。一般来说，遗嘱指定监护是父母通过遗嘱选择值得信任并对保护被监护人权益最为有利的人担任监护人，相较其他监护方式，遗嘱指定监护具有优先地位。但若遗嘱指定监护后，客观情况发生变化，如遗嘱指定的监护人丧失行为能力，或长期外地出差等无法履行监护职责时，则应当依法另行确定监护人。

（三）指定监护人的确定

指定监护通常发生在因村民委员会、居民委员会、民政部门为被监护人指定监护人而监护人不服指定的，提出指定监护申请。与《民法通则》要求必须先向村委会、居委会提出指定申请，只有对指定结果不服才可以向人民法院提起诉讼不同，《民法典》赋予当事人直接向人民法院申请指定监护人的权利，这有利于尽早确定监护人从而更周延地保护被监护人的利益。我国《民法典》第三十一条规定指定监护人的最终确定主体为人民法院。

《民法典》第三十一条中“依法具有监护资格的人”除本法规定的法定监护人范围之外，尚包括通过遗嘱或者协议方式指定的适格主体。指定监护人应当尊重被监护人的真实意愿，并按照最有利于被监护人的原则确定，因此不应将第二十七、二十八条规定的顺序作为主要判断标准，而应综合考虑各种因素做出最终判断。《民法典》将临时监护人制度的适用期间予以扩展，自监护原因发生之后至监护人确定前，只要被监护人的合法权益处于无人保护的状态，有关单位必须依职权主动承担该项法定职责，而无需以当事人的申请为条件。被指定为监护人之后，非经法定程序不得擅自变更，擅自变更的，不能产生监护职责变更的法律效果。《民通意见》第十八条规定，擅自变更的，“由原被指定的监护人和变更后的监护人承担监护责任”，该规定存在理论上的悖论：既然不得擅自变更，则所谓变更后的监护人就不能成为监护人，其亦不应承担监护责任。因此，《民法典》对此进行了纠正，仅规定擅自变更对被指定监护人的效果，而所谓变更后监护人应承担何种责任，因不属于监护制度的规定范畴，不在此作具体规定。

需要特别注意的是，《民法典》在指定监护中规定了“临时监护人制度”。此制度是当担任监护人发生争议时，居民委员会、村民委员会、民政部门或人民法院指定监护人之前，被监护人的人身权利、财产权利处于无人保护的状态，将由被监护人住所地的居民委员会、村民委员会、法律规定的有关组织或民政部门担任临时监护人。

（四）协议监护人的确定

《民法典》第三十条中“依法具有监护资格的人”指的是《民法典》第二十七、二十八条中除未成年人父母以外的其他法定监护人，且这里不包括被监护人所在地的村民委员会、居民委员会和民政部门。

根据《民法典》第二十六条的规定，未成年人的父母负有法定的抚养、教育、保护义务，且父母子女之间具有特殊的身份关系，因此，未成年人父母的监护权不能通过协议方式进行变更。也就是说，对未成年人而言，协议监护只限于其父母死亡、丧失监护能力或资格的情形，此时的协议主体为祖父母、外祖父母，兄、姐，经居委会、村委会或民政部门同意且愿意担任监护人的个人或有关组织。对无民事行为或限制民事行为能力的成年人，协议的主体为配偶，父母、子女，其他近亲属，经居委会、村委会或民政部门同意且愿意担任监护人的个人或有关组织。而居委会、村委会、民政部门作为承担监护职责的最后主体，也不宜通过协议方式承担监护职责。故可知，协议确定的监护人也必须从具有监护资格的人中选择，具有监护资格的人的范围同样为《民法典》第二十七、二十八条规定的范围。也就是说，协议主体只能在自身范围内通过协议确定监护人，不得在法律规定的具有监护资格的人之外确定监护人。在范围外确定监护人的，协议监护应无效。

协议监护虽规定应尊重被监护人的真实意愿，但法律并未赋予被监护人对监护人的选择决定权，在协议确定监护人时，仍应以最有利于被监护人作为最高原则，但在协议确定的监护人明显违背被监护人真实意愿，且与最有利于被监护人原则矛盾时，应认为该协议违反法律的强制性规定而无效。

此外应当注意的是，协议监护与委托监护并不相同，协议监护是通过协议方式确定监护人，而委托监护是指监护人将全部或者部分监护职责委托给受托人代为行使，其监护人的身份并不会因此发生变更，本质上是一个委托合同。因此，委托监护仅是监护职责履行的一种方式，并非一种独立的监护人确定方式。

（五）意定监护人的确定

为适应人口老龄化逐渐加剧、监护需求逐渐增大的情况，并相应保护老年人权益，借鉴境外立法例，《民法典》确立了意定监护制度。意定监护的正式确立，有利于成年人在具有完全民事行为能力时基于自己的意愿提前选好监护人，是我国监护制度立法中的重大突破。

意定监护实际上是完全民事行为能力人通过监护合同的方式对自己的未来事务做出安排，当监护原因发生时，监护合同指定的监护人开始履行监护职责。在法律性质上，监护合同具有委托合同的一般特性，并以被监护人丧失部分或者全部行为能力为生效要件。由此而言，意定监护优先于法定监护。法定监护是根据法律的规定确定监护人，而意定监护是基于本人意愿选择确定监护人。民法坚持意思自治原则，基于意思自治下的约定一般应优先于法定。需注意的是，意定监护也不同于协议确定监护，后者仍属于法定监护范畴，协议注意仍需为具有法律规定的监护资格。

意定监护协商确定监护人应具备“书面形式”这一特殊要件，即当事人在其完全民事行为能力时，需以书面的形式对确定自己的监护人进行意思表示。书面形式既可以是一般形式，如书面合同、授权委托书、信件、数据电文等，也可以是公证文书等特殊书面形式。此外，意定监护还规定了事先“协商”，但如何协商并没有进行明确。本书认为，“协商”体现在协议需要双方在上述书面形式的载体上共同签署。本人书写书面材料后交由意定的监护人且该监护人并未反对的，也可推定双方协商一致。

需要特别注意的是意定监护中涉及的“丧失或者部分丧失民事行为能力”问题的认定。

对丧失民事行为能力认定，一般指不具有识别能力和判断能力；未完全丧失意思能力，能够进行适合其智能状况的民事行为，即为部分丧失民事行为能力。

二、监护人确定的意义

我国现有的监护制度系以遗嘱监护和意定监护为原则，以法定监护为基础，以指定监护为保障，该体系显示出了对被监护人自我决定权的尊重，标志着我国的监护理念从全面接管被监护人转变为以被监护人为权利主体，将法律介入缩小到必要的最小限度，从而实现对被监护人权利的实质保护，也意味着从对交易安全的注重转变为更加注重对权利的尊重和保护。《民法典》在对监护制度进行规定时，不仅规定了以当事人自主意思为基础的遗嘱监护和意定监护，在法定监护、指定监护中也充分注重了对被监护人"真实意愿"的尊重。

此外，因监护制度不仅是对被监护人人身和财产权益的保护，还有保护被监护人参与民事活动的功能，因此，对交易相对人的保护也应包含在监护制度的设计范围内。但目前监护人的选任鲜有专门的公示途径，不仅不利于被监护人的监护人参与民事活动，更不利于相对人对交易安全的期待。同样为保护交易安全，同物权的公示相同，监护人的选任也应通过适当的途径予以公示。

第四节　监护人的职责

一、监护人的职责

我国《民法典》中规定监护人的监护职责主要如下：

（1）保护被监护人的人身权利、财产权利以及其他合法权益不受损害。对未成年人的人身监护，以教养、保护为目的。对被宣告为无行为能力人的监护，以保障其本人及社会的安全，并促其恢复健康为目的。

（2）保管被监护人的财产。此"保管"应当做广义解释，不仅包括保护、管理财产的行为，还应当包括必要的经营和处分行为。监护人在行使财产管理权时，要为被监护人的利益而使用或处分，但对不动产的处分，在许多国家的法律中是加以禁止或严加限制的。为了防止监护人利用监护关系侵害被监护人的权益，除法律有特别规定外，监护人不得接受被监护人的财产。

（3）监护人应当尽良善管理的义务。要求监护人行使监护权时从维护被监护人的角度出发。我国《民法典》第一千零六十八条规定："父母有教育、保护未成年子女的权利和义务。未成年子女造成他人损害的，父母应当依法承担民事责任。"

（4）代理被监护人实施民事法律行为、代理被监护人进行诉讼等行为。监护人除为被监护人的利益外，不得处分被监护人的财产，这意味着擅自处分被监护人财产的行为因违反禁止性规定而无效。其理论依据在于："为维护监护人利益"在法律性质上属于对监护人代理权的规定，当监护人违反规定实施处分行为时，构成无权代理，在监护关系中，被监护人没有作出追认的行为能力，且其他监护人也无权超越代理权对该行为进行追认，因此，此等无权代理行为只能最终归为无效。

《民法典》第三十四条第二款规定“监护人依法履行监护职责产生的权利，受法律保护”，说明立法者将监护人享有权利和承担义务的法律基础统一到了“监护职责”这一概念之下，从而反映了其将监护的法律性质定位于一种职责的立法选择。实践中，监护人承担法律责任主要包括，第一，对被监护人造成他人损害承担监护人责任；第二，因侵害被监护人合法权益承担法律责任。

二、监护人职责履行原则

（一）监护人职责履行原则的内容

《民法典》第三十五条中明文规定了关于监护职责的履行的两大基本原则：最有利于被监护人原则和尊重被监护人真实意愿原则。前者明确了监护制度的核心价值在于最大限度促进和保障被监护人的利益，后者的确定则在相当程度上颠覆了传统的监护职责履行方法，并在监护人和被监护人之间形成了一种全新的平衡模式，被监护人的自我决定权成为监护职责履行中的核心要素。

（二）监护人职责履行原则的意义

最有利于被监护人原则，既是履行监护职责的基础性要求，也是其最高原则。其应当包含如下几个层面，第一，保护被监护人的生存和发展的权利，是实现其他一切权益的基础；第二，建立以被监护人为本位的监护理念，将被监护人看作权利主体，而非法律保护的客体；第三，在合理范围内，尊重被监护人的自主决定权；第四，妥善保管、利用和处分被监护人的财产权益。

尊重被监护人的真实意愿原则，是指监护人在履行监护职责时，应根据被监护人的意思能力，尊重被监护人的意愿，在被监护人有能力独立处理事务时监护人不得干涉，该原则在很大程度上缓和了我国监护与民事行为能力相挂钩而带来的僵硬，为被监护人的自我决定权留下了必要空间，可以适应生活中存在的不同程度的行为能力欠缺情形。在未成年人的情形，通过尊重被监护人的真实意愿，真正将被监护人作为与自己平等的民事主体，可以培养未成年人的自我意识和责任意识，从政治的角度看，可以培养具有民主精神的国家公民。在成年人的情形，由于成年被监护人原本具有或本应具有完全行为能力，不应通过将其隔离于社会生活之外对其进行保护，而应尽量让他们像普通人一样参与正常的社会交往活动，即“正常化”应作为监护人履行监护职责的价值目标之一。根据被监护人的意思能力，设置多层次、差异化的监护职责履行规则，并根据“最小限制”标准对监护事务的范围进行界定。

第五节　监护资格的撤销与恢复

一、监护资格的撤销

（一）监护资格撤销的主体

根据《民法典》第三十六条规定“监护人有下列情形之一的，人民法院根据有关个人或组织的申请，撤销其监护人资格”，此款中“有关个人或组织”在第二款中明确规定包含：其他依法具有监护资格的人，居民委员会、村民委员会、学校、医疗机构、妇女联合会、残疾人联合会、未成年人保护组织、依法设立的老年人组织、民政部门等。该条款中规定监护资格撤销主体的范围十分广泛，目的在于保证被监护人在被监护过程中存在的问题能够被及时披露，对监护人的监护权行使起到监督和制约作用，避免监护人滥用权利侵害被监护人利益。第三十六条对于上述主体提出申请的顺序未作明确规定，应当认为任何一方在发现监护人存在撤销监护资格的法定事由后，均可直接向法院申请撤销监护人资格。

第三十六条中规定的民政部在撤销监护人资格过程中的作用不可忽视。国家是社会救助与保障的最后一道防线，在第三十六条第二款规定的主体未及时提起撤销监护人资格申请的情况下，民政部门应承担起该职责，但需正确理解第三十六条第三款与第三十六条第二款的关系：民政部门只要发现监护人存在侵害被监护人合法权益情形的，即可直接依据第三十六条第二款向法院提起撤销监护人资格的诉讼，无需等其他个人或组织不申请之后。此时，民政部门与其他个人或组织作为并列提起的主体，可以说为一种“权利”。但若其他个人和民政部门之外的组织都没有依据第二款提起撤销监护人资格诉讼的，民政部门应依照第三十六条第三款主动提起，此时民政部门为兜底提起的主体，可看作一种“义务”。

（二）监护资格撤销的法定事由

在世界范围内，对撤销监护人资格的情形都有严格的规定，撤销监护人资格本着“不得已而为之”的原则是国际上通常做法，这是因为监护关系一旦被撤销，将对监护双方的原有生活产生重大改变，这也是“最有利于被监护人”原则的体现。我国《民法典》也仅列举了三种情形：

（1）实施严重侵害被监护人身心健康行为。只要实施了该类侵害行为即构成撤销的法定事由，监护人原本主观是否具有故意或者严重后果在所不问。

（2）怠于履行监护职责，或者无法履行监护职责并且拒绝将监护职责部分或者全部委托给他人，导致被监护人处于危困状态。该类情形要求监护人的行为造成“被监护人处于危困状态”，其中怠于履行监护职责是监护人主观上故意或者过失选择不履行，无法履行监护职责则大多是因客观原因造成的，并非出于监护人本意。监护人在无法履行监护职责时，可以将监护职责委托给他人，只有在其拒绝委托的情形下，才构成该项规定的情形，从中亦可看出法律对于撤销监护资格的慎重。

（3）实施严重侵害被监护人合法权益的其他行为。该项为兜底条款，在实践中，撤销监护人资格案件主要集中在未成年人的监护案件中。

（三）监护资格撤销的法律效果

监护资格撤销的法律效果可及于法定监护人与指定监护人。在监护人的资格被撤销后，应按法定监护人顺序确认继任监护人或指定监护人。新的监护人产生以后，监护法律关系的变更即完成，监护关系变更后，新监护人为监护权利主体。

但在撤销被监护人资格后，新监护关系设立之前，应为被监护人安排必要的临时监护措施，而此处的临时监护措施与根据《民法典》第三十一条第三款确定的临时监护人不同。因为在监护资格撤销的案件审理过程中，被申请人在法律上依然具有正式的监护人资格，因此无法为被监护人指定临时监护人，而只能要求相关单位或个人承担临时照料义务。监护人资格被撤销后，依法负担被监护人抚养费、赡养费、扶养费的父母、子女、配偶等，应继续履行负担的义务，这是因为监护和抚养系两个独立的法律关系，其在内容上虽有重合，但在法律效果上却并无关联。

二、监护资格的恢复

（一）监护资格恢复的主体

在我国《民法典》颁行之前，对于监护资格的恢复在立法上是空白状态。从《民法典》第三十八条的规定来看，可以申请恢复监护人资格的主体范围仅限于被监护人的父母或子女，范围极小，这是因为同父母与子女关系相当的监护人选择替代性小，且基于父母子女关系而产生的真诚悔改可能性要大于再行出现撤销监护人资格事由可能性。

（二）监护资格恢复的条件及法律效果

监护资格恢复的条件可分为积极要件和消极要件：

（1）从积极要件来看，需申请人确有悔改表现，且需经被监护人同意。关于申请人确有悔改表现，从主观方面要求其有恢复监护人资格的意愿，从客观方面来看需其恢复了履行监护职责的能力。在被监护人能够准确表达自己意愿的情况下，其对于监护人资格恢复申请的态度将对法院作出最终判断产生决定性的影响，因为监护资格的恢复意味着现有的监护关系终止，对于被监护人的生活将产生重大的影响，作为权利主体的被监护人，应有权对自己的生活状态作出决定，因此如果被监护人明确拒绝恢复原监护关系，法院一般不应作出相反判决。

（2）从消极要件来看，只要申请人曾对被监护人实施了故意犯罪，而无论其罪名及刑罚为何，均不可申请恢复监护资格，但过失犯罪的不在此限。

监护关系恢复的法律效果，是原监护关系的恢复及当前监护关系的终止。在实务中，人民法院审理申请恢复监护人资格案件，应按照变更监护关系的案件审理程序进行。

第六节　监护关系的终止

一、监护关系的终止的概念

根据被监护人是否完全脱离监护关系，监护终止可分为绝对终止和相对终止两类：

（1）绝对终止，是指被监护人彻底脱离监护关系，不再需要设置新的监护人。其法定事由包括：被监护人死亡；被监护人取得或者恢复完全民事行为能力。

（2）相对终止，是指虽然被监护人与特定的监护人之间的监护关系终止，但被监护人仍需与其他主体形成新的监护关系。其法定事由包括：监护人丧失监护能力；监护人死亡。

二、监护关系的终止的法律后果

关于监护关系终止的法律后果，虽然《民法典》第三十九条未作明文规定，但从法理上而言，包括身份上的法律后果和财产上的法律后果，而司法实践中的重点在于财产上的法律后果。在监护关系绝对终止的情况下，监护人应将其代为保管的所有财产向被监护人或其继承人进行返还，在监护关系相对终止的情况下，监护人因将其代为保管的所有财产向新的监护人进行移交。因此有必要建立监护财产的清算制度，规定监护人的财产清点义务和财产返还义务，如此，方能有效弥补制度漏洞，督促监护人尽职履行监护职责，防止其侵害被监护人的财产权。

典型案例

案例一：民政局可以申请撤销未成年人父母监护权并成为监护人吗?

2018 年春节后的一个阴雨天，一个八九岁的小姑娘突然从路边跑出，拦下徐州市市民张某的车喊“饿”。张某心疼地发现，女孩衣着破旧、脸色蜡黄，于是带她回家。在给孩子做了一顿饭后，张某将女孩小玲送了回去。没想到，几天之后，小玲再次悄悄地摸到张某的家里。交谈中，小玲称家里只有一个爸爸，经常打骂她，还向张某露出了脸及身上的疤痕，头部还有一处凹陷，张某十分爱怜与同情。此后，小玲隔三岔五会过来，两人关系逐渐亲近。就这样断断续续地过了一年多，直到 2019 年的一天，小玲再次哭着来说爸爸一早打她，之后孩子的描述让张某震惊了：小玲被她的亲生父亲性侵了！不仅如此，小玲还曾被隔壁邻居刘某性侵过。情急万分的张某带着小玲赶到辖区派出所报了案。

小玲的亲生父亲邵某现年 30 多岁，小学文化，此前长期在外打工。10 多年前，他经人介绍，在河南焦作做了当地一户人家的上门女婿，女儿小玲不久后出生。因邵某好吃懒做，这段婚姻并没有维持多长时间，女方王某单方面提出离婚。邵某提出要带走女儿，王某同意。小玲被带回徐州时，还不到两岁。在 2017 年，小玲只有 8 岁时，邵某一次酒后回家，第一次强奸了女儿。其间，邻居张某知道小玲平时独自在家，便将小玲骗到其房内，对其实施了强奸。邵某和刘某于 2019 年 10 月被判刑，其中，邵某被判处有期徒刑十一年。小玲的父亲邵某品行恶劣且入狱服刑，小玲的母亲王某离异后另组家庭，对小玲不闻不顾，小玲一时失去了照管。

之后，流离失所的小玲暂由热心的张某抚养，她把张某家当成了自己的家，并亲密地称呼张某为“妈妈”。张某被法院指定为临时照料人。张某说，经过两年的相处，她和孩子有了很深的感情，但在她的心里总感到缺点儿什么。2020 年，民政局申请撤销小玲父母的监护权，要求指定民政局为小玲的监护人。

问：民政局可以申请撤销未成年人父母的监护权并成为监护人吗?

案例分析：第一，父母系未成年人子女的法定监护人，有保护被监护人身体健康、照顾被监护人生活、管理和保护被监护人财产等义务。《民法典》第三十六条规定：监护人有下列情形之一的，人民法院根据有关个人或者组织的申请，撤销其监护人资格，安排必要的临时监护措施，并按照最有利于被监护人的原则依法指定监护人：（一）实施严重损害被监护人身心健康的行为；（二）怠于履行监护职责，或者无法履行监护职责并且拒绝将监护职责部分或者全部委托给他人，导致被监护人处于危困状态；（三）实施严重侵害被监护人合法权益的其他行为。当父母不履行监护职责或侵害被监护人合法权益时，法院可依有关组织和人员申请，撤销监护人资格，另行指定监护人。本案中，邵某对女儿实施性侵害，并长期虐待、伤害小玲，严重侵害被监护人权益，依《最高人民法院、最高人民检察院、公安部、民政部关于依法处理监护人侵害未成年人权益行为若干问题的意见》第三十五条第一项规定，为避免被监护人继续受到侵害，邵某的监护权应予撤销。王某长期未探望、照顾女儿，亦未承担抚养费用，对被监护人极度不负责任，亦间接导致其女儿长期受父亲虐待和伤害而不为人知，依前述规定，王某的监护权亦应撤销。

第二，小玲外祖父母年事已高，经济能力有限，且在小玲两周岁时即与其分离，多年未共同生活，缺乏感情沟通，且明确表示不同意抚养小玲。综合考量上述近亲属身体状况、经济条件、与小玲生活情感联系及本人意愿等因素，小玲外祖父母及其他近亲属均不宜作为小玲监护人。

第三，临时照料人张某虽与小玲长期生活，建立了一定感情基础，并要求承担监护责任，但考虑到其家庭经济条件一般，知识水平有限，家庭负担较重，独立履行监护责任存在困难，故张某亦不宜作为小玲监护人。

第四，《民法典》第三十二条规定：没有依法具有监护资格的人的，监护人由民政部门担任，也可以由具备履行监护职责条件的被监护人住所地的居民委员会、村民委员会担任。民政局作为履行社会保障职责的国家机构，不仅能为小玲今后生活提供经济保障，还能协调相关部门解决小玲教育、医疗、心理疏导等一系列问题。同时民政局当庭表示为了小玲生活稳定和情感抚慰，将在取得监护权后，通过家庭寄养、自愿助养等方式继续委托张某照料小玲生活。分析以上优势，从对未成年人特殊、优先保护原则和未成年人最大利益原则出发，由民政局取得小玲监护权，更有利于保护被监护人生存、受教育、医疗保障等权利，更有利于小玲身心健康，故判决撤销邵某、王某对小玲的监护权，指定民政局作为小玲的监护人。

案例二：养父母的父母，可以通过法院指定的方式成为未成年人监护人吗？

秦某某与周某系夫妻关系，1988 年 6 月领养了周某乙。2005 年至 2006 年，秦某某与周某因周某乙吸食毒品屡教不改并偷拿家中财物导致矛盾激化，双方于 2006 年 11 月 21 日经上海市长宁区人民法院主持调解，解除了秦某某和周某与周某乙之间养父母与养子女关系。2012 年周某乙非婚生育一女，取名周某丙。周某乙与秦某某和周某协商后，将周某丙交由秦某某与周某代为照顾，但未支付过抚养费。周某丙在秦某某与周某处生活时，周某乙每年会不定期看望周某丙，但自 2019 年 2 月起，周某乙未再看望过周某丙，也未履行抚养义务，秦某某与周某经多次电话联系，仍无法联系到周某乙。周某丙现就读于上海市某某小学，成绩优良，但因周某乙消极履行监护职责，未能办理户籍。

周某丙自幼由秦某某与周某照顾，周某乙偶尔回家一次。现一年多没有回家或者联系周某丙。平时由申请人周某负责接送周某丙，课余经常带周某丙去各种游乐场所和公园，申请人秦某某负责周某丙的饮食起居和学习。周某丙明确表示希望和秦某某与周某生活在一起，不喜欢母亲周某乙。因为周某乙下落不明以及消极处理周某丙的户籍问题，导致周某丙目前处于没有户籍、没有医保、没有身份证的状况，亦增加了秦某某与周某的经济负担。社会观护员建议从保障未成年人权益出发，由秦某某与周某担任周某丙监护人为宜。

问：解除了养子女关系的养父母，可以通过法院指定的方式成为未成年人监护人吗？

案例分析：此案例要点在于解除养父母与养子女关系的养父母，虽与养子女的子女不存在法律关系、无抚养义务，亦可由法院指定为监护人。

第一，《民法典》第三十四条规定：监护人的职责是代理被监护人实施民事法律行为，保护被监护人的人身权利、财产权利以及其他合法权益等。监护人依法履行监护职责产生的权利，受法律保护。监护人不履行监护职责或者侵害被监护人合法权益的，应当承担法律责任。父母系未成年子女法定监护人，有保护被监护人身体健康、照顾被监护人生活、管理和保护被监护人财产等义务。当父母不履行监护职责或侵害被监护人合法权益时，法院可依有关组织和人员申请，撤销监护人资格，变更监护人。

第二，本案中，两申请人虽为年迈老人，且与未成年人周某丙无法律关系、无抚养义务，但出于对未成年人关爱之情，长期抚养周某丙，与未成年人周某丙形成密切关系，并经所在居民委员会同意，有权向法院提出撤销周某乙监护人资格。而在周某丙生父尚不明确情况下，生母周某乙作为唯一法定监护人不亲身切实履行抚养周某丙的义务，不承担抚养费用，甚至近一年多时间里，长期不看望周某丙，音讯全无，符合不履行监护职责情况，未能有效履行抚养未成年人义务，不宜再担任周某丙的监护人。

第三，鉴于两申请人长期抚养周某丙，具有抚养能力，双方形成亲密抚养关系，且相关证据亦表明未成年人周某丙在两申请人照顾下成长状况良好，学习成绩优良，可认为两申请人具备监护周某丙的资格和条件。从对未成年人“特殊、优先”保护原则和“儿童利益最大化”原则考虑，由两申请人取得监护权，有利于更好地保护未成年人生存权、受教育权等权利。判决撤销被申请人周某甲监护人资格，变更申请人为被监护人周某丙的监护人。

思考题

1. 简述监护的类型。

2. 对收养子女不履行监护职责，导致未成年人身心健康受侵害的，可否变更监护人为实际承担监护职责的儿童福利院？为什么？

3. 简述指定监护的意义。

4. 若父母因实施严重侵害被监护人合法权益的行为而被撤销监护资格，还能否恢复其监护人资格？为什么？

第十一章　继承法概述

【内容提要】

我国继承制度从承祧到析产，从身份继承到财产继承，经历了上千年的历史变迁，终于形成了以公民个人合法财产继承权保护、继承权平等、倡导养老育幼为基本原则的继承法律规范体系。我国《民法典》第六编继承，是调整自然人之间财产继承关系的法律规范，有着明显的身份法特征。

【理论框架】

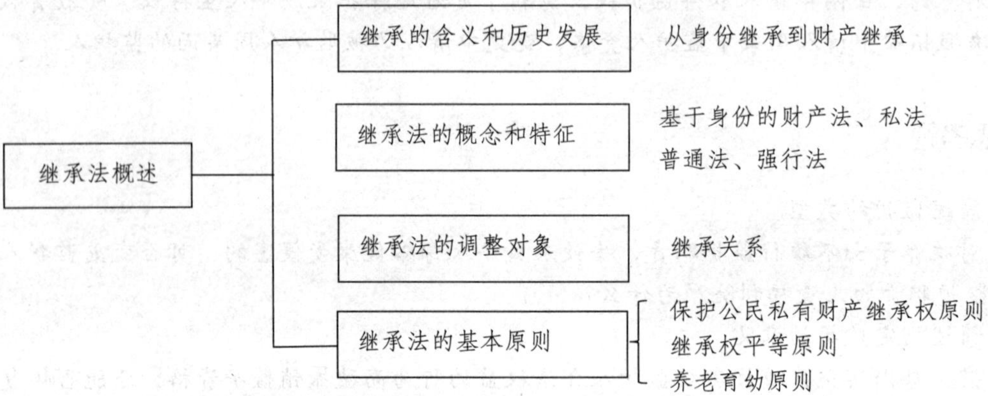

第一节　继承的含义和历史发展

一、继承的含义

继承，泛指把前人的财产、身份、作风、文化、知识等接受过来。民法上的继承，有广义和狭义之分。广义的继承包括财产继承和身份继承，如对王位的继承、爵位的继承等。狭义的继承指财产继承，也是现代继承法律制度中继承的含义。财产继承是指财产所有人死亡或被宣告死亡时，依照法律的规定将死者遗留的财产转移给他人所有的法律制度①。

（一）继承的特征

法律上的继承，具有以下特征：

（1）继承以财产所有人死亡为前提。继承的对象是被继承人生前的财产和其他合法权益，财产所有人死亡这一法律事实出现，继承才能开始。

---

① 何群. 婚姻家庭继承法学[M]. 厦门：厦门大学出版社，2018：15.

（2）继承是单方民事行为。继承是基于被继承人或继承人一方当事人的意思表示就可以依法成立的民事法律行为。如被继承人可以通过遗嘱的形式处理自己的遗产，无须征得继承人同意；法定继承人可以根据自己的意愿决定是否接受继承，遗嘱继承人也可以根据自己意愿决定是否接受继承。

（3）继承是发生在亲属之间的民事法律行为。继承权的主体是具有一定亲属关系的自然人，继承只能发生在一定关系的亲属之间，并根据亲疏远近有不同的继承顺序。无论是法定继承还是遗嘱继承，都以一定的亲属关系为基础。亲属之外的遗产承继人，属于遗赠法律关系主体。

（4）继承的法律后果是财产所有权转移。继承开始以后，继承人接受继承的，取得被继承人财产的所有权。

（二）继承的种类

从不同的角度，可以把继承进行不同的划分：

（1）法定继承与遗嘱继承。根据继承的方式不同，可以将继承分为法定继承和遗嘱继承。前者指按照法律规定的继承人范围、顺序、份额以及遗产分配的方法进行继承的法律制度；后者是按照被继承人合法有效遗嘱所作的意思表示进行继承的法律制度。

（2）均等继承与不均等继承。根据继承遗产的数额不同，可以将继承分为均等继承和不均等继承。前者指同一顺序的继承人平均分配遗产，每人分得的遗产数额相同；后者指同一顺序的继承人按照不同的份额或者比例分配遗产，每人分得的遗产数额不同。

（3）有限继承与无限继承。根据继承人继承被继承人财产权利义务的范围，继承可分为有限继承与无限继承。有限继承又称限定继承，是指继承人只在一定范围内继承被继承人的财产权利和义务的继承。在有限继承中，继承人继承被继承人的债务仅以遗产的实际价值为限度，对于被继承人生前所欠债务超过遗产的实际价值的部分，继承人可以不负清偿责任。无限继承又称为不限定继承，是指继承人必须承受被继承人的全部财产权利义务的继承。在无限继承中，即使被继承人的债务超过其遗产的实际价值，继承人也必须继承被继承人的遗产，不得拒绝，继承人须以自己的财产清偿被继承人生前所欠的全部债务。所谓的“父债子还”，就是无限继承的表现。

（4）单独继承与共同继承。根据继承人人数的不同，可以将继承分为单独继承和共同继承。前者指由继承人一人继承被继承人的全部财产；后者指继承人多人按照一定的原则和比例共同继承被继承人的财产。

（5）本位继承与代位继承。根据继承关系的不同，可以将继承分为本位继承和代位继承。本位继承，指由法定继承人本人于其所在的继承顺序直接取得被继承人遗产的继承。代位继承是本位继承的对称，又称“间接继承”，指被继承人的继承人先于被继承人死亡或被宣告死亡时，继承人的晚辈直系血亲代替继承人继承其应继承遗产份额的制度。在代位继承中，死亡的继承人是被代位人，代替被代位人行使继承权的是代位人。

二、我国继承制度的历史发展

中国传统社会以礼法维系家国天下的运行秩序，保证文明的有序传承。在中国古代的礼法传统中，继承不仅仅是一册白纸黑字、有条有款的成文法律，也不是一个只涉及物质财富的世俗规则，而是中华法系特质的典型代表，是中国文化的高度浓缩。中国传统继承制度以礼法和宗法作为最高行为指南。身份继承叫“承祧”，遵循嫡长子制度；物质继承叫“析产”，遵循诸子均分制度。在三代宗法时代，身份继承是继承的中心问题。到了法家时代，则强调财产继承而压制身份继承。在儒家时代，传统继承体现出多元包容的特色，而且加入了家风继承的新元素，极大丰厚了传统继承的文化底蕴①。

（一）宗法时代以身份为重

夏商周三代是宗法家族与宗法制度的开创阶段。天下体制、分封制度与宗法制度，这三大政治伦理机制被先民熔为一炉，彼此交织，构建出最初的宗法国家。依靠族群力量建立起来的王朝，宗法组织摇身一变成为国家机器，整个国家的政治运行模式带有极大的宗法属性。正是在夏商周这样的宗法时代，中国传统继承确立了两大独特要素：身份继承与嫡长子制。

1. 身份与身份继承

中国古代法律与其他国家不同，不是从“身份法到契约法”，而是从“简单人身法到复杂人身法”。②在数千年历史长河中，中国古代法律上的身份差异越来复杂，身份的继承也越来越复杂。中国古代的社会身份结构分三层：最上层的是权贵阶层，最底层的是奴隶贱民阶层，普通自由民夹在中间。在家庭层面，每个人都有一重家族身份，并且依据这种族内身份承担责任，行使权力。这些社会身份往往都由各自的后世所继承。在社会层面，最高统治者一般称为“王”或“天子”，其下有诸侯、上卿、下卿、大夫和士等各级贵族。根据周代礼法制度，自天子至士的各级贵族都有相应负责的权利和义务范围。这些责任连同贵族身份和政治权力一起，都是继承人必须继承的内容。除了贵族的身份之外，还有平民和奴隶两大阶层，其基于身份而产生的权利义务也通过世袭继承而传给下一代。大大小小的宗族组织构成了整个社会，由宗祧制度确定的族内身份与王权相联系，便形成宗法分封制度下的复杂身份体系。这些复杂身份的继承牵涉众多的利益，成为继承制度的重中之重。宗法时代，身份继承是继承制度中最核心的问题，土地、财产的继承被排在王、贵族政治身份继承之后。相比起来，由于财产只是身份的附属品，随身份的继承而继承，所以财产继承反倒不十分受人重视。

2. 身份继承的方式

我国古代的王位继承，既有父死子继，也有兄终弟及，还有叔侄相传。父子继承是传统中国最主流的继承人选任办法与继承原则，排除了国王兄弟之间的旁系之争。随着礼制的不断完善与发展，分封制与宗法制相结合，严格区分嫡、庶，大宗、小宗。天子之位的继承顺序大体是：嫡长子、嫡次子、庶长子、庶次子，只有排位靠前的人因为各种原因缺位的时候才能轮到下一序列继承人，在诸子之间最终形成了嫡长子继承制，这成为中国传统继承制度最为与众不同的特色内容。为了维护家族利益，不管是身份继承还是财产继承，都是实行嫡长子继承制，而且财产继承从属于身份继承。而对于普通庶民来说，仅拥有作为自由人的身份值得继承，并可以无限复制。而庶民手里不能复制的财产，实行诸子均分，所有儿子不论长幼、嫡庶，原则上都有相同的家产继承权。

综合以上可以看到，就社会中上阶层而言，身份的继承与财产的继承紧密结合不可分割，

---

① 邓长春. 传统继承制度的历史变迁[J]. 孔学堂，2016（4）：34.

② 江山. 互助与自足——法与经济的历史逻辑通论[M]. 北京：中国政法大学出版社，1994：259.

通常是以嫡长子继承制度来确定身份和财产的双重继承。而在社会底层的普通庶民那里，由于贵族身份地位的缺失，继承的重点是财产。

（二）法家时代以财产为重

春秋以后，西周宗法国家在众多挑战中逐渐走向衰落，宗法与国法逐渐发生分离，宗法成为家族内部规范，与国法遥相呼应。战国群雄之间的激烈竞争，让法家思想登上历史舞台。法家很快就认识到，宗法组织不利于增强国家竞争力，宗族的存在还为国家经济实力的增强平添了不小的障碍。管仲、李悝、吴起、商鞅、慎到、申不害、韩非子等法家代表人物在各诸侯国开展了一系列积极的改革运动。商鞅在秦国的变法最为成功，极大地推动了财产继承制度的发展与完善。商鞅在秦国主持变法时颁行《为田开阡陌令》，废除了西周以来的土地国有制，承认土地私有制度，并且允许土地自由买卖、继承。这实际上就是将土地从身份关系中剥离出来，独立成为继承的内容。商鞅还颁布《分户令》，从法律制度的角度彻底瓦解宗法家族，对宗法制度和宗族体制进行彻底的否定和沉重的打击。宗法体制的衰败给继承制度带来了重大的影响，宗法所强调的大宗世袭祭祀权、爵位身份的嫡长子继承制等身份优先财产的继承制度受到不同程度的削弱。随着旧有的权贵阶层普遍衰落，新兴的富商越来越发达，大规模的宗族逐渐减少，小型独立家庭日渐增多，导致礼法、宗法体系逐渐失去了市场，进而轻贵族身份，重物质财富。表现在继承制度上，就是财产的继承逐渐超越身份的继承，成为法律关注的焦点。当时的继承对象包括房屋和土地等不动产，金钱、珠宝等动产，还包括奴婢和牲畜。人们在继承时越来越注重财产，身份反倒是次要的事情。在法家时代强调财产继承重要性的同时，身份继承并未就此销声匿迹。例如，秦汉时代施行二十等爵制，有官爵（高爵）有民爵（低爵），一定范围内的爵位是可以降级继承的，只不过其与宗法时代的身份继承不可同日而语。

（三）儒家时代的多元继承

随着融合儒、法、阴阳诸家思想的“新儒学”成为从汉代至清代的官方主流思想，传统礼法制度和宗法观念重新焕发生机，封建商品社会经济亦逐渐走向成熟。在此背景下，传统继承呈现出多元化发展的儒家时代特点。

1. 宗法家族的复兴与身份继承的发展

儒家重礼法、宗法，在继承制度领域大力恢复宗法传统，提倡大家族同居共财的生活方式，促使宗法家族与宗法制度迅速恢复，儒家时代成为新宗法家族持续发展的黄金时期。在身份继承领域，嫡长子继承制度又得以强化。汉朝明确规定，只有嫡长子才能继承封爵，这一做法为此后历代所沿用。魏晋南北朝时期，以嫡长子继承制度为代表的身份继承得到进一步发展和完善。尤其是妻妾地位的差别法律化，嫡子的继承权被法律反复强调。隋唐时期，宗祧继承成为此时期身份继承最重大的问题。宗祧继承首要遵循的仍是传统的嫡长子继承制度。宋元时期，宗法传统在继承领域的影响较为逊色。而明朝恢复汉人政权之后，礼法制度和宗法势力又在一定程度上得到恢复。特别是在绝户立嗣问题上，遵循“有子立长，无子立嗣”的古老礼法传统，规定了法定立嗣来贯彻这种宗法观念。清代法律禁止立养子、义子为继承人，但同时允许独子一人享有同宗两家的继承权，创造了“兼祧”制度加以弥补。清朝身份继承制度最大的一项变化是，对封爵继承制度进行了规定。封爵继承制度适用于世袭贵族家庭和军功家庭，其继承顺序与宗祧继承基本相同，嫡长子享有优先继承权。

2. 商品经济的繁荣与财产继承的完备

财产均分主义自春秋战国以来渐成传统，而且深入人心，所以财产继承能与身份继承彼此互不干扰，齐头并进。汉代的财产继承，仍旧采取诸子均分的形式，同时规定女子也有遗产的继承权利，这与西周法律相比是一大进步。此外，汉代还出现了最早的遗嘱继承文件，该文件内容有遗嘱订立人、代书人和证人三方当事人，手续齐全，具有法律效力。这又是汉朝财产继承法律的一大进步。唐代法律在将“诸子均分”作为法定继承的基本原则的同时，又规定如果有遗嘱者即不按法定顺序继承，亦即采取遗嘱优先的原则，同时进一步完善了遗嘱继承的细节设计①。在男女继承权的分配问题上，原则上女子出嫁后就失去了对娘家父母财产的继承权。但如果出现“户绝”的情况，女子仍然可以取得亲生父母的全部遗产。此外，在分家析产时，在室女（即未嫁女）可以分到相当于未婚兄弟聘财一半的财产作为自己的嫁妆费，但私生子依唐律不享有继承权。宋朝社会商品经济高度繁荣，催生出财产继承制度的迅速发展。首先，女子继承权得到加强。除沿袭以往遗产兄弟均分制和允许在室女享受部分继承财产权外，还规定出嫁女继承份额为男子的三分之一。其次，宋朝法律还对遗腹子、私生子、义子（继子）及上门女婿等特殊群体的财产继承权问题加以详细规定。再次，宋朝还在唐朝“遗嘱处分”的基础上进一步完善了细节规定。例如立遗嘱人须有年龄限制，遗嘱以书面文字记载为有效，并且凡未经官印押的遗嘱，法律不予承认。最后，宋朝还专门制定了一部《户绝条贯》，对户绝立继中可能出现的种种情况进行了详尽的规定。其规定较之唐代也更加灵活，确立了“立继”和“命继”两种形式，为明朝的“立嗣”制度的创建构建了基础。元朝继承法律采取蒙汉分治的原则。社会中上层的蒙古人与色目人，依照法律可以各自遵循本族习惯法进行财产继承。而汉族人的继承，仍然沿袭唐宋以来的法律规定。元明清时期的财产继承的最大变化是，奸生子（即私生子）的继承权得到体现和承认。奸生子在唐朝时无继承权，而在礼法观念较为单薄的金元时期，奸生子的继承权基本上已经得到承认，但继承份额仍旧很低。而在明朝，奸生子的法定权益进一步提高，其继承份额为嫡子的二分之一。如别无子而立嗣，奸生子则与嗣子均分遗产。如家中再无应继之人，奸生子可继承全部遗产。这又体现出明清时期社会商品经济繁荣发展之下的一种宽容和开放心态。

儒家尊重礼法，崇尚家族伦理，宗法家族和宗法观念深深烙刻在历代法律之中。既重身份，又重财产，同时又加入家风传承的因素在其间，继承内容的多元化与继承方式的丰富化，是这一时期继承法律制度发展的基本特征。

（四）平权时代的财产继承

当今中国已经不再是儒家独尊的时代，以宗法家族为主要载体的传统继承制度也已经在形式上淹没在历史在长河中。随着平权时代的到来，现代社会思想开放，经济发展迅速，自由平等法律理念的确立，男女平权的实现，与古代小农经济和身份上等级森严的状况截然不同，由此产生的继承制度也在法律允许的范围内体现了最大化平等，注重对公民权利的保护，表现出鲜明的文明时代特点。

（1）在继承制度上废除了身份继承，贯彻人生而平等的法律思想。身份继承，作为“财

① 长孙无忌，等. 唐律疏议[M]. 北京：中华书局，1983：241.

产继承”的对称，是指对死者的身份及社会地位的承袭，是历史上最早出现在继承法中的一项制度，由原始社会末期部落首领世袭制演化而来，奴隶社会和封建社会的继承法均采用该项制度，它是私有制社会中统治阶级凭借血缘关系维系其统治和利益在继承制度中的反映。1930 年国民政府公布的《中华民国民法·继承编》，废除了宗祧继承，实行财产继承制。中华人民共和国成立后，身份继承被彻底废除，这是平等法律思想的必然要求。

（2）在财产继承制度上废除了嫡长子制，实现了男女平等和诸子平等。无论男女，均享有平等的继承权；无论是未嫁女还是外嫁女，均享有平等的继承权；无论是长子还是幼子，养子还是继子，婚生子还是非婚生子，均享有平等的继承权。另外，强调给胎儿保留必要的遗产份额，避免胎儿出生后生活无着落，保障胎儿的继承利益。

（3）在继承制度上提倡传统美德，体现权利和义务的平衡。友爱互助、尊老爱幼是中华民族的传统美德，也是我国整个法律体系共同倡导和坚持的原则。《民法典》婚姻家庭编中明确规定，丧偶儿媳对公、婆，丧偶女婿对岳父、岳母尽了主要赡养义务的，作为第一顺序继承人。继承人以外的人，如果对被继承人生前所尽义务较多的，可以适当分得遗产。以此鼓励孝亲爱老，弘扬中华民族传统美德，体现了社会主义精神文明建设的内在要求。

（4）在继承制度上倡导扶弱助残，注重困难人员的生存保障。在法定继承中，应当对生活有特殊困难又缺乏劳动能力的继承人予以照顾。在遗嘱继承中，遗嘱人应当为缺乏劳动能力又没有生活来源的继承人保留必要份额。对生活有特殊困难又缺乏劳动能力的继承人，分配遗产时，可以多分；对继承人以外的依靠被继承人扶养的缺乏劳动能力又没有生活来源的人，可以适当分得遗产。扶弱助残是国家提倡的一种社会公德，以上就是在继承制度中对与被继承人关系密切的生活困难人员的生存保障的法律规定。

第二节　继承法的概念和特征

继承法律制度是同特定的社会制度相联系的，是在社会出现私有制、分裂为阶级以后随同国家的产生而产生的。列宁说：“遗产制度以私有制为前提。”[①]早在母系社会，氏族中的财产，如土地、住房、家畜和其他生产资料，都属于公有，个人财产只限于少量生活用品和随身携带的武器。氏族首领死后，财产中的日用品随葬，其余财物由同族人共有。这时的继承，只是一种社会习惯，还未形成法律制度。进入阶级社会以后，法律首先确认身份继承，而后确认独立的财产继承，继承法也由此而产生。

一、继承法的概念

中国历代律例虽有继承方面的规定，但独立的继承法则是光绪三十三年（1907 年）开始起草的，于宣统三年（1911 年）完成，列为《大清民律（草案）》的第五编，仍以宗祧继承为主。中华民国时期国民政府因袭德、法、日民法典的体例，把继承编列在亲属编之后，从法律上废弃了宗祧继承，采取财产继承制。我国在 1982 年《宪法》中规定：“国家依照法律规

---

① 中共中央马克思恩格斯列宁斯大林著作编译局. 列宁选集：第 1 卷[M]. 北京：人民出版社，1995：20.

定保护公民的私有财产的继承权。”中国的社会主义继承制，彻底废除了延续几千年的宗祧继承、立嗣承宗的制度，有利于妥善处理社会主义家庭中的财产关系，贯彻男女平等原则，保护无劳动能力和无生活来源的家庭成员的合法权益，以实现抚育子女、赡养老人的家庭职能。

继承是公民死亡后发生的转移财产所有权的一种民事法律制度。继承法则是调整因自然人的死亡而发生的财产继承关系，确定遗产权利归属的法律规范的总和。继承法又称为财产继承法，是民法的重要组成部分。根据《宪法》的规定，为保护公民的私有财产的继承权，制定《继承法》，自 1985 年 10 月 1 日起施行，2020 年《继承法》被修改融入《民法典》，成为其第六编。

我国的继承法非纯粹的继承法。纯粹的继承法是指规定与遗产继承直接有关问题的法律规范。如继承权的归属，继承发生的原因、时间和结果，继承人的权利和义务，遗产的清算和分配等，是固有意义的继承法。我国继承法的内容并非如此纯粹，除了纯粹的继承法律规范之外，还规定了遗嘱、遗赠抚养协议等内容。遗嘱并不完全与遗产转移有关，立遗嘱人除了用遗嘱处分遗产外，还可以用遗嘱指定继承人、未成年子女的监护人、遗嘱执行人等。遗赠抚养协议不限于解决公民死后的遗产转移问题，更重要的是为了解决公民生前的扶养问题。

二、《民法典》继承编新规

2020 年 5 月 28 日，十三届全国人大三次会议表决通过了《民法典》，继承法律规范成为其第六编，自 2021 年 1 月 1 日起施行，《继承法》同时废止。《民法典》继承编从一千一百一十九条到一千一百六十三条，一共四十五条。从妥善管理遗产，到减少遗产纠纷，民法典在继承编中作出了一系列新的规定[①]。

（1）录像、打印等遗嘱形式被认可。《民法典》第一千一百三十七条规定，以录音录像形式立的遗嘱，应当有两个以上见证人在场见证。遗嘱人和见证人应当在录音录像中记录其姓名或者肖像，以及年、月、日。《继承法》并未明确录像、打印等形式遗嘱的订立形式和要求，实践中存在诸多争议，《民法典》对录像、打印等形式遗嘱的订立形式和要求作出了规范，明确了其法律效力。此次作出修改和补充，充分体现了《民法典》对时代发展的回应。

（2）公证遗嘱效力不再优先。现实生活中经常出现一个人立有多份遗嘱的情况，《继承法》规定以最后一份为准，但如有公证遗嘱，则以公证遗嘱为准。《民法典》对此作出修改，删除了公证遗嘱效力优先的规定。《民法典》第一千一百四十二条规定，遗嘱人可以撤回、变更自己所立的遗嘱。立遗嘱后，遗嘱人实施与遗嘱内容相反的民事法律行为的，视为对遗嘱相关内容的撤回。立有数份遗嘱，内容相抵触的，以最后的遗嘱为准。现实生活中存在很多遗嘱人需要改变公证遗嘱内容的情况，但客观条件可能使遗嘱人无法到公证处订立新的公证遗嘱，导致无法按照其心愿变更遗嘱。删除公证遗嘱效力优先的规定，体现了对遗嘱人真实意愿的尊重。

（3）引入遗产管理人制度。《民法典》引入了遗产管理人制度，对各种情形下遗产管理人的选任作出明确规定，同时明确了遗产管理人的职责及所需要承担的责任。遗产管理人的协调可以有效减少各方争执，满足多元化遗产分配需求，利于社会稳定。随着人民群众日益富

---

① 孙少龙，白阳，黄安琪. 关于继承，民法典的这些新规你需要了解[EB/OL]. [2020-06-08]. http://www.xinhuanet.com/2020-06/08/c_1126087334.htm.

起来，其去世后留下的遗产类型、数量都有明显增加的趋势，通过遗产管理人制度可以引入专业机构和专业人士，从而让遗产继承更加顺畅地进行，同时有效解决以往在继承过程中存在的一些矛盾和争端。

（4）确立遗嘱信托制度。《民法典》第一千一百三十三条规定，自然人可以依法设立遗嘱信托。透过遗嘱信托，由受托人依照遗嘱人的意愿分配遗产，并得为照顾特定人而做财产规划，可以很好地解决财产传承问题，减少因遗产产生的纷争，避免巨额的遗产税。确立遗嘱信托制度，不但有立遗嘱防止纷争的优点，并因结合了信托的规划方式，从而使该遗产及继承人更有保障。

（5）增加继承"宽恕制度"。此次《民法典》继承编的一个突出特色，就是设立了对继承人的"宽恕制度"。在列举了继承人丧失继承权的五种行为的同时，《民法典》规定："继承人有前款第三项至第五项行为，确有悔改表现，被继承人表示宽恕或者事后在遗嘱中将其列为继承人的，该继承人不丧失继承权。""宽恕制度"的目的是维护和谐的家庭关系，这一制度给继承人改过自新的机会，同时也体现了尊重被继承人意愿的规则设计。

（6）为"老有所依"提供更多选择。《民法典》在《继承法》基础上扩大了扶养人的范围，明确自然人可以与继承人以外的组织或者个人签订遗赠扶养协议，该组织或者个人承担该自然人生养死葬的义务，享有受遗赠的权利。遗赠扶养协议制度是继承法认可的一项法律制度。《民法典》扩大扶养人范围，一方面反映出我国社会组织建设取得了长足的进步，另一方面也体现了对老年人自身意愿的尊重，以及法律对实现"老有所养"目标的积极助力。

三、继承法的特征

继承法调整因自然人的死亡而发生的财产继承关系，涉及遗产确定与管理、继承人顺序和范围、继承原则与方式等民事法律内容，因而具有以下基本特征。

（1）继承法是与身份密切相关的财产法。古代继承法是以家族为本位的，财产继承从属于身份继承，从本质上看，继承法具有强烈的身份法性质。近现代的继承法则是以个人为本位的，继承法以死者的财产如何转移为核心，身份继承不再是继承法的调整对象。我国继承法以被继承人生前合法个人财产的转移和归属为调整对象，主要解决财产的流转问题，故属于财产法。但是，继承主要发生在特定亲属之间，具有一定范围内的亲属关系是享有继承权的前提。所以，继承法又具有身份法的性质，是与亲属身份密切联系的财产法。

（2）继承法属于私法。私法，相对于公法，一般而言指的是规范私权关系、保护私人利益的法律，如民法、商法等。私法具有主体平等、意思自治的本质特性，私法是调整主体平等、其权利义务的设定以遵循意思自治为原则的法律。公法是配置和调整公权力的法律规范的总和。从利益保护的重心来看，公法以维护公共利益即"公益"为主要目的，私法则以保护个人或私人利益即"私益"为依归。继承法是规定因公民个人死亡而发生的财产继承关系，因而属于私法。

（3）继承法是普通法。普通法是指在全国范围内对全体公民普遍适用的法律，几乎涉及法律的各个领域；特别法是指适用于特定时期、特定地点、特定的人或事项的法规。继承法是适用于一切中国公民的普通法。任何公民，不论性别、年龄、身份、地位、职业、民族，都享有依法成为继承主体的资格，不仅在一定法律事实发生后可以参与继承法律关系，而且都负有不得侵害他人享有和行使继承权的义务①。

（4）继承法是强行法。强行法，又称强制法，或称绝对法，含义为必须绝对服从和执行的法律规范。自第二次世界大战以来，强行法已逐步成为维护世界秩序的一种法律准则，成为国际社会全体接受并公认为不能违背，须绝对遵守的法律规则。继承法调整的是因自然人死亡而发生的财产转移关系，属于私法范畴。但是，由于继承对经济、伦理、婚姻家庭等具有的重要影响，法律多以强行规范予以调整，较之其他民法规范，任意性色彩较弱。

第三节　继承法的调整对象

法律调整对象，又称“法的对象”，是指法所调整的一定的能够体现为意志关系的具体社会关系。民法的调整对象是指民法所调整的平等主体之间发生的人身关系和财产关系。民法调整的人身关系，是指平等主体间基于人格或身份而发生的，与人身不可分离，不具有直接财产内容的权利义务关系。民法调整的财产关系是平等主体之间以财产归属和财产流转为主要内容的权利义务关系。继承法的调整对象是在转移死者遗产，确定遗产权利主体归属的过程中形成的特定的社会关系，即将死者的遗产交由生者承受的特殊民事关系，简称继承关系。

一、继承关系围绕财产所有权关系展开

财产所有权是指所有人依法对自己的财产享有占有、使用、收益和处分的权利，包括占有权、使用权、收益权和处分权四项权能。所有权意味着人对物最充分、最完全的支配，是最完整的物权形式。财产所有权在本质上是一定社会的所有制形式在法律上的表现。财产所有权制度构成了民事法律制度的基石。

继承关系以财产关系为基础，又以确定新的财产关系为归属，遗产继承就是财产所有权主体的更换。继承主要解决的是财产转移问题，以自然人死亡前的财产所有权为前提，以继承人继承遗产后形成的新的财产所有权为结果。用遗嘱指定财产继承人和受遗赠人，是被继承人行使其财产所有权的直接表现。没有公民个人财产所有权关系的存在，就无从发生财产继承关系。继承权是财产所有权的延伸和补充，是所有权保护的完成。随着新的财产所有权关系的产生，继承关系随之消灭。此外，我们还应该注意到，继承并非只是所有权的继承，而是被继承人生前综合性财产权利地位的继承，所有权之外的其他财产性权利也发生着继承关系。

二、继承关系与身份关系相联系

所谓身份关系，是指基于主体的一定身份而发生的以身份利益为内容的人身关系。继承关系与身份关系紧密联系，不可分割。

首先，继承人与被继承人之间存在着特定的亲属身份关系。继承关系主要发生在因婚姻、血缘而具有特定身份关系的亲属之间，继承权与身份相依而存。我国继承法规定的法定继承人只能是被继承人的配偶、父母、子女、兄弟姐妹、祖父母、外祖父母等。可见，继承权是基于某种亲属身份而取得的。其次，继承人为多人时，继承人之间也存在着一定的亲属身份

① 夏吟兰. 婚姻家庭与继承法学原理[M]. 北京：中国政法大学出版社，1999：296.

关系，形成于婚姻、血缘、收养等法律行为或事实。因此，继承权与身份权并生共存，继承关系基于身份关系而产生。

三、继承关系的发生以特定的法律事实为依据

法律事实，就是法律规定的、能够引起法律关系产生、变更和消灭的现象。法律事实的一个主要特征是必须符合法律规范逻辑结构中假定的情况。只有当这种假定的情况在现实生活中出现，人们才有可能依据法律规范使法律关系产生、变更和消灭。如结婚产生夫妻间权利和义务关系，结婚即为法律事实；死亡引起婚姻法律关系的消亡、继承法律关系的产生，死亡即为法律事实。

被继承人死亡是引发继承关系的基本法律事实。被继承人死亡，是继承权由期待权转化为既得权的直接根据。在遗嘱继承中，除被继承人死亡外，还必须有合法有效的遗嘱，否则不产生继承关系。

四、继承关系发生在自然人之间

继承是继承人对被继承人的遗产的取得，无论是法定继承还是遗嘱继承，继承人与被继承人均是有一定亲属关系的自然人。

被继承人是指留有个人合法财产的死者，其财产将被他人继承的人。在我国，所有的自然人都有做被继承人的资格。在法定继承关系中，每个公民，不论性别、年龄、精神状况、家庭出身、社会地位如何，也不论是完全行为能力人、限制行为能力人，还是无行为能力人都可以作为被继承人。在遗嘱继承中，并不是每个公民都具有成为被继承人的资格。因为在遗嘱继承中，法律对立遗嘱人也就是被继承人是有要求的。立遗嘱人必须是有完全行为能力的人，无行为能力人和限制行为能力人是不能立遗嘱的，即使立下了遗嘱也不能发生任何法律效力，不能被法律承认。当然，无行为能力人和限制行为能力人虽然不能成为遗嘱继承中的被继承人，但他们仍然可以作为法定继承的被继承人。

继承人是指依法继承财产的人，分为法定继承人和遗嘱继承人。前者指依法的当然继承人，后者指被继承人所指定的继承人。各国法律对法定继承人的范围规定不同。中国法律规定的继承人为：配偶、子女、父母、兄弟姐妹、祖父母与外祖父母；有抚养关系的继父母与继子女；存在着抚养关系的丧偶的儿媳与公婆、女婿与岳父母，胎儿也可充当继承人。

虽然通过遗赠、遗赠抚养协议、无人继承遗产的处理方式，国家、法人和其他社会组织也可以成为遗产的承受主体，但这已不属于继承关系。

第四节　继承法的基本原则

所谓基本原则，是指“整个法律体系或某一法律部门所适用的、体现法的基本价值的原则，它体现了法律的基本精神，是在价值上比其他原则更为重要，功能上比其他原则的调整范围更广泛的法的原则”[①]。民法的基本原则应当具备两个基本属性：一是内容的根本性；二

① 周旺生．法理学[M]．西安：西安交通大学出版社，2006：259.

是效力的贯彻始终性。因而继承法的基本原则也需满足在继承法领域中内容的根本性、本源性以及效力贯穿整个继承法始终的基本特征。继承法的基本原则为体现继承法的基本价值和基本精神，价值上比其他原则更为重要，功能上比其他原则的调整范围更为广泛的原则。继承法的基本原则是财产继承所必须遵循的并带有普遍适用性的基本法律准则。这些原则既是我国继承法立法的指导思想和灵魂，同时也是继承法适用的依据。

根据继承法基本原则的属性特征，继承法的基本原则有三：一是保护公民私有财产继承权原则；二是继承权平等原则；三是养老育幼原则。它们分别是民法之基本原则——权利神圣原则、平等原则和公序良俗原则——在财产继承领域中的具体体现，作用于继承法之全部领域，反映继承法的立法目的，因而既是民法的具体原则，又是继承法的基本原则[①]。

一、保护公民私有财产继承权原则

我国《宪法》第十三条规定："国家依照法律规定保护公民的私有财产权和继承权。"《民法典》第一千一百二十条规定："国家保护自然人的继承权。"由此可见，保护公民私有财产继承权，是我国继承法的目的和任务，也是受到宪法保护的一项基本原则。这一基本原则贯穿继承法的始终，具体体现在以下五个方面：第一，凡自然人死亡时遗留的个人合法财产，均为遗产，都得由继承人依法继承。第二，被继承人的遗产一般不收归国家所有，尽可能由继承人或受遗赠人取得。第三，继承人的继承权不得非法剥夺。第四，保障继承人、受遗赠人的继承权、受遗赠权的行使。第五，继承人的继承权受到他人非法侵害时得于法律规定的期间内通过诉讼程序请求人民法院依法给予法律保护。

保护公民私有财产继承权是保护公民私有财产的宪法原则、私有财产神圣的民法基本原则在继承法中的体现，具有内容的根本性、效力的贯彻始终性。我国宪法规定，法律保护公民的私有财产继承权，这是我国继承法的立法依据，也同时决定了我国继承法的立法宗旨和首要任务就是保护自然人的私有财产继承权。继承法一方面规定了继承权的主体、客体、内容、变动等事项，起到确权的作用；另一方面规定了继承权受到侵害时的法律保护措施，起到护权的作用，充分体现了保护公民私有财产继承权的原则。

二、继承权平等原则

我国《宪法》规定："中华人民共和国妇女在政治、经济文化、社会和家庭生活等各方面享有同男子平等的权利。"自然人无论男女都是平等的民事主体，《民法典》第一千一百二十六条规定"继承权男女平等"，这是宪法中男女平等原则在继承法中的体现。男女享有平等的继承权，不因性别不同而有所区别，在继承顺序和继承份额上不得有性别的限制。继承权男女平等不仅包含男性与女性具有平等的继承权，亦至少包含以下 3 种含义：夫妻在继承上有平等的权利，有相互继承遗产的继承权；在继承人的范围和法定继承的顺序上，男女亲等相同，父亲系与母亲系平等；男女有平等的代位继承权，适用于父系的代位继承，也适用于母系。

虽然继承权男女平等是继承权平等原则的核心与基本表现，但男女平等原则只是继承权平等的内容之一，不能完全代替或包含继承权平等原则的内容。所以，继承权平等原则，不

---

① 吕慧玲. 浅论民法法典化下的继承法基本原则[J]. 研究生法学，2010（2）：53.

应当仅仅是继承权男女平等。《民法典》第一千一百二十七条规定：“本编所称子女，包括婚生子女、非婚生子女、养子女和有扶养关系的继子女。本编所称父母，包括生父母、养父母和有扶养关系的继父母。本编所称兄弟姐妹，包括同父母的兄弟姐妹、同父异母或者同母异父的兄弟姐妹、养兄弟姐妹、有扶养关系的继兄弟姐妹。”第一千一百二十九条规定：“丧偶儿媳对公婆，丧偶女婿对岳父母，尽了主要赡养义务的，作为第一顺序继承人。”第一千一百三十条规定：“同一顺序继承人继承遗产的份额，一般应当均等。”

因此，继承权平等原则应包括：继承权男女平等，非婚生子女与婚生子女继承权平等，养子女与亲生子女继承权平等，儿媳与女婿在继承上权利平等，同一顺序的继承人继承遗产的权利平等五个方面。

三、养老育幼原则

养老育幼是人类文明的体现，是中华民族的传统美德，也是家庭的一项重要职能。它既是一项道德的要求，也是我国继承法确立的一项基本原则，从财产继承方面来保护老幼病残，以构建和谐家庭、和谐社会。

养老育幼原则，一般与照顾无劳动能力又无生活来源的人的利益的原则相结合，也可以称之为养老育幼、照顾弱者原则。该原则在继承法中主要体现在：一是影响继承人范围及顺序的确定。如法定继承顺序以婚姻法中该继承人对被继承人的抚养义务为基础，丧偶儿媳或女婿可因尽主要赡养义务而成为第一顺位法定继承人，继父母、子女间的继承须有抚养关系等。二是指导遗产的分配。如在遗产分配时应照顾生活有特殊困难的缺乏劳动能力的继承人，依继承人对被继承人的抚养表现可以多分、少分或不分遗产，在遗产分割时应保留胎儿的继承份额，继承人中有缺乏劳动能力又没有生活来源的人即使遗产不足清偿债务也应为其保留适当的遗产等。三是限制遗嘱自由。如应为缺乏劳动能力又无生活来源的继承人保留必要的份额等。四是需要抚养的人可以签订遗赠抚养协议的方式获得抚养。可见，养老育幼、照顾弱者原则涉及继承法的方方面面。它不仅是中华民族传统美德的体现，也是社会主义精神文明建设的必然要求。可以说，养老育幼、照顾弱者原则是继承法伦理性的直接体现，其对于实现家庭抚养职能、帮助弱者、减轻社会负担都具有重要作用。

典型案例

梁某1、梁某2等与梁某3、梁某4等法定继承纠纷案①

被继承人梁甲有四个子女，即长子梁乙、次子梁某5、长女梁某3、次女梁某4，梁乙生育长子梁某1、次子梁某2。梁乙与雍某系夫妻关系。雍某与梁乙婚后与梁甲一起生活，其间常有吵闹，甚至闹过离婚。梁乙于2012年7月病逝，此后，雍某与梁某2一起照顾梁甲起居，直到梁甲2015年11月8日病逝。

原告梁某3、梁某4、梁某5向一审法院起诉请求：1.梁某3、梁某4、梁某5依法继承梁

① 案件来源：甘肃省高级人民法院民事判决书（2018）甘民再56号. 中国裁判文书网[EB/OL]. [2018-11-29]. http:// wen shu. court. gov. cn/website/wenshu/181107ANFZ0BXSK4/index. html?docId=3b6e0fc7df b54e86b560a9 a7007e4551.

甲的房屋征用补偿款遗产 1 333 285.00 元、抚恤金 182 568.20 元、存款 360 000.00 元，共计 1 875 853.20 元中的 3/4，即 1 406 889.90 元。雍某作为第三人参加诉讼。一审法院认为，遗产继承份额应考虑对被继承人生前尤其是其生活不能自理期间尽赡养义务多少，于是判决：梁某 3、梁某 4、梁某 5 每人应继承其中的六分之一；梁某 1、梁某 2 应共同继承其中的四分之一，每人继承其中的八分之一；雍某应继承其中的四分之一。

梁某 3、梁某 4、梁某 5 不服一审判决，提起上诉。二审法院认为，梁甲生前尤其是最后几年，梁某 2 尽了主要赡养义务，在继承遗产时可以多分。雍某虽亦尽了较多赡养义务，但梁某 1、梁某 2 代位继承后，雍某亦作为第一顺序继承人继承遗产明显不当，改判：由梁某 3、梁某 4、梁某 5 共同继承三分之二，梁某 1 和梁某 2 共同继承三分之一，其中梁某 1 继承九分之一，梁某 2 继承九分之二。

申诉人梁某 1、梁某 2、雍某因与被申诉人梁某 3、梁某 4、梁某 5 法定继承纠纷一案，不服甘肃省平凉市中级人民法院（2016）甘 08 民终字第 486 号民事判决，向检察机关申诉。甘肃省人民检察院以甘检民（行）监[2017]62000000070 号民事抗诉书，向甘肃省高级人民法院提出抗诉。

问：申诉人雍某是否为第一顺序继承人？

案例分析：《民法典》一千一百二十九条规定：丧偶儿媳对公婆，丧偶女婿对岳父母，尽了主要赡养义务的，作为第一顺序继承人。再审法院认为，关于申诉人雍某是否为第一顺序继承人的问题。首先，《最高人民法院关于贯彻执行〈中华人民共和国继承法〉若干问题的意见》第三十条规定："对被继承人生活提供了主要经济来源，或在劳务等方面给予了主要扶助的，应当认定其尽了主要赡养义务或主要扶养义务。"《继承法》第十二条规定："丧偶儿媳对公、婆，丧偶女婿对岳父、岳母，尽了主要赡养义务的，作为第一顺序继承人。"本案中，雍某对梁甲尽了主要赡养义务，特别是在 2012 年其夫梁乙去世后，雍某实际为照料梁甲生活的主要承担者，与其子梁某 2 共同承担了对梁甲日常生活起居的照顾、服侍，直至送终，故应认定雍某尽了主要赡养义务，与被继承人的子女享有平等的继承权。其次，《最高人民法院关于贯彻执行〈中华人民共和国继承法〉若干问题的意见》第二十九条（现对应《最高人民法院关于适用〈中华人民共和国民法典〉继承编的解释（一）》第十八条）规定："丧偶儿媳对公、婆，丧偶女婿对岳父、岳母，无论其是否再婚，依继承法第十二条规定作为第一顺序继承人时，不影响其子女代位继承。"据此可以明确，尽了主要赡养义务的丧偶儿媳、女婿的继承地位，与代位继承并不相互排斥。本案中，梁某 1、梁某 2 代位继承后，尽了主要赡养义务的雍某仍可作为第一顺序继承人。二审判决认定"梁某 1、梁某 2 代位继承后雍某亦作为第一顺序继承人继承遗产明显不当"，属适用法律错误，应予以纠正。

思考题

1. 请阐述继承的历史变迁之路。
2. 请阐述《民法典》继承编新规的意义。
3. 怎样理解继承关系？
4. 继承法的基本原则有哪些？

第十二章　继承法律关系

【内容提要】

继承法律关系是根据继承法确立的，以死者生前财产权利义务的转移和承担为内容的法律关系。它是一种不同于继承法的调整对象，但又不完全独立于继承法调整对象之外的社会关系，它是继承人取得遗产的基础和前提。继承人依照法律规定承受被继承人遗产的权利，称为继承权。继承从被继承人死亡时开始。因此，法律规定的继承权只是继承人享有的一种期待权，只有被继承人死亡这一法律事实出现以后，继承权才成为既得权，开始遗产继承。

【理论框架】

继承法律关系	继承法律关系的概念和特征	继承法律关系的要素
	继承权的概念和特征	法定继承权、遗嘱继承权
	继承权的主体、客体和内容	法定继承人、遗产的范围
	继承权的丧失	继承权丧失的事由、宽恕制度

第一节　继承法律关系的概念和特征

一、继承法律关系的概念

继承法律关系就是财产继承法律关系，是指由继承法律规范所调整的与继承有关的社会关系，即由于财产所有人死亡或宣告死亡这一法律事实的出现，而在继承人、受遗赠人、继承参与人以及其他公民或组织之间所发生的权利义务关系。继承法律规范是继承法律关系产生、变更和消灭的依据，被继承人的死亡是继承法律关系产生的原因。

二、继承法律关系的特征

财产继承法律关系属于民事法律关系的范畴，但它不同于一般的民事法律关系，主要区别是：

第一，产生的原因不同。前者只能因被继承人死亡的法律事实而产生。死亡包括自然死亡和宣告死亡。自然死亡又称为生理死亡或者绝对死亡，是指自然人生命在客观上终结的情况，主要包括自然人因病、因意外事故或者被人杀害等原因而死亡。被继承人生理死亡的时间应以医院出具的“死亡证明”为准；没有医院死亡证明的，可以公安机关注销死亡人户口登记所确定的日期为死亡的日期。宣告死亡又被称为法律死亡或者相对死亡，它指自然人离开住所，下落不明达到法定期限，经利害关系人申请，由人民法院宣告其死亡的法律推定。失踪人被宣告死亡的，以人民法院判决中确定的失踪人的死亡日期（一般以人民法院发出寻找失踪人公告的期间届满之日确定为失踪人死亡日期），为继承开始的时间。无论是自然死亡还是宣告死亡，都会导致继承法律关系的产生。因此，死亡是继承法律关系产生的必要前提，是继承开始的原因。而一般的民事法律关系主要因当事人的法律行为而产生。

第二，主体资格不同。前者是继承法律关系，因此它的主体主要是被继承人的继承人或指定的其他主体，它主要以一定的亲属关系为基础。无论是法定继承，还是遗嘱继承，继承人都限定于被继承人的亲属。如法定继承中的第一顺位是配偶、子女和父母，第二顺位是兄弟姐妹、祖父母和外祖父母。遗嘱继承中也规定了自然人可以立遗嘱将个人财产指定由法定继承中的一人或者数人继承。而后者可以是具有民事权利能力的任何公民、法人。

第三，内容不同。前者主体间的权利义务不是等价有偿的，且继承人对被继承人生前的财产的权利和义务是概括继承的，既可以继承财产而享有权利，也要承担相应的义务。按照《民法典》的规定，对于被继承人生前的财产，继承人应当在其继承的遗产范围内承担清偿责任。而后者一般是在等价有偿的原则上建立的，当事人的权利义务平等有偿。

财产继承法律关系在性质上虽属民事法律关系，但有其自己明显的特征，主要表现为：

（1）继承法律关系是一种特殊的民事法律关系。继承法律关系不适用民法上的等价有偿原则，不要求继承人承受遗产以承担某种义务为前提，比如受遗赠人不需要承担任何义务，就可以根据遗嘱取得被继承人的遗产。

（2）继承法律关系是因被继承人死亡而发生的民事法律关系。只有当被继承人死亡并留有遗产时，才发生继承法律关系。若被继承人未死亡或者被继承人虽然死亡，却未留有遗产，都不发生继承。

（3）继承法律关系的要素具有特定性。继承法律关系的主体主要为一定范围内的亲属，客体仅限于被继承人死亡时所遗留的个人合法财产，权利义务也由法律规定，不具有契约合意性。

继承法律关系有狭义和广义之分，狭义的继承法律关系只包含了法定继承关系和遗嘱继承关系；广义的继承关系包含了一切的遗产的最终归属形式。从《民法典》可以发现，我国的继承法律关系包括：法定继承关系、遗嘱继承关系、遗赠关系、酌情分得遗产关系、遗赠扶养协议关系、无人继承又无人受遗赠财产的归属关系。因此，我国继承法律关系采用的是广义的继承法律关系。

三、继承法律关系的要素

继承法律关系同其他法律关系一样是由三个要素组成，即主体、客体和内容。

（一）继承法律关系的主体

继承法律关系的主体，是指在继承法律关系中，享有权利和承担义务的人，分为继承法律关系的权利主体和继承法律关系的义务主体。

继承法律关系的权利主体是指在继承关系中享有权利的一方，包括继承人、受遗赠人以及其他公民或组织；国家在接受遗赠的条件下，也能成为继承法律关系的权利主体。

继承法律关系的义务主体具有广泛性，是指在继承关系中承担义务的一方，包括继承人和受遗赠人在内的任何自然人以及各种社会组织。当被继承人留有未缴纳税款和未清偿债务时，继承人和受遗赠人负有在承受遗产范围内缴纳和清偿的义务；在遗嘱附有义务时，继承人和受遗赠人负有完成遗嘱要求的义务；其他自然人和各社会组织是不作为义务的主体，负有不得侵犯他人继承权、受遗赠权、酌分遗产权的义务。

需要注意的是，在继承开始之后，被继承人已经死亡，其因为死亡而丧失民事主体资格，因此，不能作为继承法律关系的主体。

（二）继承法律关系的客体

继承法律关系的客体，是指继承法律关系主体的权利义务指向的对象，主要是遗产。此外，还可以包括应缴纳的税款和应清偿的债务以及应履行的某种行为。

遗产是公民死亡时遗留的个人合法财产和财产权利，是继承关系必不可少的要素，没有遗产，就没有继承法律关系。被继承人死亡时若留有债务和欠缴的税款，该债务和税款也是继承法律关系的客体。如果在遗嘱中附有某种义务性要求，该义务也就成为继承法律关系的客体。《民法典》第一千一百二十二条、第一千一百四十四条、第一千一百六十一条规定，遗产是自然人死亡时遗留的个人合法财产；遗嘱继承或者遗赠附有义务的，继承人或者受遗赠人应当履行义务；继承人以所得遗产实际价值为限清偿被继承人依法应当缴纳的税款和债务。由此可见，继承法律关系的客体，最主要的成分是遗产，但不仅限于此。

（三）继承法律关系的内容

继承法律关系的内容，是指继承法律关系的主体享有的权利和承担的义务。

继承法律关系的权利内容主要包括：继承人享有的继承被继承人遗产的权利（继承权），受遗赠人享有的接受遗赠的权利（受遗赠权），酌分遗产请求权人享有的承受被继承人适当遗产的权利（酌分遗产权），以及国家、集体组织取得无人继承又无人受遗赠的遗产的权利。

继承法律关系的义务内容主要包括：继承人和受遗赠人具有在承受遗产范围内缴纳被继承人所欠税款和清偿被继承人未清偿债务的义务，履行被继承人在遗嘱中随附要求的义务；此外，任何组织和个人负有不得干涉、妨碍继承人、受遗赠人取得遗产权利的义务。

第二节　继承权的概念和特征

一、继承权的概念

继承权是指继承人依照法律规定或被继承人生前合法有效的遗嘱指定取得被继承人遗产的权利或资格。在我国《民法典》中，由于继承权产生的原因不同，可以分为法定继承权和遗嘱继承权。法定继承权是指继承权的取得由法律直接进行规定；遗嘱继承权是指继承权的取得由被继承人通过合法有效的遗嘱进行指定。

继承权的取得和行使与其背后的法律意义分不开，在民法中它具体包括两种含义：

（一）客观意义上的继承权

客观意义上的继承权也称为继承期待权，它是指继承开始前，公民依照法律的规定或遗嘱的指定而接受被继承人遗产的资格，即继承人所具有的继承遗产的权利能力。继承期待权依据法律的规定或遗嘱的指定而产生，具有严格的人身属性，脱离了继承人的个人意志，不具有直接的财产内容，不能转让和抛弃。如我国《民法典》规定，被继承人的配偶、子女、父母、兄弟姐妹、祖父母、外祖父母为其法定继承人，则他们不能自行转让或放弃其继承权。但是，此种继承权必须具备一定的条件才能实现，成为一种实际的财产权益。

（二）主观意义上的继承权

主观意义上的继承权也称为继承既得权，它是指继承开始后，继承人依照法律的规定或者依据遗嘱对被继承人留下的遗产已经拥有的事实上的财产权利，即已经属于继承人并给他带来实际财产利益的继承权。这种继承权同继承人的主观意志相联系，不仅可以接受、行使，而且还可以放弃该权利，是具有现实性、财产性的继承权。

客观意义上的继承权是主观意义上的继承权的前提和基础，客观意义上的继承权转化为主观意义上的继承权取决于继承法律关系的产生，具体包括两点：一是被继承人死亡并留有遗产；二是继承人依据法律规定没有丧失继承权。符合了这两点，客观意义上的继承权就会转化为主观意义上的继承权，我们通常所说的继承权是指主观意义上的继承权，即继承既得权。

二、继承权的特征

（一）继承权主要是自然人基于一定的身份关系享有的权利

继承权一般以一定的身份关系为前提，特定的亲属之间享有继承遗产的权利。能够依照法定继承和遗嘱继承的形式享有继承权而成为继承权主体的只能是自然人。法人、其他组织或者国家不具备与被继承人所特有的亲属身份关系，不能成为继承权的享有者，它们只能以受遗赠人的身份来接受遗产或者以原来的身份接受无人继承的遗产，这是遗产取得权，不是遗产继承权。①

（二）继承权是依照法律的直接规定或者合法有效的遗嘱而享有的权利

继承开始后，继承权的取得不需要继承人的意思表示，继承人可以依据法律的规定或者合法有效的遗嘱直接享有继承权。我国《民法典》在继承编中明确规定了法定继承和遗嘱继承的内容和方式，这两大继承方式构成了继承权行使的体例。法定继承人通过法律的规定可以直接取得继承权，遗嘱继承人通过被继承人所立的合法有效的遗嘱指定取得继承权，遗嘱继承权优先于法定继承权。

（三）继承权的标的是遗产

遗产是指公民死亡时遗留的个人合法财产。继承以财产利益为内容，不包括身份利益。身份利益具有专属性，与自然人不可分割，因此不能将其作为遗产进行继承。例如，著作权中的财产权利属于遗产，但是署名权等身份权利是不能继承的。

---

① 赖廷谦. 婚姻与继承法学[M]. 成都：四川大学出版社，2004.

（四）继承权是继承人于被继承人死亡时才可行使的权利

继承权分为客观意义上的继承权和主观意义上的继承权，而客观意义上的继承权必须转化为主观意义上的继承权，也即只有当继承期待权转化为继承既得权，该权利才能真正带来实际的财产利益，而这种转化必须以被继承人的死亡为前提。因此，继承从被继承人死亡时开始，相互有继承关系的数人在同一事件中死亡，难以确定死亡时间的，推定没有其他继承人的人先死亡。都有其他继承人，辈分不同的，推定长辈先死亡；辈分相同的，推定同时死亡，相互不发生继承。[①]总之，法律规定的继承权只是继承人享有的一种期待权，只有被继承人死亡这一法律事实出现以后，继承权才成为既得权，开始遗产继承。

第三节　继承权的主体、客体和内容

一、继承权的主体

所谓继承权主体，也就是享有继承权、行使继承权的主体。根据《民法典》继承编的相关规定，继承权主体可以通过法律的直接规定明确，或者是由合法有效的遗嘱指定，也可以通过被继承人与他人签订的遗赠扶养协议指定。具体为以下三类：

（一）法定继承人

法定继承人即指被继承人的配偶、子女、父母、兄弟姐妹、祖父母、外祖父母。《民法典》第一千一百二十七条规定，"遗产按照下列顺序继承：（一）第一顺序：配偶、子女、父母；（二）第二顺序：兄弟姐妹、祖父母、外祖父母。继承开始后，由第一顺序继承人继承，第二顺序继承人不继承；没有第一顺序继承人继承的，由第二顺序继承人继承"。

（1）配偶：合法婚姻中夫妻双方互为配偶，它是其他亲属关系赖以发生的基础。配偶关系因合法有效的婚姻关系而产生，反之，如果双方不存在合法有效的婚姻关系，则不能称之为配偶。夫妻双方若一方死亡，另一方作为配偶则当然地成为其遗产继承人。但是，如果二者之间只存在非法同居、姘居的事实或者存在已经离婚的事实，则不构成或不再构成配偶，因而无法取得遗产继承权。如果由于历史或民族等原因导致被继承人拥有多个配偶，则这些配偶都享有遗产继承权。

（2）子女：父母的儿子和女儿。《民法典》继承编第一千一百二十七条规定："本编所称子女，包括婚生子女、非婚生子女、养子女和有抚养关系的继子女。"婚生子女是指在婚姻关系存续期间所生的子女；非婚生子女是指在婚姻关系以外所生的子女；养子女是指因收养关系的成立而被收养人所收养的子女；继子女是指丈夫与前妻或妻子与前夫所生的子女。根据我国《民法典》的规定，婚生子女、非婚生子女、养子女和有抚养关系的继子女享有同等的继承权利。

（3）父母：与子女构成亲子关系，是子女的直系血亲。《民法典》继承编第一千一百二十七条规定："本编所称父母，包括生父母、养父母和有抚养关系的继父母。"生父母是指与子

---

① 参见《民法典》第一千一百二十一条。

女有直接血缘关系并且生育他们的父母；养父母是指因收养关系成立而养育别人所生子女的父母；继父母是指子女对父亲或者母亲的后婚配偶的称谓。生父母、养父母和有抚养关系的继父母都对子女的遗产享有继承权。

（4）兄弟姐妹：兄弟姐妹属于最近的旁系血亲，因此是除了配偶、子女和父母以外的第二顺位继承人。《民法典》继承编第一千一百二十七条规定："本编所称兄弟姐妹，包括同父母的兄弟姐妹、同父异母或者同母异父的兄弟姐妹、养兄弟姐妹、有抚养关系的继兄弟姐妹。"它们依法互相享有继承权。

（5）祖父母、外祖父母：分别指父亲的父母和母亲的父母。祖父母、外祖父母的法律地位相当于兄弟姐妹，在继承时，仅次于配偶、父母和子女。当第一顺位继承人不存在时，祖父母、外祖父母具有抚养孙子女、外孙子女的义务，有继承他们遗产的权利。

《民法典》中还新增确定了侄子（侄女）、外甥（外甥女）的代位继承权。代位继承是指被继承人的子女先于被继承人死亡，则被继承人的晚辈直系血亲可以代位继承被继承人的遗产，代位继承权被限定在晚辈直系血亲范围内。《民法典》第一千一百二十八条第二款规定"被继承人的兄弟姐妹先于被继承人死亡的，由被继承人的兄弟姐妹的子女代位继承"，扩大了代位继承权主体范围。此扩大，不是指第一顺位、第二顺位上范围的变化，而是仅指被继承人没有第一顺位继承人时，第二顺位继承人中被继承人的兄弟姐妹先于被继承人去世的，由被继承人的兄弟姐妹的子女代位继承其应继承的部分。

（二）遗嘱指定的继承人

根据《民法典》第一千一百三十三条的规定，自然人可以立遗嘱将个人财产指定由法定继承人中的一人或数人继承，也可以立遗嘱将个人财产赠与国家、集体或者法定继承人以外的组织、个人。

（三）遗赠扶养协议指定的继承人

《民法典》第一千一百五十八条规定："自然人可以与继承人以外的组织或者个人签订遗赠扶养协议。按照协议，该组织或者个人承担该自然人生养死葬的义务，享有受遗赠的权利。"

此外，根据《民法典》第一千一百五十五条规定，"遗产分割时，应当保留胎儿的继承份额。胎儿娩出时是死体的，保留的份额按照法定继承办理"。

在遗产继承纠纷中，首先要确定的便是继承权主体，即哪些主体具有遗产继承资格。而遗产继承资格的确定，在没有遗嘱的情况下，应依法定继承的方式来办理。而依法定继承相关亲属关系的确定，则是依据《民法典》婚姻家庭编所规定的亲属关系间权利义务来明确是否具有继承资格的。

二、继承权的客体

继承权的客体，即继承的标的，继承权指向的对象，也就是遗产。所谓遗产，是指自然人死亡时遗留的个人合法财产。

作为一种特殊的财产，遗产只存在于由继承开始后到遗产处理结束前这段时间之内。自然人生存时所拥有的财产不是遗产，只有在他死亡之后，其民事主体资格丧失，遗留下来的财产才能成为遗产。遗产处理之后，已经转归承受者所有，也不再具有遗产的性质。

（一）遗产的特征

（1）遗产具有财产属性。死者生前享有的民事权利包括财产权和人身权两方面，而可以被继承的只能是财产权利。社会主义继承制度彻底取消了身份继承，仅仅实行财产继承，而原属于被继承人的人身权利如姓名权、肖像权不能作为遗产。

（2）遗产具有可转移性。遗产是可以与人身分离而独立转移给他人所有的财产，如所有权、债权等。基于人身关系发生的财产权，如接受扶养、赡养、抚养的权利，不能作为遗产。《民法典》第一千一百二十二条第二款规定："依照法律规定或者根据其性质不得继承的遗产，不得继承。"这限定了遗产的范围，如死亡赔偿金、丧葬补助费、死亡抚恤金等不属于遗产。此外，《中华人民共和国农村土地承包法》（下文简称《土地承包法》）规定，土地承包经营权[①]、林地承包经营权，在承包期内，其继承人可以继续承包。[②]

（3）遗产具有个人专属性。可以被继承的遗产只能是被继承人个人享有所有权的合法财产，个人享有的合法财产包括被继承人单独所有的财产，也包括被继承人与他人共有的财产中属于被继承人的份额。非归被继承人生前所有而仅仅是由其占有的财产，如租借的财产，共有财产中属于他人的份额，被继承人非法侵占的国家的、集体的或者其他自然人的财产，以及依照法律规定不能由个人所有的财产，都不能作为遗产。

（4）遗产基于自然人死亡的事实而确定。自然人的一切财产在其生前都不是遗产，即使是自然人活着的时候用遗嘱对其全部或部分财产作了预先处分，其被处分的全部或部分财产仍不属于遗产。只有当自然人死亡时，其所遗留的个人财产才转为遗产，其遗产的种类、数量、价值等才能最终确定下来。因此，当自然人活着的时候，其他任何人无权提出"继承"生存自然人的财产的要求，也无权对其财产进行侵犯。当被继承人已经死亡，遗产分割完毕之后，遗产就转为继承人个人合法所有的财产，也不再称之为遗产。因此，遗产虽然基于自然人死亡这个法律事实而产生，却只存在于被继承人死亡后至遗产分割前这段时间内。

（二）遗产的范围

《民法典》继承编规定自然人的遗产包括七个方面，概括起来有三大类：

1. 自然人享有财产所有权的财产

（1）自然人的合法收入。例如，自然人的工资、奖金、存款的利息、从事合法经营的收入、接受赠与或继承所得的财产。

（2）自然人的房屋、储蓄、生活用品。自然人的房屋包括自然人所拥有的自住房、出租房、营业用房；自然人的储蓄，是其在金融机构的存款，作为遗产的储蓄既包括本金也包括利息；自然人的生活用品是指衣物、手表、首饰、家具、家用电器、自行车等交通工具、娱乐用品等。

（3）自然人的林木、牲畜和家禽。自然人的林木主要指自然人在住宅前后自种的林木和自留地、自留山上所种的林木。牲畜主要指自然人自己饲养的牛、马、骡、驴、羊等。家禽主要指自然人自家喂养的鸡、鸭、鹅等。

（4）自然人的文物、图书资料。自然人的文物一般指自然人自己收藏的书画、古玩、艺

① 参见《农村土地承包法》第五十四条。

② 参见《农村土地承包法》第三十二条。

术品等。如果上述文物中有特别珍贵的文物，应按《中华人民共和国文物保护法》的有关规定处理。自然人个人所有的图书资料，如果涉及国家机密的，应按国家有关保密的规定处理。

（5）法律允许自然人所有的生产资料。这一般是指自然人个人购买的汽车、拖拉机、机帆船、农用飞机、农机具、生产加工机具等大、中、小型各类生产工具，以及城乡个体经营者、华侨、外国人在我国国内和港澳台同胞在我国内地（大陆）投资所拥有的各类生产资料。

2. 自然人的知识产权中的财产权

知识产权又称智力成果权，是基于在科学技术和文学艺术领域里从事智力创造活动所产生的民事权利，包括著作权、专利权、商标权、发明权和其他科技成果权等。知识产权具有双重性，即它既有人身权的内容，又有财产权的内容。知识产权中的人身权不可让渡，不能列入遗产范围。可以作为遗产的知识产权中的财产权有：

（1）自然人著作权中的财产权。自然人对自己所创作的作品，依法享有的自行使用或许可他人使用并由此而获得报酬的权利，可以作为遗产依法继承。著作权中的人身权，如署名权、修改权和保护作品完整权，不能作为遗产，但可由其继承人行使保护权。自然人生前未发表的作品，如没有明确表示不发表，在其死后 50 年内，可由继承人行使发表权。

（2）自然人专利权中的财产权。专利权人对其依法取得专利的发明创造成果在一定年限内享有的独占权或专用权。

（3）自然人在商标权中的财产权。商标权人对其依法注册的商标所享有的专用权，在商标的有效期内可以由继承人继承，但应当在商标注册人死亡之日起 1 年内办理变更注册手续，否则任何人可以向商标局申请注销该注册商标。[①]

（4）自然人的发现权、发明权和其他科技成果权中的财产权。依照我国法律规定，自然人对自己的科学发现、创造发明和其他科技成果，如合理化建议和技术改进，有权申请领取荣誉证书、奖金或者其他奖励。在获得的奖励中，荣誉证书、奖章和奖状与自然人的人身不可分离，不得转让与继承；而奖金和其他物质奖励属于财产权利，在获奖人死后，可以作为其遗产转移给继承人所有。

3. 包括部分他物权及债权在内的其他合法财产

（1）自然人的他物权。他物权是指与财产所有权有关的财产权。按照一般民法理论，他物权包括用益物权和担保物权。其中，属于用益物权的承包经营权和公共财产使用权依法不得转移，因而不能作为遗产；典权和属于担保物权的抵押权和留置权则属于遗产的范围。

（2）自然人的债权。依照我国《民法典》有关规定，履行标的为财物的债权属于遗产的范围。据此，不论是合同之债、侵权损害之债、不当得利之债还是无因管理之债，凡可以与人身分离的债权，都在遗产之列，都可以由其继承人依法继承。

（3）公民的其他合法财产还包括有价证券。有价证券是证券化的财产权，由被继承人享有的支票、本票、汇票、股票、国库券和其他债券，在被继承人死后都是他的遗产。

关于遗产范围，《民法典》继承编在第一千一百二十二条中规定：“遗产是自然人死亡时遗留的个人合法财产。依照法律规定或者根据其性质不得继承的遗产，不得继承。”由此可见，《民法典》通过概况式规定扩大了遗产的范围，诸如虚拟财产等新型财产类型亦可划入遗产范

---

① 参见《商标法实施条例》第四十七条第一款。

围，不仅顺应了经济发展，也为司法实践提供了充分的认定空间与裁判依据。随着经济体制改革的进一步深化，法律也认可了自然人更加丰富和多元化的个人财产。

三、继承权的内容

继承权的行使是基于继承行为能力的一种民事行为。继承行为能力，是继承人可以自己的行为独立行使继承权的能力。具有完全民事行为能力的人具有继承行为能力，可以独立行使继承权。无民事行为能力人不具有继承行为能力，继承权由其法定代理人代为行使。限制民事行为能力人也无继承行为能力，继承权由其法定代理人代为行使，或者征得法定代理人同意后行使。继承权包含三个方面的具体权利：接受或放弃继承遗产的权利；取得遗产的权利；继承权受侵犯时的恢复请求权。

（一）接受、放弃继承的权利

接受或者放弃继承，都是继承人以自己的意思表示对其继承权进行处置的一种权利，具有单方法律效力。该项权利的行使，有以下四点需要注意：第一，权利的行使有其特定的时间段：继承开始后，遗产分割前；第二，放弃继承应当以书面形式作出；第三，遗嘱继承或者遗赠附有义务的，继承人或受遗赠人没有正当理由不履行义务的，可取消其接受附义务部分遗产的权利；[①]第四，无民事行为能力、限制民事行为能力继承人的继承权，由其法定代理人代为行使，法定代理人一般不能代理被代理人放弃继承权、受遗赠权。

接受继承的权利，是指继承人有权就法律规定或者遗嘱指定的继承权同意接受被继承人遗产的意思表示。尽管在继承开始后，遗产分割前，法定继承人或遗嘱继承人都有权继承遗产，但并不是必须参加继承，而是要以继承人是否表示接受继承作为确定其最终是否得到遗产的依据。表示接受继承的，便实际参加继承进而取得遗产。这种表示，可以是明示的，也可以是默示的。继承人一旦作出了接受继承的意思表示，该遗产继承权就转化为财产所有权。有完全民事行为能力的继承人由其本人独立行使继承权，任何他人不得进行干涉或阻碍；限制民事行为能力的继承人由其法定代理人代为行使其继承权或者征得法定代理人同意后行使；无民事行为能力的继承人直接由其法定代理人代为行使其继承权。但是，法定代理人滥用继承人的继承权，给其造成损害的，应当承担相应的民事责任。

放弃继承的权利，是指继承人有权就法律规定或者遗嘱指定的继承权不予接受被继承人遗产的意思表示。继承开始后，继承人对被继承人遗产的继承权就由客观意义上的权利变为主观意义上的权利，因而继承人便可能支配该项财产权利，既可以接受，亦可以放弃。《民法典》第一千一百二十四条规定："继承开始后，继承人放弃继承的，应当在遗产处理前，以书面形式做出放弃继承的表示；没有表示的，视为接受。"由此可见，首先，放弃继承的意思表示必须在继承开始后，遗产分割前作出。在继承开始前，继承权尚未由继承期待权转化为继承既得权，是不能进行放弃的。在遗产分割完后，遗产以及转化为继承人个人所有的财产，已经不涉及对于遗产继承权的放弃。其次，继承权的放弃必须以书面形式明示作出。这也体现了放弃继承的正式性和慎重性，能更好地维护继承人的合法权益和切身利益。最后，接受或者放弃继承，都是继承人的单方法律行为，与其他人的意思表示无关。

---

① 参见《民法典》第一千一百四十四条。

（二）取得遗产的权利

取得遗产的权利，是指继承开始后，继承人没有丧失继承权并且没有表示放弃继承的继承人，有权直接参加遗产分割，依法律规定或按照合法有效的遗嘱取得被继承人遗产中应当由其继承的份额。当继承人取得被继承人的遗产后，该遗产则转化为继承人合法所有的个人财产，受继承人支配。取得遗产的方式依照法定继承、遗嘱继承或者遗赠扶养协议办理。

1. 法定继承的取得。我国《民法典》规定了继承权可以基于婚姻关系、血缘关系或者抚养赡养关系取得。

（1）因婚姻关系而取得。《民法典》明确规定，配偶之间有互相继承遗产的权利，在婚姻关系中，配偶双方互为彼此的第一顺位继承人。

（2）因血缘关系而取得。父母子女、兄弟姐妹间相互享有继承权正是基于血缘关系产生的。在血缘关系中，上下两代直系血亲同为第一顺位继承人，兄弟姐妹、祖父母和外祖父母为第二顺位继承人。

（3）因抚养、赡养关系而取得。在抚养关系中，丧偶的儿媳对公婆，丧偶女婿对岳父母，尽了主要赡养义务的，作为第一顺位继承人。此外，有抚养关系的继子女与继父母之间、养父母与养子女之间，以及有抚养关系的兄弟姐妹都会因抚养关系的成立而取得继承权。这是权利义务相一致原则的体现。

（三）继承权受侵害时的恢复请求权

继承权受侵害的恢复请求权，是指当继承权受到不法侵害时，继承人有权直接向侵权人提出恢复继承权原状、返还遗产、赔偿损失或者请求人民法院给予法律保护，强制侵权人恢复继承权未被侵害的原状，返还被侵占的遗产或者赔偿继承人遭受的损失。继承权恢复请求权行使的最终目的是获得遗产权益。但是，遗产的取得必须以确认享有继承权为前提。只有当自然人的继承资格合法有效，当他的继承权利受到侵害时，才能请求侵害人恢复原状，返还遗产。因此，继承恢复请求权，包括两个方面的内容：一是请求确认合法继承资格，二是请求返还其应得的遗产。与此相适应，继承人在通过诉讼方式保护继承权时，亦可请求采用确认之诉和给付之诉。其中，确认之诉是前提，只在确认权利请求人确实享有继承权且是处于优先继承顺序时，才能请求法律保护。给付之诉是使继承人的财产利益得到实现的最终手段，通过这一手段，继承人便可得到被他人非法占有的遗产，从而满足自己对遗产的合法要求。如果继承人是无民事行为能力人或者是限制民事行为能力人，则当其继承权受侵害时，由他的法定代理人代其行使。

第四节　继承权的丧失

一、继承权丧失的概念

继承权的丧失，又称为继承权的剥夺，是指依照法律的规定当发生法定事由时取消继承人继承被继承人遗产的资格。继承权丧失设立的宗旨是为了维护社会伦理和家庭秩序，维护遗产继承秩序和被继承人的遗嘱自由。继承权是自然人依照法律的直接规定或者被继承人所立的合法有效的遗嘱而享有的继承被继承人遗产的权利，非有法定的事由，非经法定的程序，任何人不得非法剥夺。只有在发生继承人对被继承人或者其他继承人犯有某种犯罪行为，或者其他严重违法或不道德行为的法定事由时，继承人的继承权才能被依法剥夺。因此，继承权的丧失不同于继承权的放弃，继承权的丧失不是继承人的主观放弃，而是基于法定事由被动且自动地丧失其继承资格。

继承权的丧失可分为绝对丧失与相对丧失。继承权的绝对丧失，又称继承权的终局丧失，是指因发生某种法定事由，继承人的继承权终局的丧失，该继承人绝对不得也不能享有继承权，继承权永无挽回的可能。继承权的相对丧失，又称继承权的非终局丧失，是指因发生某种法定事由继承人的继承权丧失，但在具备一定条件时，即得到被继承人的宽恕和谅解，其继承权可以恢复。

二、继承权丧失的事由

根据《民法典》第一千一百二十五条的规定，继承权丧失的法定事由有以下五个方面：

（一）故意杀害被继承人

故意杀害被继承人是一种性质恶劣的严重犯罪行为，不但应当受到刑罚处罚，而且应剥夺其继承权。其构成要件主观上的要求是故意，客观上必须有杀害行为。故意杀害被继承人的，无论其动机如何，无论是直接故意还是间接故意，无论其是否既遂，都应当剥夺其继承权。但是，继承人所丧失的只是对于其实施杀害行为的被继承人遗产的继承权，并不当然丧失其对于其他近亲属的继承权。如果继承人的杀害行为是出于过失或者正当防卫所导致的，则不丧失继承权。

（二）为争夺遗产而杀害其他继承人

为争夺遗产而杀害其他继承人也是一种性质恶劣的严重犯罪行为。但是，它需要具备三个要件：一是主观具有故意；二是继承人杀害的动机是争夺遗产；三是杀害的对象是其他继承人，只有同时具备了这三个要件，才能确定其丧失继承权。继承人由于过失而伤害其他继承人的，或者并不是出于争夺遗产的目的杀害其他继承人的，则不能剥夺其继承权。但是，只要继承人出于争夺遗产的目的而对其他继承人实施了杀害行为，无论其亲自实施还是教唆他人进行，无论是否既遂，都应当确定其丧失继承权。

（三）遗弃被继承人的，或虐待被继承人情节严重

遗弃被继承人是指有赡养能力、抚养能力的继承人，拒绝赡养或抚养没有独立生活能力或丧失劳动能力的被继承人的行为。遗弃被继承人的，无论情节严重与否，都应当剥夺其继承权。虐待被继承人主要是指经常对被继承人进行肉体或精神上的折磨，如侮辱、打骂、冻饿等。虐待被继承人的，应当达到情节严重的程度，才丧失继承权。而如何判定情节严重，可以从实施虐待行为的时间、手段、后果和社会影响等方面进行认定。

（四）伪造、篡改、隐匿或者销毁遗嘱，情节严重

伪造遗嘱是指继承人为争夺遗产，假冒被继承人名义制造虚假的遗嘱；篡改遗嘱是指继承人为争夺遗产，对被继承人生前所立遗嘱私自进行非法更改；隐匿遗嘱是指继承人为争夺

遗产，将被继承人生前所立遗嘱私自隐藏起来掩盖事实真相的行为；销毁遗嘱是指继承人为争夺遗产，非法将被继承人生前所立遗嘱进行销毁。“情节严重”是指伪造、篡改、隐匿、或销毁遗嘱的行为侵害了缺乏劳动能力又无生活来源的继承人的利益，并造成其生活困难的。无论是继承人亲自实施了伪造、篡改、隐匿或者销毁遗嘱，还是教唆他人实施了此类行为，达到情节严重的程度，都应当确定其丧失继承权。伪造、篡改、隐匿或者销毁遗嘱，都破坏了被继承人真实的意思表示，侵犯了其他继承人的合法权益。因此，实施了上述四种行为中的任何一种且达到情节严重的程度，均应当剥夺其继承权。

（五）以欺诈、胁迫手段迫使或者妨碍被继承人设立、变更或者撤回遗嘱，情节严重

该条属于《民法典》较之《继承法》新增的内容。当继承人运用非法手段使得被继承人违背真实的意思表示订立遗嘱且情节严重的时候，该继承人丧失继承权。

但是，如果继承人存在前面第三项至第五项行为时，确有悔改表现，被继承人表示宽恕或者事后在遗嘱中将其列为继承人的，该继承人不丧失继承权。受遗赠人有第一项行为的，丧失受遗赠权。该条所表述的即继承人宽恕制度，该项制度填补了此前《继承法》立法的空白。宽恕制度，旨在当继承人犯错后给予了他们一个悔改的机会。尤其在独生子女家庭比较普遍的情况下，缺少继承宽恕制度，既剥夺了作为继承人的子女改过自新的机会，也有悖于作为被继承人的父母的真实意愿。因此，只要被继承人原谅了继承人，则适用宽恕制度，不再当然地剥夺继承人的继承权，这是在继承领域贯彻意思自治原则的体现。如果被继承人在生前宽恕了继承人对自己的不法行为，愿意其继续继承遗产，那么法律则无需再加以干涉。在实践中，也不乏继承人实施不法行为后痛改前非，并得到被继承人宽恕之例，此种情形如果仍剥夺继承人的继承权对于被继承人与继承人来说，都是一种限制和束缚。因此，适当扩大相对丧失继承权的适用范围，增加继承人宽恕制度，既尊重了被继承人意愿，缓和了父母子女之间的矛盾，又有利于促使继承人积极改正错误，弃恶从善，同时鼓励更多人承担起赡养老人的责任。

三、继承权丧失的法律后果

继承权丧失的，具有以下法律后果：

（1）丧失继承权的，不能依据法定继承而继承遗产。对某一被继承人的遗产丧失继承权的，不影响其对其他被继承人遗产的继承权。

（2）丧失继承权的，指定其为继承人的遗嘱无效，仅指定其为继承人之一的则该部分无效，将其他人指定为继承人的部分仍然有效。无效部分涉及的遗产按照法定继承处理。

（3）继承人丧失了继承权的，其晚辈直系血亲亦不得代位继承。但该代位继承人缺乏劳动能力又没有生活来源，或者对被继承人尽赡养义务较多的，可适当分给遗产。

典型案例

案例一：家人在同一场车祸中死亡，如何确定他们各自的死亡时间？

刘某和王某共有一子一女，即刘一和刘二，刘一与韩某育有一子刘三。某日，王某、刘一和韩某均在一场车祸中去世。早年，刘某与王某自行建成房屋一栋，后被卖出，卖得房屋

款项 200 万由刘某领取。现刘二诉至法院，要求分割此项房款。请问，该款项应当如何分割？

案例分析： 刘某与王某所建房屋获得款项，属于夫妻共同财产，其中属于王某的部分应作为遗产进行分割。《民法典》第一千一百二十一条规定：继承从被继承人死亡时开始。相互有继承关系的数人在同一事件中死亡，难以确定死亡时间的，推定没有其他继承人的人先死亡，都有其他继承人，辈分不同的，推定长辈先死亡；辈分相同的，推定同时死亡，相互不发生继承。本案中，王某、刘一、韩某在同一场车祸中死亡，推定王某先死亡，其遗产应当由刘某、刘一和刘二依法继承。在遗产分割前，刘一也死亡，其遗产由刘某、刘三继承。

案例二：兄弟为爱成仇，气死老父，遗产如何归属？

张一与张二为亲兄弟，从小死了母亲，由张父一手拉扯大。两兄弟长大后，一起考入某大学。在一次同乡会中，二人认识了同乡的漂亮女孩王某。张二对王某一见钟情，狂追不已，但王某总是婉拒，张二非常痛苦。后来发现王某跟张一走到了一起，恩爱亲密。张二以为是张一横刀夺爱，怀恨在心。同时觉得自己长得高大帅气，没有张一，王某就会跟自己在一起。所以约出张一，到荒山秘密杀害。张父得知张一的死讯，晕倒住院。不久张二的罪行暴露，被判死缓，张父气绝身亡。张父留有遗产 20 万，该由谁继承？

案例分析： 张父的遗产 20 万应由张二继承。《民法典》第一千一百二十五条规定：继承人有下列行为之一的，丧失继承权：（一）故意杀害被继承人；（二）为争夺遗产而杀害其他继承人；（三）遗弃被继承人，或者虐待被继承人情节严重；（四）伪造、篡改、隐匿或者销毁遗嘱，情节严重；（五）以欺诈、胁迫手段迫使或者妨碍被继承人设立、变更或者撤回遗嘱，情节严重。继承人有前款第三项至第五项行为，确有悔改表现，被继承人表示宽恕或者事后在遗嘱中将其列为继承人的，该继承人不丧失继承权。本案中，张二虽然杀害了张一，但不是出于争夺遗产的目的，而是仇杀，所以其继承权不丧失。

案例三：死亡赔偿金是否属于遗产？

林某因为交通事故死亡，留有银行存款 5 万元，肇事司机赔偿林某死亡赔偿金 2 万元。林某无妻无子，无兄弟姐妹，随堂兄一起生活。林某所在村民小组与林某的堂兄就遗产纠纷诉至法院。此外，林某欠债 10 万元，其债权人主张以林某 5 万元的存款和 2 万元的死亡赔偿金抵债。法院该如何判决？

案例分析：《民法典》第一千一百六十条规定无人继承又无人受遗赠的遗产，归国家所有，用于公益事业；死者生前是集体所有制组织成员的，归所在集体所有制组织所有。林某没有法定继承人，也没有受遗赠人，其遗产属于无主财产，应归其所在村民小组所有。《民法典》第一千一百二十二条规定：遗产是自然人死亡时遗留的个人合法财产。死亡赔偿金是被继承人死亡后，由责任人赔偿给被继承人亲属的抚慰金，具有人身专属性，不属于遗产范围。遗产分割前应先清偿债务，《民法典》第一千一百六十一条规定：继承人以所得遗产实际价值为限清偿被继承人依法应当缴纳的税款和债务。本案中，对于以 2 万元死亡赔偿金抵债的要求，不予支持。死亡赔偿金的分配应根据与死者关系的远近和共同生活的紧密程度、抚养关系及生活来源等因素合理分配。

思考题

1. 是否只有自然人才能享有继承权？
2. 怎样理解继承权是一种期待权？
3. 我国《民法典》的立法为什么要增加继承人宽恕制度？

第十三章　法定继承

【内容提要】

法定继承是按照法律规定的继承范围、继承顺序以及遗产分配原则来继承被继承人遗产的一种主要方式。被继承人的子女、兄弟姐妹先于被继承人死亡的，实行代位继承。继承人在继承开始后实际接受遗产前死亡，实行转继承。法定继承人以外的与被继承人形成的某种扶养关系的人享有遗产酌分请求权。法定继承只在没有遗嘱继承的时候才能发生法律效力。

【理论框架】

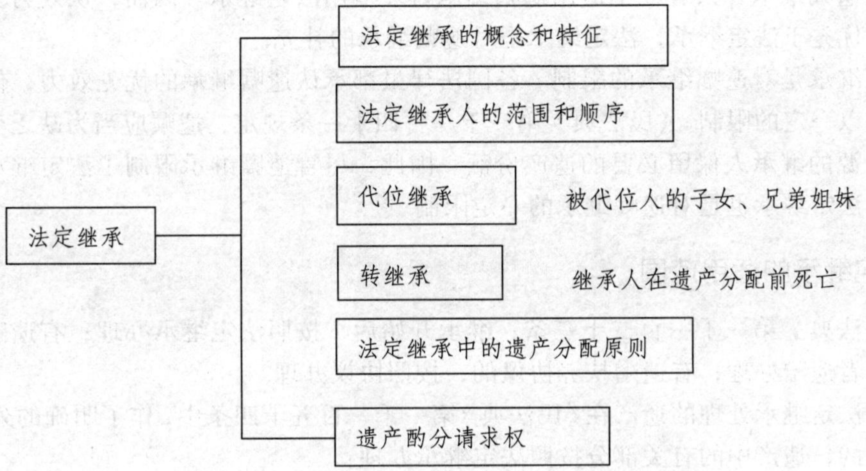

第一节　法定继承的概念和特征

一、法定继承的概念

法定继承，是指按照法律规定的继承人的范围、继承顺序以及遗产分配原则来继承被继承人遗产的一种继承方式。法定继承只在没有遗嘱继承的时候才能发生法律效力，因此又被称为无遗嘱继承。

法定继承是遗嘱继承以外的依照法律的直接规定将遗产转移给继承人的一种遗产继承方式，规定了继承人的范围、各继承人应该按照什么样的顺序来继承，以及同一顺序的继承人应该按照什么样的原则来分配遗产等内容。在法定继承中，可参加继承的继承人、继承人参加继承的顺序、继承人应继承的遗产份额以及遗产的分配原则，都是由法律直接规定的。因而法定继承并不直接体现被继承人的意志，仅是法律依推定的被继承人的意思将其遗产由其近亲属继承。

对于法定继承制度在古代罗马法中已有明文规定。由于当时的特定条件，继承人范围除婚姻、血缘关系外，法定继承人还包括解放自由人的旧主人及其子女、降服人的主人。罗马法还明确规定各种法定继承人的不同继承顺序。在奴隶社会和封建社会，一些国家曾长期实行嫡长子继承制。到了资本主义社会，针对法定继承人的范围及其顺序有了更为明确的规定，成为各国继承法的组成部分。

一、法定继承的特征

我国法定继承的基本特征，具体表现在以下方面：

（1）法定继承中有关继承人的范围、继承顺序、继承份额以及遗产分配原则的规定具有强行性，必须按照法律的规定进行继承，任何人不得改变。

（2）法定继承中继承人与被继承人之间存在一定的身份关系。根据继承法的规定，继承人与被继承人之间存在血缘关系、婚姻关系或抚养关系是法定继承发生的依据。

（3）法定继承是对遗嘱继承的补充。法定继承虽是常见的主要的继承方式，但继承开始后，应先适用遗嘱继承，只有在不适用遗嘱继承时才适用法定继承。因而，从效力上说，遗嘱继承的效力优先于法定继承，法定继承是对遗嘱继承的补充。

（4）法定继承是对遗嘱继承的限制。各国法律虽都承认遗嘱继承的优先效力，但也无不对遗嘱继承予以一定的限制。《民法典》第一千一百四十一条规定，遗嘱应当为缺乏劳动能力又没有生活来源的继承人保留必要的遗产份额。因此，尽管遗嘱继承限制了法定继承的适用范围，但同时法定继承也是对遗嘱继承的一定限制。

二、法定继承的适用范围

我国《民法典》第一千一百二十三条：继承开始后，按照法定继承办理；有遗嘱的，按照遗嘱继承或者遗赠办理；有遗赠扶养协议的，按照协议办理。

具体适用法定继承处理的遗产在《民法典》第一千一百五十四条中，作了明确的列举："有下列情形之一的，遗产中的有关部分按照法定继承办理：

（一）遗嘱继承人放弃继承或者受遗赠人放弃受遗赠；

（二）遗嘱继承人丧失继承权或者受遗赠人丧失受遗赠权；

（三）遗嘱继承人、受遗赠人先于遗嘱人死亡或者终止；

（四）遗嘱无效部分所涉及的遗产；

（五）遗嘱未处分的遗产。"

第二节　法定继承人的范围和顺序

一、法定继承人的范围

法定继承人的范围，是指依法享有继承权，列入继承顺序的人的范围。《民法典》规定了继承权男女平等的原则，根据婚姻关系、血缘关系以及因此而形成的扶养关系，确定配偶、子女、父母、兄弟姐妹、祖父母、外祖父母等六种人作为法定继承人。

1. 配偶

我国《民法典》第一千零六十一条规定："夫妻有相互继承遗产的权利。"作为死者遗产继承人的配偶，指的是在被继承人死亡时，与被继承人有合法夫妻关系的人。如果在被继承人死亡时已经离婚，不能作为被继承人的配偶参与继承。所以，同居关系的双方、婚姻被宣告无效或被撤销的双方互不享有继承权。此外，配偶一方在离婚诉讼中死亡的，另一方仍为第一顺序法定继承人。被宣告死亡人（若于判决宣告时并未自然死亡）于判决宣告之后才自然死亡的，若死亡宣告的判决尚未撤销，其原配偶即使尚未再婚，也不享有继承权。

需要注意的是，生存配偶在继承遗产的时候，应该先取得夫妻共同财产中的自己的财产份额。夫妻共同财产关系在一方死亡时终止，因此在遗产继承前应该先分出生存配偶一方的共同财产份额，然后再对被继承人的财产进行遗产继承。

2. 子女

子女是最近的直系血亲，父母死亡后子女继承的主要依据是血缘关系，但不是唯一依据。《民法典》第一千零七十条规定："父母和子女有相互继承遗产的权利。"《民法典》第一千一百二十七条第三款规定："本编所称子女，包括婚生子女、非婚生子女、养子女和有扶养关系的继子女。"

如果继子女继承了继父母遗产的，不影响其继承生父母的遗产。养子女不能继承生父母的遗产，但是如果养子女对生父母扶养较多的，可以作为法定继承人以外的人适当分得生父母的遗产。

在遗产分割时，应当保留胎儿的继承份额，如果胎儿出生时是死体的，保留的份额按照法定继承办理。如果胎儿出生时是活体，但很快又死去的，胎儿的份额由胎儿的继承人按照法定继承办理。因此，胎儿能否取得遗产，关键是看出生时是否是活体。这种规定是对人的民事权利能力的一种延伸。

丧偶儿媳对公婆，丧偶女婿对岳父母，尽了主要赡养义务的，作为第一顺序继承人，无论其是否再婚。

3. 父母

父母是被继承人最近的直系尊亲属。父母包括生父母、养父母和有抚养关系的继父母。生父母有权继承其子女的遗产，养父母有权继承其养子女的遗产，继父母有权继承和其有抚养关系的继子女的遗产。

4. 兄弟姐妹

从血缘关系上说，兄弟姐妹是被继承人最近的旁系亲属。兄弟姐妹包括同父母的兄弟姐妹、同父异母或者同母异父的兄弟姐妹、养兄弟姐妹、有扶养关系的继兄弟姐妹。我国《民法典》第一千零七十五条规定："有负担能力的兄、姐，对于父母已经死亡或者父母无力抚养的未成年弟、妹，有扶养的义务。"因此，兄弟姐妹之间互有继承权。需要注意的是，养兄弟姐妹之间，如果收养关系结束的话，则不再享有继承权。而继兄弟姐妹之间，只在存在扶养关系的时候才享有继承权，没有扶养关系则不享有继承权。

5. 祖父母和外祖父母

祖父母与孙子女、外祖父母与外孙子女，是仅次于父母子女的直系血亲。因此，我国《民法典》把祖父母与孙子女、外祖父母与外孙子女纳入法定继承人的范围。

此外，《民法典》第一千一百三十一条规定的，对继承人以外的依靠被继承人抚养的缺乏劳动能力又没有生活来源的人，或者继承人以外的对被继承人扶养较多的人，可以在遗产分割时分给他们适当的遗产。这样规定，符合社会主义道德的要求，有利于公民之间的团结互助和促进社会主义精神文明建设。

二、法定继承人的顺序

所谓法定继承是指按照法律规定的继承人范围、继承人顺序、遗产分配原则的一种继承方式。由于这种继承只在没有遗嘱时发生法律效力，故又称无遗嘱继承，也因为法定继承人的范围只限于被继承人的亲属，所以也称为家庭继承。

法定继承顺序是指法律规定的各法定继承人继承遗产的先后次序，只有在没有前一顺序继承人或者前一顺序继承人放弃或丧失继承权的情况下，才由后一顺序的继承人继承。

我国《民法典》将继承顺序规定为：

第一顺序：配偶、子女、父母。丧偶儿媳对公、婆，丧偶女婿对岳父、岳母，尽了主要赡养义务的，作为第一顺序继承人。

第二顺序：兄弟、姐妹、祖父母、外祖父母。

法律确定上述继承顺序的依据在于以下几个方面：继承人与被继承人的婚姻关系、继承人与被继承人的血缘关系的亲疏远近、近亲属间共同生活密切程度和继承人与被继承人生前之间的扶持关系的情况。

第一顺序人有优先权，即被继承人死后，先由第一顺序的继承人继承财产。在没有第一顺序人或者第一顺序的继承人全部放弃继承财产或者是被剥夺继承权的情况下由第二顺序的继承人继承遗产。在处于同一顺序的法定继承人中，各继承人的法律地位平等，他们不分男女老幼，不论属于何种亲属（是血亲还是养亲或者是扶持关系的继承），均享有继承被继承人遗产的平等权利。各继承人同时继承，除法律另有规定或继承人另有约定外，一般情况下应均等地获得遗产。所谓“一般情况”是指同一顺序的各个法定继承人，彼此在生活状况、劳动能力以及对被继承人所尽抚养、扶养或赡养义务等方面，情况基本相同，条件大致接近。所谓“均等分配遗产”是指同一顺序的各个法定继承人所取得的被继承人遗产数额比例相同，没有明显差别。

三、法定继承的适用情形

法定继承的适用情形是指哪些遗产可以适用法定继承，由于遗嘱继承和遗赠都优先于法定继承，所以法定继承的遗产范围必须先除开遗嘱或遗赠的情形。具体而言，根据《民法典》的规定，法定继承的适用情形主要有以下几种：

（1）没有遗嘱或遗赠的；

（2）遗嘱继承人放弃继承或者受遗赠人放弃受遗赠；

（3）遗嘱继承人丧失继承权或者受遗赠人丧失受遗赠权；

（4）遗嘱继承人、受遗赠人先于遗嘱人死亡或者终止；

（5）遗嘱无效部分所涉及的遗产；

（6）遗嘱未处分的遗产。

第三节 代位继承

一、代位继承的概念和特征

（一）代位继承的概念

代位继承是指在法定继承中被继承人的子女先于被继承人死亡或宣告死亡的，由被继承人子女的晚辈直系血亲代替继承其应继承的遗产份额，被继承人的兄弟姐妹先于被继承人死亡的，由被继承人的兄弟姐妹的子女代位继承其应继承的遗产份额的法律制度。在代位继承中，先于被继承人死亡的子女或者兄弟姐妹，称为被代位人；被代位人的晚辈直系血亲或子女，称为代位继承人，代位继承也称为间接继承。根据《民法典》的规定，可以看出代位继承有上面两种情形，对于被继承人的子女先死亡的情况，其继承顺序是第一顺位，而对于被继承人的兄弟姐妹先死亡的情况，适用的则是第二顺位的继承人规则，所以在法定继承中，突破了原来继承法的规定，两个顺位里面都可以适用代位继承，但又不是所有的继承人都可以代为继承，这个是需要特别注意的。

代位继承始于罗马法的按股继承。罗马市民法规定，先于被继承人死亡或受家父权免除的子之子，取得其父的应继份，这种直系血亲卑亲属代位继承的制度逐渐延伸，扩展到旁系血亲。近代各国立法几乎都对该制度加以了沿用，但一般都对代位继承权作了限制。多数国家把代位继承权限制在被继承人子女的直系血亲卑亲属范围内，但也有少数国家，如法国，允许兄弟姐妹的直系血亲享有代位继承权，我国《民法典》也采取了这样的做法。

（二）代位继承的特征

（1）被代位继承人只限于被继承人的先死子女或者其兄弟姐妹。其他被继承人的继承人若先于被继承人死亡时，不发生代位继承。只有在被继承人的子女或兄弟姐妹先于被继承人死亡时才发生代位继承。这里的子女包括被继承人的亲生子女、养子女和有抚养关系的继子女。

（2）在被继承人子女先于被继承人死亡的情况下，代位继承人只限于被代位继承人的晚辈直系血亲。只有被代位人的子女、孙子女、外孙子女等，才可以成为代位人，并不受辈分限制。被继承人的养子女、已形成抚养关系的继子女的亲生子女可以代位继承；被继承人的亲生子女的养子女可以代位继承；被继承人养子女的养子女可以代位继承；与被继承人已形成抚养关系的继子女的养子女可以代位继承。但被代位人的其他近亲属不得代位继承。被代位人的配偶若具备成为第一顺序法定继承人条件的，不影响其晚辈直系血亲的代位继承权。

在被继承人的兄弟姐妹先于被继承人死亡的情况下，代位继承人只能是被继承人的兄弟姐妹的子女，这与上面不同，不能扩展到孙子女、外孙子女。当然这里的子女也包括亲生子女和形成扶养关系的各种养子女。

（3）代位继承人作为第一顺序继承人参加继承。代位继承人作为第一顺序的继承人参加继承，但其并不是直接继承自己应继承的遗产份额，而是代位继承被代位人应继承的遗产份额。

（4）先于被继承人死亡的子女或兄弟姐妹丧失继承权的，其晚辈直系血亲不得代位继承。如该代位继承人是缺乏劳动能力又没有生活来源的人，或者是对被继承人尽赡养义务较多的，可适当分给遗产。因此，只有在被代位人不具备丧失继承权的法定事由时，才能发生代位继承。

（5）代位继承只适用于法定继承，不适用于遗嘱继承。只有在法定继承中才能发生代位继承，在遗嘱继承中不发生代位继承。如果遗嘱继承人为被继承人的子女或兄弟姐妹并且先于遗嘱人死亡，则该遗嘱继承人的晚辈直系血亲或子女不能代位继承该遗嘱继承人依遗嘱应继承的遗产；但遗嘱中指定该继承人继承的遗产应按法定继承处理，在法定继承中该继承人的晚辈直系血亲或子女可代位继承①。

二、代位继承的条件

适用代位继承必须符合以下条件：

（1）被代位人必须先于被继承人死亡。这既是代位继承成立的首要条件和唯一原因，也是其与转继承的重要区别之一。

（2）先死亡的被代位人，必须是被继承人的子女或兄弟姐妹，其他继承人如被继承人的配偶、父母、祖父母、外祖父母等先于被继承人死亡不发生代位继承。

（3）代位继承人必须是被代位人的晚辈直系血亲或子女。各国法律均规定，代位继承只能是被代位继承人的直系卑亲属或子女，被代位人的旁系血亲或直系长辈血亲均无权代位继承。《民法典》第一千一百二十八条规定：“被继承人的子女先于被继承人死亡的，由被继承人的子女的晚辈直系血亲代位继承。被继承人的兄弟姐妹先于被继承人死亡的，由被继承人的兄弟姐妹的子女代位继承。”在第一种代位继承的情况被继承人的孙子女、外孙子女、曾孙子女、曾外孙子女都可以代位继承，代位继承人不受辈分限制。在第二种代位继承中，则只能是被代位人的子女，不能延伸到孙子女、外孙子女。

（4）被代位人生前必须享有继承权，如被代位继承人基于法定事由丧失继承权，则连带引起代位继承权的消灭。

代位继承人无论人数多少，原则上只能继承被代位继承人有权继承的份额，且一般应当均分被代位继承人有权继承的遗产份额，如果代位人既无劳动能力又无生活来源的，可以适当多分。

第四节　转继承

一、转继承的概念和特征

（一）转继承的概念

转继承，是指继承人在继承开始后实际接受遗产前死亡，其所应继承的遗产份额转由他的合法继承人继承的一种制度。在转继承法律关系中，最初留有遗产的人为被继承人；尚未取得遗产之前死亡的继承人为被转继承人；有权承受被转继承人遗产份额的人为转继承人。

根据《民法典》第一千一百五十二条规定：“继承开始后，继承人于遗产分割前死亡，并没有放弃继承的，该继承人应当继承的遗产转给其继承人，但是遗嘱另有安排的除外。”转继

---

① 魏振瀛. 民法[M]. 4版. 北京：高等教育出版社，2010：590-591.

承适用于法定继承、遗嘱继承和遗赠。

（二）转继承的特征

（1）在被继承人死亡之后，遗产分割之前，继承人也相继死亡，才发生转继承；

（2）继承人在前述的时间内死亡而未实际取得遗产，而不是放弃继承权；

（3）由继承人的法定继承人直接分割被继承人的遗产；

（4）转继承人只能继承被转继承人应得的遗产份额；

（5）转继承人可以是被继承人的直系血亲，也可以是被继承人的其他合法继承人。

由此可以看出，转继承的适用条件是，一是继承人于被继承人死亡后遗产分割前死亡，二是继承人未丧失继承权，也未放弃继承权。在具备转继承的条件，适用转继承时，转继承人继承被转继承人应继承的遗产。在法定继承中，转继承人应继承的为被继承人的应继份额；若被转继承为遗嘱继承人，则其依合法遗嘱应继承的遗产由转继承人承受。

二、转继承与代位继承的区别

转继承和代位继承都是因继承人死亡无法行使继承权而发生的，都是由继承人的继承人承受被继承人的财产的特殊的继承方式，但二者之间存在明显的区别。

（一）性质和效力不同

转继承是在继承开始，继承人直接继承后，又转由转继承人继承被继承人的遗产，实质上是就被继承人的遗产连续发生的两次继承。转继承人享有的实际上是分割被继承人遗产的权利，而不是继承被继承人遗产的遗产继承权，转继承人行使的只是对被转继承人的遗产继承权（被转继承人取得遗产份额构成其遗产），而不是对被继承人的遗产继承权。而代位继承是代位人基于代位继承权直接参加遗产继承，代位继承人享有的是对被继承人遗产的代位继承权。代位继承人参加继承所行使的是对被继承人遗产的继承权，而不是对被代位人的遗产继承权。

（二）发生的时间和成立条件不同

转继承发生在继承开始后遗产分割前，并且可因任何一继承人的死亡而发生，任何一个继承人都可成为被转继承人。而代位继承只能是因被继承人的子女或兄弟姐妹先于被继承人死亡而发生，只有被继承人的子女或兄弟姐妹才能成为被代位继承人。

（三）主体范围不同

转继承人可以是被转继承人死亡时生存的所有法定继承人，被转继承人可以是被继承人的任一继承人。被转继承人有第一顺序法定继承人的，由第一顺序法定继承人转继承；没有第一顺序法定继承人的，则可由第二顺序法定继承人转继承。而代位继承中的代位继承人仅限于被继承人的晚辈直系血亲或者子女，被代位人只能是先于被继承人死亡的子女或兄弟姐妹，被代位人的其他法定继承人不能代位继承。

（四）适用范围不同

转继承可以发生在法定继承中，也可以发生在遗嘱继承中。例如，遗嘱中指定的遗嘱继承人于继承开始后未表示放弃继承权，但在未实际接受遗产前死亡，此时该遗嘱继承人依照遗嘱应得到的遗产由其法定继承人继承，这也就发生转继承。不仅在遗嘱继承中会发生转继承，并且在遗赠中也会发生受遗赠人于继承开始后在法定时间内明确表示接受遗赠但在未实际接受遗赠财产时死亡，该受遗赠人的法定继承人有权继承该受遗赠人应受领的遗赠财产。而代位继承只是用于法定继承，在遗嘱继承中不适用[①]。

第五节　法定继承中的遗产分配原则

法定继承的遗产分配原则是指在法定继承中确定同一顺序的法定继承人应分得的遗产份额的基本准则。分割遗产时必须注意：① 夫妻在婚姻关系存续期间所得的共同所有的财产，除有约定的以外，如果分割遗产，应当先将共同所有的财产的一半分出为配偶所有，其余的为被继承人的遗产。② 在家庭共有财产之中的遗产分割时，应当先分出他人的财产。③ 遗产分割时，应当保留胎儿的继承份额，胎儿出生时是死体的，保留的份额按照法定继承办理。④ 遗产分割应当有利于生产和生活需要，不损害遗产的效用。不宜分割的遗产，可以采取折价、适当补偿或者共有等方法处理。《民法典》第一千一百三十条对法定继承的遗产分配原则做了详细的规定，具体有四个原则。

一、同等条件下均等分配的原则

根据法定继承中遗产分配的一般原则：同一顺序的法定继承人在继承遗产时，一般情况下，应当按继承人的人数均等分配遗产数额。

所谓“一般情况”是指同一顺序的各个法定继承人，彼此在生活状况、劳动能力以及对被继承人所尽抚养、扶养或赡养义务等方面，情况基本相同，条件大致相近。所谓“均等分配遗产”是指同一顺序的各个法定继承人所取得的被继承人遗产数额比例相同，没有明显差别，并且是按照同一顺序的继承人的总数来均分遗产，一般是一人一份。

二、特殊情况予以照顾的原则

特殊情况是指相对于一般情况来说，继承人如果有特殊的生活困难，或者没有劳动能力又没有生活来源的，在遗产分割时应当予以照顾，适当地多分。

生活有特殊困难是指继承人因为没有独立的经济收入或其他生活来源，难以维持其起码的物质生活条件。缺乏劳动能力是指继承人因尚未成年不具备劳动能力或因年迈、疾病等原因而部分丧失或全部丧失劳动能力。对于具备上述条件的继承人，在分配遗产时，必须给予照顾，其实际取得的遗产份额，应当比其他继承人多一些。

三、考虑对被继承人所尽义务大小的原则

根据《民法典》第一千一百三十条第三款的规定，对被继承人尽了主要赡养义务或者与被继承人共同生活的继承人分配遗产时，可以多分。这是继承法“权利义务相一致”原则的体现。

---

① 魏振瀛. 民法[M]. 4 版. 北京：高等教育出版社，2010.

尽了主要赡养义务主要是指对被继承人的生活提供了主要经济来源，或在劳务方面给予了主要扶助。与被继承人共同生活的继承人，一般而言，他们对继承人所尽的扶养义务要比那些不与被继承人生活在一起的继承人要多一些，所以，法律规定可以多分遗产。但是，如果继承人和被继承人生活在一起而不照顾被继承人、不尽扶养义务的，不仅不能多分，而且还要少分。需要指出的是，这里是可以多分，而不是应当多分，不具有强制性。

有扶养能力和扶养条件的继承人，不尽扶养义务的，分配遗产时，应该不分或少分。这里包含两个条件：首先，被继承人经济上或生活上有困难，需要继承人扶助；其次，继承人有条件和能力，却不扶养被继承人。两者需要同时具备。但应注意，如果被继承人因有固定收入和劳动能力，明确表示不要求其扶养的，分配遗产时，一般不应因此而影响其所应取得的遗产份额。继承人没有能力和条件尽扶养义务的，也不适用该规定。

四、继承人协商一致的原则

经继承人之间协商同意的，也可以不均等分配。在同一顺序的各个法定继承人的条件大致相当的情况下，继承人之间既可均等分配也可以协商，在达成一致同意的基础上，对被继承人的遗产进行不均等分配。这是继承人自主自愿地行使其继承权的结果，法律对此不加以干预。

第六节　遗产酌分请求权

一、遗产酌分请求权的概念和特征

（一）遗产酌分请求权的概念

遗产酌分请求权，又称酌给遗产权、可分得遗产的请求权、酌情分得遗产权、适当分得遗产权，是指法定继承人以外的自然人，由于与被继承人生前形成过某种扶养关系，在遗产分割时，依法可以请求分得适当遗产的权利。《民法典》第一千一百三十一条规定：“对继承人以外的依靠被继承人扶养的人，或者继承人以外的对被继承人扶养较多的人，可以分给适当的遗产。”

（二）遗产酌分请求权的特征

（1）遗产酌分请求权人必须是法定继承人以外的自然人。如果是法定继承人则可以按照法定继承的相关规定继承遗产。而酌分请求权的义务主体是全体继承人，酌分请求权人是向全体继承人提出分得遗产的请求。

（2）遗产酌分请求权人必须与被继承人有某种扶养关系。扶养关系包括两种，一种是依靠被继承人扶养的缺乏劳动能力的人，这种人因为本身缺乏劳动能力，主要是依靠被继承人的扶养而生活，而被继承人死亡后，如果不适当分给他们一定的财产，那么他们的生活必将陷入困境。另一种是继承人以外的对被继承人扶养较多的人，他们对被继承人尽了较多的扶养义务，根据权利义务一致原则，也应当分给他们适当的财产，这样有利于公民团结互助，符合社会主义基本道德要求。

（3）对遗产酌分请求权人分得的遗产份额没有明确规定，具体的份额在实践中进行确定，可以少于法定继承的份额，也可以等于或者多于法定继承的份额，这样要看酌分请求权人的实际生活情况或者对被继承人的扶养义务的多少来确定。

二、遗产酌分请求权的种类

根据遗产酌分请求权人与被继承人之间的扶养关系的不同，可以将遗产酌分请求权分为被扶养人的酌分权和扶养人的酌分权。

（一）被扶养人的遗产酌分请求权

被扶养人的酌分请求权，是指继承人以外的依靠被继承人扶养缺乏劳动能力又没有生活来源的人所享有的酌分权。这种酌分请求权必须具备以下的条件：

（1）被扶养人必须是被继承人生前持续扶养的人。酌分请求权人必须是依靠被继承人的扶养生存的，并且这种扶养的状态是连续的，直到被继承人死亡时还持续存在的。由于被扶养人是依靠被继承人的扶养来生活的，因此被继承人的死亡必然会影响到他的生存，所以应该分给他适当的遗产份额，以维持生活。

（2）被扶养人必须是缺乏劳动能力又没有生活来源的人。缺乏劳动能力包括因年幼、年老、疾病、残疾等导致的缺乏劳动能力。没有生活来源包括本人没有收入或者收入很低、现有财产无法维持生计、没有扶养义务人或者扶养义务人无力承担扶养义务。只有在具备这两种情形时才可以行使遗产酌分请求权。此外，判断是否具有这两种情形的时间标准是在遗产分割时，如果在遗产分割时已经恢复了劳动能力或者取得了生活来源的，原则上不得再请求分配遗产。

（二）扶养人的遗产酌分请求权

扶养人的遗产酌分请求权，是指继承人以外的对于被继承人扶养较多的人在遗产分割时享有的请求分得遗产的请求权。这种酌分请求权需要具备以下的条件：

（1）须是对被继承人生前尽了较多的扶养义务的人。较多的扶养义务是指相对于继承人的扶养义务来说，扶养人尽心尽力、持续性地对被继承人尽了比继承人较多的扶养义务。扶养义务包括经济上的资助、劳务帮助、生活上的照料和精神上的慰藉等，方式是多样的。对被继承人扶养较多的人适当分得遗产符合社会的公平观念，以及法律的正义原则，这样有利于提倡助人为乐的社会公德，对这些乐于助人的人应当给予一定的物质保障。

（2）扶养人未受相当的遗赠。这是指扶养人未受遗赠，或者所受的遗赠数额与对被继承人所尽的义务不相当，这样才可以行使遗产酌分请求权。

扶养人所分得的遗产份额，法律没有明确规定，这要在具体的实践中加以确定。一般来说，扶养人所分得的遗产应当与其对被继承人所尽的扶养义务是相当的，这样才符合社会的公平原则。

三、遗产酌分请求权的放弃与保护

遗产酌分请求权是法定继承人以外的人基于与被继承人的某种扶养关系而享有的一种权利，就其本质来说属于债权。因为，权利人只有权要求分得遗产，而无义务偿还债务。既然是权利，自然是可以放弃的，是否实际行使遗产酌分请求权，完全取决于权利人的意志。

可分得遗产的人的遗产酌得请求权受法律保护，在其受到侵害时，有权请求人民法院依诉讼程序给予保护，即可以分给适当遗产的人，在其依法取得被继承人遗产的权利受到侵害时，本人有权以独立的诉讼主体的资格向人民法院提起诉讼。但在遗产分割时，明知而未提出请求的，一般不予受理，不知而未提出请求的，在三年以内起诉的，应予受理。

典型案例

案例一：十亿横财从天降，他居然有个南非的叔叔！

王乙三十多岁，靠送外卖为生，自幼父母双亡，无亲无友，艰难长大。2019 年 5 月的一天，他突然接到一个律师的电话，让他去继承十亿财产。王乙懵了，以为是诈骗，最后才发现，居然是真的。原来王乙的父亲有一个哥哥名叫王甲，从小走失，与家里再无联系，后来辗转流落到南非，一生颠沛流离，艰苦奋斗，终于在南非创下了十亿的财富。可惜王甲一生未婚，无儿无女，在临终前委托律师为其找到继承人，继承其十亿的遗产。律师费尽心思找到了王甲的亲人，却发现只剩其弟弟的儿子王乙一人，请问王乙可以继承其叔叔的遗产吗？

案例分析：（1）根据《民法典》规定，王甲的法定继承人有，第一顺序的配偶、子女、父母，丧偶儿媳对公、婆，丧偶女婿对岳父、岳母，尽了主要赡养义务的，作为第一顺序继承人；第二顺序的兄弟、姐妹、祖父母、外祖父母。王甲一生未婚，无儿无女，家乡只有王乙一个亲人，因此，第一顺序的继承人全部没有，那么只能从第二顺序中找。而王甲只有一个弟弟，因此其遗产可以由其弟弟继承。

（2）王甲只有一个弟弟，但是这个弟弟却先于王甲死亡，根据《民法典》规定的代位继承，被继承人的兄弟姐妹先于被继承人死亡的，由被继承人的兄弟姐妹的子女代位继承其应继承的遗产份额，由此可见，王乙作为王甲弟弟的儿子，可以代位继承其父亲应继承的遗产份额。而王甲只有一个弟弟，其遗产全部由其弟弟继承，而又通过代位继承全部由王乙继承。

案例二：百万遗产，如何继承？

张某一 1970 年与王某结婚，婚后育有一子一女。儿子张某二与刘某结婚，育有一子，叫张某三。女儿张某四，与陈某一结婚，育有一女，名陈某二。张某二于 2000 年因车祸去世，妻子刘某改嫁，张某三也随母亲与继父一起生活。张某一的弟弟张某五因小儿麻痹，没有劳动能力，一直与张某一生活在一起。张某一于 2012 年 6 月不幸因肝癌去世，留下一家价值 100 万的超市和 50 万的现金存款。其妻王某因不堪承受丈夫去世的事实，于 2012 年 7 月自杀。问：张某一的遗产该如何继承？

案例分析：（1）张某一的第一顺位的继承人，有其妻王某，儿子张某二因先于张某一去世，因此由张某二的儿子张某三代位继承张某一的遗产，虽然张某三随母同继父生活，但仍享有对亲生父亲的继承权。张某一的女儿张某四也是第一顺位继承人。因此，本案中作为法定继承人的有三位，即王某、张某三、张某四。（2）张某一的遗产范围，由于张某一与王某是夫妻，因此超市和现金都是属于夫妻共同财产，由夫妻平分。那么属于张某一的遗产范围就应该是超市的一半，以及 25 万的现金。（3）由于王某在遗产分配前去世，那么属于王某继承的张某一的遗产的份额，由王某的继承人继承。属于王某自己的财产自然由王某的继承人继承。（4）张某一的弟弟张某五因缺乏劳动能力且一直靠张某一的扶养生活，因此，张某五有权要求分得一定的遗产。

因此，对于张某一的遗产，由王某、张某三、张某四和张某五协商分配，一般是按照平均分配的原则。对于王某的遗产，由张某三和张某四按照均分的原则继承。

思考题

1. 对尽了主要赡养义务的丧偶儿媳和丧偶女婿的继承权该如何保护?
2. 代位继承中哪些可以成为代位继承人?

第十四章　遗嘱继承

【内容提要】

遗嘱继承是我国继承法的一项重要内容。遗嘱继承是相对于法定继承而言的，指由被继承人生前所立的遗嘱来指定继承人及其继承的遗产种类、数额的继承方式。在遗嘱合法有效条件下遗产由谁继承、继承哪项遗产及继承多少由遗嘱人依其意志立下的遗嘱来确定。本章从遗嘱继承的概念和法律特征、遗嘱继承人、遗嘱形式及效力要件、遗嘱的变更与撤回等方面对我国继承法及相关法律关于遗嘱继承的内容进行了阐释。

【理论框架】

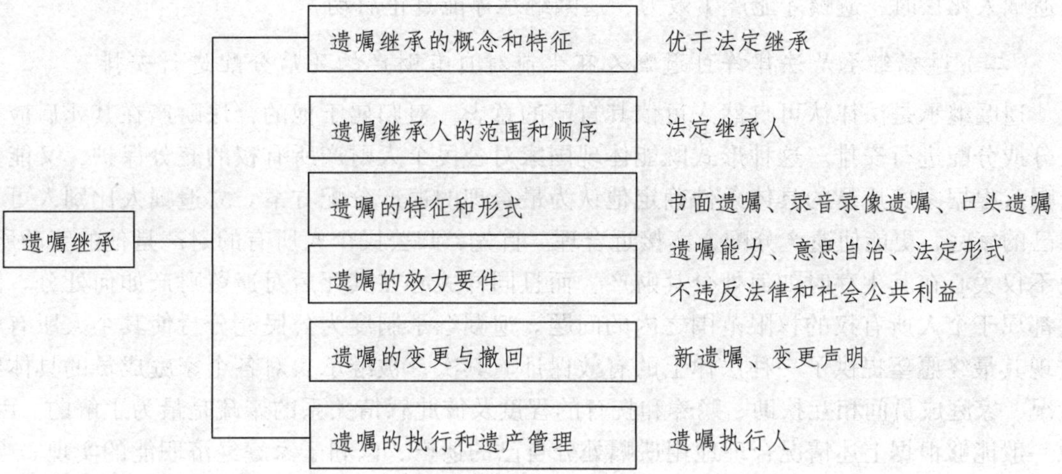

第一节　遗嘱继承的概念和特征

一、遗嘱继承的概念

遗嘱继承是相对于法定继承而言的，指由被继承人生前所立的遗嘱来指定继承人及其继承的遗产种类、数额的继承方式。因而，遗嘱继承又叫“指定继承”。立遗嘱的被继承人叫遗嘱人，接受遗嘱指定继承的人叫遗嘱继承人。

遗嘱继承与法定继承不同。法定继承中，继承人的范围、继承顺序和遗产的分配原则等由法律直接规定；遗嘱继承中，遗产由谁继承、继承哪项遗产及继承多少由被继承人依自己的意志立下的遗嘱来确定。在两种继承方式中，前者是按继承关系所适用的一般情形来规定的，凸显国家法律对继承法律关系的秩序维护和价值追求，这种方式适用于被继承人未留有合法遗嘱的情况；而后者则是为了便于被继承人按自己意志处分遗产以适应继承关系具体情况来规定的。被继承人立有合法遗嘱时，在遗嘱处分的范围内可排除法定继承的适用。

二、遗嘱继承的特征

遗嘱继承作为法律许可遗嘱人依照自由意志分配遗产的一种继承方式，具有如下法律特征：

（一）遗嘱继承的启动须依赖于被继承人生前立有合法有效的遗嘱和遗嘱人死亡两项法律事实的成就

遗嘱继承的前提条件，是被继承人应在生前以法定方式订立合法有效的遗嘱，以明确其关于全部或部分个人财产死后如何分配的想法。为确保遗嘱能真实、准确地反映遗嘱人的自由意志，《民法典》继承编就遗嘱的法定形式及订立方式进行了详细的规定。只有满足法定形式要件、具备法定效力要件的遗嘱才能被认为是合法有效的遗嘱。当然，遗嘱人的死亡也是启动遗嘱继承所必不可少的法律事实。根据《民法典》第一千一百四十二条第三款，立有数份遗嘱的，如果相互之间内容存在冲突，则以最后订立的遗嘱为准。这意味着在遗嘱人生前，其可以随时按照法律规定的方式，订立新的遗嘱以改变其关于遗产的分配方案。因此，只有当遗嘱人死亡时，遗嘱才能产生效力，遗嘱继承才能真正启动。

（二）遗嘱继承是法律许可遗嘱人在生前对自有财产的死后分配进行安排

遗嘱继承是法律认可自然人可依其自己的意志，对归属于他的合法财产在其死后应如何处分或分配进行安排。这种形式既能体现国家对公民个人财产所有权的充分保护，又能使立遗嘱人根据家庭成员的具体条件确定他认为最合理的遗产分配方案。立遗嘱人比别人更了解自己的家庭，更能使遗产分配方案接近合理。首先，归公民个人所有的财产是他的劳动所得，他不仅关心在其生存时如何处分其财产，而且同样关心在其死后对遗留财产如何处分。因为这都属于个人所有权的权限范围之内的问题。遗嘱继承制度为公民充分行使其个人所有权以实现其最终愿望提供了一种法律上的有效保证。其次，被继承人对各个家庭成员的具体经济状况，家庭成员间相互扶助、赡养和抚育的程度及彼此感情关系的亲疏是最为了解的。因而，他一般能够根据上述情况合理地用遗嘱处分自己的遗产，以利于家庭经济职能的实现。当然，如被继承人违背了我国《民法典》第一千一百四十一条的规定，没有为缺乏劳动能力又没有生活来源的法定继承人保留必要的遗产份额，则该遗嘱很可能被认定为无效。

（三）遗嘱继承的效力优先于法定继承的效力

遗嘱继承和法定继承并列为法律许可的两种继承方式，两者对应的继承权人范围实际上是相同的，因此这也决定了两者之间必须确定一个优先适用的继承方式，这就是遗嘱继承。从立法目的来看，遗嘱继承是保证被继承人的自由意志在其过世之后也得到贯彻，而法定继承则是确保在被继承人对遗产分配没有个性化要求或个性化要求没有被良好记载的前提下，被继承人的遗产可以得到相对公平的分配。因此，遵循私法领域一以贯之的、以自然人自由意志为优先的价值取向，我国的继承法规也认可遗嘱继承的效力应优先于法定继承的效力。《民法典》第一千一百二十三条对此明确规定：继承开始后，按照法定继承办理；有遗嘱的，按照遗嘱继承或遗赠办理。这体现了我国继承法对自然人自由意志的尊重。

第二节　遗嘱继承人的范围和顺序

遗嘱继承人是按照合法有效的遗嘱直接承受遗产的人，是遗嘱人在遗嘱中所指定的继承人，故又称作指定继承人。遗嘱人立遗嘱时必须指明遗嘱继承人，这是遗嘱的一项重要内容。关于遗嘱继承人的范围和特点应当作如下理解：

一、遗嘱继承人只能是法定继承人范围内的一人或数人

我国《民法典》第一千一百三十三条第二、三款中明确指出：自然人可以立遗嘱将个人财产指定由法定继承人的一人或者数人继承。国家、集体或法定继承人之外的人不能作为遗嘱继承人，只能作为受遗赠人。

我国继承法之所以规定遗嘱继承人必须是法定继承人中的一人或数人，把遗嘱继承人的范围限定在法定继承人的范围内，根本原因在于：我国的遗嘱继承制度和法定继承制度的最终目的一样，都是实现家庭经济职能，养老育幼，巩固互爱互助、和睦团结的新型社会主义家庭关系。法定继承人作为被继承人的家庭成员，与被继承人共同生活、共同创造家庭财产，互爱互助，养老育幼，彼此间无论在感情交流方面还是在经济联系方面都是较为密切的。法律规定遗嘱人生前可以用遗嘱指定其法定继承人中的一人或数人继承其死后的遗产，这是实现家庭经济职能、巩固家庭关系的客观需要。同时也对社会婚姻家庭关系的发展产生积极意义。

我国继承法之所以又允许遗嘱人在法律规定的限度内指定法定继承人之中的一人或数人而不是全部法定继承人为遗嘱继承人，取消其他法定继承人对遗产的继承份额，原因在于：遗嘱人对家庭成员的不同经济状况和现实生活需要以及家庭成员间的相互感情联系程度一般都有较为正确的了解，并且对其个人合法财产有合法处分权。所以，继承法尊重遗嘱人生前处分自己死后财产的意志，只要这种处分没有违背法律的有关规定，同时也为缺乏劳动能力又没有生活来源的继承人保留了必要的遗产份额，那么该处分就是合法有效的，应予确认。

我国继承法不仅允许遗嘱人在遗嘱中写明其法定继承人中的一人或数人作为遗嘱继承人，而且也允许遗嘱人在遗嘱中写明排除某一个或某几个法定继承人作为遗嘱继承人。如果遗嘱人有数个法定继承人，而遗嘱人在其遗嘱中仅指定某一个法定继承人作为遗嘱继承人继承其全部遗产，则应认为其他法定继承人的继承份额当然被遗嘱人所取消。如果遗嘱人在遗嘱中仅指定某一个法定继承人作为遗嘱继承人继承其部分遗产，则应认为其他法定继承人仍享有对遗嘱人其他遗产的继承权。

二、遗嘱继承人继承遗产时不受法定继承顺序的限制

在法定继承中，存在遗产继承的先后顺序问题。在遗嘱继承中，则不存在遗嘱继承人继承遗产的先后顺序问题。凡被遗嘱人在遗嘱中指定为遗嘱继承人的，不论其原来的法定继承顺序先后，均享有同时、直接地接受遗产的权利。这是由于，遗嘱继承制度赋予遗嘱人的一项权利就是可以在法律允许的范围内改变法定继承人的原来可能继承遗产时的法律地位，指定法定继承人中的一人或数人作为遗嘱继承人，取消法定继承人中一人或数人的继承份额，撤销原先法定继承人可能继承自己遗产的先后顺序，按照自己的意愿使遗嘱继承人同时、直

接地继承自己的遗产。因此遗嘱继承人继承遗产时，不再受原法定继承顺序的限制。

三、遗嘱继承人接受遗产后仍有权按照法定继承顺序取得遗嘱未处分或遗嘱无效部分所涉及的遗产

遗嘱人死亡时所留下的遗产，是其生前所有的合法财产。遗嘱人生前对其财产的遗嘱处分有两种情况：一是全部处分，二是部分处分。遗嘱人死亡时，在部分处分的情况下，已被处分的遗产将按遗嘱继承方式转移给遗嘱继承人，而未被处分的部分则将仍按法定继承方式转移给法定继承人。即使在完全处分的情况下，也可能会因遗嘱内容与法律相抵触、遗嘱继承人放弃遗嘱继承等原因而使遗嘱无法得到实际执行，所涉及的遗产将按法定继承方式转移给法定继承人。对此，我国《民法典》第一千一百五十四条规定："有下列情形之一的，遗产中的有关部分按照法定继承办理：（一）遗嘱继承人放弃继承或者受遗赠人放弃受遗赠；（二）遗嘱继承人丧失继承权或者受遗赠人丧失受遗赠权；（三）遗嘱继承人、受遗赠人先于遗嘱人死亡或者终止；（四）遗嘱无效部分所涉及的遗产；（五）遗嘱未处分的遗产。"

由此产生另一个问题：已经按照遗嘱继承方式接受了部分遗产的遗嘱继承人，是否还可以作为法定继承人再继承遗嘱人没有用遗嘱处分的遗产或者遗嘱无效部分所涉及的遗产？答案是肯定的。理由在于，遗嘱人之所以要用遗嘱处分某部分遗产，其中一个原因在于他对这部分遗产在法律上的命运和日后的用途是最为关心的，希望能按自己的意愿将其转移给最需要它们的继承人。如遗嘱人将自己的专业书籍用遗嘱指定由真正能够使用和需要使用它们的子女继承。该做法和法定继承制度的设置目的及所保护的价值上并不矛盾，不产生相互排斥的后果。因此对未加遗嘱处分的部分遗产，包括已按遗嘱继承方式取得了部分遗产的继承人在内的所有法定继承人都有继承权。

当然，对该部分所涉及的遗产，要启动法定继承程序，仍然必须遵照法定继承的相关规定。第一，法定继承人是依照继承顺序的先后而继承遗产的。因此，对遗嘱未加处分的遗产或遗嘱无效部分所涉及的遗产，已按遗嘱继承方式取得部分遗产的继承人是否还能再继承，则要视其在法定继承顺序中的先后位置而定。如果是第一顺序继承人，当然可以继承；如果是第二顺序继承人，那么只有在没有第一顺序继承人或第一顺序继承人都丧失或者放弃继承权时，他才能参加继承。否则，不能参加继承。

第二，法定继承中分割遗产时必须优先照顾缺乏劳动能力又没有生活来源、生活特殊困难的法定继承人。因此，如果法定继承人中还有生活特殊困难又缺乏劳动能力的法定继承人，且又只依遗嘱取得很少遗产，则遗嘱未加处分的遗产或遗嘱无效部分所涉及的遗产应由他们来继承。已依遗嘱继承方式取得较多遗产并有劳动能力和生活来源的继承人就不应再取得上述遗产。

四、遗嘱继承人的法律地位不能被替代或代位

遗嘱继承人先于遗嘱人死亡的，其作为遗嘱继承人的法律地位在无遗嘱人另行补充指定的情况下不能由他的晚辈直系亲属替代。也就是说，遗嘱继承中不适用代位继承。当然先死亡的遗嘱继承人应得的份额也不能由其他遗嘱继承人或法定继承人代替他继承。

遗嘱继承人的法律地位之所以不能被替代，是因为：第一，遗嘱继承人是由遗嘱人所特别指定的，因而，其法律地位具有特定性，其他人无权替代。第二，遗嘱必须在遗嘱人死亡

时才能发生法律效力，遗嘱继承人才能实际取得遗嘱继承权。遗嘱继承人先于遗嘱人死亡，本人还没有取得遗嘱继承权，他的晚辈直系亲属当然就谈不上代替他继承的问题。因此，遗嘱继承不适用代位继承。

遗嘱继承人之中的一人先于遗嘱人死亡时，其应得的继承份额是否添加到其余遗嘱继承人的继承份额之中，取决于遗嘱人是否又立遗嘱重新对这部分遗产份额作了添加到其余遗嘱继承人的继承份额之上的处分。如果遗嘱人立下新遗嘱作出了这种处分，则其余遗嘱继承人不是代替先亡的遗嘱继承人取得其应继份额，而是基于遗嘱人的处分使原有的继承份额扩大。如果遗嘱人未立新遗嘱处分这部分遗产，则当遗嘱人死亡时，这部分遗产不能添加到其余遗嘱继承人的继承份额上，只能按法定继承方式转移给法定继承人。法定继承人依继承顺序的先后，取得这部分遗产，是行使自身享有的法定继承权，而不是替代先亡的遗嘱继承人继承遗产。如果先死亡的遗嘱继承人系法定继承人中按继承顺序有权取得遗产的人，当他先于遗嘱人死亡，且遗嘱人又未对其应继承的遗产份额重新处分而转入法定继承时，他的晚辈直系亲属就可在遗嘱人死亡时按法定继承的规定代位继承，但其代位继承的份额不以原遗嘱人指定给遗嘱继承人的继承份额为限，而仅限于先亡的遗嘱继承人依法定继承方式应继承的遗产份额。

第三节　遗嘱的特征和形式

一、遗嘱的概念和特征

遗嘱继承发生的法律根据是被继承人生前立下的遗嘱。遗嘱，是遗嘱人生前在法律允许的范围内按照法律规定的方式对其遗产或其他事物所作的个人处分，并于遗嘱人死亡时发生效力的法律行为。

遗嘱具有如下法律特征：

（1）遗嘱是单方法律行为。遗嘱是基于遗嘱人单方的意思表示，即可产生民事法律后果的行为。只要有遗嘱人的合法意思表示，遗嘱即发生法律效力。遗嘱人设立遗嘱不需要征得遗嘱继承人或受遗赠人的同意。遗嘱人设立遗嘱时也不因遗嘱继承人是否知道它的内容而使遗嘱的效力受到影响。由于遗嘱是单方法律行为，所以遗嘱人生前有权变更或撤回自己所立的遗嘱。

（2）遗嘱人必须具有行为能力。遗嘱是被继承人生前对其遗产所作的预先处分并于死后发生法律效力的一种法律行为，因此法律要求遗嘱人必须具有行为能力。只有具有完全行为能力的人，才能设立遗嘱并产生法律上的效力。限制行为能力人或无行为能力人不具有遗嘱能力，因而不能设立遗嘱。

（3）设立遗嘱不能代理。遗嘱的内容必须是遗嘱人的真实意思表示，需要遗嘱人本人亲自作出。因此，设立遗嘱，不能通过代理进行。虽然法律中允许遗嘱人在不识字、残废或者其他情况下请他人制作代书遗嘱，但这并不是代书人代理遗嘱人立遗嘱，而仅仅是代书人从技术上协助遗嘱人完成遗嘱的设立。我国《民法典》要求，由他人代书遗嘱时，遗嘱人本人必须在遗嘱上签字，并要求有两个以上见证人在场见证。这是与一般民事代理行为的根本不同之处。

（4）遗嘱是要式法律行为。因为遗嘱具有指定继承人范围和遗产分配数额进而改变法定继承人范围和继承顺序及遗产分配原则的效力，关系到当事人继承权的取得和消灭，所以法律要求遗嘱必须具有一定形式。一般情况下遗嘱必须用书面形式作出。只有在遗嘱人生命垂危或者其他紧急情况下，才能以口头形式作出，而且要求有两个以上见证人在场见证。危急情况解除后，遗嘱人能够用书面形式或者录音形式立遗嘱的，所立口头遗嘱无效。

（5）遗嘱是遗嘱人死亡时才发生法律效力的法律行为。因为遗嘱是立遗嘱人生前以遗嘱方式对其死亡后的财产归属所作的处分，死亡前还有权加以变更或撤回，所以，它必须以遗嘱人的死亡作为前提条件。遗嘱继承人只有在遗嘱人死亡后才有权根据遗嘱内容承受遗产。

二、遗嘱形式

遗嘱形式，就是遗嘱人处分自己遗产的意思表示的具体方式。由于遗嘱具有改变法定继承人范围、继承顺序和遗产份额以及设立遗赠、遗托的效力，对继承权和受遗赠权的实际取得与消灭产生重大影响，所以法律对遗嘱人处分自己遗产的意思表示方式作了较为严格的规定。依照我国《民法典》的相关规定，合法的遗嘱形式有如下三类。

（一）书面遗嘱

书面遗嘱，是以书面形式订立的遗嘱。由于书面遗嘱以文书的形式把遗嘱人的真实意思表达出来，有据可依，有证可查，对于明确遗嘱继承人、遗产分配份额以及遗赠、遗托等内容，预防和解决继承纠纷都有益处。因此，法律要求公民立遗嘱时一般应采取书面形式。根据制作书面遗嘱的不同方式，可将书面遗嘱分为四种。

1. 自书遗嘱

自书遗嘱是遗嘱人亲笔制作的遗嘱形式。遗嘱人在具有文字书写能力的情况下，可以依照法律的有关规定，独立地书写遗嘱，按自己的意愿指定遗嘱继承人或受遗赠人，确定各遗嘱继承人或受遗赠人接受遗产的份额。遗嘱人自书遗嘱时，要在遗嘱文书上注明立遗嘱的（年、月、日）与地点，还要亲笔签名，也可加盖印章。我国《民法典》第一千一百三十四条规定："自书遗嘱由遗嘱人亲笔书写，签名，注明年、月、日。"如果自书遗嘱人为证实其所立遗嘱的真实性而请无利害关系人或自己所在单位及居住地的基层组织作为遗嘱见证人，法律也不禁止。但要求充任遗嘱见证人的无利害关系人或遗嘱人所在单位及居住地的基层组织必须在遗嘱人自书的遗嘱上亲笔签名或盖章，并注明见证日期。

被继承人若生前只在自己的日记中或给亲友及其他任何人的书信里表示有关于处分自己财产的设想或打算，而未形成正式的遗嘱文书，则这种设想或打算不应被视为自书遗嘱。首先，形式上而言，法律对遗嘱形式的要求是比较严格的，书面遗嘱（包括自书遗嘱）应为单独的遗嘱文书；其次，实质内容来看，遗嘱人在遗嘱中关于遗产的处分必须是明确、具体和肯定的，如仅是处分财产的设想或打算，不能明确、具体、肯定地表示遗嘱人的意志，则不应当被认为是有效的法律行为。所以，被继承人生前的这种意思表示，不能作为自书遗嘱来加以确认。至于公民在遗书中涉及死后其个人财产如何处分的内容，能否确定该遗书具有遗嘱的效力问题，《最高人民法院关于适用〈中华人民共和国民法典〉继承编的解释（一）》（下文简称《继承编解释（一）》）第二十七条中确认将该等遗书可作为遗嘱对待："自然人在遗书中涉及死后个人财产处分的内容，确为死者真实意思表示，有本人签名并注明了年、月、日，又无相反证据的，可以按自书遗嘱对待。”可见，如遗嘱人在遗书中对死后个人财产有明确的处分安排，则将其遗书中的该部分内容视为遗嘱，发生遗嘱的法律效力。

自书遗嘱同其他任何形式的遗嘱一样，既可由遗嘱人自己保存，亦可交由包括遗嘱继承人或受遗赠人在内的其他任何个人或组织保存，既可在遗嘱人生前秘密做出和存放，也可公开其内容。

2. 代书遗嘱

在遗嘱人不会用文字表达其关于预先处分遗产的意思或因某种原因而不能亲笔书写遗嘱的情况下，遗嘱人可以请求他人代为书写遗嘱。这种由他人代为书写制成的遗嘱叫作代书遗嘱。请求他人代为书写遗嘱的遗嘱人，必须有遗嘱能力；只是由于他不会用文字准确表达自己关于预先处分遗产的意思，或者是由于某种意外原因而不能亲笔书写遗嘱，所以请求他人从技术上协助其完成设立遗嘱的行为。无行为能力人和限制行为能力人由于根本不具备遗嘱能力，不能作为遗嘱人，因此，既不可自书遗嘱，也不能请求他人代书遗嘱。关于代书遗嘱的基本法律要求，《民法典》第一千一百三十五条规定：“代书遗嘱应当有两个以上见证人在场见证，由其中一人代书，并由遗嘱人、代书人和其他见证人和遗嘱人签名，注明年、月、日。”

必须从严把握代书遗嘱的形式要件，在充分保证遗嘱真实性的基础上，维护遗嘱自由原则。代书遗嘱与其他书面遗嘱的不同在于，遗嘱人应找到两个以上的遗嘱见证人并由其中一人代为书写遗嘱，方为有效的代书遗嘱。如遗嘱见证人不足两名，或其中一名不符合遗嘱见证人的法定要求，或遗嘱并非由遗嘱见证人代书，该份文件均不能发生代书遗嘱的法律效力，即使文件内容可真实反映遗嘱人关于遗产的处分意愿。

遗嘱见证人须满足法定要求。《民法典》第一千一百四十条规定：“下列人员不能作为遗嘱见证人：（一）无民事行为能力人、限制民事行为能力人以及其他不具有见证能力的人；（二）继承人、受遗赠人；（三）与继承人、受遗赠人有利害关系的人。”特别注意的是，与继承人、受遗赠人有利害关系的人，由于利益关系的影响，难以确保其证明的客观性、真实性，所以不能做遗嘱见证人。根据《最高人民法院关于贯彻执行〈中华人民共和国继承法〉若干问题的意见》第三十六条：“继承人、受遗赠人的债权人、债务人，共同经营的合伙人，也应当视为与继承人、受遗赠人有利害关系，不能作为遗嘱的见证人。”

3. 打印遗嘱

打印遗嘱系《民法典》颁布后新增的书面遗嘱类型，是民事法律对我国社会科技的发展及人民生活习惯的改变而做出的回应。《民法典》第一千一百三十六条规定：“打印遗嘱应当有两个以上见证人在场见证。遗嘱人和见证人应当在遗嘱每一页签名，注明年、月、日。”

打印遗嘱与自书遗嘱的相同点在于，两者同是由遗嘱人自行制作遗嘱。但区别在于：第一，制作方式不同，自书遗嘱由遗嘱人亲笔书写，但打印遗嘱系遗嘱人利用电脑等技术打印制作。第二，更重要的是，因打印遗嘱系打印而成，不能通过笔迹等方式确认遗嘱的真实性，因此法律要求遗嘱人制作遗嘱时必须有两名以上的见证人同时在场见证，遗嘱制作完毕后，应由遗嘱人和见证人在打印遗嘱的每一页签名，注明年、月、日。若见证人不足两名，或其中一名见证人不满足遗嘱见证人的法定要求，或遗嘱人、见证人未在遗嘱上签名，则遗嘱人打印形成的文件不应被认为是打印遗嘱，不应在遗嘱人死亡后发生分配遗产的法律效力。

打印遗嘱与代书遗嘱的相同点在于，两者同样要求见证人在场，见证遗嘱的产生过程，以确保遗嘱的真实性。但区别在于：第一，打印遗嘱是由遗嘱人自行制作、打印而成，但代书遗嘱是由其中一名见证人代为书写而成。第二，打印遗嘱是要求遗嘱人、见证人在遗嘱的每一页签字，但代书遗嘱并未明确要求在遗嘱的每一页签字。

4. 公证遗嘱

为了防止欺骗和伪造，确保遗嘱是遗嘱人的真实意志，避免遗嘱人死后发生遗产继承纠纷，遗嘱人可以到国家公证机关办理遗嘱公证。经过国家公证机关办理了公证的遗嘱即为公证遗嘱。

《民法典》第一千一百三十九条规定："公证遗嘱由遗嘱人经公证机构办理。"办理遗嘱公证事宜，需要遗嘱人亲自到其住所地或遗嘱行为发生地的公证机构申请办理。《中华人民共和国公证法》第二十六条规定"自然人、法人或者其他组织可以委托他人办理公证，但遗嘱、生存、收养关系等应当由本人办理公证的除外"，可见，为了确保遗嘱的真实性，法律不允许委托他人代为办理遗嘱公证。如果遗嘱人因行动不便等特殊原因不能亲自到公证机关办理遗嘱公证，可请求公证机构派公证员前往遗嘱人的住所或临时处所办理。同时，《中华人民共和国公证法》第二十三条规定，公证员不得"为本人及近亲属办理公证或者办理与本人及近亲属有利害关系的公证"，因此，公证员也不得办理本人及其近亲属的遗嘱公证事务，亦不得办理与本人或其近亲属有利害关系的遗嘱公证。办理此类遗嘱，公证员应当自觉回避，同时法律也赋予遗嘱人申请公证员回避的权利。

根据《遗嘱公证细则》的相关规定，遗嘱公证应当由两名公证人员共同办理，由其中一名公证员在公证书上署名。如果因为特殊情况，只有一名公证员时，应当有一名见证人在场，见证人的人选应符合遗嘱见证人的资格要求。见证人最终应当在遗嘱和笔录上签名。遗嘱人申请遗嘱公证时，不仅应提供他的身份证件，还应提供遗嘱所涉及的不动产、交通工具或其他有产权凭证的财产的产权证明，以证实其对所分配的财产有合法的处分权。进行遗嘱公证时，公证人员应首先审查遗嘱人的身体状况、精神状况，以确保遗嘱人是自愿办理遗嘱公证，并已对遗嘱内容和遗嘱公证的法律后果有充分认知。其次，应明确遗嘱人的家庭成员情况，查明法定继承人的范围和身份；同时明确所处分的财产状况，是否已经以遗嘱或遗赠等方式进行过处分，是否存在其他共有人、其他项权利人或者存在司法查封、扣押等权利限制情况。再次，公证人员应查证遗嘱人所提供的遗嘱或遗嘱草稿的形成时间、地点和过程，是自书还是代书，是否本人的真实意愿，有无修改、补充，对遗产的处分是否附有条件；遗嘱或者遗嘱草稿上的签名、盖章或者手印是否其本人所为。如是代书，则需确认代书人的情况。如遗嘱人未提供遗嘱或者遗嘱草稿的，则应由公证人员详细记录其处分遗产的意思表示。最后，公证人员还可以对其在公证过程中发现的问题进行询问。公证处审查后，确认遗嘱人身份属实，具有完全民事行为能力，意思表示真实；所处分的财产可被证明是遗嘱人的个人财产；遗嘱内容不违反法律规定和社会公共利益，内容完备，文字表述准确，签名、制作日期齐全；整个公证程序合法，则应出具公证书。

遗嘱人根据遗嘱原稿核对后，应当在打印的公证遗嘱上签名。遗嘱人不会签名或者签名有困难的，可以盖章方式代替在申请表、笔录和遗嘱上的签名；遗嘱人既不能签字又无印章的，应当以按手印方式代替签名或者盖章。

为尊重遗嘱人的隐私，《遗嘱公证细则》还特别要求，遗嘱人办理遗嘱公证的，除公证人员、见证人、翻译人员外，其他人员一般不得在场；如两名及以上遗嘱人要求共同订立遗嘱的，公证人员应引导其分别订立遗嘱。遗嘱公证卷应当列为密卷保存。遗嘱人死亡后，转为普通卷保存。公证遗嘱生效前，遗嘱卷宗不得对外借阅，公证人员亦不得对外透露遗嘱内容。可见，在遗嘱人死亡前，公证人员对遗嘱内容及公证过程应严格保密。

值得注意的是，根据《继承法》，公证遗嘱的效力优先于其他形式的遗嘱，因此其他形式的遗嘱（包括自书遗嘱、代书遗嘱、录音遗嘱、口头遗嘱）均不能变更公证遗嘱。但为了体现对遗嘱人意愿的尊重，《民法典》删除了该款规定，因此公证遗嘱并不具有优先于其他形式遗嘱的效力。

（二）录音录像遗嘱

录音录像遗嘱，就是以录音或录像的方式记录遗嘱人的真实意思，反映遗嘱人关于处分其遗产的意思表示的遗嘱形式。

随着现代科学技术的发展及其在社会生活各个领域的应用，录音录像的使用范围已经扩展到司法领域。我国民事诉讼法已将能够反映案件真实情况的录音录像列入证据形式中的视听资料之中，赋予其证据效力。同样，我国继承法亦准予遗嘱人以录音的形式制作遗嘱，表达其关于遗产处分的真实意思。为确保录音遗嘱的真实性，我国《民法典》第一千一百三十七条规定："以录音录像形式立的遗嘱，应当有两个以上见证人在场见证。遗嘱人和见证人应当在录音录像中记录其姓名或者肖像，以及年、月、日。"根据这项法律规定，遗嘱人以录音、录像形式立遗嘱时，必须邀请两个符合遗嘱见证人条件的人在场为自己立遗嘱的行为作证。所谓"在场见证"，是指见证人要亲自参加遗嘱人制作录音录像遗嘱的全过程，并在录音录像遗嘱中由见证人亲口录下自己的姓名（或肖像）、见证遗嘱的时间。录音录像遗嘱制作完成后应进行封存。

（三）口头遗嘱

口头遗嘱，就是遗嘱人以口述方式表达关于处分其遗产的真实意思的遗嘱形式。

并不是任何情况下遗嘱人都可以采用口头遗嘱形式设立遗嘱。我国《民法典》第一千一百三十八条规定："遗嘱人在危急情况下，可以立口头遗嘱。"出现"危急情况"是遗嘱人设立口头遗嘱的必要前提条件。我国继承法中所谓"危急情况"，是指遗嘱人在生命垂危之际或遇重大军事行动、严重自然灾害等可能导致其生存发生危险，若不立即设立遗嘱便将丧失遗嘱能力的情况。只有在这种情况下，遗嘱人才能用口头遗嘱形式设立遗嘱。

同一条款还规定："口头遗嘱应当有两个以上见证人在场见证。"其中一个见证人应当对口头遗嘱作出书面记录，注明设立口头遗嘱的时间、地点和见证人、记录人的姓名，并由记录人和在场的见证人签名和盖章。如果因情况紧急而无法当场记录，事后应当由见证人向遗嘱人所在单位或遗产所在地基层组织就遗嘱人口头遗嘱的内容作出书面或口头声明。

口头遗嘱既然只能在危急情况下设立才为有效，那么，当引起遗嘱人设立口头遗嘱的"危急情况"解除后，遗嘱人又能够用书面或者录音形式设立遗嘱的，遗嘱人原先在"危急情况"下所立的口头遗嘱即失去其效力。法律明确规定："危急情况解除后，遗嘱人能够用书面或者录音形式立遗嘱的，所立的口头遗嘱无效。"这种无效不是部分无效，而是全部无效。

第四节　遗嘱的效力要件

由于遗嘱具有改变继承人范围、继承顺序和继承份额等的效力，关系到法定继承人继承权的取得和丧失，因此，法律要求遗嘱人设立遗嘱必须符合一定条件，才能合法有效。有效遗嘱必须具备以下条件。

一、遗嘱人必须具有遗嘱能力

遗嘱能力是指遗嘱人设立遗嘱的民事行为能力。遗嘱是单方法律行为，其有效的首要前提即行为人（遗嘱人）必须具有民事行为能力。只有具有以自己的行为取得民事权利和为自己设定民事义务的资格的人，才能对自己所有的财产进行有效处分，也才能充分理解遗嘱设立的法律后果。因此，只有具有完全民事行为能力的人，才能设立遗嘱，其设立的遗嘱才具有法律认可的效力。

需要注意的是，我国《民法典》第一千一百四十三条第一款规定："无民事行为能力人或者限制民事行为能力人所立的遗嘱无效。"无民事行为能力不能设立有效的遗嘱，这是很好理解的。但我国的民事立法和司法实践均确认限制民事行为能力人可进行与其年龄相当、满足其日常生活需要的民事活动，法律也未认可限制民事行为能力人设立的遗嘱的效力。这是由于设立遗嘱需要遗嘱人具有相当程度的社会经验（包括法律常识），对家庭生活的需要和家庭职能具有较明确的认识，而限制行为能力人恰恰缺乏这一条件，难以订立符合法律、家庭关系和家庭职能要求的遗嘱。所以，《民法典》明确排除了无民事行为能力人和限制民事行为能力人所立的遗嘱的效力。遗嘱人在立遗嘱时不具有遗嘱能力，即使随着时间推移他具有了完全行为能力（如遗嘱人立遗嘱时患有精神病，以后治愈了；或是立遗嘱时尚未成年，以后年满十八周岁了），他在不具遗嘱能力时订立的遗嘱也不能随之生效。

仅患有聋、哑、盲等生理疾病，但仍具有行为能力的人，可以立遗嘱。如果他们不识字（包括盲文），或不方便书写，立遗嘱时存在一些技术性障碍，则可以采取代书遗嘱、录音录像遗嘱或公证遗嘱等形式的遗嘱，记录其关于遗产处分的自由意志。在这种情况下，应当有善于用某种方式（如手语、盲文）向遗嘱人说明问题的人参加，以便确定遗嘱人所表示的真实意思，使所立的遗嘱能确实反映遗嘱人的真实意愿。参加人（翻译人员）应当在所立的遗嘱上签字，说明遗嘱内容符合遗嘱人的意思表示。同样的，如遗嘱人在办理公证遗嘱时，公证人员发现遗嘱人患有聋、哑、盲等生理疾病或存在表达上的障碍，应邀请精通盲文、手语或某些特殊技能可以向遗嘱人说明问题并确定其真实意愿的人参加。

二、遗嘱必须是遗嘱人的真实意思表示

遗嘱内容必须与遗嘱人关于处分其遗产的内在真实意志相一致。遗嘱作为遗嘱人生前以遗嘱方式处分自己遗产的一种单方法律行为，必须是遗嘱人出于完全自愿形成的，遗嘱人的意思表示必须是真实、准确的。因此，对暂时处于不能完全理解自己行为意义状态中的被继承人所立的遗嘱，由于它并未表达该被继承人的真实意愿，故不能视其为有效。例如，被继承人因病在神志不清时立下遗嘱，不久便死亡；被继承人因酗酒在精神恍惚状态下立了遗嘱，

随后即遇意外事件而死亡。上述被继承人所立的遗嘱都不能发生法律效力。被继承人在受到他人威胁、强迫或欺骗下所立的遗嘱，由于其设立和内容都违背了被继承人的真实意愿，也被认定为无效。由他人伪造的遗嘱，根本不能反映被继承人的真实意思，当然也无效。遗嘱人所立的遗嘱其部分或全部内容若被他人所篡改，使篡改后的遗嘱失去了真实性，已不能完全反映被继承人的真实意思，则篡改的遗嘱内容无效。我国《民法典》第一千一百四十三条第二、三、四款明确规定："遗嘱必须表示遗嘱人的真实意思，受胁迫、欺骗所立的遗嘱无效。伪造的遗嘱无效。遗嘱被篡改的，篡改的内容无效。"

三、遗嘱内容不得违反法律及社会公共利益

《民法典》一方面赋予公民处分自己遗产的自由权，另一方面又要求公民在处分遗产时必须符合社会公共利益。因此，公民在对个人财产进行遗嘱处分时，必须兼顾个人利益和社会公共利益。如果遗嘱内容违反社会公共利益，则遗嘱无效。例如遗嘱人在遗嘱中指定某人利用遗产进行违法犯罪活动，这种遗嘱就无效。遗嘱人只能处分属于自己的个人合法财产。《继承编解释（一）》第二十六条指出："遗嘱人以遗嘱处分了属于国家、集体或他人财产的，应当认定该部分遗嘱无效。"同时，遗嘱必须为缺乏劳动能力又没有生活来源的继承人保留必要的遗产份额。我国《民法典》第一千一百四十一条明确规定："遗嘱应当为缺乏劳动能力又没有生活来源的继承人保留必要的遗产份额。"这项规定是国家对遗嘱人行使立遗嘱处分权的必要限制。法律上之所以有这样的限制，原因在于：被继承人生前对缺乏劳动能力又没有生活来源的法定继承人负有法律上的抚养、扶养和赡养的义务。被继承人生前在有劳动能力又有生活来源时，则不能逃避对缺乏劳动能力又没有生活来源的家庭成员的法律义务，必须对他们抚养、扶养或者赡养。同样，被继承人生前拥有一定数量财产并将于其死后变为遗产时，若被继承人生前用遗嘱方式处分这些财产，就必须考虑到他对缺乏劳动能力又没有生活来源的法定继承人应尽的义务，为他们保留必要的继承份额，否则，被继承人的遗嘱是无效的。

四、遗嘱必须具备法律规定的形式

如上所述，遗嘱应为要式法律行为，遗嘱应具备法定的形式要件，方可被认定为有效遗嘱，产生遗嘱继承的法律效力。关于遗嘱形式的具体要求，请参见本章第三节内容。

第五节　遗嘱的变更和撤回

遗嘱是一种单方法律行为，是基于遗嘱人的真实意思而设立的。遗嘱一经设立，只要符合法律规定的有效条件，即可产生法律效力。但这并不等于，遗嘱一经设立就不得改变。现实生活中，由于某种新情况的出现，如原遗嘱中不分或少分遗产的某法定继承人丧失了劳动能力和生活来源，遗嘱人又获得了新的财产或增加了债务，某一遗嘱继承人对遗嘱人关心照顾不周或遗嘱人对某一法定继承人的感情加深等，可能会使遗嘱人感到原来所立的遗嘱不妥，想变更、撤回或补充原立遗嘱。因此，法律允许遗嘱人变更、撤回或补充自己所立的遗嘱。我国《民法典》第一千一百四十二条第一款规定："遗嘱人可以撤回、变更自己所立的遗嘱。"由于遗嘱具有改变继承人的范围、继承顺序和遗产继承份额的效力，为了保证遗嘱的严肃性，

变更、撤回或补充遗嘱也需要满足遗嘱的效力要件。例如，变更、撤回、补充遗嘱时，遗嘱人必须仍具有遗嘱能力；必须是遗嘱人的真实意思表示；不得违反社会公共利益；不得取消缺乏劳动能力又无生活来源的法定继承人必要的继承份额；必须按不同形式遗嘱的设立程序进行。

一、遗嘱的变更

遗嘱的变更，是指遗嘱人依法变动、更改其原来所立遗嘱的部分内容的单方法律行为。遗嘱是一种同立遗嘱人的本人意志相联系的单方法律行为，因此，变更已经设立的遗嘱内容，必须由遗嘱人本人亲自进行。除了遗嘱人之外，其他任何单位或个人都无权对遗嘱人设立的遗嘱进行任何变更，人民法院也无权变更遗嘱。如果遗嘱的部分或全部内容违反了法律和社会公共利益，人民法院宣布该部分或全部遗嘱无效时，并不是改变了原遗嘱的内容，而是依法认定该部分所涉遗产不按照遗嘱处分，而转归法定继承。

（一）遗嘱变更的内容

第一，对原遗嘱中指定的遗嘱继承人进行更改，如增加或减少遗嘱继承人的人数，更换遗嘱继承人。第二，对原遗嘱中分配给遗嘱继承人的遗产数额进行增加或减少的变动。变更遗嘱的内容时，不得违反法律和社会公共利益，变更后仍然需要为缺乏劳动能力又没有生活来源的法定继承人保留必要的遗产份额。

（二）遗嘱变更的方式

（1）制作新遗嘱。我国《民法典》第一千一百四十二条第三款规定，“立有数份遗嘱，内容相抵触的，以最后的遗嘱为准”。遗嘱人立下一份遗嘱后，感到有些不妥，或订立遗嘱时的客观事实发生了变化，可以制作一个新遗嘱以覆盖或改变原遗嘱。后订立的遗嘱，其内容与在先订立的遗嘱不一致的部分，以后订立的遗嘱为准。如多份遗嘱对同一遗产做出了不同的处分，导致遗嘱内容相互抵触的，以最后立的遗嘱为准。因此，实践中普遍认为，可以订立新遗嘱的方式变更遗嘱内容，且该情形下，遗嘱人无须专门针对在先遗嘱进行撤回或宣布作废，即可以订立新遗嘱的方式变更在先遗嘱的内容。

（2）提出变更遗嘱的声明。遗嘱人可按原立遗嘱的设立方式和程序提出变更原遗嘱的声明。需注意的是，我国《民法典》对《继承法》进行了变更，否定了公证遗嘱的优先效力。因此，遗嘱人如想对在先制作的公证遗嘱进行变更，只需以符合法律规定的方式形成新的遗嘱，或以合法形式做出变更原公证遗嘱的声明，即可改变公证遗嘱所确定的遗嘱内容。这体现了我国《民法典》对当事人意思自治的愈加重视。

二、遗嘱的撤回

遗嘱的撤回，是指遗嘱人在遗嘱生效前，依法取消原所立遗嘱的法律行为。撤回遗嘱的法律行为只能由遗嘱人生前亲自进行，其他任何人不得代其为撤回遗嘱的行为。需注意的是，《继承法》规定遗嘱人可“撤销”遗嘱；《民法典》将前文中的“撤销”改为了“撤回”，这是因为，《民法典》第一百四十一条规定，行为人可撤回意思表示，撤回意思表示的通知应当在意思表示到达相对人前或者与意思表示同时到达相对人。在遗嘱人订立遗嘱的情形中，遗嘱只会于遗嘱人死亡时生效，在此之前对遗嘱继承人不产生法律效力，因此，遗嘱人在生前对遗嘱内容的取消，只能被视为撤回，而并非撤销。

（一）遗嘱撤回的方式

第一，以书面形式撤回在先遗嘱。此情形与前述变更遗嘱的情形相同，即遗嘱人可通过订立新遗嘱或发布撤回声明的方式撤回在先遗嘱。第二，以内容相反的法律行为撤回在先遗嘱。《民法典》第一千一百四十二条第二款规定，立遗嘱后，遗嘱人实施与遗嘱内容相反的民事法律行为的，视为对遗嘱相关内容的撤回。因此，遗嘱人虽然在遗嘱中指定将其财产交给某一或某些遗嘱继承人继承，但他生前却又违反其遗嘱中所表示的意思，使这部分财产灭失、部分灭失或使其所有权转移、部分转移，导致原立遗嘱的内容部分或完全不能实现的，遗嘱视为被撤回或部分被撤回。例如，遗嘱人在遗嘱中将其名下的一套房产指定由其女儿继承，但在订立遗嘱后，他将该套房产出售给第三人。根据前述法律规定，该行为被视为对其遗嘱内容的撤回，即使该遗嘱人死亡后，他女儿发现了这份遗嘱，也不能凭借该份遗嘱取回该套房产，因为该份遗嘱的这部分内容已经由遗嘱人通过出售房产的行为进行了撤回。

（二）遗嘱撤回的效力

遗嘱的撤回，意味着遗嘱人原立遗嘱并未生效即被消灭，自始不发生法律效力。遗嘱人撤回原来所立遗嘱后又未立新遗嘱，其死后的遗产转归法定继承。

如果行为人立有数份有效遗嘱，《民法典》一千一百四十二条第三款规定：“立有数份遗嘱，内容相抵触的，以最后的遗嘱为准。”

第六节　遗嘱的执行和遗产管理

遗嘱的执行，是指于遗嘱生效后为实现遗嘱的内容所必要的行为及程序。[①]如前所述，遗嘱的生效，需以被继承人的死亡为前提，而在被继承人死后，遗嘱如何能得到有效执行，如何能保证被继承人关于遗产的安排得到落实，这就是本节需要关注的内容。

一、遗嘱执行的主体

根据《民法典》第一千一百四十五条，继承开始后，遗嘱执行人为遗产管理人；没有遗嘱执行人的，继承人应当及时推选遗产管理人；继承人未推选的，由继承人共同担任遗产管理人；没有继承人或者继承人均放弃继承的，由被继承人生前住所地的民政部门或者村民委员会担任遗产管理人。遗嘱执行的主体应确定为遗产管理人。遗产管理人可以是遗嘱执行人，也可以是继承人推选或人民法院指定的其他主体。

一般情况下，遗产管理人就是遗嘱执行人。根据《民法典》第一千一百三十三条，遗嘱人可在订立遗嘱的同时，指定遗嘱执行人的人选。由此可见，遗嘱执行人特指由遗嘱人亲自或委托他人指定人选的、于其死后管理遗产、执行遗嘱的自然人、法人或其他组织。但是，如果没有指定遗嘱执行人，或者被指定的遗嘱执行人已不能继续担任该职位时，继承人基于对遗产管理和遗嘱执行的需要，可以共同推选遗产管理人。在没有继承人（或继承人放弃继

① 郭明瑞，房绍坤，关涛. 继承法研究[M]. 北京：中国人民大学出版社，2003.

承）的情形下，被继承人生前住所地的民政部门或村委会应代为管理遗产。法律要求行政机关或基层自治组织代为管理无人继承的遗产，也充分体现了国家对私人财产和私人财产权利的保护。

要成为遗产管理人，不仅应遵循上述选任程序，作为遗产管理人的主体还应具备执行遗嘱的能力和资格。具体而言，遗产管理人系自然人的，应具备完全民事行为能力，并且不能出现不适于担任遗产管理人的情形。具体而言，不适于担任遗产管理人的情形有：（1）遗产管理人出现隐匿、伪造、变造、毁损遗嘱的行为；（2）遗产管理人出现隐匿、毁损、低价处置遗产或其他违背遗嘱人生前意愿处分遗产的行为；（3）在遗嘱生效时，遗产管理人已经因刑事处罚等原因被限制了人身自由，或者已经死亡的，不能从事执行遗嘱的工作。如出现以上情形的，该名自然人应被取消遗产管理人的资格。此外，《民法典》第一千一百三十三条同时还规定，自然人可以依法设立遗嘱信托。该条款即认可信托机构可担任遗产管理人。同时，在实践中，还有村委会、居委会等基层组织担任遗产管理人的例子。可见，法人或其他组织担任遗产管理人的，应首先应取得法律的许可，其次也应具备基本的、执行遗嘱的专业知识及能力。

关于遗产管理人的法律地位，参照关于遗产管理人的相关理论，存在固有权说、遗嘱人代理权说、继承人代理权说三种基本观点。其中，固有权说认为，遗产管理人是基于遗嘱或法定事由被指定，但其和遗嘱人、继承人之间并不成立直接的代理关系，其执行遗嘱只是成为遗产管理人后所固有的一种权利。遗嘱人代理权说认为，遗产管理人执行遗嘱是确保遗嘱人关于遗产的处分得以实现，其执行遗嘱的行为应该受遗嘱人的意思约束，因此他的法律定位近似于遗嘱人的代理人。继承人代理权说认为，继承开始后，遗产实际上已经转而归属于全体继承人，遗嘱继承人的工作只是确定遗产应在继承人中如何分配，因此遗嘱继承人在此时应被认为是为了继承人的利益而服务，是继承人的代理人。上述三种观点，还衍生出诸如机关说、任务说、遗产代理说等观点。

二、遗产管理的方式

《民法典》第一千一百四十七条规定：遗产管理人应当履行下列职责：① 清理遗产并制作遗产清单；② 向继承人报告遗产情况；③ 采取必要措施防止遗产毁损、灭失；④ 处理被继承人的债权债务；⑤ 按照遗嘱或者依照法律规定分割遗产；⑥ 实施与管理遗产有关的其他必要行为。

实践中，遗产管理人的责任系确保被继承人订立的遗嘱得到有效、正确的执行，主要工作包括如下内容：

（1）遗产管理人应首先对遗嘱进行审查。审查遗嘱是遗产管理人的首要任务，遗产管理人将根据法律的相关规定对遗嘱的效力要件进行审核，确定其所持有的遗嘱是一份真实、合法、有效的遗嘱，不存在任何涂改现象，不存在任何违法内容。

（2）遗产管理人应查明继承人及其他利害关系人，并完成有效通知。遗产管理人应首先查明遗嘱人的继承人，在确定继承人的时候，遗产管理人还应特别关注继承人中是否存在缺乏劳动能力又没有生活来源的继承人。同时，如遗嘱中同时出现了继承人范围外的受遗赠人，遗产管理人还应核实该受遗赠人的身份。

（3）遗产管理人应查明遗产范围、制定遗产清单并管理遗产。继承开始后，遗产管理人将全面接管遗产，查明遗产的名称、形式、价值、存放地点，对遗产进行有效管理。同时，遗产管理人还须查明遗嘱人的债权债务情况和债权人、债务人的身份，必要时通知债权人或债务人来结清债权债务，以固定遗嘱人真实的财产状况。在完成对遗产的清点并查实债权债务情况后，遗产管理人还应制作遗产清单。

（4）遗产管理人可以自己的名义参与诉讼。包括其为了追回财产主动提起诉讼，以及被动进入债权人提起的诉讼以明确财产归属。

（5）遗产管理人应按照遗嘱确定的分配方案和法律的相关规定完成对遗产的分割，帮助继承人按照遗嘱取得遗产，协助继承人完成遗产的过户，等等。同时，如遗产管理人发现遗嘱人没有为缺乏劳动能力又没有生活来源的继承人留存遗产，遗产管理人还应依据法律的相关规定，向前述继承人分配一定的遗产。

为了确保遗产管理人更好地履行职责，法律还赋予了遗产管理人享有取得合理报酬、辞职等权利。同时，在其位谋其政，如遗产管理人因故意或者重大过失造成继承人、受遗赠人、债权人损害的，法律明确了相关主体可以向遗产管理人索赔，遗产管理人也应当承担民事责任。

典型案例

案例一：请分析郭某下面哪一份遗嘱有效？

郭某曾立下书面遗嘱，将其全部遗产 3 间房屋和 2 万元存款给长子郭甲继承。但弥留之际，郭某又觉得长子不够孝顺，便宣布把自己的全部遗产给次子郭乙继承。当时在场人员有护士小王，三个子女郭甲、郭乙、郭丙。郭丙患有严重的精神病，无业在家。郭某对郭丙很讨厌，故未考虑给其遗产。

问：（1）两份遗嘱以哪一份为准？为什么？（2）如果郭甲为争夺遗产，在郭乙水杯中下毒，但误把白糖当作砒霜，则发生什么民事后果？

案例分析：（1）本案有两份遗嘱，书面遗嘱部分有效，口头遗嘱无效。因为口头遗嘱不符合两个或者两个以上见证人在场见证的条件，依据法律规定，见证人不能是继承人或者与继承人有利害关系的人。本案中，只有一人即护士小王符合见证人的条件，其他人则不能作为见证人。书面遗嘱部分有效，继承人郭丙缺乏劳动能力，没有生活来源，在遗产中必须给他保留必要的份额。（2）郭甲为争夺遗产，在郭乙水杯中下毒，虽犯罪未遂，但为争夺遗产，有杀害郭乙的主观故意，而且付诸行动，郭甲会依法被剥夺继承权。

案例二：本案自书遗嘱是否有效？

2010 年底，一位老年人在临终前立了一份自书遗嘱，主要内容包括：“由长子全权处理自己的后事，所余钱物由两个儿子平分。住房已经买下，户主也是本人，我老伴儿对此房只有居住权，可在此居住至终老，房子最后由长子继承……”。遗嘱中没有涉及妻子季某的继承份额。老伴儿去世后，季某越想越不对劲，找儿子协商重新进行财产分割也没有达成一致意见。为维护自己的合法权益，季某诉至法院，要求把住房判归自己，同时要求将自己与丈夫的共同财产依法分割。法庭上，母亲和两个儿子展开了激烈辩论。季某怀疑遗嘱是假造的；儿子则辩称，父母结婚 37 年，母亲一直没有工资收入补贴家里，现在的积蓄全部是父亲的。但原、被告双方提供的证据都不能充分证明自己的主张。法院经过详细审查，认定原告及被继承人生前的住房以及名下的存款、国库券、家具均系婚姻关系存续期间所共有，而且双方未就财产问题进行事先约定，因此应属夫妻双方的共同财产。

问：该遗嘱有效吗？法院应如何判决？

案例分析：合法有效的遗嘱应当符合以下几个条件：一是遗嘱人必须具有遗嘱能力。二是遗嘱必须是遗嘱人真实意思的表示。三是遗嘱的内容必须合法。四是遗嘱必须符合法定形式。本案中的遗嘱属于部分无效的遗嘱。遗嘱中只能处分个人合法财产，该遗嘱中遗嘱人有权支配的只是夫妻共同财产的一半，其余的一半家庭财产依法应归季某所有，对于季某的这份财产，丈夫在遗嘱中无权支配。

据此，法院依法作出如下判决：（1）住房产权的一半归季某所有，另一半归长子所得；（2）被继承人名下存款的一半归季某，另一半扣除长子垫付的丧葬费后由两个儿子平分；（3）家中家用电器等物品一半归季某，另一半由两个儿子平分。

思考题

1. 简述遗嘱继承的法律特征。
2. 如何理解遗嘱的效力要件？

第十五章　遗赠和遗赠扶养协议

【内容提要】

遗赠是被继承人处分自己财产的又一种方式，是自然人通过遗嘱将其遗产的一部分或全部赠与国家、社会或者法定继承人以外的人的一种单方面的民事法律行为。遗赠扶养协议是我国继承制度的新发展，是基于权利义务相一致的原则，受扶养人将财产遗赠给扶养人的协议。本章主要介绍了遗赠和遗赠扶养协议的概念、特征及效力，以及它们与遗嘱继承、赠与等制度的区别。

【理论框架】

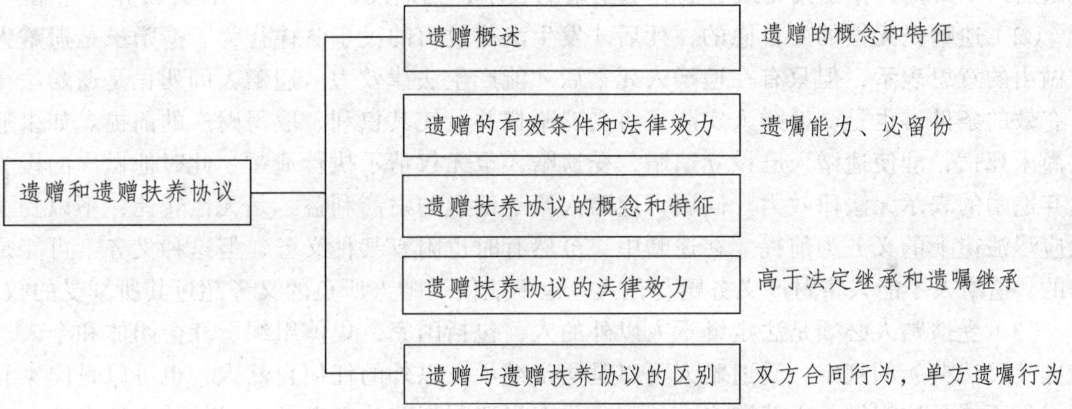

第一节　遗赠概述

一、遗赠的概念和特征

遗赠，是指自然人以遗嘱的方式将遗产的一部分或者全部无偿赠给国家、集体组织或法定继承人以外的自然人，并于其死后发生法律效力的单方民事法律行为。该民事法律行为的法律后果构成遗赠法律关系；设立遗赠的遗嘱人称为遗赠人；被遗嘱指定而接受遗赠利益的人，称为受遗赠人；遗赠所指向的标的称为遗赠财产或遗赠物。

在继承法上，遗赠属于与遗嘱继承并行的一种遗嘱类型，是遗嘱处分的形式之一。

形式上的遗赠早在古罗马时代就已经出现。至欧洲中世纪随着罗马法的复兴，遗赠传入欧洲，并从一开始即为教会所利用。因为教会可以通过从教徒那里接受遗赠，为教会增加财产，所以中世纪的遗赠是以教会作为受遗赠人为主，教会法鼓励和认可遗赠的目的也主要是促使人们把遗产遗赠给教会，遗赠从而被赋予浓厚的宗教色彩。近现代各国继承法基本上都确认了遗赠制度。

继承法一直对遗赠持肯定态度，并确认遗赠为与遗嘱继承相并行的一种遗嘱处分方式，具有优先于法定继承的效力，尤其对于公民将遗产遗赠给国家、社会团体、集体组织和企事业单位等公益性行为加以赞赏。我国《民法典》第一千一百三十三条第三款明确规定："自然人可以立遗嘱将个人财产赠与国家、集体或者法定继承人以外的组织、个人。"这是遗赠在我国法律规范中的主要表现。

由于遗赠必须以遗嘱的方式进行，所以遗嘱的特征必然反映在遗赠中，同时遗赠还有其特殊要求。概括起来，遗赠具有以下法律特征：

（1）遗赠是单方民事法律行为。遗赠行为只须遗赠人一方作出意思表示即可成立，遗赠人以遗嘱的方式将自己的财产赠给受遗赠人时，并不需要征得受遗赠人的同意，也不受其他人意志的制约。正因为如此，遗赠人在做出遗赠表示后，仍可单方面予以撤销或变更，任何人不得干涉。遗赠只要求遗赠人一方的意思表示即可有效成立。但遗赠人做出的遗赠表示及撤销或变更表示，必须符合遗嘱的有效条件。至于受遗赠人是否愿意接受遗赠，并不影响遗赠的有效成立。但我国《民法典》第一千一百二十四条第二款规定："受遗赠人应当在知道受遗赠后六十日内，作出接受或者放弃受遗赠的表示；到期没有表示的，视为放弃受遗赠。"

（2）遗赠是无偿的、自愿的，死后才发生法律效力的民事法律行为。遗赠虽是遗赠人生前做出的意思表示，但只有在遗赠人死亡后才能产生法律效力。遗赠人的死亡是遗赠法律关系有效的条件，也是受遗赠人实际享有受遗赠权并行使其权利、取得财产的前提。如果遗赠人尚未死亡，即使遗赠人已设立遗赠，受遗赠人也无权请示执行遗赠，此时他做出的接受或放弃遗赠的表示无法律效力。同属，遗赠人给予他人的财产利益，是无偿转让，不以受遗赠人应尽法律上的义务为前提。在遗赠中，虽然有时也附有某种义务，但这种义务不可能是对等的。遗赠人不能只将财产义务赠与他人，也不能使受赠人所负的义务超过其所享受的权利。

（3）受遗赠人必须是法定继承人以外的人，包括国家、集体组织、社会团体和个人。按我国《民法典》的规定，受遗赠人可以是法定继承人以外的任何自然人，也可以是国家和集体，但不能是法定继承人范围之内的人，只有当遗嘱指定法定继承人以外的人接受遗产时，才能认定为遗赠。

（4）遗赠的标的只能是遗产中的财产权利，而不能是财产义务（如债务）。如果遗产中的所有权和债权的标的之价值大于债务标的之价值，遗赠人可将全部遗产赠给受遗赠人，最终受遗赠人应得到财产利益。依我国《民法典》的立法意旨，在遗赠关系中，受遗赠人接受遗赠时只承受遗产中的权利而不承受遗产中的债务。遗赠人给予受遗赠人财产利益，是遗赠人对自己财产的无偿转让。该财产利益的转让不仅可以是财产或权利的让与，而且可以是对受遗赠人某种财产义务的免除。法律设立遗赠制度的目的，在于允许遗赠人以遗赠处分的方式为受遗赠人带来某种财产利益，而不允许遗赠人以遗赠的方式为受遗赠人设立债务。当遗产中既有财产权利又有财产义务时，遗赠人可以将其中的财产权利遗赠给受遗赠人，而不能将其中的财产义务交由受遗赠人承担。遗赠的这一特点是其与遗嘱继承的区别之一。因为按照限定继承原则，遗嘱继承人在继承遗产时，既接受了遗产中的财产权利，同时又必须在遗产价值范围内承担清偿遗嘱人依法应当缴纳的税款和债务的义务。

（5）受遗赠权不能由他人代替行使。遗赠是以特定的受遗赠人为受益主体的，受遗赠的主体具有不可替代性。受遗赠人的受遗赠权只能由受遗赠人自己亲自享有，不得转让。当然，如受遗赠人为无完全民事行为能力人，其受遗赠权的行使得由其法定代理人代理。受遗赠人应为接受遗赠时的生存之人。但于被继承人死亡时已受孕的胎儿也可作为受遗赠人。受遗赠人先于遗赠人死亡或者受遗赠的单位于遗赠人死亡前撤销的，遗赠即不能发生效力，其受遗赠权便自然消失；受遗赠人在作出接受遗赠的意思表示前死亡的，也不能发生遗赠效力。受遗赠人若不愿接受遗赠，也不能将该遗赠财产转给他人。但是，当继承开始后，受遗赠人表示接受遗赠，并于遗产分割前死亡的，其接受遗赠的权利转移给他的继承人。

（6）清偿遗赠人的债务优先于执行遗赠。我国《民法典》第一千一百六十二条规定“执行遗赠不得妨碍清偿遗赠人依法应当缴纳的税款和债务”。

（7）遗赠人行使遗赠权不得违背法律规定。遗赠作为遗嘱继承的一种特殊形式，必须以遗嘱的方式进行，由继承法加以规范和调整，也正因为如此，遗赠成为一种要式民事法律行为，且为诺成性民事法律行为。遗赠人设立遗赠，以及撤销、变更和修改遗赠的内容，必须严格遵行遗嘱的形式和实质要件。除此之外，在遗赠关系中，向受遗赠人交付财产的义务人并非遗赠人本人，而是继承人，或遗产管理人，或遗嘱执行人。同时，我国《民法典》第一千一百四十一条规定：“遗嘱应当为缺乏劳动能力又没有生活来源的继承人保留必要的遗产份额。”遗赠作为一项遗产处分，也必须符合该规定。

二、受遗赠人的法律地位

（一）受遗赠人的范围

根据我国《民法典》的规定，受遗赠人的范围仅限于国家、集体组织和法定继承人以外的其他自然人；法定继承人不能成为受遗赠人。按此规定，受遗赠人可具体分为：国家、法人、非法人组织以及法定继承人以外的自然人。

（二）受遗赠人的权利

受遗赠人作为遗赠关系的权利主体，在常态下仅享受遗赠人所给予的遗赠利益，取得遗嘱所指定的财产，而不直接承担义务。所以，受遗赠人的法律地位是以权利为重心，遗赠的实现过程也就是受遗赠人行使其受遗赠权的过程。在此过程中，受遗赠人的权利集中表现为两种：

（1）接受或放弃受遗赠的权利。遗赠人以遗嘱的形式指定受遗赠人，使受遗赠人获得遗赠的期待权。遗赠人死亡，遗赠依法开始生效，但能否产生遗赠的实效，得由受遗赠人自己决定。此时，受遗赠人的权利即表现为接受或放弃受遗赠的选择权。在这一权利关系中，权利主体是特定的受遗赠人，权利内容则是表示接受还是放弃；义务主体是包括继承人在内的一切不特定的人，义务内容应属于消极的不作为，即不得干涉、限制受遗赠人行使权利，更不得强迫受遗赠人接受或放弃。如果受遗赠人是无行为能力人或限制行为能力人，其受遗赠权由他的法定代理人代为行使，或者由其征得法定代理人同意后行使。法定代理人代理被代理人行使受遗赠权，不得损害被代理人的利益。

（2）请求给付遗赠利益的权利。在受遗赠人行使其接受遗赠的权利的条件下，必然发生受遗赠人取得遗赠利益的法律后果。此时，受遗赠人即享有请求给付遗嘱所指定的遗赠利益的权利。在这一权利关系中，权利主体仍是特定的受遗赠人，权利的性质和内容表现为提出积极的请求，并在被请求人为给付行为时予以接受；义务主体是继承人、遗产管理人或遗嘱执行人，义务内容则是按遗嘱指定为积极之给付。

受遗赠人行使其请求权并得到满足后，遗赠关系归于消灭，受遗赠人对所得遗赠利益依法享有所有权或其他民事权利。

（三）受遗赠权的实现

受遗赠人依遗嘱的指定而享有受遗赠权，该受遗赠权在遗赠人死亡时开始生效。但是，该受遗赠权并不是绝对的，它要最终得以实现，还必须具备相应的条件，即受遗赠权的行使条件。这些条件具体表现在以下六个方面：

（1）据以确认受遗赠权的遗嘱必须是合法有效的。遗嘱无效，当然会导致遗赠的无效，受遗赠权无从产生。

（2）遗赠人生前的行为未与遗赠发生冲突。如果遗赠人生前在设立遗赠之后，又以合法有效的意思表示对遗赠予以撤销，或对遗赠所指向的财产作了决定其事实上或法律上终局命运的处分，则遗赠因与遗赠人生前行为冲突而归于失效，受遗赠权亦不再存在。

（3）遗赠的标的客观存在并能够被执行。受遗赠人行使受遗赠权，取得遗赠利益，必须以遗赠标的客观存在为前提。如果遗赠标的非第三人原因而发生灭失，则遗赠空有其名，不能生效。同理，基于清偿被继承人债务优先于执行遗赠的要求，如果遗赠标的已不得不用来清偿遗赠人生前所欠税款和债务，则遗赠在法律上不可能被执行，受遗赠权不能实现。

（4）受遗赠人的受遗赠权与特殊条件下的继承人的“必继份权”不发生冲突。我国《民法典》第一千一百四十一条明确规定：“遗嘱应当为缺乏劳动能力又没有生活来源的继承人保留必要的遗产份额。”《继承编解释（一）》第二十五条进一步指出：“遗嘱人未保留缺乏劳动能力又没有生活来源的继承人的遗产份额，遗产处理时，应当为该继承人留下必要的遗产，所剩余的部分，才可参照遗嘱确定的分配原则处理。”据此，缺乏劳动能力又没有生活来源的继承人的“必继份”权利依法优先于受遗赠人的受遗赠权。如果遗赠的内容侵犯了继承人的这种“必继份”权利，受遗赠权则会因此全部失效或部分失效。

（5）受遗赠人后于遗赠人死亡。受遗赠权是根据遗赠人的指定而依法专属于受遗赠人的权利，除遗赠人明确表示替补之外，不允许替代或代位受遗赠。当受遗赠人先于遗赠人死亡或被宣告死亡时，遗赠因受遗赠人的不存在而丧失法律效力，遗赠所指向的财产只能归复到法定继承。但是，如果受遗赠人在遗赠人死后，表示接受遗赠之前死亡，其接受或放弃受遗赠的权利应由其继承人继承。

三、遗赠的分类

由于我国《民法典》对遗赠仅作了原则性规定，所以很难从中看出遗赠的类型。但在实际生活中，以及在外国继承法上，遗赠存在着不同的类型。根据不同的标准，遗赠可作如下分类：

（一）单纯遗赠、附负担遗赠和附条件遗赠

根据遗赠是否附有负担和条件，可分为单纯遗赠、附负担遗赠和附条件遗赠。

（1）单纯遗赠，是指遗赠人仅给予受遗赠人财产利益，而不附加任何条件和义务的遗赠。在现实生活中，绝大多数遗赠为单纯遗赠。

（2）附负担遗赠，又称附义务遗赠，是指遗赠人在遗嘱中规定受遗赠人在其所接受的遗产范围内，应履行一定义务的遗赠。

附负担的遗赠是遗托的表现形式之一。所谓遗托，亦称附义务的遗嘱或附负担的遗嘱，是指遗嘱人在遗嘱中授予遗嘱继承人或受遗赠人财产权利的同时，附加提出的必须履行某项义务的要求。它既适用于遗嘱继承，又适用于遗赠。我国继承法未对遗托的义务作出限制性规定，从理论上看，在遗托的义务违反社会公德、违反社会公共利益，或者违法时，该遗托为无效。但是只要遗嘱人的遗托不违背法律和社会公德，不违反社会公共利益，又是可以履行的，接受了遗产的受遗赠人或者遗嘱继承人就必须履行遗托的义务。我国《民法典》第一千一百四十四条规定："遗嘱继承或者遗赠附有义务的，继承人或者受遗赠人应当履行义务。没有正当理由不履行义务的，经有关单位或者个人请求，人民法院可以取消其接受附义务部分遗产的权利。"这里的有关单位和个人应为与遗产的承受有利害关系的单位和个人，例如被继承人生前所在单位或者继承开始地的基层组织、法定继承人等。依《继承编解释（一）》第二十九条的规定："附义务的遗嘱继承或遗赠，如义务能够履行，而继承人、受遗赠人无正当理由不履行，经受益人或其他继承人请求，人民法院可以取消其接受附义务部分遗产的权利，由提出请求的继承人或受益人负责按遗嘱人的意愿履行义务，接受遗产"。

无论是附负担的遗赠，或是附负担的遗嘱继承，必须符合四个要件：第一，所附负担或义务必须是合法且可以履行的；第二，该负担或义务只能是附随于遗嘱所给予的权利；第三，该负担或义务只能是遗嘱指定的，而不能是法定的；第四，所负义务不能超过所给予的权利，超过部分得拒绝履行。

（3）附条件遗赠，是指遗赠人在遗嘱中规定，当某种条件成就之时遗赠即生效，或者当某种条件成就之时遗赠即失效。它是附条件民事法律行为在遗赠中的表现。根据所附条件在遗赠效力中的影响，可以将其分为附延缓条件的遗赠和附解除条件的遗赠。

所谓附延缓条件的遗赠，是指遗赠人在遗嘱中规定遗赠自条件成就时发生法律效力。如果条件成就，遗赠即生效；如果条件不成就，则遗赠不生效。

所谓附解除条件的遗赠，是指遗赠人在遗嘱中规定遗赠自条件成就时起丧失法律效力。如果条件成就，已生效的遗赠则停止效力；如果条件不成就，则遗赠处于生效状态。

虽然我国《民法典》上没有专门规定附条件的遗赠，但参考我国关于附条件民事法律行为的态度，在实践中应对其加以认可。

（二）补充遗赠和后位遗赠

根据遗嘱中针对受遗赠人的情况所作的替补安排，可将遗赠分为补充遗赠和后位遗赠。

（1）补充遗赠，是指遗赠人在遗嘱中表示，如果受遗赠人抛弃遗赠、丧失受遗赠权或者先于遗赠人死亡，则将其应取得的受遗赠利益给予另外之人的遗赠。该"另外之人"即"补充受遗赠人"或"候补受遗赠人"。对此种遗赠，德国、瑞士等国明文加以确认；而有些国家则未置明文。

（2）后位遗赠，又称后继遗赠或次位遗赠，是指遗赠人在遗嘱中规定，受遗赠人在某一时刻到来之时或某一事件发生之时，应将其所得的遗赠利益转归另一受遗赠人的遗赠。对此种遗赠，各国或地区法律有三种态度：一是明文加以禁止，如法国；二是明确加以承认，如德国、瑞士；三是既不明文承认，也不明确禁止，如日本。

我国现行《民法典》对补充遗赠和后位遗赠均没有明确规定。实践中，基于遗嘱自由原则和社会实践的多样性，只要遗嘱人所规定的补充遗赠和后位遗赠不违反法律和社会公共利益，应承认补充遗赠和后位遗赠的有效性。

四、遗赠与遗嘱继承的区别

遗赠与遗嘱继承，都是被继承人以遗嘱处分个人财产的方式而在其死后发生法律效力的民事法律行为，在多数国家立法上一般都同时规定了这两种制度。但在区分遗嘱继承与遗赠上有不同的标准。例如，有的国家规定，遗赠不能是包括的遗赠即权利义务一并转移的遗赠，如果遗嘱中指定某人承受全部权利义务，则该人为指定继承人，而不论其是否为法定继承人范围之内的人。也有的国家以遗嘱中的指定为准，遗嘱中指定为继承人的，其承受财产为遗嘱继承；遗嘱中仅指定将某项财产利益移交某人而未指定其为继承人的，则为遗赠。也有的国家是从承受遗产的主体范围上区分：遗嘱人指定由法定继承人中的某人承受遗产的，该人为遗嘱继承人；遗嘱人指定由法定继承人以外的人承受财产的，则该人为受遗赠人。根据我国立法的规定，遗赠与遗嘱继承的区别主要有以下几点：

（一）遗嘱继承人和受遗赠人的主体范围不同

根据我国《民法典》规定，遗嘱继承人只能是法定继承人中的一人或数人，不能是法定继承人以外的公民或单位，而且是与立遗嘱人有血缘关系、婚姻关系、扶养关系的自然人，包括被继承人的配偶、子女及其直系晚辈血亲、父母、兄弟姐妹、祖父母、外祖父母，以及对公、婆或岳父、岳母尽了主要赡养义务的丧偶儿媳或女婿。而受遗赠人则可以是国家、集体组织或者法定继承人以外的自然人，即并不限于自然人，可以是与遗嘱人有密切联系的人，也可以是与遗嘱人没有任何关系的人。

（二）遗嘱继承权与受遗赠权的客体范围不同

遗嘱继承权的客体是遗产，遗嘱继承人对遗产的继承是概括地承受被继承人生前的财产权利和财产义务。而受遗赠权的客体只是遗赠人生前享有的财产权利，受遗赠人并不承受被继承人的债务。如果遗赠人将其全部遗产遗赠给国家、集体或某公民，而他生前又有债务时，则受遗赠人只能接受清偿债务后剩余的财产，受遗赠人本身并不承受被继承人的债务。而遗嘱继承权的客体是遗产，既包括被继承人生前的财产权利，也包括被继承人生前的财产义务。遗嘱继承人对遗产的继承不能只承受遗产的财产权利，而不承受遗产的财产义务。我国《民法典》第一千一百六十二条规定："执行遗赠不得妨碍清偿遗赠人依法应当缴纳的税款和债务。"说明受遗赠人只能承受财产权利，而不承受财产债务，因而应当在清偿遗赠人的财产义务后才能执行遗赠。受遗赠人接受遗产后，只有在因遗赠的执行影响遗赠人生前的债务的清偿时，才应当将不应受遗赠的财产返还用以清偿遗赠人应缴纳的税款和债务，但受遗赠人本身并不承担清偿遗赠人生前债务的责任。

（三）受遗赠人与遗嘱继承人作出接受和放弃表示的要求不同

受遗赠人接受遗赠的，应于法定期间内作出接受遗赠的明示的意思表示。我国《民法典》第一千一百二十四条第二款规定："受遗赠人应当在知道受遗赠后六十日内，作出接受或者放弃受遗赠的表示；到期没有表示的，视为放弃受遗赠。"这里规定的六十日的期间是受遗赠权的除斥期间，从知道受遗赠后的六十日内未作出接受的表示，即视为放弃受遗赠权。因此，受遗赠人接受遗赠的，必须在知道受遗赠后的两个月内作出接受遗赠的明确的意思表示。而遗嘱继承人自继承开始后，遗产分割前未明确表示放弃继承的，则视为接受继承，放弃继承权必须于此期间内作出明确的意思表示。

（四）受遗赠人与遗嘱继承人取得遗产的方式不同

受遗赠人不直接参与遗产分配，而是从遗嘱继承人或者遗嘱执行人那里取得遗赠人的财产。遗产继承人可直接参与遗产的分配以实现其继承权。

五、遗赠与赠与的区别

遗赠与赠与都是自然人自愿、无偿地将自己的财产赠给他人的民事法律行为。但是，遗赠与赠与之间仍存在着显著的差异。

（一）两者的法律性质不同

遗赠是遗赠人的单方民事法律行为，遗嘱人立遗嘱时不必征得受遗赠人的同意，就可以在遗嘱中作出遗赠的意思表示，受遗赠人依据遗赠人的遗嘱就对其遗产取得了受遗赠的权利。赠与属于双方民事法律行为，是赠与人与受赠人之间的合同关系，赠与人的赠与行为只有在得到受赠人的承诺，即双方意思表示一致，赠与合同才能成立，发生法律效力。

（二）两者的行为性质不同

遗赠是于被继承人死亡后发生效力的死后行为，是一种死后处分行为。而赠与是生前行为。需要说明的是，虽然死因赠与也属于于赠与人死亡后发生效力的行为，但死因赠与是赠与人与受赠人之间的合同行为，只是以赠与人死亡为受赠人取得赠与物所有权的条件，在赠与人死亡前，受赠人无权要求赠与人移转赠与物归其所有，赠与物的所有权不能发生转移。所以，尽管有的国家关于遗赠的规定准用于死因赠与，但二者的性质还是不同的。

（三）意思表示的方式不同

遗赠以遗嘱的存在为前提，受遗赠人取得财产的依据只能是遗嘱，遗赠人遗赠其财产应遵守法律对于遗嘱的规定，因此，遗赠是要式的民事法律行为。赠与一般没有严格的形式要求，除法律对特殊标的赠与有形式上的要求外，当事人双方可以用口头或书面的形式达成一致，因此，赠与是不要式民事法律行为。

（四）处分财产的范围不同

遗赠人按遗赠方式处理其财产，应不违反法律的要求，如不得剥夺无独立生活能力又无其他生活来源的法定继承人的遗产份额，受遗赠人可取得的遗产应是偿还了遗嘱人生前所欠债务后才可分得的财产。而赠与人处分自己的财产给受赠人，除了不能以逃避债务为目的的赠与外，法律上一般不加限制。

（五）发生法律效力的时间不同

遗赠的生效时间实际上是遗嘱的生效时间，遗赠在遗嘱订立时具有设立效力，但必须在遗赠人死亡后才发生执行效力。而赠与一般是赠与人生前生效的民事法律行为，赠与要实际交付赠与标的物之后才发生法律效力。

第二节　遗赠的有效条件和法律效力

遗赠作为一种民事法律行为，其生效除了需要满足民事法律行为的一般生效条件之外，还需同时满足以下条件：

（1）据以确认受遗赠权的遗嘱必须是合法有效的遗嘱。遗嘱无效，当然导致遗赠的无效，受遗赠权无从产生。

（2）遗赠人须有遗嘱能力。自然人只有具备完全民事行为能力才有遗嘱能力，即完全民事行为能力人所立的遗嘱才有效，无民事行为能力人或者限制民事行为能力人没有遗嘱能力，他们所立的遗嘱无效。遗赠人有无遗嘱能力应以设立遗嘱时为准，如果设立遗嘱时有遗嘱能力其后又丧失，并不影响遗嘱的效力。

（3）遗赠人须为缺乏劳动能力又没有生活来源的继承人保留必要的遗产份额。如果继承人中有缺乏劳动能力又没有生活来源的人，而遗赠人又没有为其保留必要的遗产份额，则涉及这一必要份额的遗赠无效。据此，缺乏劳动能力又没有生活来源的继承人的“必继份”权利依法优先于受遗赠人的受遗赠权。如果遗赠的内容侵犯了继承人的这种“必继份”权利，受遗赠权则会因此全部失效或部分失效。

（4）遗赠人所立的遗嘱符合法定的形式。遗赠人设立的遗嘱不符合法定形式，遗赠无效。遗赠人的遗嘱是否符合法定形式，以遗嘱设立当时的法律要求为准。

（5）受遗赠人须为在遗赠人的遗嘱生效时生存之人。先于遗赠人死亡或者与遗赠人同时死亡的公民，不能成为受遗赠人，因为其不具有民事权利能力。但遗赠人死亡时已受孕的胎儿可以作为受遗赠人，但也应以活着出生的为限。如胎儿出生时为死体的，则遗赠自始无效。未成立的法人也不能为受遗赠人，但正在设立中的法人可以作为受遗赠人。

（6）遗赠的财产须是在遗赠人死亡时能够执行的合法遗产。如果遗赠财产不属于遗产，或者于遗赠人死亡时该项财产已不存在或因其他原因不能执行，则遗嘱无效。

第三节　遗赠扶养协议的概念和特征

一、遗赠扶养协议的概念

遗赠扶养协议是由受扶养人的自然人和扶养人签订的，由扶养人对遗赠人负生养死葬的义务，遗赠人将其财产按约定在其死后转移给扶养人所有的协议。我国《民法典》第一千一百五十八条规定：“自然人可以与继承人以外的组织或者个人签订遗赠扶养协议。按照协议，该组织或者个人承担该自然人生养死葬的义务，享有受遗赠的权利。遗赠扶养协议是自然人（遗赠人、受扶养人）与扶养人或者集体所有制组织（统称为扶养人）签订的关于扶养、遗赠的协议。”

二、遗赠扶养协议具有以下法律特征

（一）遗赠扶养协议是双方民事法律行为

遗赠扶养协议是双方的民事法律行为，只有在遗赠方和扶养方双方自愿协商一致的基础上才能成立。凡不违反国家法律规定、不损害公共利益、不违反社会主义道德准则的遗赠扶养协议即具有法律约束力，双方均必须遵守，切实履行。任何一方都不能随意变更或解除。如果一方要变更或解除，必须取得另一方的同意。

（二）遗赠扶养协议是有偿的、附条件的民事法律行为

遗赠扶养协议是有偿的、相互附有条件的，它体现了权利义务相一致的原则。遗赠方有接受扶养的权利，同时具有遗赠扶养人财产的义务，对遗赠扶养协议中的财产不得处分。扶养方有接受遗赠的权利，同时承担对遗赠人生养死葬的义务。任何一方享受权利都是以履行一定的义务为对价的。扶养人不履行对受扶养人的生养死葬的义务，则不能享有受遗赠的权利；受扶养人不将自己的财产遗赠给扶养人，也不享有要求扶养人扶养的权利。但是，遗赠扶养协议双方的对价关系又不能理解为等价有偿关系，因为毕竟遗赠扶养协议带有社会互助色彩。

（三）遗赠扶养协议是双务民事法律行为

遗赠扶养协议是当事人双方都负有一定义务的民事法律行为。扶养人负有负责受扶养人的生养死葬的义务，受扶养人也有将自己的财产遗赠给扶养人的义务。遗赠扶养协议虽为双务的民事法律行为，但双方义务发生效力的时间不同。扶养人的义务是自协议签订之日起即生效，受扶养人即有权要求扶养人履行义务。而受扶养人的义务是于其死亡后才发生效力，在受扶养人死亡前扶养人不得要求受扶养人将其财产归己所有。协议双方必须遵守协议的约定，违反协议的一方要承担相应的违约责任。

（四）遗赠扶养协议具有最高效力

被继承人生前与他人订有遗赠扶养协议，同时又立有遗嘱的，继承开始后，如果遗赠扶养协议与遗嘱有抵触，按协议处理，与协议抵触的遗嘱全部或部分无效。[①]

（五）遗赠扶养协议是诺成性的要式民事法律行为

遗赠扶养协议是诺成性行为，因而自双方意思表示达成一致时起即可发生效力。当然，遗赠扶养协议于受扶养人死亡后才发生遗赠的效力。遗赠扶养协议是要式的民事法律行为，须以特定方式作成才能发生效力。对此，我国《民法典》虽无明文规定，但通常认为，遗赠扶养协议应采用书面形式，而不能用口头形式。

第四节　遗赠扶养协议的法律效力

遗赠扶养协议在性质上属于合同，因而其生效需要满足合同法的相关规定。此外，由于

① 参见《继承编解释（一）》第三条。

遗赠扶养协议有其自身的特点，因而在法律效力问题上还具有以下特征：

（1）遗赠扶养协议的法律效力高于法定继承和遗嘱继承。我国《民法典》第一千一百二十三条规定："继承开始后，按照法定继承办理；有遗嘱的，按照遗嘱继承或者遗赠办理；有遗赠扶养协议的，按照协议办理。"据此，当同一被继承人同时存在多个遗产归属关系时，遗赠扶养协议具有最优先的法律效力。无论在订立遗赠扶养协议之前还是在之后，遗赠人立有其他以遗赠或遗嘱继承为内容的遗嘱，如果该遗嘱所涉遗产处分的内容与遗赠扶养协议相抵触，则应归于失效，或者只能在遗赠扶养协议执行完毕后才能付诸执行。

（2）遗赠扶养协议一经订立，即开始生效，对双方产生法律约束力，双方必须认真遵守协议的各项规定。除双方通过协商一致而变更或解除之外，任何一方均不得擅自变更或解除遗赠扶养协议。被扶养人对协议中指明的财产，在其生前可以占有、使用，但不能处分。如果遗赠的财产因此而灭失，扶养人有权要求解除遗赠扶养协议，并要求补偿已经支出的扶养费用。扶养人必须认真履行扶养义务。如果扶养人不尽扶养义务，或者以非法手段谋取被扶养人的财产，经被扶养人的亲属或有关单位请求，人民法院可以剥夺扶养人的受遗赠权。如果扶养人不认真履行扶养义务，致使被扶养人经常处于生活困难、缺乏照料的情况，人民法院可以酌情对遗赠财产的数额给予限制。

（3）遗赠扶养协议因一方的不正当理由反悔而解除时，发生两种法律后果：一是扶养人无正当理由不履行协议规定的义务，被扶养人有权不补偿扶养人已支付的供养费用，并拒绝扶养人受遗赠的请求。如果导致协议解除的，不能享受遗赠的权利。其已支付的扶养费用，一般也不予补偿。当扶养人不认真履行扶养义务的，受扶养人得请求解除协议；致使受扶养人经常处于生活缺乏照料状况的扶养人，人民法院可酌情对其受遗赠财产的数额予以限制。二是受扶养人无正当理由不履行协议，致使协议解除的，则应适当偿还扶养人已支付的扶养费用。

（4）遗赠扶养协议签订后，遗赠人与其子女、扶养人与其父母之间的权利义务关系并不因此而解除。其中，涉及继承人、法定扶养人权利义务的，应按以下三个方面的原则来处理：① 遗赠人与其法定扶养人之间的扶养权利义务不能因遗赠扶养协议而免除，即婚姻家庭法上的扶养关系仍然有效。② 遗赠扶养协议并不是收养，扶养人对遗赠人承担扶养责任后，扶养人与其自身的法定扶养人之间的扶养权利义务关系仍然存在，并应依法履行；不允许借遗赠扶养协议之名而逃脱其法定扶养义务。③ 扶养人依协议而享有的受遗赠权，并不影响扶养人在自身亲属体系中的法定继承人或遗嘱继承人的地位和继承权利；同理，对于遗赠扶养协议中未作处分的遗产，遗赠人的继承人仍有权继承。

第五节　遗赠与遗赠扶养协议的区别

遗赠扶养协议与遗赠都会涉及死者生前财产的移转，但是二者也有着显著的区别。

（1）遗赠扶养协议是双方民事法律行为，而遗赠是单方民事法律行为。遗赠扶养协议只有在遗赠方和扶养方双方自愿协商一致的基础上才能成立。凡不违反国家法律规定、不损害公共利益、不违反社会主义道德准则的遗赠扶养协议即具有法律约束力，双方均必须遵守，切实履行。任何一方都不能随意变更或解除。而遗赠是遗嘱人单方的民事法律行为，不需要他人的同意即可发生法律效力。

（2）遗赠扶养协议属于有偿的行为，遗赠是无偿的行为。遗赠扶养协议的扶养人以承担对被扶养人的生养死葬为代价，获得指定的财产；被扶养人以遗赠指定财产为代价，获得请求扶养和接受扶养的权利。而遗赠受领人是无偿取得遗赠财产。遗赠扶养协议是有偿的、相互附有条件的，它体现了权利义务相一致的原则。而遗赠是财产所有人生前以遗嘱的方式将其财产遗赠给国家、集体或个人的行为，它不以受遗赠人为其尽扶养义务为条件。

（3）遗赠扶养协议是合同行为，遗赠是遗嘱行为。遗赠扶养协议遵循合同法的一般规定，要求协议双方当事人具有完全的行为能力，并且意思表示一致；遗赠以遗嘱的方式订立，适用继承法的一般规定，遗赠人应有遗嘱能力，遗赠受领人是否具有行为能力在所不问。且遗赠扶养协议不仅有遗赠财产的内容，而且还包括扶养的内容。而遗赠只是遗赠财产，没有扶养的内容。

（4）遗赠扶养协议从协议成立之日起开始发生法律效力，是生前生效的民事法律行为；而遗赠是从遗赠人死亡之日起发生法律效力，是死后生效的民事法律行为。遗赠扶养协议成立后，对双方当事人都有约束力，任何一方都得恪守协议的约定，不得擅自变更或者终止协议，不得进行与协议内容相抵触的行为；而遗赠人在其生前可随时变更遗赠的内容甚至撤销遗赠。

典型案例

案例一：囚犯临终遗赠房产纠纷案

囚犯张某病重期间，在监狱医院立下一份“字据”，将一处房产赠予同居女友马某。张某过世后，他的女儿张某一与马某为房产发生纠纷。

张某与张某一的母亲于1999年离婚，张某一随母亲共同生活。离异后，张某与马某相识并以夫妻名义共同生活。几年来，张某与马某一直居住在南汇区某处房屋内。2004年2月，张某因犯罪被羁押于安徽白茅林农场改造，其间，马某以妻子名义多次进行探望和书信往来，并看管了张某的房屋。2005年12月，张某在劳改农场发病，写下一份字据，称“家产房屋赠与马某”。马某诉称，其与张某共同生活多年，虽未办理结婚手续，但张某服刑后，其尽了妻子义务，给予张某经济上的资助及精神上的安慰。张某一则辩称，马某没有在法定期限内作出明确的接受遗赠的意思表示，因此不能获得房产。

问：本案房产应该如何处理？

案例分析：张某立下的字据属于自书遗嘱，合法有效。但是马某没有在法定的期限内表示接受遗赠，丧失受遗赠权。考虑到马某与张某多年共同生活，并且对张某有诸多照顾，通过上海市南汇区人民法院调解，原告马某与被告张某一达成一致意见：讼争房产归张某一所有，张某一支付马某补偿款7万元。

案例二：养女、外甥遗产纠纷案

赵某的妻子早逝，1982年他46岁时收养了女儿赵某一。赵某曾立有遗嘱，将自己的全部财产交由赵某一继承。1997年7月赵某一大学毕业后分在外地工作，三个月以后赵某一又考上了法国的公费研究生，从此就很少与养父赵某联系，赵某主要靠自己的劳动维持生活。2000年5月，与赵某同住本村的外甥陈某因家中住房紧张而借住赵某的房屋，在生活上对赵某关怀备至，嘘寒问暖，给老人精神上以很大安慰，两家关系甚佳。从2002年1月起，陈某就主动负担了赵某的生活费、医疗费共计约4万余元。赵某对此非常感动，于2006年1月20日主动邀请村干部到他家里，当着村干部的面与陈某签订了遗赠扶养协议：① 因赵某年迈，体弱多病，由陈某负责赵某的医疗、护理等费用；② 陈某负责赵某的吃、穿、住、行以及丧葬；③ 赵某的5间瓦房、祖传的玉石烟杆在其死后归陈某所有。2008年3月18日，赵某病故，陈某按照遗赠扶养协议的约定料理了丧事。2008年5月4日赵某一回国后知道了此事，与陈某产生纠纷，并向县法院提起诉讼，要求按遗嘱继承她养父的所有遗产。

问：这笔遗产该如何继承？

案例分析：本案中，遗赠人赵某与扶养人陈某于2006年1月20日签订了书面的遗赠扶养协议。双方约定了各自的权利和义务，赵某享受被扶养的权利，但需承担将自己的财产遗赠给陈某的义务；陈某享有获得赵某财产的权利但需承担遗赠扶养协议所规定的义务。该遗赠扶养协议是双方真实的意思表示，是真实、合法和有效的，能够得到法院的支持。因此，赵某一的诉讼请求得不到法院的支持。

思考题

1. 遗赠与遗嘱继承的区别。
2. 遗赠扶养协议在实践中存在的问题。
3. 遗赠扶养协议有哪些特点？如何理解遗赠扶养协议的效力？

第十六章　遗产的处理

【内容提要】

本章主要介绍遗产的处理或分割，继承的主要标的指向是遗产，遗产的处理是继承的核心环节之一，也是被继承人意志实现的必要条件。本章以继承的开始、遗产的管理、继承和遗赠的接受与放弃、被继承人债务的清偿、遗产的分割五节的内容为主干，系统地介绍遗产处理的体系脉络。

【理论框架】

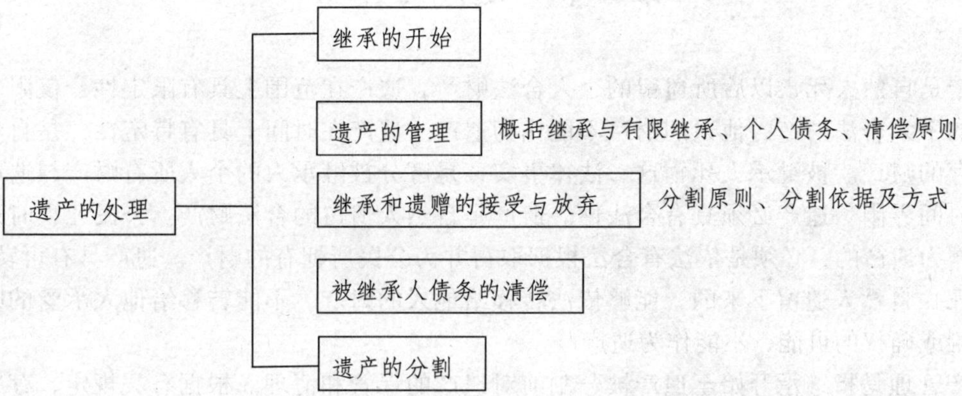

第一节　继承的开始

一、继承开始的原因

继承从被继承人死亡时开始。根据《民法典》第一千一百二十一条的规定，继承人取得遗产的权利，“从被继承人死亡时开始”。这里所说的死亡，不仅包括生理死亡，而且包括宣告死亡的情形。生理死亡是指公民因病、因意外事故或者被人杀害等原因而死亡；宣告死亡是指公民因战争、不可抵抗的自然灾害等原因下落不明，经利害关系人申请，人民法院依法推定其死亡。

二、继承开始的时间

继承源于被继承人的死亡，因此被继承人生理死亡或宣告死亡的时间也就是继承开始的时间。

（一）生理死亡时间

被继承人生理死亡的时间应以医院出具的“死亡证明”为准；没有医院死亡证明的，可以公安机关注销死亡人户口登记所确定的日期为死亡的日期。

（二）宣告死亡时间

失踪人被宣告死亡的，以人民法院判决中确定的失踪人的死亡日期为继承开始的时间。一般以人民法院发出寻找失踪人公告的期间届满之日确定为失踪人死亡日期。

（三）推定死亡

相互有继承关系的几个人在同一事件中死亡，又不能确定死亡的先后时间的，为了确定继承顺序，需要进行死亡推定。一般推定没有继承人的人先死亡；如几个死亡人辈分不同的，推定长辈先死亡；如几个人辈分相同，则推定他们同时死亡，彼此不发生继承关系。

第二节 遗产的管理

遗产是自然人死亡以后所遗留的个人合法财产，遗产在范围上具有限定性，仅限于死亡自然人的个人合法财产，他人的财产不能作为遗产。遗产在时间上具有特定性，是自然人死亡时尚存的财产。被继承人死亡这一法律事实，是区分被继承人的个人所有财产与遗产在法律上的时间界限。遗产必须具有合法性。遗产是自然人遗留的合法财产。公民死亡时遗留下的财产作为遗产的，必须是依法有合法根据取得并为公民所拥有的财产。遗产具有可转移性。遗产是死亡自然人遗留下来的，能够依法转移给他人的财产，不能转移给他人承受的财产不存在分割或确权的可能，不能作为遗产。

遗产管理是指继承开始至遗产被分割前对遗产的保管和清理。根据有关规定，存有遗产的人负有妥善保管遗产的义务。继承开始后，负有保管遗产义务的，首先是存有遗产的人。存有遗产的人是遗产的法定保管人，他可能是继承人，也可能不是继承人。如果被继承人的遗产分散在不同的地方，则分别保管遗产的人都是遗产的保管人。

具体而言，继承开始后遗嘱执行人为遗产管理人；没有遗嘱执行人的，继承人应当及时推选遗产管理人；继承人未推选的，由继承人共同担任遗产管理人；没有继承人或者继承人均放弃继承的，由被继承人生前住所地的民政部门或者村民委员会担任遗产管理人。对遗产管理人的确定有争议的，利害关系人可以向人民法院申请指定遗产管理人。

继承开始后，知道被继承人死亡的继承人应当及时通知其他继承人和遗嘱执行人。继承人中无人知道被继承人死亡或者知道被继承人死亡而不能通知的，由被继承人生前所在单位或者住所地的居民委员会、村民委员会负责通知。此外，遗产管理人还应当履行下列职责：

清理遗产并制作遗产清单、向继承人报告遗产情况、采取必要措施防止遗产毁损或灭失、处理被继承人的债权债务、按照遗嘱或者依照法律规定分割遗产、实施与管理遗产有关的其他必要行为。

管理遗产既是遗产管理人的权利又是其职责，任何人不应阻挠和干涉遗产管理人对遗产进行管理。遗产管理人可以依照法律规定或者按照约定获得报酬。遗产管理人应当依法履行职责，因故意或者重大过失造成继承人、受遗赠人、债权人损害的，应当承担民事责任。存有遗产的人，应当妥善保管遗产，任何组织或者个人不得侵吞或者争抢。无论是继承人、受遗赠人、遗嘱执行人，还是其他存有遗产的人或单位、基层组织保管遗产，都应认真负责地对遗产进行清理、登记和保管。对需及时处理的遗产应及时采取措施妥善处理，对特殊遗产应采取特殊保护措施，因遗产管理人的故意或过失引起遗产损失、毁灭的，应负赔偿责任。

第三节　继承和遗赠的接受与放弃

根据《民法典》第一千一百二十四条的规定，继承开始后，继承人放弃继承的，应当在遗产处理前，以书面形式作出放弃继承的表示；没有表示的，视为接受继承。受遗赠人应当在知道受遗赠后六十日内，作出接受或者放弃受遗赠的表示；到期没有表示的，视为放弃受遗赠。

一、继承的接受与放弃

遗产的接受和放弃是指继承人或受遗赠人在遗产处理时接受或放弃遗产的意思表示。继承权的内容包含三个方面的具体权利：接受或放弃继承遗产的权利；取得遗产的权利；继承权受侵犯时的恢复请求权。接受继承的权利，是指继承人有权就同意接受被继承人的遗产为意思表示。尽管在继承开始后，法定继承人或遗嘱继承人都有权继承遗产，但并不是必须参加继承，而是要以继承人是否表示接受继承作为确定其最终是否得到遗产的依据。表示接受继承的，便实际参加继承进而取得遗产。放弃继承的权利，是指继承人有权就不接受被继承人的遗产为意思表示。继承开始后，继承人对被继承人遗产的继承权就由客观意义上的权利变为主观意义上的权利，因而继承人便可能支配该项财产权利，既可以接受，亦可以放弃。放弃方式主要有：继承人表示接受遗产，但不参加遗产分配；表示接受遗产，并将其应继份转移给指定的继承人或继承人以外的人；继承人表示接受遗产，并在接受遗产后放弃遗产。

继承开始后，继承人放弃继承的，应当在遗产处理前，以书面形式作出放弃继承的表示；没有表示的，视为接受继承。

关于放弃的效力，继承人表示接受遗产，则继承人取得其应继份的所有权。继承人表示放弃遗产的，依其放弃的方式不同，产生不同的法律效力。继承人表示接受遗产，但不参加遗产分配的，其法律后果是继承人将应继份赠与给其他有继承权的全体继承人。继承人表示接受遗产，并将应继份转移给指定的继承人或继承人以外的人的，其法律后果是继承人将其应继份赠与给指定的继承人或继承人以外的人。继承人表示接受遗产，并在接受遗产后放弃遗产的，其法律后果是该遗产成为无主财产，按《民法典》关于无主财产的规定，收归国家所有。

二、遗赠的接受与放弃

遗赠是指自然人通过设立遗嘱把遗产的全部或一部分无偿赠给国家、社会组织或法定继承人以外的自然人，并在死后生效的单方民事法律行为。根据《民法典》第一千一百三十三条的规定：“自然人可以依照本法规定立遗嘱处分个人财产，并可以指定遗嘱执行人。”自然人可以立遗嘱将个人财产赠与国家、集体或者法定继承人以外的组织、个人。在遗赠法律关系中，遗嘱人即遗赠人，而在遗嘱中被指定接受遗产赠与的相对人被称为被遗赠人。

遗赠是死后才发生法律效力的法律行为。遗赠以遗赠人的死亡为生效要件，并且遗赠人给予他人的财产利益是意思自治的结果，是财产或财产权利的无偿让与。此外，遗赠不以受遗赠人应尽法律上的义务为前提。在遗赠中，虽然有时也附有某种义务，但这种义务不可能是对等或等价的。遗赠人不能只将财产义务赠与他人，也不能使受赠人所负的义务超过其所享受的权利。

遗赠是单方法律行为。遗赠行为只须遗赠人一方作出意思表示即可成立，并不需要征得受遗赠人的同意，遗赠人在生前亦可单方取消该遗赠。当然，受遗赠人可以接受遗赠，也可以不接受遗赠。受遗赠人应当在知道受遗赠后六十日内，作出接受或者放弃受遗赠的表示；到期没有表示的，视为放弃受遗赠。

第四节　被继承人债务的清偿

继承制度是人类历史上最为古老的制度之一，无论是在大陆法系还是英美法系，继承都是财产实现代际转移的基本方式。继承标的财产的转移不能仅仅关注继承人及被继承人的权益，还应兼顾利害关系人尤其是债权人的合法权益。

一、概括继承与有限继承

早期的继承都带有地位承袭与财产承继的双重意义。在财产继承方面，继承人所继承的既包括财产权利也包括财产义务，即概括继承。所谓概括继承，是指“继承人接替死者原有的法律地位，接替死者原有的全部财产关系，因而也继承死者的负担，继承债权和债务”[①]。无限责任继承则意味着“继承人要总括地继承被继承人一切财物和财产上的一切权利义务，而不问资产、负债的多少，纵使死者遗产中的负债远远超过资产，继承人仍然要全部继承下来，替死者还清负债”[②]。“父债子偿”的说法便是此种继承典型的历史烙印。

在法的发展过程中，概括继承、无限责任继承等做法不断受到限制，并且被新的制度和司法裁判所动摇。司法实践创造了“不参与遗产权”“财产分别利益”和“财产清册利益”等制度。“不参与遗产权”允许继承人在死者资产状况不好时放弃遗产处理，并将遗产交由遗产债权人出卖用于偿债，不足清偿时，继承人也不负责清偿。“财产分别利益”是当奴隶被主人立为继承人时，可以对家主资产不足以清偿的“有损遗产”申请以自己的名义把它出卖，以清偿死者的债务，不足之数不另负责。[③]“遗产清偿利益”则允许所有的继承人要求将死者的财产和自己的财产区别开来，并且不对超过遗产负荷力的债务部分负责，只要他按照财产清单向死者的债权人做出清偿保证。[④]这些做法赋予继承人以被继承人的遗产范围为限承担责任

① [意]彼德罗·彭梵得. 罗马法教科书[M]. 黄风，译. 北京：中国政法大学出版社，2005.
② 周枏. 罗马法原论[M]. 北京：商务印书馆，2001.
③ 周枏. 罗马法原论[M]. 北京：商务印书馆，2001.
④ [意]彼德罗·彭梵得. 罗马法教科书[M]. 黄风，译. 北京：中国政法大学出版社，2005.

的权利，而立法不应该强制继承人为他人的债务承担清偿责任，在遗产债务超过的情况下，继承人可以自由决定是否放弃继承，限定继承制度由此正式确立。

限定继承将继承人从无限责任的深渊中解救出来，体现了现代法治的基本精神，但却给遗产债权人的利益带来了前所未有的挑战。遗产债权人在死者遗产处理中处于相对弱势地位，他们对遗产的状况既不能充分了解，也无权参与处理，其债权能否公平受偿就仰赖于继承人的行为是否公允。如果继承人利用占有遗产的便利挥霍、浪费、隐匿、侵吞、毁坏、转移、虚报死者遗产，就会给遗产债权的实现制造种种障碍，侵害遗产债权人的正当权益。鉴于上述情形，遗产债务清偿问题已经不能被财产继承所吸收和涵盖，遗产债权人利益的保护成了继承法不得不正视的一个独立问题。也正是如此，近世的学者将保障继承人生活和保护继承债权人作为继承法的两大课题，并认为二者为平行关系，无上下之分。①各国继承立法的目的也呈现出双重性，一方面要保障继承权的实现，使财产私有的秩序在继承法律领域能够继续体现和延伸，另一方面也要确保遗产债权人的利益不因继承的发生而受到影响。

“接受与放弃继承制度的立法宗旨是，寻求继承人及其债权人与遗产债权人利益的最佳平衡点，从而充分体现继承自愿原则和公平、诚信原则。”②如果被继承人的债务明显超过其资产，继承人可以放弃继承，但继承人若有隐匿财产等不当行为，法律则会强制其接受无限继承。

二、被继承人个人债务的确定

根据我国《民法典》权利义务相一致的原则，继承人接受继承，应当同时承受被继承人的财产权利和财产义务。如果继承人放弃了遗产继承，则对被继承人的债务没有清偿责任。继承人表示接受继承，如果被继承人遗留有债务，继承人应当先清偿被继承人的债务，然后再分割遗产。但在实际生活中，被继承人中有的是为了个人生产或生活需要而欠了债务，也有的为了家庭的生产或生活的需要而欠下了债务。这两种债务，即死者个人债务和家庭共同债务，往往不易划分。因此，必须将被继承人生前所欠的个人债务和家庭共同债务区分开来，即析产。

（一）被继承人个人的债务与其家庭共同债务

家庭共同债务是指为了家庭成员共同利益而形成的债务，这种债务应由家庭的共有财产来清偿，不能以被继承人的遗产进行全部清偿。家庭共同债务中应由被继承人清偿的部分应确定为被继承人的债务。

（二）被继承人的债务与以被继承人个人名义欠下的债务

现实生活中，并非所有以被继承人的名义欠的债务都是其个人债务，以下两种债务虽以被继承人的个人名义形成但不应完全归为被继承人的债务，如以被继承人名义欠下的家庭债务或因继承人不尽扶养、赡养义务，被继承人迫于生活需要以个人名义欠下的债务，这种债务应先用遗产清偿，对不足部分继承人仍然负有清偿义务。

（三）被继承人债务与继承费用

继承费用是继承的过程中产生必要的费用支出，该等费用是遗产能够进行合理、合法、

---

① 陈棋炎，黄宗乐，郭振恭. 民法继承新论[M]. 台北：三民书局，2006.

② 陈苇. 外国继承法比较与中国民法典继承编制定研究[M]. 北京：北京大学出版社，2011.

有序继承的必要支出，主要包括继承权公证费用、房地产价值评估费用、房地产继承过户税费、契税以及遗产管理费等。继承费用应当直接从遗产中支付，而不属于被继承人债务。

三、被继承人个人债务的清偿原则

（一）以接受继承为前提的原则

继承人接受继承是进行债务清偿的前提，继承人只有在接受继承时，才依法承担被继承人的债务，如果继承人拒绝接受继承遗产，则其对被继承人的债务不负有清偿义务。这是权利义务相统一原则的体现。

（二）限定继承原则

继承人接受遗产后具有相应的被继承人债务清偿的义务，但该等义务并不是没有边界的。继承人清偿被继承人依法应缴纳的税款和债务应以其取得遗产的实际价值为限，超过部分可以不予偿还，当然继承人也可以自愿清偿超出的部分。

（三）保留必留份原则

如果继承人缺乏劳动能力又没有生活来源的，即使遗产不足以清偿债务，也应当为其保留适当的遗产。这是养老育幼原则的体现，也是保障人权的必然要求。

（四）连带责任原则

虽然我国继承法没有规定各继承人对遗产债务承担何种责任，但由于遗产在分割之前属于各继承人共同所有，所以，每个继承人应对被继承人的债务承担连带责任。

（五）有序清偿原则

被继承人债务的清偿具有一定的顺位，这一原则体现在两个方面：一方面，在多种取得遗产的方式并存的情况下，首先由法定继承人用其所得遗产清偿债务，不足清偿时，由遗嘱继承人和受遗赠人按比例用所得遗产偿还；如果只有遗嘱继承和受遗赠的，由遗嘱继承人和受遗赠人按比例用所得遗产清偿。另一方面，在多种被继承人债务并存的情况下，应按一定顺序清偿。首先清偿具有优先权的债权，比如工人工资和劳动保险费用、用遗产进行了担保的债权等，然后才能清偿普通债权。

四、清偿被继承人个人债务纠纷处理的主要节点

（一）明确遗产的范围

在现实生活中被继承人死亡时，属于被继承人的那部分财产，其所有权状态往往还处在家庭共有的状态中。被继承人的家庭财产不能直接作为遗产并以这个“遗产”对被继承人债务的清偿，其遗产的范围并不是清晰确定的，需要厘清遗产和共有财产的边界。因此在清偿被继承人债务时，先要从共有财产中分割出属于被继承人的那份财产作为真正的遗产，以此作为遗产分割和债务清偿的依据。

（二）区分被继承人所负债务的性质

分清被继承人所负债务的性质，只有在严格按照前文定义确认为是被继承人的个人债务，

才必须依限定继承的原则办理清偿事务，即清偿以遗产的实际价值为限。反之，被继承人所欠下的债务，虽是以被继承人名义欠下，但是实际上是用于家庭共同生产生活的，就不能认定为是被继承人的个人债务，而应作为家庭债务，由家庭成员共同负担，其清偿也不当然适用限定继承原则。此外，被继承人所负债务性质的确定对于清偿债务顺位的确定也必不可少，债务性质的确定是有序清偿的必要条件。

（三）明确清偿债务具体的程序

通常继承开始以后，继承人应首先用属于被继承人遗留下来的财产来清偿被继承人的债务，清偿后剩余的财产，才作为实际存在的遗产再按照遗嘱或法定继承来进行分割。当被继承人的遗产主要是实物或不动产，不便清偿债务时，应按照有利于生产和生活的需要的原则，先行折价或变现，然后再清偿债务，也可以采取共有等方法偿还债务。

第五节　遗产的分割

遗产的分割是指继承开始后，依法在各继承人之间进行遗产分割，从而使遗产实际转归各个继承人所有的法律行为。当继承人有多个或只有一个继承人但有被遗赠人的情况下，遗产需要进行分割。单独继承情况下，因只有一个继承人，遗产债务清偿和执行遗赠后，剩余遗产就由遗产管理人移交继承人所有，不存在遗产的分割问题。

一、遗产分割的原则

（一）遗产分割自由原则

遗产分割属于自然人意思自治的范畴，原则上继承人可以按照自己的自由意志对遗产进行处分。自由原则是各国和地区继承立法中一致采取的原则，即各个继承人在继承开始后可随时请求分割遗产，当其中一人请求分割时，其他继承人有协同分割的义务，不得拒绝，否则，请求分割的继承人可通过诉讼程序请求分割遗产，被继承人以遗嘱禁止分割和共同继承人有不分割约定除外。当然该等自由并不是绝对的自由，如同遗嘱自由一样，遗产分割自由也是有限制的。各国继承立法均规定法律另有规定或契约另有约定者不在此限。为了保护遗产债权人等利害关系人的利益，尊重被继承人生前意愿，应限制遗产分割自由。如非经遗产债务清偿不得分割遗产、被继承人以遗嘱禁止分割遗产、共同继承人以协议禁止分割、裁判禁止分割等情况下是不能自由分割遗产的。

（二）物尽其用原则

在遗产分割时，应从有利于生产和生活的需要出发，注意充分发挥遗产的实际效用，全面考虑遗产的种类、性质和继承人的职业、需要等情况，使遗产的分割能够得到有效利用，达到实质上的公平。各国各地区继承立法已普遍确立此原则。我国《民法典》第一千一百五十六条规定："遗产分割应当有利于生产和生活需要，不损害遗产的效用。不宜分割的遗产，可以采取折价、适当补偿或者共有等方法处理。"这一原则有利于发挥遗产的实际效用，满足继承人的生产和生活需要，从而促进整个社会财富的增加。

二、遗产分割的依据及方式

遗产分割的依据是确定遗产分割方法的重要前提。遗产分割的依据有三种：一是依被继承人的遗嘱分割。遗产的处理应当尊重被继承人生前的意愿，如果遗嘱中已指定了分割的方法，则应按遗嘱指定的方法分割遗产。二是依共同继承人的协议分割。遗嘱中没有指定遗产分割方法的，可由共同继承人协议分割遗产的具体方法。三是依法院的裁判分割。各共同继承人不能以协议分割遗产时，可提起诉讼由人民法院决定遗产分割方法。共同继承人向法院提起请求分割遗产诉讼，性质上属于必要共同诉讼，须以其他共同继承人全部为被告。

我国《民法典》第一千一百五十六条规定："遗产分割应当有利于生产和生活需要，不损害遗产的效用。不宜分割的遗产，可以采取折价、适当补偿或者共有等方法处理。"主要的分割方式有：

（一）实物分配

遗产分配在不违反分配原则的情况下，可以采取实物分配的方式。适用实物分配的遗产，可以是可分物也可以是不可分物。对可分物，可以作总体的实物分配。如对粮食，可划分出每个继承人应继承的数量。但对不可分物，则不能作总体的分配，只能作个体的分配，如电视机、冰箱等。对不可分物不能作实物分配的，应当采取折价补偿的办法。

（二）变价分配

对不宜实物分配的遗产，可以将其变卖，换取对价，再由各继承人按照自己应得的遗产份额的比例，对对价进行分配，各自取得与应得遗产份额相对应的对价。

（三）补偿分配

对不宜分配的遗产，如果继承人中有人愿意取得该遗产，则由该继承人取得该遗产的所有权。取得遗产所有权的继承人按照其他继承人应继份的比例，分别补偿给其他继承人相应的对价。

（四）保留共有的分配

遗产不宜实物分配，继承人又都愿意取得遗产，或继承人愿意继续保持遗产共有状况的，则可将其作为共同所有的财产，由各继承人按各自应得的遗产份额，确定对该项财产所应享有的权利与应分担的义务。在分配时，需要将遗产划分为份额均等的若干份，然后按照权利义务相一致、养老育幼的原则进行分割。

典型案例

案例一：罗某张某1被继承人债务清偿纠纷案[①]

张某1与杨某于1990年5月20日登记结婚，1992年7月11日生育一子张某2。2013年9月7日，杨某向罗某借款30 000元，并出具借条，内容，"今借到罗某人民币叁万元正（30 000

① 案件源于裁判文书网。

元），月利息2分，借款人杨某、张某2，2013年9月7号”。2014年9月26日，杨某向罗某借款20 000元，并出具借条，内容，“今借到罗某人民币贰万元正（20 000元），月息2分，借款人杨某，2014年9月26号”。2016年1月28日，杨某向罗某借款10 000元，并出具借条，内容，“借到罗某人民币壹万元正（10 000），年息月2分，借款人杨某，2016年1月28号”。2016年3月5日，杨某向罗某借款20 000元，同日出具借条，内容，“今借到罗某人民币贰万元正（20 000元），月息2分，借款人杨某，2016年3月5号”。上述四次借款共计人民币80 000元，罗某用店铺营业款的现金支付于杨某。2017年10月26日杨某死亡。上述四份借条中张某2的签字，罗某明确表示不是张某2本人书写。庭审中，张某1、张某2均当庭表示放弃对杨某遗产的继承。位于当阳市××环城东路与××“××小区××单元××房”房屋（产权证号××号）登记于杨某名下。前述房屋由张某1、张某2管理和使用。罗某向一审法院起诉，请求张某1、张某2共同清偿杨某向罗某借款本金80 000元及利息16 000元。

案例分析：自然人死亡时，其遗产范围就已确定。本案第一个特殊性在于，债务人杨某生前与其夫张某1共同按揭购买住房一套，尽管按揭贷款尚未还清，银行也确实依法享有优先受偿权，但该房已经具有一定的价值和交换价值，杨某作为共同共有人所占份额即为其遗产，张某1、张某2在《放弃遗产继承声明书》中也确认杨某的遗产为涉案房屋的部分产权。根据本案查明的事实，可以明确的是，债权债务客观存在且合法有效，债务人杨某死亡后，遗产也是客观存在的，范围也是确定的，至少该房屋的相应部分为杨某的遗产，债权人理应从中得到救济。

本案的另一特殊性在于，杨某死亡后，其夫张某1、其子张某2均表示放弃继承，依法可以不承担还款责任。在现实生活中，虽然继承人明确表示放弃继承，但往往实际占有遗产，普通民众也认可该财产应该由继承人所有，最终继承人还是得到了遗产，而无需清偿被继承人生前的税款和债务，造成严重的权利义务不对等。本案查明的事实是，张某1继续在偿还银行贷款，目前也住在该房之中，张某2也曾实际使用房屋，因而张某1、张某2是杨某房屋遗产的实际管理人、使用人，对遗产状况比较熟知，也实际占有、使用和收益涉案遗产，是最适格的遗产代管人，应尽妥善保管义务，不论其是否放弃继承，依法应当参加诉讼，并由其在管理使用遗产的实际价值范围内承担还款责任。

综上所述，依照《民法典》第六百七十五条、第一千一百六十一条，《中华人民共和国民事诉讼法》（下文简称《民事诉讼法》）第一百七十条第一款第二项、第二百零七条第一款，《最高人民法院关于适用〈中华人民共和国民事诉讼法〉的解释》第四百零七条第二款规定，判决如下：

一、撤销湖北省宜昌市中级人民法院（2018）鄂05民终2302号民事判决和湖北省当阳市人民法院（2018）鄂0582民初576号民事判决。

二、张某1、张某2在本判决生效后十日内在管理杨某的遗产实际价值范围内偿还罗某借款本息人民币96 000元（本金80 000元和利息16 000元）。

如果未按本判决指定的期间履行给付金钱义务的，应当依照《民事诉讼法》第二百五十三条之规定，加倍支付迟延履行期间的债务利息。

案例二：张某与魏某遗产债务的清偿纠纷案[①]

原告张某诉称，被告魏某的母亲胡某分别于2016年4月20日、2017年3月20日、2017年8月27日、2017年9月10日向张某借款100 000元、30 000元、50 000元、60 000元并分别出具借条，双方口头约定四笔借款均按月利率3%计息并在借条上载明每月利息数额。上述借贷关系形成后，胡某均未向张某偿还借款及利息。2018年2月25日，胡某亡故。

胡某的父母、丈夫均已过世多年，魏某系胡某唯一子女。故请求依法判令魏某在继承其母亲胡某遗产范围内偿还张某借款本金240 000元及支付按月利率2%计算的利息。被告魏某辩称：被告不认识张某，无法确认张某提供的借条是否确由胡某出具。被告自愿放弃对胡某所有遗产的继承权，也不对胡某生前的一切债务承担责任。请求驳回张某的诉讼请求。法院经审理查明：2016年4月20日，魏某的母亲胡某因需用资金向张某借款100 000元，借款同时出具借条一张交由张某收执，该借条落款的下方还载明每月还3 000元。2017年3月20日，胡某再次向张某借款30 000元，同时出具借条一张交由张某收执，借条落款下方载明每月还900元。2017年8月27日，胡某再一次向张某借款50 000元，同时出具借条一张交由张某收执，在借条注明载明每月还1 500元。2017年9月10日，胡某又一次向张某借款60 000元，同时出具借条一张交由张某收执，借条上载明每月还1 800元。上述借贷关系形成后，胡某均未向张某偿还借款及利息。2018年2月25日胡某亡故。胡某的父母、丈夫均已过世多年，魏某系胡某唯一子女。胡某名下财产有商品房两套。2018年4月12日，魏某出具声明，表示自愿放弃继承胡某的全部遗产。但上述两套房产的钥匙仍由魏某保管。胡某尚有弟弟胡甲、胡乙两个第二顺序的继承人，二审诉讼中，胡甲、胡乙均向二审法院声明放弃继承权。

案例分析：一审法院认为：胡某向张某借款有借条为据，双方形成借贷关系明确，但对于如何支付利息约定不明。魏某系死者胡某的第一顺序继承人，清偿的债务以继承遗产的实际价值为限，魏某在胡某遗产分割前已明确放弃继承胡某的全部遗产，该行为系其对自己实体权利的处分，未违反法律法规强制性规定，张某也未能提供证据证明魏某有实际继承了胡某的遗产。根据《继承法》第三十三条（《民法典》第一千一百六十一条）第二款“继承人放弃继承的，对被继承人依法应当缴纳的税款和债务可以不负清偿责任”，因此魏某没有责任代为清偿胡某生前的债务。张某诉讼请求没有法律依据，应依法予以驳回。

二审法院认为：《继承法》第二十四条（《民法典》第一千一百五十一条）规定：“存有遗产的人，应当妥善保管遗产，任何组织或个人不得侵吞或者争抢。”据此，遗产管理人负有保管遗产的义务。魏某虽在本案诉讼中声明放弃继承，但胡某的遗产仍由魏某实际占有、管理和控制，魏某并未根据《继承法》第三十二条（《民法典》第一千一百六十条）“无人继承又无人受遗赠的遗产，归国家所有；死者生前是集体所有制组织成员的，归所在集体所有制组织所有”的规定，将遗产依法移交给有关国家机关或集体组织接管，故其作为遗产管理人，负有以遗产清偿债务的义务。至于《继承法》第三十三条（《民法典》第一千一百六十一条）第二款规定：“继承人放弃继承的，对被继承人依法应当缴纳的税款和债务可以不负清偿责任”，是指放弃继承的，继承人无需以自己的财产承担偿还责任，但并不排除继承人从遗产中

---

① 案件源于裁判文书网。

偿还被继承人的债务。综上，张某的上诉请求成立。借贷双方约定四笔借款的年利率均为36%，张某主张按年利率 24%支付利息，应予支持，并应分别从每笔借款之日起计算利息至还清之日止。

思考题

1. 是否只有自然人才能享有继承权？
2. 怎样理解继承权是一种期待权？
3. 遗产分割过程中如何保障债权人的合法权益？

第十七章　涉外婚姻家庭法律制度

【内容提要】

在理论上，涉外婚姻家庭关系的范围包括涉外婚姻的成立及效力、涉外夫妻关系、涉外离婚的条件与效力、涉外父母子女关系及其他涉外家庭关系。全球化背景下的今天，各国之间民事交往日益增多，大量的跨国婚姻、跨国收养等法律现象也随之产生，这不可避免地产生了大量的含有涉外因素的继承案件，形成涉外继承法律关系。本章围绕涉外婚姻、涉外收养、涉外继承的基础理论和立法状况展开，通过相关典型案例的引入和思考题的设置，要求学生通过学习，掌握涉外婚姻、涉外收养、涉外继承的法律适用。

【理论框架】

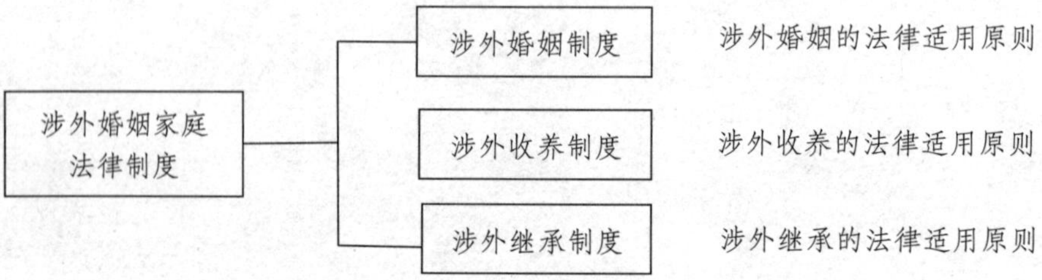

第一节　涉外婚姻制度

一、涉外婚姻的概念

涉外婚姻关系是指具有涉外因素的婚姻关系，即婚姻关系的主体一方或双方是外国公民、无国籍人；一方或双方的经常居所地在中华人民共和国领域外；引起婚姻关系的产生、变更或者消灭的法律事实发生在中华人民共和国领域外。涉外婚姻至少包含一个涉外因素，实践中越来越多的涉外婚姻中包含了多元涉外因素。

二、涉外婚姻的法律适用原则

我国关于涉外结婚的法律规定，主要体现在 1983 年 8 月 17 日民政部、外交部和公安部发布的《中国公民同外国人办理婚姻登记的几项规定》、1983 年 11 月 28 日外交部等部门发布的《关于驻外使领馆处理华侨结婚问题的若干规定》、1983 年 12 月 9 日《民政部关于办理婚姻登记中几个涉外问题处理意见的批复》、1986 年 4 月 12 日通过的《民法通则》、2003 年 7 月 30 日通过的国务院《婚姻登记条例》和 2010 年 10 月 28 日通过的《中华人民共和国涉外民事关系法律适用法》（以下简称《法律适用法》）中和 2012 年 12 月 10 日通过的《最高人民法院关于适用〈中华人民共和国涉外民事关系法律适用法〉若干问题的解释（一）》（以下简称《法律适用法司法解释一》）。

（一）结婚实质要件的法律适用

结婚的实质要件是指，根据法律的规定，结婚当事人必须要具备的条件和必须排除的条件。由于各个国家的社会经济状况、人口政策及宗教信仰、道德观念、传统习惯、地理环境等的差异，结婚实质要件的法律冲突主要体现在结婚年龄和禁止一定范围内的血亲结婚两个方面。

1986 年《民法通则》第一百四十七条规定："中华人民共和国公民和外国人结婚适用婚姻缔结地法律。"该条规定没有区分结婚的实质要件和形式要件，理论上认为结婚的实质要件和形式要件均适用婚姻缔结地法律。对涉外结婚的效力认定，《民通意见》第一百八十八条规定："适用婚姻缔结地的法律。"

适用婚姻缔结地法就是依照婚姻缔结地法认为有效的婚姻，不论当事人双方的国籍为何，也不论当事人是否只在本国作短暂的停留，只要是在本国缔结的婚姻，均须履行本国法所要求的程序和手续，才可签发结婚许可证或予以结婚登记；婚姻缔结地法认为无效的婚姻，则在任何国家或地区也都无效。

《法律适用法》于 2011 年 4 月 1 日起开始施行，在该法颁布实施之前，我国涉外婚姻家庭案件适用的法律主要是我国《民法通则》第八章涉外民事关系的法律适用。该法实施之后，我国涉外婚姻家庭案件的法律适用以该法为基本的依据。

《法律适用法》第二十一条规定："结婚条件，适用当事人共同经常居所地法律；没有共同经常居所地的，适用共同国籍国法律；没有共同国籍，在一方当事人经常居所地或者国籍国缔结婚姻的，适用婚姻缔结地法律。"《法律适用法司法解释一》第十五条规定："自然人在涉外民事关系产生或者变更、终止时已经连续居住一年以上且作为其生活中心的地方，人民法院可以认定为涉外民事关系法律适用法规定的自然人的经常居所地，但就医、劳务派遣、公务等情形除外。"相比《民法通则》,《法律适用法》对结婚实质要件法律适用的规定进行了重大修改，采用属人原则，规定涉外结婚以当事人属人法为主，兼采婚姻缔结地法。《法律适用法》改变了属人法"国籍""住所"这两个连接点，适用当事人共同经常居所地法律，辅之以婚姻缔结地法，可以看出其促进涉外婚姻有效成立的理念。

（二）结婚形式要件的法律适用

结婚的形式要件是指婚姻合法成立须遵循的程序和必须履行的手续。大多数国家立法采用婚姻缔结地法。《法律适用法》对涉外结婚形式要件的法律适用采取比较宽松的态度，《法律适用法》第二十二条规定："结婚手续，符合婚姻缔结地法律、一方当事人经常居所地法律或者国籍国法律的，均为有效。"即在结婚的形式要件上采用了选择性法律适用规范，在婚姻缔结地法律、一方当事人经常居所地法律或者国籍国法律中可以选择适用，只要符合三个连接点指引的法律之一的，结婚手续即合法有效，这样改变了以往仅适用婚姻缔结地的传统做法，尽量使婚姻有效。

（三）离婚的法律适用

离婚是指夫妻依法律规定的条件和程序解除婚姻关系的行为，在允许协议离婚的国家，双方也可以通过协商解除婚姻关系。

《民法通则》第一百四十七条规定："离婚，适用受理案件的法院所在地法律。"该条规定的适用范围应包括离婚的条件和离婚的效力。该条仅规定了中国公民和外国人离婚的法律适用，没有对涉外离婚法律适用作出全面的规定。1988 年最高人民法院颁布的《民通意见》对《民法通则》第一百四十七条的规定做了必要的解释，第一百八十八条规定："我国法院受理的涉外离婚案件，离婚以及因离婚而引起的财产分割，适用我国法律。"这一司法解释将我国法院审理国内离婚案件的司法模式运用到涉外离婚案件之中，扩展了涉外离婚的主体。国际社会通行的离婚诉讼标的仅限于解除配偶身份关系，而我国实践中法院在处理国内离婚案件时，是将子女抚养、夫妻财产分割问题作为离婚的法律后果一并加以解决的。

《法律适用法》对涉外离婚法律适用作出了新的规定。该法第二十六条规定，协议离婚，当事人可以协议选择适用一方当事人经常居所地法律或者国籍国法律。当事人没有选择的，适用共同经常居所地法律；没有共同经常居所地的，适用共同国籍国法律；没有共同国籍的，适用办理离婚手续机构所在地法律。该法第二十七条规定，诉讼离婚，适用法院地法律。《法律适用法》将离婚分为协议离婚和诉讼离婚。在该法颁布前，我国离婚实行双轨制，即国内离婚采取协议离婚和诉讼离婚两种方式，而涉外离婚的，只要是中国公民与外国人在我国境内要求离婚的，不论双方是自愿离婚还是一方要求离婚，一律按诉讼程序办理。《法律适用法》改变了以往的做法，将协议离婚作为解除婚姻关系的一种方式。

三、涉外婚姻成立的条件和程序

（一）涉外婚姻成立的条件

根据《法律适用法》第二十一条的规定，在以下情况应适用中国法：① 当事人共同经常居所地位于中国；② 当事人没有共同经常居所地的，但都具有中国国籍；③ 当事人没有共同国籍，一方当事人经常居所地位于中国或者一方具有中国国籍在中国缔结婚姻的。这意味着当事人必须遵守中国《民法典》《婚姻登记条例》等法律法规的基本原则和结婚条件。其中包括婚姻成立必须具备的条件和必须排除的条件。《民法典》第一千零四十六条规定："结婚应当男女双方完全自愿，禁止任何一方对另一方加以强迫，禁止任何组织或者个人加以干涉。"第一千零四十七条规定："结婚年龄，男不得早于二十二周岁，女不得早于二十周岁。"第一千零四十八条规定："直系血亲或者三代以内的旁系血亲禁止结婚。"第一千零四十九条规定："要求结婚的男女双方应当亲自到婚姻登记机关申请结婚登记。符合本法规定的，予以登记，发给结婚证。完成结婚登记，即确立婚姻关系。未办理结婚登记的，应当补办登记。"

（二）涉外婚姻成立的程序

1. 申　请

涉外婚姻当事人向涉外婚姻登记机关提出结婚申请。根据《婚姻登记条例》第二条的规定，中国公民同外国人、内地居民同香港特别行政区居民、澳门特别行政区居民、台湾地区居民、华侨办理婚姻登记的机关是省、自治区、直辖市人民政府民政部门或者省、自治区、直辖市人民政府民政部门确定的机关。

根据《婚姻登记条例》第四条的规定，中国公民同外国人在中国内地结婚的，内地居民同香港居民、澳门居民、台湾居民、华侨在中国内地结婚的，男女双方应当共同到内地居民常住户口所在地的婚姻登记机关办理结婚登记。

2. 审　查

婚姻登记机关对婚姻当事人提供的材料进行审查。关于办理结婚登记应当出具的证件和证明材料，《婚姻登记条例》第五条针对不同当事人进行了明确规定：

（1）办理结婚登记的中国内地居民应当出具下列证件和证明材料：① 本人的户口簿、身份证；② 本人无配偶以及与对方当事人没有直系血亲和三代以内旁系血亲关系的签字声明。

（2）办理结婚登记的香港居民、澳门居民、台湾居民应当出具下列证件和证明材料：① 本人的有效通行证、身份证；② 经居住地公证机构公证的本人无配偶以及与对方当事人没有直系血亲和三代以内旁系血亲关系的声明。

（3）办理结婚登记的华侨应当出具下列证件和证明材料：① 本人的有效护照；② 居住国公证机构或者有权机关出具的、经中华人民共和国驻该国使（领）馆认证的本人无配偶以及与对方当事人没有直系血亲和三代以内旁系血亲关系的证明，或者中华人民共和国驻该国使（领）馆出具的本人无配偶以及与对方当事人没有直系血亲和三代以内旁系血亲关系的证明。

（4）办理结婚登记的外国人应当出具下列证件和证明材料：① 本人的有效护照或者其他有效的国际旅行证件；② 所在国公证机构或者有权机关出具的、经中华人民共和国驻该国使（领）馆认证或者该国驻华使（领）馆认证的本人无配偶的证明，或者所在国驻华使（领）馆出具的本人无配偶的证明。

3. 登　记

婚姻登记机关通过审查，对于符合结婚条件的当事人，进行结婚登记，发给结婚证，婚姻关系即宣告成立。

四、涉外离婚的条件和程序

（一）涉外离婚的条件

婚姻自由是现代国家婚姻法的基本原则，婚姻自由原则赋予了当事人结婚的自由和离婚的自由。具有婚姻关系的双方当事人均享有离婚请求权，双方同意离婚的，法律不予限制。但是，在是否准予离婚方面，各国可以在婚姻法中进行一定的限制，要求当事人在满足法律确定的条件后准予当事人离婚，解除他们之间的婚姻关系。在离婚的方式上，主要有登记离婚和诉讼离婚两种，也有一些国家只允许当事人通过诉讼的方式离婚。

（二）登记离婚

根据《法律适用法》第二十六条的规定，协议离婚，当事人可以协议选择适用一方当事人经常居所地法律或者国籍国法律。当事人没有选择的，适用共同经常居所地法律；没有共同经常居所地的，适用共同国籍国法律；没有共同国籍的，适用办理离婚手续机构所在地法律。根据该规定，以下情况适用中国法：① 一方当事人经常居所地位于中国或者一方当事人具有中国国籍，当事人选择适用中国法；② 当事人没有选择的，但在中国有共同经常居所的；③ 没有共同经常居所地，没有共同国籍在中国办理离婚登记的。

我国《民法典》第一千零七十六条规定，夫妻双方自愿离婚的，应当签订书面离婚协议，并亲自到婚姻登记机关申请离婚登记。离婚协议应当载明双方自愿离婚的意思表示和对子女抚养、财产以及债务处理等事项协商一致的意见。可见，登记离婚的条件是男女双方自愿离婚和对子女抚养、财产分割达成书面协议。《民法典》第一千零七十七条规定了离婚冷静期，即自婚姻登记机关收到离婚登记申请之日起三十日内，任何一方不愿意离婚的，可以向婚姻登记机关撤回离婚登记申请。前款规定期限届满后三十日内，双方应当亲自到婚姻登记机关申请发给离婚证；未申请的，视为撤回离婚登记申请。经过离婚冷静期，当事人仍要求离婚的，《民法典》第一千零七十八条规定，婚姻登记机关查明双方确实是自愿离婚，并已经对子女抚养、财产以及债务处理等事项协商一致的，予以登记，发给离婚证。

根据《婚姻登记条例》第十条的规定，中国公民同外国人在中国内地自愿离婚的，内地居民同香港居民、澳门居民、台湾居民、华侨在中国内地自愿离婚的，男女双方应当共同到内地居民常住户口所在地的婚姻登记机关办理离婚登记。

（三）诉讼离婚

根据《法律适用法》第二十七条的规定，诉讼离婚，适用法院地法律。涉外婚姻关系的当事人在我国境内通过诉讼方式离婚的，适用我国法律。

我国《民法典》第一千零七十九条规定："夫妻一方要求离婚的，可以由有关组织进行调解或者直接向人民法院提起离婚诉讼。人民法院审理离婚案件，应当进行调解；如果感情确已破裂，调解无效的，应当准予离婚。有下列情形之一，调解无效的，应当准予离婚：（一）重婚或者与他人同居；（二）实施家庭暴力或者虐待、遗弃家庭成员；（三）有赌博、吸毒等恶习屡教不改；（四）因感情不和分居满二年；（五）其他导致夫妻感情破裂的情形。一方被宣告失踪，另一方提起离婚诉讼的，应当准予离婚。经人民法院判决不准离婚后，双方又分居满一年，一方再次提起离婚诉讼的，应当准予离婚。"

我国《民法典》第一千零八十条规定，完成离婚登记，或者离婚判决书、调解书生效，即解除婚姻关系。

第二节　涉外收养制度

一、涉外收养的概念

涉外收养是指含有涉外因素的收养，即在收养人与被收养人之间至少一方是外国公民、无国籍人；一方或双方的经常居所地在中华人民共和国领域外；引起收养关系的产生、变更或者消灭的法律事实发生在中华人民共和国领域外。狭义的涉外收养，是指外国人或无国籍人在中华人民共和国境内收养中国公民的子女。

二、涉外收养的法律适用原则

根据《外国人在中华人民共和国收养子女登记办法》第三条的规定，外国人在华收养子女，应当符合中国有关收养法律的规定，并应当符合收养人所在国有关收养法的规定。

根据《法律适用法》第二十八条的规定，收养的条件和手续，适用收养人和被收养人经常居所地法律。收养的效力，适用收养时收养人经常居所地法律。收养关系的解除，适用收养时被收养人经常居所地法律或者法院地法律。该规定填补了此前我国涉外收养法律适用的空白。我国在涉外收养选择法律适用时，不再笼统地规定适用哪国的法律，而是采用了分割制，即收养的条件手续、收养的效力和收养关系的解除分别适用不同的冲突规范，这样使得涉外收养各方面的法律适用更加科学。从连接点的确定来看，我国涉外收养不再以住所地法或本国法为属人法的连接点，而是选择了经常居所地法，这与当今国际社会发展趋势是统一的。

三、涉外收养的条件和程序

（一）涉外收养的条件

涉外收养的实质要件，即涉外收养涉及被收养人、送养人以及收养人资格，符合收养关系所适用的法律的明确规定。根据《法律适用法》第二十八条的规定，收养的条件，适用收养人和被收养人经常居所地法律。外国人来中国收养子女，既应当符合我国有关收养法律的规定，又要符合收养人所在国有关收养法律的规定。外国人来中国收养子女应当尊重社会公共政策，不能违背社会公共道德和善良风俗。该收养还应当有利于儿童的身心发展和健康成长，不得损害儿童的合法利益。根据我国《民法典》第一千一百零九条的规定，外国人依法可以在中华人民共和国收养子女。外国人在中华人民共和国收养子女，应当经其所在国主管机关依照该国法律审查同意。收养人应当提供由其所在国有权机构出具的有关其年龄、婚姻、职业、财产、健康、有无受过刑事处罚等状况的证明材料，并与送养人签订书面协议，亲自向省、自治区、直辖市人民政府民政部门登记。前款规定的证明材料应当经收养人所在国外交机关或者外交机关授权的机构认证，并经中华人民共和国驻该国使领馆认证，但是国家另有规定的除外。

（二）涉外收养的程序

1. 外国收养人通过外国收养组织向中国收养组织提出收养申请

外国人在华收养子女，应当通过所在国政府或者政府委托的收养组织（以下简称外国收养组织）向中国政府委托的收养组织（以下简称中国收养组织）转交收养申请并提交收养人的家庭情况报告和证明。外国收养人的收养申请、家庭情况报告和证明，是指由其所在国有权机构出具，经其所在国外交机关或者外交机关授权的机构认证，并经中华人民共和国驻该国使馆或者领馆认证的下列文件：

（1）跨国收养申请书；

（2）出生证明；

（3）婚姻状况证明；

（4）职业、经济收入和财产状况证明；

（5）身体健康证明；

（6）有无受过刑事处罚的证明；

（7）收养人所在国主管机关同意其跨国收养子女的证明；

（8）家庭情况报告，包括收养人身份、收养的合理性和适当性、家庭状况和病史、收养动机以及适合于照顾儿童的特点等。

在华工作或者学习连续居住一年以上的外国人在华收养子女，应当提交前款规定的除身体健康检查证明以外的文件，并应当提交在华所在单位或者有关部门出具的婚姻状况证明，职业、经济收入或者财产状况证明，有无受过刑事处罚证明以及县级以上医疗机构出具的身体健康检查证明。

2. 中国送养人向我国民政部门提出送养申请及其审批

送养人应当向省、自治区、直辖市人民政府民政部门提交本人的居民户口簿和居民身份证（社会福利机构作送养人的，应当提交其负责人的身份证件），被收养人的户籍证明等情况证明，并根据不同情况提交下列有关证明材料：

（1）被收养人的生父母（包括已经离婚的）为送养人的，应当提交生父母有特殊困难无力抚养的证明和生父母双方同意送养的书面意见。其中，被收养人的生父或者生母因丧偶或者一方下落不明，由单方送养的，并应当提交配偶死亡或者下落不明的证明，以及死亡的或者下落不明的配偶的父母不行使优先抚养权的书面声明。

（2）被收养人的父母均不具备完全民事行为能力，由被收养人的其他监护人作送养人的，应当提交被收养人的父母不具备完全民事行为能力且对被收养人有严重危害的证明以及监护人有监护权的证明。

（3）被收养人的父母均已死亡，由被收养人的监护人作送养人的，应当提交其生父母的死亡证明、监护人实际承担监护责任的证明，以及其他有抚养义务的人同意送养的书面意见。

（4）社会福利机构作送养人的，应当提交弃婴、儿童被遗弃和发现的情况证明以及查找其父母或者其他监护人的情况证明；被收养人是孤儿的，应当提交孤儿父母的死亡或者宣告死亡证明，以及有抚养孤儿义务的其他人同意送养的书面意见。

（5）送养残疾儿童的，还应当提交县级以上医疗机构出具的该儿童的残疾证明。

省、自治区、直辖市人民政府民政部门应当对送养人提交的证件和证明材料进行审查，对查找不到生父母的弃婴和儿童公告查找其生父母。认为被收养人、送养人符合收养法规定条件的，将符合收养法规定的被收养人、送养人名单通知中国收养组织，同时转交下列证件和证明材料：送养人的居民户口簿和居民身份证（社会福利机构作送养人的，为其负责人的身份证件）复制件；被收养人是弃婴或者孤儿的证明、户籍证明、成长情况报告和身体健康检查证明的复制件及照片。

省、自治区、直辖市人民政府民政部门查找弃婴或者儿童生父母的公告应当在省级地方报纸上刊登。自公告刊登之日起满 60 日，弃婴和儿童的生父母或者其他监护人未认领的，视为查找不到生父母的弃婴和儿童。

3. 涉外收养的批准与通知

中国收养组织对外国收养人的收养申请和有关证明进行审查后，应当在省、自治区、直辖市人民政府民政部门报送的符合收养法规定条件的被收养人中，参照外国收养人的意愿，选择适当的被收养人，并将该被收养人及其送养人的有关情况通过外国政府或者外国收养组织送交外国收养人。外国收养人同意收养的，中国收养组织向其发出来华收养子女通知书，同时通知有关的省、自治区、直辖市人民政府民政部门向送养人发出被收养人已被同意收养的通知。

4. 涉外收养登记

（1）外国收养人应当亲自办理收养登记。外国人来华收养子女，应当亲自来华办理登记手续。夫妻共同收养的，应当共同来华办理收养手续；一方因故不能来华的，应当书面委托另一方。委托书应当经所在国公证和认证。

（2）收养人与送养人应当订立收养协议。外国人来华收养子女，应当与送养人订立书面收养协议。协议一式三份，收养人、送养人各执一份，办理收养登记手续时收养登记机关收存一份。

（3）涉外收养登记的机关。书面协议订立后，收养关系当事人应当共同到被收养人常住户口所在地的省、自治区、直辖市人民政府民政部门办理收养登记。

（4）办理涉外收养登记应当提交的材料。收养关系当事人办理收养登记时，应当填写外国人来华收养子女登记申请书并提交收养协议，同时分别提供有关材料。收养人应当提供中国收养组织发出的来华收养子女通知书及收养人的身份证件和照片。送养人应当提供省、自治区、直辖市人民政府民政部门发出的被收养人已被同意收养的通知及送养人的居民户口簿和居民身份证（社会福利机构作送养人的，为其负责人的身份证件）、被收养人的照片。

（5）涉外收养的审查与登记。收养登记机关收到外国人来华收养子女登记申请书和收养人、被收养人及其送养人的有关材料后，应当自次日起 7 日内进行审查，对符合收养法和外国人在中华人民共和国收养子女登记办法的，为当事人办理收养登记，发给收养登记证书。收养关系自登记之日起成立。收养登记机关将登记结果通知中国收养组织。

5. 涉外收养公证

收养关系当事人办理收养登记后，各方或者一方要求办理收养公证的，应当到收养登记地的具有办理涉外公证资格的公证机构办理收养公证。

四、涉外收养的法律效力

涉外收养的效力，是指涉外收养有效成立后被收养人与送养人、收养人之间具有的身份及权利义务关系。根据《法律适用法》第二十八条的规定，收养的效力，适用收养时收养人经常居所地法律。即涉外收养关系中，如收养时收养人经常居所地在中国的，应适用中国法律。根据我国《民法典》第一千一百一十一条规定，自收养关系成立之日起，养父母与养子女间的权利义务关系，适用本法关于父母子女关系的规定；养子女与养父母的近亲属间的权利义务关系，适用本法关于子女与父母的近亲属关系的规定。养子女与生父母以及其他近亲属间的权利义务关系，因收养关系的成立而消除。根据我国《民法典》第一千一百一十四条规定，收养人在被收养人成年以前，不得解除收养关系，但是收养人、送养人双方协议解除的除外。养子女八周岁以上的，应当征得本人同意。收养人不履行抚养义务，有虐待、遗弃等侵害未成年养子女合法权益行为的，送养人有权要求解除养父母与养子女间的收养关系。送养人、收养人不能达成解除收养关系协议的，可以向人民法院提起诉讼。我国《民法典》第一千一百一十五条规定了收养关系恶化的协议解除，养父母与成年养子女关系恶化、无法共同生活的，可以协议解除收养关系。不能达成协议的，可以向人民法院提起诉讼。根据我国《民法典》第一千一百一十六条规定，当事人协议解除收养关系的，应当到民政部门办理解除收养关系登记。

第三节　涉外继承制度

一、涉外继承的概念

涉外继承是指有涉外因素的继承，即在继承关系的构成要素中，包含有一个或一个以上的涉外因素的继承。该涉外因素主要表现为：① 继承法律关系的主体涉外。作为继承法律关系承担者的主体包括被继承人和继承人，主体涉外即被继承人或继承人具有外国国籍或者在外国拥有经常居所。② 继承法律关系客体涉外。客体是法律关系中权利和义务所指向的对象，在继承法律关系中是指被继承人的遗产。继承法律关系客体涉外是指被继承人的遗产部分或者全部位于国外。③ 与继承有关的法律事实涉外。其包括引起继承发生的被继承人死亡或被宣告死亡的法律事实发生在国外、被继承人的遗嘱在国外设立等。

二、涉外继承的法律适用原则

继承法律关系的内容包括法定继承和遗嘱继承两类法律关系，我国在涉外继承法律适用的规定中也应包括涉外法定继承的法律适用与涉外遗嘱的法律适用两项内容。

《继承法》第三十六条的规定，中国公民继承在中华人民共和国境外的遗产或者继承在中华人民共和国境内的外国人的遗产，动产适用被继承人住所地法律，不动产适用不动产所在地法律。外国人继承在中华人民共和国境内的遗产或者继承在中华人民共和国境外的中国公民的遗产，动产适用被继承人住所地法，不动产适用不动产所在地法律。中华人民共和国与外国订有条约、协定的，按照条约、协定处理。根据该条规定，动产适用被继承人的住所地法律，但对于住所地的确定却没有予以明确，为弥补这一缺陷，1985 年最高人民法院发布了《关于贯彻执行〈中华人民共和国继承法〉若干问题的意见》，该意见的第六十三条规定，涉外继承，遗产为动产的，适用被继承人住所地法律，即被继承人生前最后住所国家的法律。

《民法通则》第一百四十九条规定："遗产的法定继承，动产适用被继承人死亡时住所地法律，不动产适用不动产所在地法律。"在涉外法定继承法律适用的问题，《民法通则》的规定与《继承法》相比，更加具体明确，言简意赅，使涉外法定继承法律适用规则更为严谨、明确。

《法律适用法》第四章采用法定继承与遗嘱分立的体例结构，填补了我国涉外遗嘱法律适用制度的立法空白。根据《法律适用法》第三十一条的规定，法定继承，适用被继承人死亡时经常居所地法律，但不动产法定继承，适用不动产所在地法律。该规定在连结点的选取上，以经常居所地代替住所地，符合国际私法的发展趋势。

根据《法律适用法》第三十二条的规定，遗嘱方式，符合遗嘱人立遗嘱时或者死亡时经常居所地法律、国籍国法律或者遗嘱行为地法律的，遗嘱均为成立。《法律适用法》采取国际社会普遍采用的同一制，采用了无条件选择适用的冲突规范，遗嘱方式符合遗嘱人立遗嘱时或者死亡时经常居所地法律、国籍国法律或者遗嘱行为地法律之一即可，彰显了尽量达到使遗嘱有效的立法意图。

根据《法律适用法》第三十三条的规定，遗嘱效力，适用遗嘱人立遗嘱时或者死亡时经常居所地法律或者国籍国法律。遗嘱效力即遗嘱的实质有效要件，立遗嘱人的行为能力、当事人的意思表示和遗嘱内容，适用立遗嘱人立遗嘱时或死亡时的经常居所地法或国籍国法律。但《法律适用法》并未对遗嘱的变更、撤销以及遗嘱解释的法律适用作出立法规定。

无人继承遗产是指含有涉外因素的无人继承的遗产，从一国角度来说，指本国公民死亡后留在外国的无人继承的财产和外国公民死亡后留在本国的无人继承的财产。根据《法律适用法》第三十五条的规定，无人继承遗产的归属，适用被继承人死亡时遗产所在地法律。该规定填补了此前立法在无人继承遗产方面的立法空白，对无人继承的遗产适用被继承人死亡时遗产的物之所在地法。

典型案例

案例一：婚后无法适应异国生活，如何解除夫妻关系？

唐某（中国国籍）与赵某（苏里南国籍）二人经他人介绍认识后，2011 年在中华人民共和国广西壮族自治区防城港市民政局婚姻登记处登记结婚。2012 年 8 月，唐某跟随赵某到苏里南居住。由于双方是经他人介绍而结婚，认识时间短，相互了解少，唐某在苏里南语言不通，生活环境不习惯。双方虽然共同生活数月，但未能建立夫妻感情。唐某征得赵某及其家人同意后于 2012 年 11 月 1 日独自回中国广西壮族自治区上思县居住，此后，双方互不联系、往来。婚姻关系存续期间，双方未生育子女，唐某认为与赵某的感情已经彻底破裂，且无和好的可能。唐某能否向人民法院起诉，请求人民法院判决准许唐某与赵某离婚?

案例分析：唐某具有中国国籍，赵某具有苏里南国籍，其并非中国人，因此，唐某与赵某的夫妻关系具有涉外因素。按照我国《民事诉讼法》的规定，我国法院在受理涉外离婚案件时，采取原告就被告的基本原则，即只要被告在中国有住所或者居所，中国法院就具有管辖权。同时，对于被告不在中国境内居住的离婚案件，如果原告在中国境内具有住所或者居所，则原告住所或者居所所在地法院具有管辖权。本案中，虽然赵某不具有中国国籍，且在中国并无居所，但唐某居住于中国广西壮族自治区上思县，故广西壮族自治区上思县人民法院对此案具有管辖权。

关于本案应当适用哪国婚姻家庭法的问题。中国与苏里南并未签订关于婚姻家庭关系方面的国际条约或共同参加此方面的国际组织，故本案不能适用相关国际条约、公约。《法律关系适用法》第二十三条规定：“夫妻人身关系，适用共同经常居住地法律；没有共同经常居住地的，适用共同国籍国法律。”第二十七条规定：“诉讼离婚，适用法院地法律。”根据上述法律规定，本案应当适用上思县人民法院所在地的法律，即本案应当适用中华人民共和国法律。

本案中，原告唐某与被告赵某并非自由恋爱结婚，而是经他人介绍认识后仓促结婚。婚后，双方共同生活的时间很短，亦没有生育子女。自 2012 年起原告唐某与被告赵某分居，现分居时间已满 2 年。可见，原告唐某与被告赵某之间已无夫妻感情，且无和好可能。现在原告唐某要求与被告离婚，事实清楚，依据充分，应准予原告唐某与被告赵某离婚。

案例二：北京千万房产，姐弟该如何继承？

忻某1（女，1964年7月24日出生，美利坚合众国国籍，现住美国加利福尼亚州）与忻某2（男，1969年6月25日出生，汉族，户籍地北京市朝阳区，现居美国）系姐弟关系。父母忻某和方某拥有的房产坐落于中国北京市朝阳区安华西里，母亲方某于2013年去世，没有遗嘱。忻某于2019年1月19日因病去世，2017年4月21日留有公证遗嘱（将该房屋忻某所有以及应继承的份额都通过公证遗嘱给忻某1）。现忻某1、忻某2都居住在美国，忻某1应如何维护自己的合法权益？

案例分析：忻某1为维护其合法权益，可以向北京市朝阳区人民法院提起诉讼。按照我国《民事诉讼法》的规定，北京市朝阳区人民法院具有该案的管辖权。忻某1具有美利坚合众国国籍，本案系涉外民事案件，根据我国《法律适用法》第三十一条法定继承，适用被继承人死亡时经常居所地法律，但不动产法定继承，适用不动产所在地法律，我国《法律适用法》第三十二条规定，遗嘱方式，符合遗嘱人立遗嘱时或者死亡时经常居所地法律、国籍国法律或者遗嘱行为地法律的，遗嘱均为成立。本案应适用中华人民共和国法律。

思考题

1. 涉外婚姻家庭关系法律适用的一般原则有哪些？
2. 如何正确理解适用涉外婚姻管辖权和法律适用的规定？
3. 我国涉外收养的法律适用规定有哪些？该如何完善？
4. 我国涉外继承的法律适用规定有哪些？规定存在哪些不足？

第十八章　家事纠纷解决机制

【内容提要】

家事纠纷具有独特性，这对婚姻家庭继承案件的传统纠纷解决机制提出了挑战。包括调解、诉讼在内的家事纠纷解决机制试点改革，有助于维护家庭秩序、稳定社会关系。自最高人民法院开展家事审判改革试点工作以来，各地法院大胆探索、积极实践。在此背景下，我国家事纠纷解决机制的变化趋势更加明晰，主要包括：完善纠纷非诉调解，加强诉调对接，实现审判程序的特殊化，确立新的家事审判原则，家事审判人员的专业化以及其他多元化纠纷解决机制等方面的问题，充分激活社会机构在纠纷化解方面的功能，解决诉调对接的难题。

【理论框架】

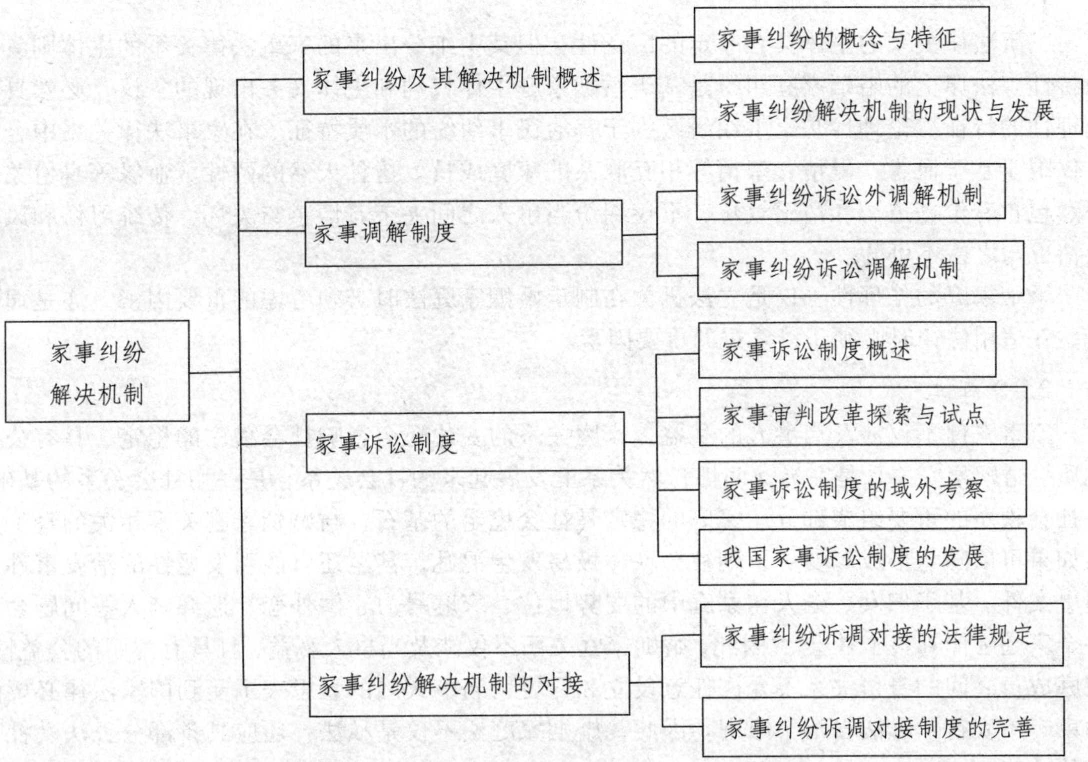

第一节　家事纠纷及其解决机制概述

一、家事纠纷的概念与特征

（一）概念

家事纠纷是在婚姻家庭关系的基础上产生的纷争，我国法律规定和理论研究中没有独立、统一的“家事纠纷”概念。但一般而言，所谓家事纠纷，是指在夫妻、亲子、其他家庭成员及近亲属之间发生的人身和财产关系的纠纷。[①]在中国法院的司法统计表上，婚姻、继承案件合并为一类案件，与合同案件及权属、侵权案件并列，成为民事案件的三大类型之一。根据最高人民法院关于民事诉讼案由的规定，婚姻、家庭纠纷包括离婚纠纷、婚姻无效纠纷、撤销婚姻纠纷、子女抚养纠纷、抚养纠纷、扶养纠纷、监护权纠纷、探望权纠纷、赡养纠纷、婚约财产纠纷、离婚后财产纠纷、离婚后损害赔偿纠纷、同居关系析产纠纷、夫妻财产约定纠纷、分家析产纠纷。而继承纠纷包括法定继承纠纷、遗嘱继承纠纷、被继承人债务清偿纠纷、遗赠纠纷、遗赠扶养协议纠纷。[②]综上，目前我国司法意义上的家事纠纷主要包括婚姻关系、亲子关系、监护关系、收养关系、赡养关系、扶养关系、继承关系等纠纷，涉及人身关系和财产关系的调整。因此，这里所列举的婚姻家庭纠纷还可以进一步划分为家事身份关系纠纷和家事财产纠纷两大类。

（二）特征

家事纠纷相比于普通民事纠纷，具有以下几个方面的特征：

1. 伦理性

民事法律关系的主体具有一定的广泛性，但其中细分出来的家事法律关系的主体则具有独特性。法律上的婚姻家庭纠纷是基于婚姻家庭主体权利和主体义务出现的争议，必然具有伦理性的特征，伦理性是家事纠纷区别于普通民事纠纷的本质特征。在家事法律关系中，主体仅限于基于血缘、爱情、亲情等相互联系的家庭成员。这种天然的两性、血缘等身份关系必然包含着伦理道德和情感教化，不仅纠纷当事人之间夹杂着情感与关怀，传统习俗和风土人情也与之密不可分。

婚姻家庭的伦理性不仅是立法机关在制定婚姻家庭法时必须考虑的重要因素，亦是司法机关在适用法律时必须予以尊重的重要因素。

2. 公益性

家事案件不仅涉及当事人的私益，家庭关系的变化还会影响社会秩序的稳定，具有公益性质。婚姻家庭关系是在男女两性自然关系上发展起来的社会关系，是一切社会关系的基础，是社会秩序的重要组成部分。家庭的稳定是社会稳定的基石，与婚姻家庭关系相关的身份关系如果可以随意形成和变更，则社会秩序极易发生混乱，甚至还可能引发恶性的治安事件或刑事案件。基于妇女、老人在家庭中的弱势地位，家庭暴力、婚外恋、遗弃老人等问题会从一个家庭延伸到整个社会。[③]因此，婚姻家庭关系不仅涉及当事人私益，且具有鲜明的公益性。家庭成员之间的身份关系不允许任意设立和变更，当事人间的意思表示受到国家法律必要的约束，不实行“私法自治”原则。因此，婚姻家庭法不仅是私法，还应具备部分公法、社会法的功能。

当然，不是所有家事案件都会出现上述情形，因此从该角度来看，笼统地说家事纠纷具

① 巫若枝. 30年来我国家事纠纷解决机制的变迁及其启示——基于广东省某县与福建省厦门市五显镇实践的分析[J]. 法商研究，2010，27（2）：83-92.

② 傅郁林. 家事诉讼特别程序研究[J]. 法律适用，2011（8）：81-85.

③ 王琦. 聚焦我国家事审判改革的几个面向[J]. 政法论丛，2018（1）：101-110.

有公益性有失偏颇。实际上，任何民事案件都可能涉及案外人，都可能损害公益，这也是执行异议之诉、第三人撤销之诉等救济程序的制度价值。

3. 义务履行的主导性

按照权利义务一致性原理，权利与义务应当相对应，有权利必然存在义务。但家事法律关系中的权利与义务并不是同时存在的，就权利的发生而言，虽有亲属关系但并不当然的发生受抚养的权利，而须待发生不能维持生活且无谋生能力之状态，其受抚养之权利方才发生，①家事法律关系中的权利更体现了一种期待性。现实生活中，家庭作为一个整体，内部会出现权利义务的模糊性，值得注意的是，若干权利（尤其是亲权）具有义务的性质，须顾及特定人的利益，家庭成员之间有时也难以准确划分某一特定事项究竟是一方的权利还是义务。家事法律关系主体之间的权利义务虽然具有平等性，但实际生活中权利的行使和义务的履行并非如此，更体现为义务履行的主导性。

4. 情感的本源性

家事纠纷涉及婚姻、收养、亲子、亲属等身份关系，这是一个道德调控与法律调控交汇的社会关系。其基础是身份关系，即夫妻、父母子女、兄弟姐妹之间的亲情多化作可以相互包容、团结利他、甘愿奉献的情感，条件变化亦可向相反的方面转化。因为，当事人之间隐藏着复杂的人际关系，所以表面上看，有财产分割、扶养费、赡养费等支付金钱的请求，实质上则是夫妻间、亲属间情感、心理上的纠葛。正是基于血缘、情感的因素，当事人之间权利、义务表现得比较复杂，不能简单地作出是非分明的判断。因伦理、亲情的天然基础，情感和心理的纠葛容易化解和复原。普通民事纠纷的财产争端是其重要的和最终的表现形式，民事审判重在追求形式正义和价值正义，如等价有偿、诚实信用、公平合理等。家事纠纷以身份关系的建立、发展、变更和消灭过程中产生的人身关系、财产关系为主要争端，其中，身份关系是本源，财产关系始终依附于身份关系。婚姻家庭法重在追求伦理正义和实质正义，如团结互助、养老育幼、分享利他等，以实现个人幸福与家庭和谐的统一。

因此，家事纠纷中的家庭关系通常是持续和相互依存的关系，家庭纠纷解决的重点是“推进未来的建设性关系，而不是激化现存矛盾”②。基于以上特点，在司法实践中，要求在家事纠纷处理过程中应把消除对立、恢复感情、实现和解作为纠纷解决的目的和价值取向。尽量用司法的柔性手段实现法律的刚性要求，追求和的效果。要求立法机关制定婚姻家庭财产关系必须符合相关身份关系的特点，要求司法机关对家事纠纷财产关系的处理要围绕不同的身份关系进行，裁判理念要符合伦理正义和实质正义的要求。

5. 私密性

表现形式的私密性是家事纠纷区别于普通民事纠纷的又一显著特征。三大诉讼法均规定了个人隐私应作为公开审理原则的例外，家事纠纷往往涉及当事人之间的个人隐私，当事人的认识、行为、情感、习惯、嗜好、缺陷恰是个人隐私的重要方面，法律应予以保护。当相关的私密行为损害了家庭成员的人格尊严、人身利益、身体健康的时候，法律即应予以制裁。

---

① 梁慧星. 民法总论[M]. 4 版. 北京：法律出版社，2011.

② 斯蒂芬·B. 戈尔德堡. 纠纷解决：谈判、调解和其他机制[M]. 蔡彦敏，曾宇，刘晶晶，译.北京：中国政法大学出版社，2004.

但行为的私密性亦为法律保护受害者设置了障碍。私密性要求家事纠纷以不公开审理为原则，要求重视和发挥言词证据在认定案件事实中的作用，要求对某些证明标准应适当降低，要求人民法院为了查明事实可以依职权主动作为。

二、家事纠纷解决机制的现状与发展

（一）家事纠纷解决机制现状

纠纷解决机制包括诉讼机制与非诉机制，后者又包括了行政性调解、人民调解、民间调解（包括亲属调解）等。根据家事纠纷的特征，婚姻家庭关系虽属私法关系，但却是私法中公益属性较强的部分，上文中已经提到，因为婚姻家庭不但是家庭、婚姻、个人生活保障的要塞，还承担着孩童、青少年初步社会化的功能。在宏观意义上，家事纠纷的有效解决还具有缓和社会矛盾、维护社会稳定的功能。

改革开放之初，法院受理的家事案件约占民事案件总数的 60%，如 1980 年 10 月至 1981 年 9 月全国法院共办理婚姻家庭纠纷 36.5 万余件，约占一审民事案件总数的 58%。随着性别观念、婚姻关系、家庭形态及社会环境的不断变迁，婚姻家庭继承纠纷案件逐年增加。2015 年来，全国法院每年审理的案件已突破 170 万件，约占一审民事案件总数的 40%左右。随着社会的发展，家事案件不但基数大，类型也日益多样化、复杂化。因此，家事纠纷的多元化纠纷解决机制已经成为解决家事纠纷的重要途径。

目前，我国的家事纠纷的解决主要有两种途径：

第一，调解。我国民事调解制度经历了由兴盛到衰弱，再到重新获得重视的过程，正在逐渐发展之中。中华人民共和国成立以来，在家事纠纷的解决中，调解途径起到了重要作用，有很多部门都加入了调解。一般经过亲朋劝解、基层组织几轮处理，仍无法解决的案件才会起诉到法院解决。妇联曾在化解家事纠纷方面也发挥了重要作用。2003 年《婚姻登记条例》取消了婚姻登记机关调处离婚纠纷的规定后，民政局不再履行调解职。与此同时，其他纠纷解决方式如人民调解和司法所行政性调解也相应衰退，妇联、派出所等部门也弱化其介入调解家事纠纷的程度。作为纠纷解决机制之一种的法庭调解，同样经历了从“调解为主”到调解衰落的过程。①

调解复兴起于证据制度改革在审判实践中受挫，由于对程序公正和形式合理性的追求，并不能为普通大众所理解并认可，“以公开促公正”的司法改革越深入，离吸收不满、消除社会矛盾的目标就越遥远。政策面意识到过于形式化、规范化的改革陷入了理想化的误区，于是转向对调解社会治理功能的期待。法院调解通过强化与人民调解、行政调解、其他诉讼外调解机制的衔接，开始重建多元化的家事纠纷解决机制。从“能调则调，当判则判，调判结合，案结事了”，到“调解优先、调判结合”，家事案件调解的优先性被调解整体复兴的热潮淹没。自家事审判改革试点以来，各地试点法院纷纷探索符合中国国情的家事调解制度，调解结案率普遍提高。根据最高人民法院披露，接近 55.2%的法院成立了家事调解委员会，22%的家事案件开展了诉前调解工作，试点工作取得了显著成效。

第二，诉讼。司法作为最后一道防线，是解决家事纠纷当事人争议、维护当事人民事权

---

① 巫若枝. 30 年来我国家事纠纷解决机制的变迁及其启示——基于广东省某县与福建省厦门市五显镇实践的分析[J]. 法商研究，2010，27（2）：83-92.

利的重要手段。根据最高院的试点改革要求，全国各地都开始完善和构建新的家事审判程序。具体而言，家事审判程序包括家事诉讼程序和家事特殊程序两大类，家事诉讼程序又分为财产型家事诉讼程序和人身型家事诉讼程序。其中，财产型家事诉讼程序与一般民事诉讼程序无异，人身型家事诉讼程序展现了家事诉讼程序的特殊性，需着力构建与普通民事诉讼程序有所区别的诉讼规则。典型的家事特殊程序主要有宣告失踪、宣告死亡案件程序，认定公民无民事行为能力、限制民事行为能力案件。

实际上，婚姻家庭案件在司法实践中的审理与调解结合紧密。长期以来，在法律和政策上，审判家事纠纷案件更强调调解，比如《婚姻法》明确规定，审理离婚必须先行调解，不过在司法实践中一些法官一度因为结案率的强大压力而利用自由裁量权敷衍这一强制规定；再如最高法院 2003 年关于简易程序的司法解释中，确定的几类适用调解前置程序的案件，主要是家事小额财产纠纷，俗称“三费纠纷”，即扶养费（夫妻之间）、抚养费（对子女）、赡养费（对父母）。就司法实践中的诉讼调解率来看，婚姻家庭案件也明显高于普通案件。

（二）家事纠纷解决机制的发展

家事纠纷解决机制应在现有基础上着力建立多元化纠纷解决衔接机制。家事纠纷不仅是法院重要的审判领域，更关键的是社会各个层面、每个家庭需要合力解决纠纷的领域。调解和诉讼各有优劣，实际上现有的纠纷解决机制面临的较大问题是衔接不当、效率低下等问题。“在当代社会，面对层出不穷的新型家事问题，由于利益平衡和社会政策的变化和需要，家事纠纷处理的 ADR（Alternative Dispute Resolution，替代性纠纷解决）方式得到了社会各界的普遍认同和采用，显示出巨大的优越性和广阔的发展前景。”[①]家事案件的特殊性决定了诉讼方式并非处理家事纠纷的最佳方式，家事案件事实的认定和家事关系的修复都更偏向于非诉讼解纷方式。家事审判改革过程中，可依托民事纠纷多元化解机制完善非诉合意解决机制，努力使当事人在宽松、平和的环境中采用非对抗的方式解决纠纷。家事案件的多元化解机制除了诉讼方式之外最主要的是调解与和解，完善家事案件调解与和解程序，整合社会资源参与纠纷化解，是家事司法的未来走向。例如有学者提出的，建立法院主导的诉讼外调解机制，建立多方参与的和解机制，等等。[②]

与此同时，探索其他解决途径，例如仲裁等。我国的民商事仲裁的范围相对狭窄，虽然理论上说，财产纠纷均属于仲裁范围，但根据《中华人民共和国仲裁法》第三条的规定，婚姻、收养、监护、扶养、继承纠纷不能仲裁，实践中，与上述事项相关的所有纠纷，包括身份关系纠纷和财产纠纷，均被排除在仲裁主管范围之外。然而，在婚姻家庭身份关系没有争议的情况下，涉及婚姻家庭的财产纠纷并非都涉及公序良俗，许多案件是当事人双方根据协议确定的财产关系，比如最高法院案由在婚姻家庭纠纷中所列举的婚约财产纠纷、离婚后财产纠纷、离婚后损害赔偿纠纷、同居关系析产、夫妻财产约定纠纷等，这些案件与普通民事案件并无很大分别，即使在民事诉讼中也应当与人事诉讼区分开来，应当允许当事人协议选择仲裁。[③]

---

① 范愉. 多元化纠纷解决机制[M]. 厦门：厦门大学出版社，2006.

② 王琦. 聚焦我国家事审判改革的几个面向[J]. 政法论丛，2018（1）：101-110.

③ 傅郁林. 家事诉讼特别程序研究[J]. 法律适用，2011（8）：81-85.

第二节　家事调解制度

家事调解制度究竟为何意，我们尚未形成统一的见解，但是家事调解制度分为诉讼内部的调解和诉讼外部的调解已无争议，这也是传统的分类方式。同时，理论上对该制度的完善主要借鉴日本、美国等国家的制度经验，虽有提高效率之功效，但是否符合我国实际，尚待进一步研究，本部分主要以诉讼内外调解制度的完善为内容进行论述。

一、家事纠纷诉讼外调解机制

（一）婚姻家庭危机干预中心

在社会管理和公共服务中，妇联等人民团体的一个重要职责就是代表群众表达利益诉求、参与利益协调和维护合法利益，从而更好地发挥组织群众、引导群众、服务群众的作用，成为社会利益的“调节器”、社会稳定的“变压器”和社会成员的“服务器”。[①]而其中妇联所拥有的组织网络、工作队伍和群众基础，不仅使其能更成功地承接政府剥离出来的部分社会职能，而且在统筹协调各方面利益关系、切实维护群众合法权益，以及为群众排忧解难上，也能做到覆盖面更大、效果更佳，在调解社会家庭问题中妇联已经做出了不少可观的尝试。

四川省德阳市在全国首先设立了婚姻家庭危机干预中心，搭建起法律维权和婚姻家庭服务的合作平台，充分发挥市妇联的组织优势和法律团队和心理专家的专业优势，为广大妇女儿童提供婚姻家庭纠纷调解、心理疏导、法律咨询、法律援助等服务，这是妇联依法履职依法维权的具体举措，同时也是全省首家集妇女儿童维权、婚姻家庭咨询、纠纷调解、法律援助及反家庭暴力工作等为一体的一站式综合式服务模式的探索。此后，全国各地也陆续建立了婚姻家庭危机干预中心。

危机干预中心的干预基本分为三个阶段：事前干预，主要是针对有潜在婚姻家庭危机风险人群的指导。如对适龄未婚男女、领证的新婚夫妇、初为父母者等人群的教育。事前干预的全面充分与否，对于婚姻家庭纠纷的预防与化解意义重大；事中干预，是指纠纷发生以后，运用多种方式干预，即上述的司法干预、心理治疗与社工介入。事中干预必须及时有效，尽快缓解矛盾；事后干预，是指在纠纷解决之后继续跟踪，以减少纠纷的反复，并彻底根除矛盾。我国的婚姻家庭危机干预中心的建设才刚起步，未来还应建立法治文化宣传机制，构建多元的宣传教育体系；建立完善矛盾排查机制，构建有效的预警评估体系；建立完善纠纷调处机制，构建专业的疏导化解体系；建立完善救助服务机制，构建及时的社会支持体系四个体系建设着手。同时加强法律援助、人民调解、心理疏导、信访接待这四大窗口建设，进一步发挥妇联在婚姻家庭危机干预中的作用。

（二）妇联组织在防止家庭暴力中的主导作用

在治理家庭暴力方面，妇联具有政治优势、社会优势和网络优势，这为妇联切实解决家

---

① 陆建民. 表达、协调与维权：社会管理中妇联的重要职责——以上海市妇联的探索与实践为例[J]. 中国妇运，2012（3）：25-29.

庭暴力问题提供了基础。妇联在治理家庭暴力方面具体有以下两种举措：第一，宣传舆论导向，各级妇联组织在反家庭暴力工作中，将推动男女平等基本国策，积极倡导“把性别意识纳入决策主流”作为反对针对妇女暴力实践的根本保证，广泛利用现代传媒，如报纸、杂志、电台、电视台、电脑网络等，深入宣传马克思主义妇女观，维护妇女合法权益的法律、法规、婚姻家庭美德、男女平等基本国策等；第二，推动政策立法，1995 年，全国妇联制定的《中国妇女发展纲要（1995—2000）》可以作为家庭暴力问题研究的里程碑，其经国务院常务会议讨论通过，是我国政府第一部关于妇女发展的专门规划。它明确提出了“要依法保护妇女在家庭中的平等地位，坚决制止家庭暴力”。

政府妇女儿童工作委员会办公室在一定程度上赋予了妇联组织一些行政职能。《上海市实施〈中华人民共和国妇女权益保障法〉办法》第六条明确规定：各级妇女儿童工作委员会主管《上海市实施〈中华人民共和国妇女权益保障法〉办法》的实施。也就是说，政府层面防治家庭暴力的协调工作具体是由妇女儿童工作委员会这个机构来承担，其代表政府进行协调。妇女儿童工作委员会是政府推动妇女发展的议事协调机构，其工作框架已经列入了政府各有关部门，并形成了相对成熟的工作制度、分工负责体系。妇女儿童工作委员会并不是一个实体的机构，而是由与妇女权益保障相关的近 30 个政府职能部门组织的协商机制。妇联不仅是它的重要成员单位，而且妇女儿童工作委员会办公室作为常设机构设在妇联，具体负责人往往是妇联组织领导自身。因此，承担妇女儿童工作委员会职能的妇联组织，就具有了维护妇女合法权益所必须拥有的政府的协调权和权威性，使实现跨部门整合资源、监测评估和考核激励成为可能，能协调不同政府部门共同参与家庭暴力治理工作，在家庭暴力治理中形成明确的妇联主导效应。

（三）婚姻家庭调解委员会

人民调解是调解的一种形式，是国家纠纷解决权社会化的一种体现。人民调解是在继承我国古代民间调解的优良传统的基础上，逐渐发展起来的，是社会主义法制体系的重要组成部分。人民调解的纠纷解决方式具有较强的合意性，它反映了民事纠纷当事人在互谅互让的基础上消除冲突的过程。具言之，人民调解就是指人民调解委员会对当事人发生的纠纷进行调解，也即在人民调解委员会的主持下，以国家的法律、党的政策和社会主义道德为依据，根据纠纷的事实，在分清是非曲直的情况下，对当事人进行劝说、疏导，使其互谅互让，自愿达成协议，消除矛盾纠纷的活动。

在我国，有关家事纠纷的人民调解制度主要依据的是 2011 年实施的《中华人民共和国人民调解法》（下文简称《人民调解法》）及相关的法律文件，如先后实施的《人民调解委员会组织条例》《关于审理涉及人民调解协议的民事案件的若干规定》《关于进一步加强新形势下人民调解工作的意见》等。作为我国第一部全面规范人民调解工作的法律，《人民调解法》对人民调解的指导原则、调解员的选任、调解程序的展开、调解的效力等做出了明确规定，为指导和管理人民调解工作提供了有效的法律保障。但是，对于家事纠纷的调解，目前的法律并没有进行专门规定，家事纠纷只是笼统地规定在作为人民调解对象的民间纠纷范围内。

目前，我国缺乏专门的、统一的调解机构对家事纠纷进行有效调解。但是，一些地区的司法局已下设婚姻家庭纠纷人民调解委员会，如广州市南沙区婚姻家庭纠纷人民调解委员会、杭州市婚姻家庭调解委员会、武汉市硚口区婚姻家庭纠纷人民调解委员会。[①]

婚姻家庭调解委员会的设立主体各地亦有一些区别。如广州市从化区婚姻家庭纠纷人民调解委员会由区综治办、区司法局、区妇联联合成立，[②]广州市越秀区东山街婚姻家庭纠纷人民调解委员会由越秀区妇联、区委政法委、区司法局联合成立。[③]虽然具体设立的权力机关不同，但是司法局和妇联是不可缺位的主体，对调解工作起到指导作用，同时具体工作的推动亦由这两个部门来进行。比如，司法局会派出专职律师进行调解活动，妇联工作人员也会参与整个调解的程序。

婚姻家庭调解委员会设置的地点存在区别。有的地区将婚姻家庭调解委员会设置在民政局婚姻登记处，如武汉市硚口区婚姻家庭纠纷人民调解委员会；有的地区设置在政府综合办事处，如广州市花都区婚姻家庭纠纷调解委员会。无论婚姻家庭调解委员会设置在何处，其职能并未改变，同时，设立在不同地区只是当地一个政策性问题而已，无可非议。

承上所述，婚姻家庭调解委员会与现在“值班律师”制度存在如何衔接的问题，即婚姻家庭调解委员会的委员采用常任制还是值班制度，各地尚待明确。本书以为，建立婚姻家庭调解的社会解决机制有其必要性，无论是化解法院“案多人少”的压力，为群众提供更加便捷高效的化解社会纠纷的救济，还是激活社会纠纷解决机制，人员的专门化和常态化是队伍专业性的保障，是人民基本权利得到满足的必要要求。

二、家事纠纷诉讼调解机制

除了通过前述非诉讼程序的调解外，目前婚姻家庭纠纷案件数量最多的程序当属诉讼程序，并且诉讼程序中的调解程序更具有不可代替的价值，甚至有学者呼吁像成立知识产权等专门法庭一样，建立婚姻家庭纠纷的专门法庭，家事纠纷诉讼调解机制的重要性可见一斑。

（一）家事调解程序前置

家事调解程序前置是指调解是解决家事纠纷的法定必经程序，家事纠纷必须经过相关组织和人员的调解，否则法院不能作为诉讼案件受理。换句话说，对于家事纠纷，当事人必须先向有关机关或组织提出调解申请，只有在调解失败后，才能进入诉讼程序。如果未经调解而直接向法院起诉的，视为提出调解请求。目前，司法所和法院（法庭）是我国解决家事纠纷最主要的两个部门，因此，在构建我国家事调解程序时应当充分发挥这些组织的积极作用。但是此程序本身具有一定争议，因家事纠纷与一般的民事纠纷存在很大区别，前者具有很强的人身性，而前置的调解程序可以化解相当一部分的纠纷，节约诉讼资源。

我国关于家事调解的规定主要散见于《民法典》《民事诉讼法》等法律和相关司法解释中。《民法典》第一千零七十九条规定，“人民法院审理离婚案件，应当进行调解”。《最高人民法院关于人民法院民事调解工作若干问题的规定》第二条也规定：“对于可能通过调解解决的民事案件，人民法院应当调解。”《最高人民法院关于适用简易程序审理民事案件的若干规定》第十四条规定：“下列民事案件，人民法院在开庭审理时应当先行调解：（一）婚姻家庭纠纷

---

① 以上婚姻家庭调解委员会的详细信息见各地司法局人民调解专栏。

② 参见从化广播电视台新闻，网址：https://www. sohu. com/a/201663038_480096。

③ 参见广州市越秀区人民政府东山街道办事处网站，网址：http://www.yuexiu.gov.cn/gzyxdsj/gkmlpt/content/4/4067/post_4067729. html#7996。

和继承纠纷……”。这被认为是我国家事调解前置的法律依据。伴随着诉讼调解的复兴，法院内部关于“诉讼调解适度社会化”的理念和实践迅速得以张扬。许多法院积极进行了这方面的尝试。根据《民事诉讼法》第八十七条：“人民法院可以邀请与当事人有特定关系或者与案件有一定联系的企业事业单位、社会团体或者其他组织，和具有专门知识、特定社会经验、与当事人有特定关系并有利于促成调解的个人协助调解工作。经各方当事人同意，人民法院可以委托前款规定的单位或者个人对案件进行调解，达成调解协议后，人民法院应当依法予以确认。”2007 年的《最高人民法院关于进一步发挥诉讼调解在构建社会主义和谐社会中积极作用的若干意见》第十一条再次规定：“人民法院可以根据法理以及司法解释的规定，建立和完善引入社会力量进行调解的工作机制。人民法院可以引导当事人选择办案法官之外的有利于案件调解的人民调解组织、基层群众自治组织、工会妇联等有关组织进行调解，也可以邀请人大代表、政协委员、律师等个人进行调解。经当事人同意，法官助理等审判辅助人员受人民法院指派也可以调解案件。”这些法律规定为我国家事调解程序的前置提供了法律依据。

（二）构建专门的家事调解制度

首先，应当明确调解制度在家事纠纷的优先性，家事纠纷调解的优先性真正得到践行的只有离婚案件调解前置。虽然在 2002 年《最高人民法院关于适用简易程序审理民事案件的若干规定》第十四条中提出，对适用简易程序的婚姻家庭纠纷和继承纠纷，应当先行调解，但由于简易程序和普通程序在实践中的界限往往体现在审理时限上，离婚案件以外的家事纠纷，是否先行调解实际上弹性比较大。①

其次，目前的家事纠纷解决机制在我国家事纠纷解决中发挥了重要作用，但是我国并没有独立的家事调解程序。在现行立法中，家事调解程序并没有单独立法。家事调解程序散见于《民事诉讼法》《人民调解法》以及最高人民法院的相关司法解释中。因此，在未来发展上，家事调解的构建还应当考虑到家事调解制度与现行诉讼制度之间的衔接，家事调解制度的具体构建上，还应当明确家事调解程序的独立性，理顺家事调解程序与民事诉讼程序、一般民事调解程序的关系。当然，目前有一些地方在基层法院家事审判庭成立了家事调解委员会，如合江县婚姻家庭纠纷人民调解委员。②

最后，我国的家事调解制度可借鉴日本、英国、法国等国家的经验，辅之以本国的基础条件参酌决定。例如，可在法院设立专门的家事法庭，选聘人民调解员、退休法官或家事纠纷相关领域的专家等具有法律、心理学、社会学专业知识和调解经验的人士，担任家事调解员，更加注意家事调解主持者的专业化。所有家事调解员须接受专门的家事调解理论与实践的培训。家事调解员以专职的形式受雇，作为法院工作人员。调解员因案件需要，可进行主动的调查取证确定事实。案件由家事调解员负责进行诉前调解，调解成功的，当事人可申请家事法庭的法官确认，制作调解书。调解不成的，自动进入诉讼程序，由家事法庭的法官依法审理。诉讼中家事法官也可以根据案件具体情况的变化，随时进行补充性调解。③

---

① 汤鸣．家事纠纷法院调解实证研究[J]．当代法学，2016，30（1）：140.

② 参见合江县人民政府门户网站：http://www.hepu.gov.cn/ztzl/fzhp/201903/t20190312_1867943.html。

③ 汤鸣．家事纠纷法院调解实证研究[J]．当代法学，2016，30（1）：140.

第三节　家事诉讼制度

一、家事诉讼制度概述

（一）概　念

家事诉讼是以家事纠纷（案件）为诉讼客体而采取的有别于一般诉讼程序的一种特殊诉讼程序。换个说法，就是指当事人将家事纠纷案件诉诸法院，寻求通过司法途径来解决纠纷的制度，我国目前并未建立起真正意义上家事诉讼制度，但在最高人民法院的指导下，在传统的家事审判基础上，部分地方司法机关纷纷开始探索家事审判改革的新试点。这里的家事审判，是指人民法院依照法定程序，对配偶、亲子及亲属间纠纷进行审理并作出裁判的活动。

家事案件，是指当事人起诉到法院，由法院审判程序审理裁判的纠纷。家事案件的审理范围应包括如下案件：一是确认及解除身份、亲属关系的案件，如离婚案件，变更收养、抚养关系案件；二是基于亲属、身份关系而产生的财产纠纷案件，如离婚案件财产分割、支付抚养、赡养费案件；三是家庭成员之间的侵权类案件，如家暴、施虐等损害人身权利等案件；四是涉及家事纠纷的非讼案件，如宣告失踪、宣告死亡；五是未成年人刑事案件，包括被害人为未成年人的刑事案件和被告人为未成年人的案件。[①]可见，家事案件的受案范围除了前文中提到的普通家事纠纷外，综合现行法律规定以及基层法院的审判实践，同时为解决当下司法实践中家事法庭与少年法庭受案范围混乱的现实问题，将少年案件并入家事法庭的受案范围的做法更有利于妥善处理家事案件与少年案件。

（二）特　征

1. 隐私性

隐私是一种与公共利益、群体利益无关，当事人不愿他人知道或他人不便知道的个人信息，当事人不愿他人干涉或他人不便干涉的个人私事，以及当事人不愿他人侵入或他人不便侵入的个人领域。宪法将隐私权作为公民的一项基本权利并予以最高的法律保护。家事纠纷以配偶、亲权、亲属权为内容，大部分涉及公民个人隐私。如离婚案件中的婚外恋情问题、家庭暴力问题；亲子案件中未成年人亲子关系的认定问题；赡养案件中的家庭事务问题；等等。

2. 社会性

社会性是指事物受到经济、法律、社会意识形态等社会因素的影响和制约的属性。家庭是社会的细胞，是社会发展的最重要组成部分。家庭的和谐与国家的稳定、经济的发展、社会的繁荣息息相关，密不可分。若离婚率高涨，青少年犯罪增加，家庭暴力频发，遗弃亲生儿女等一些负面社会现象滋长，势必会导致社会秩序的扰乱，乃至国家的动荡。由此可知，家事事件具有一定的社会性。再则，与一般的民事案件相比，家事事件更多的体现家庭内部成员的矛盾与误会，其影响力较一般民事案件有过之而无不及。家庭的不和谐不单会损害当事人的权益，还会影响到第三人利益、社会利益及国家利益。办案人员应本着消除当事人之

---

①《我国家事审判制度完善之路径》，载中国法院网 2019 年 8 月 15 日，https://www. chinacourt. org/article/detail/2019/08/id/4295591. shtml。

间对立、恢复亲缘关系的感情、实现家庭内部的团结和谐、解决纠纷的宗旨，依据家事事件显著的社会性特点，选择适用相称且有别于普通民事程序的程序性原则，审理家事事件。

3. 人身性

家事事件与一般民事事件最显著的不同是人身性特点。家事事件有特定主体，即亲属双方，这种亲属身份是以家庭、血缘或法律拟制为基础而存在的。家事事件调整的范围是亲属关系的纠纷，它是既要顾及当事人的心理、隐私及辈分亲情等一系列的事件，又要分清是非，彻底查清事实真相公平处理纠纷的案件。

由于家事纠纷的独特性，家事诉讼案件具有不同于普通诉讼案件的特性，《民事诉讼法》所规定的解决普通民事案件的普通诉讼程序不能完全满足家事案件对于诉讼程序的特殊需求，在此基础上，在最高人民法院的时间改革推动下，全国中基层法院开展了特色鲜明的改革试点，但直至现在，我国家事审判改革尚处于初步探索阶段，其未来发展更加倚重于家事审判法学理论研究的不断深入。

二、家事审判改革探索与试点

（一）家事审判改革的原因

诉诸法院的家事纠纷案件中，除经过诉讼内调解顺利结案的外，其他案件要经过完整的家事审判程序来结案。近年来，法院受理的家事案件持续上升，成为民事审判的第二大类案件。然而，实践中的家事案件审判工作正面临着严峻挑战。具体体现在：

第一，家事案件的司法管辖权方面。依据现有的法律规定，婚姻家庭类案件在级别管辖和地域管辖上均与其他普通民事案件一致，未实行专属管辖；而继承类案件则仅仅在地域管辖上实施专属管辖，级别管辖也与其他民事案件一致。

第二，家事案件的审理方式方面。目前的婚姻家庭、继承类案件均采用对抗式的庭审模式，也就是诉辩双方的对抗，各方当事人围绕自己的主张进行举证辩论，这种审理模式的基本思路来源于商事案件的审理方式，主要程序理念为“辩论”，同时商事审判的审理中心是财产方面。现有的庭审模式会对家事案件的当事人造成二次伤害，因为双方当事人随着庭审程序开始，不由自主地进行对抗，各自说各自的理由，各自说对各自主张有利的事实，而法官作为审理者往往是以中立的态度去倾听和判断，进而导致一些不属于双方本质性的矛盾在庭审中被无限扩大。往往通过庭审程序的审理，调解和好的成功率反而有大幅度的下降，所以说现有的审判模式不利于家庭关系的修复，也不利于矛盾双方的调解。

第三，家事诉讼调解制度流于形式。首先，从司法实践方面来看，我国的家事诉讼调解制度完全混杂于普通民事调解程序之中，缺乏系统完整的家事诉讼调解制度，而且现有的调解制度较多的是干预性和公力性的调解，与家事案件的特质不相符合，这就导致在司法实践中调解制度往往流于形式，法院在审理家事案件过程中，只是在庭审前象征性的征求双方是否有调解的意向，若没有或者调解意见比较复杂、差距较大的情况下就不再组织调解，直接进入庭审程序。庭审结束时也仅仅简单询问当事人是否同意调解，如果双方当事人有一方不同意调解，则要求书记员记录在案，在庭审笔录上载明“不同意调解”等字样，这样就证明程序上已经遵守了必须进行调解的规定，这样就使调解制度丧失了其应有的积极意义，也未发挥其定纷止争的功能。同时目前的家事调解方式多为劝阻型及道德教育型，而家事纠纷的私密性造成很多时候当事人不会将双方纠纷的主要原因公之于众，仅仅以劝阻或者教育的方式很难打动双方当事人。

第四，家事纠纷的隐私性导致当事人举证困难。当前，《民事诉讼法》是人民法院审理家事案件所依据的唯一的程序法。《民事诉讼法》第六十四条规定："当事人对自己提出的主张，有责任提供证据。"在家事诉讼中，涉及身份关系的诉讼大多具有隐私性（如与他人非法同居、夫妻分居的事实等），当事人很难像一般财产纠纷那样较容易地保留或获取与案件相关的证据。若要在未来的家事诉讼制度中更好地保护当事人，特别是弱势当事人的合法权益，必须更加充分发挥法院的职权的作用。①

（二）我国家事审判改革的内容

1. 建立家事诉讼审理程序规范

家事审判改革试点过程中，多数法院都结合自身实际制定了有关家事审判的程序规范。例如海口市琼山区法院制定了《家事审判工作机制及审判方式改革工作实施方案》，对建立专业的家事审判团队、强化家事审判的物质保障、建立多元化促进家事纠纷调解的机制、构建新型调解机制，对"劝、批、谈、教"的调解新模式等内容作出详细规定。此外，还制定了相关配套操作规程，例如《关于建立家事纠纷综合协调解决机制的实施意见》《关于执行人身安全保护裁定的办法》《关于建立家事纠纷联动机制的合作备忘录》《关于受理及流转家事案件的相关规定》《家事案件审理规程》《家事调查员工作规程》《家事调解员工作规程》《家事调查员、调解员报酬支付管理办法》《家事案件财产申报表》《家事纠纷诉讼指引、提示》和《家事纠纷诉前联调、审前联调指南》等。有的法院还制定了《同意接受心理疏导确认书》《心理疏导工作联系函》《家事纠纷心理疏导情况表》和《社会帮扶建议函》等配套制度和文书样式，为本省或者本地区法院提供统一的裁判方法和适用标准。

2. 成立家事纠纷专门审判机构

除了少数法院仅成立家事案件合议庭（设在民事审判庭）外，试点法院多数成立了专门的家事审判机构，但名称各异，有的称为家事审判庭，有的称为家事法庭，有的称为少年与家事审判庭，还有的称为家事审判中心。对家事审判场所的布置一般都体现了"家庭化"的风格，家事法庭、少年法庭一般采用圆桌法庭模式，营造宽松的对话氛围。除此之外，一般都设立了未成年人保护室、儿童观护室、妇联维权工作室、社会介入工作室、家事调解室、单面镜室、心理评估咨询室、反家暴临时庇护所、老年人安置室、家事宣传长廊等。武汉市硚口区法院家事调解室设计为"客厅家居式"，还建立有亲子乐园等配套设施，缓解当事人的紧张心理，减少对立和抵触情绪。②

3. 新增有关特殊配套机制

根据家事纠纷的特殊性以及解决纠纷的根本目标，试点法院着力于构建新的配套机制。有的试点法院为减少冲动性离婚，维护婚姻关系稳定，尝试实行"离婚冷静期"制度。根据个案案情设置 15 日至 3 个月的调解冷静期，冷静期作为前置程序，不计入审限。如湖北宜昌

---

①《家事诉讼制度现状分析与框架构建》，载许昌市中级人民法院网 2018 年 1 月 15 日：http://xczy.hncourt. gov. cn/public/detail. php?id=12897。

② 王琦. 聚焦我国家事审判改革的几个面向[J]. 政法论丛，2018（1）：101-110.

市夷陵区法院2016年实施婚姻冷静期的60件案件中，调解、撤诉的为52件，占比高达86%，最大限度地维护了婚姻关系的稳定。有的法院尝试建立离婚财产（适时）强制申报制度，根据双方提出的具体诉讼请求和案件审理进程，适时要求双方申报，既提高了司法效率，又不人为扩大和激化矛盾。对于要求申报后又不如实申报的，以隐瞒夫妻共同财产论，酌情少分财产。对于不如实申报的，则视为有隐藏、转移、变卖、毁损夫妻共同财产的情形，判决时也将酌情少分财产。有的法院探索未成年人轮流抚养制度，广东江门市蓬江区法院在这方面作出了有益的探索和尝试。在具体的抚养案件中，若同住在一座城市的父母双方的抚养条件、经济水平大致相同，法院会基于“未成年人利益最大化原则”，根据具体案情作出共同抚养或轮流抚养的判决，以维护父母与子女之间的亲密关系，降低离婚对子女的伤害。同时，双方分担监护实质上也可以减轻单方照顾子女的负担，能取得良好的社会效果。有的法院探索改革裁判文书格式，如广东广州市黄埔区法院将“诉辩陈列式”裁判文书调整为“要素式”裁判文书，根据原、被告的争议焦点逐项予以表述、析理和作出处理决定。

三、家事诉讼制度的域外考察

鉴于家事案件的特殊性，德国、法国、英国、日本、韩国和新西兰等国家和地区都制定有专门适用于家事诉讼的特别程序法，值得我国借鉴。

1. 大陆法系国家

德国是大陆法系家事立法的典型代表。目前德国关于家事审判的法律规定主要有《德国民事诉讼法》第六编“家事事件程序”。德国设立了家事法院等专门机构专责审理家事案件，还明确规定了检察官参与婚姻事件的制度，开创了检察官介入家事审判的先河。此外，依德国法，主管行政机关提出（撤销婚姻）的申请，以配偶双方为对方。配偶一方或第三人提起申请时，应将申请通知主管行政机关。[①]日本借鉴了德国的立法模式，制定了本国的《家事审判法》和《人事诉讼程序法》，并设立家事裁判所。

2. 普通法系国家

英国的家事案件的管辖权比较分散，高等法院、郡法院及治安法院各管辖一部分的家事案件。英国有自己特有的离婚分阶段判决的传统，即离婚判决分为附生效条件离婚判决和绝对判决两个阶段。法院只在有未成年子女的当事人已将子女妥善安排的情况下，才会作出绝对离婚判决。在涉及未成年人的案件中，英国很注重未成年人的法外援助工作，邀请社会学、心理学等方面的专业人士为未成年人提供援助。美国的家事制度主要规定在联邦制定的《统一结婚离婚法》，但家事案件的司法权由各州拥有。美国的家事审判机构经历了从州法院——辅助审理机构（少年裁判所）——家事法院的发展过程，并成为世界上第一个设立真正意义上的家事法院的国家。

3. 域外家事诉讼程序的共性

第一，这些国家的立法一般都设置调解前置程序，不经过诉前调解一般不予立案受理，并且在案件进入诉讼程序后的审理过程中，审判法官还必须再次进行调解，调解结案成了家事纠纷解决的主要结案方式，调解贯穿于家事纠纷案件处理过程的始终。第二，庭审方式一

---

① 德意志联邦共和国民事诉讼法[M]. 谢怀栻，译. 北京：中国法制出版社，2001：162.

般都会尽可能地照顾到当事人的隐私，一般不进行公开开庭审理，尽可能缩小知情人的范围，并作为当事人的家庭私事进行亲情式审理。第三，家事纠纷也往往把未成年人作为其中的一员，邀请未成年人出庭，并征求未成年意见，以尊重未成年人的权利和需求。第四，在家事纠纷案件的审理人员组成上，往往会邀请心理学、未成年人教育专家、妇女协会等专职人员参加，以进行心理疏导和沟通，做好调解说服工作。

四、我国家事诉讼制度的发展

（一）确立家事审判的基本原则

目前的办理家事纠纷案件的程序中，应当尽快明确解决家事纠纷的具体原则，概括起来，主要包括如下几个：

第一，调解前置原则。前文已经提到，虽然法律文本上明确了调解原则贯穿于家事案件审判始终全过程，但在司法实践中落实的效果却并不如人意，法院没有投入充分的审判资源、时间、精力在调解工作上，家事审判调解前置原则被虚化和搁置现象严重。最高人民法院《关于人民法院进一步深化多元化纠纷解决机制改革的若干意见》考虑到家事案件的特殊性，提出探索建立家事纠纷调解前置程序的设想，彰显了司法部门对家事案件调解的重视，也为家事审判改革中调解制度的发展指明了方向。开展家事案件审理前的调解工作，贯彻调解前置原则，既能发挥诉讼分流作用，也能有效维系家庭和睦关系，对家事纠纷的妥善解决具有积极的现实意义。①

第二，职权干预与职权探知原则。对婚姻关系不成立、无效或可撤销，转移、变卖、隐匿财产或者与他人同居、重婚等当事人难以查清而又直接影响案件处理结果和实质公正的重要案件事实，法院应依当事人申请或其提供的线索，主动调查收集证据，查明案件真实。为有效落实这一原则，可以参照我国台湾地区做法，建立家事调查官制度，选任具备一定社会、心理、教育、法律等知识的专业人员，协助法官就一些特定事项深入调查，为法院全面妥善处理家事案件提供事实基础。②

第三，不公开审理原则。不公开审理原则是指法院在进行诉讼活动时，依据法律规定或其他正当事由，不面向诉讼当事人以外的社会一般群众公开庭审过程，不允许诉讼当事人以外的其他人员入庭旁听案件审理，不经过公开开庭审理，民事案件也能做出具有法律拘束力的结论。家事案件采用不公开审理原则，主要是基于人格权保护考量。家事案件往往涉及当事人生活隐私或情感纠葛，这些个人私事没有必要公之于众，否则可能影响家庭和睦，更有甚者危害人权，不利于纠纷的妥善化解和家庭关系的持续发展。当然，不公开审理只是原则，对于不损害社会公共利益并且不违背善良风俗的案件，当事人合意选择公开的，也可以公开审理。

第四，当事人亲自到庭原则。家事案件的审理通常会涉及当事人的身份关系和身份利益，而身份行为又具有不可替代性，因此，在该类案件中，当事人的亲自到庭与其他民商事案件相比，有着更加突出重要的价值，无论何种性质的陈述，原则上都应由当事人本人在法庭完成。家事审判中，法官通过察言观色，获取陈述人神态、表情、语调、动作等生动的信息，

---

① 王琦. 聚焦我国家事审判改革的几个面向[J]. 政法论丛，2018（1）：101-110.

② 胡夏冰. 台湾地区的家事调查官制度[N]. 人民法院报，2017-03-17（8）.

才能帮助辨明真假、是非与曲直，进而对案件事实作出准确的认定。[①]从其他国家和地区的家事案件审理情况来看，对于当事人亲自参加诉讼的要求是比较明确的。但是据有关学者早几年的研究来看，我国民事审判实务中，当事人委托代理人参加的诉讼案件所占比例逐年增多，随之，当事人本人不出庭的情况也日趋严重，据不完全统计，部分地方法院审理家事案件，当事人不到庭的占近四分之一。[②]

（二）家事审判的发展趋势

在试点情况的基础上，我国家事审判改革展现了以下五方面的发展趋势：

1. 业务专门化

业务专门化是多项审判工作的一般趋势，而这一趋势在家事审判中体现得最为明显。家事审判的专门化包括机构的专门化、人员的专门化和程序的专门化。专门的家事审判机构主要包括：家事审判合议庭、家事审判庭、家事法院。从目前的试点情况来看，无论前期是否建立家事审判合议庭，各地试点法院均探索建立了家事审判庭，试点中主要有两种模式：一是在少年审判庭的基础上，成立少年家事审判庭，合并审理涉少年家事案件；二是对于没有成立少年审判庭的法院，单独成立家事审判庭。从未来的发展方向来看，应以成立家事法院为目标，这样才能更好地实现处理家事纠纷时审判职能与社会职能的融合。

人员的专门化是指明确家事法官、家事调解员、家事调查员、心理咨询师等专业人员的职能定位及角色分工。目前，各地试点法院已组建了家事法官、家事调解员和家事调查员等专业团队，但对于各自的职责界定尚不明确，相互之间存在角色混同与职责重合，并且各类人员素质参差不齐。因此，需要制定职业标准对家事调查员和家事调解员等专业人员进行职业评估，同时编制培训教材开展定期培训，以提高家事诉讼团队的专业化程度，更好地服务于家事审判工作。

程序的专门化是指建立不同于民事诉讼的家事特别程序，包括确立调解优先、适度职权干预、不公开审理、亲自到庭等原则，逐步探索家事案件的特别审限制度，婚前财产申报制度等保障未成年人利益最大化的程序。

2. 功能治疗化

婚姻家庭是以两性关系与血缘关系为其自然条件而形成的社会关系，是人类社会最基本的社会关系，同时是社会稳定的基石。家事纠纷的社会性体现在其不仅涉及双方当事人之间的私益，还涉及第三人利益，甚至社会公共利益。比如，在离婚案件中，除涉及夫妻双方的权利义务外，还涉及父母、子女的照顾、抚养利益；因离婚而逃避债务的，也会涉及其他利害关系人的利益等。家事纠纷的社会性质折射出家事司法应具有的社会功能，即修复和治疗家庭关系。通过治疗双方当事人因家庭矛盾而受伤的心灵，修复破裂的婚姻家庭关系，调整当事人之间、当事人与其家庭之间失衡的人际状态，以实现维护社会秩序和综合治理的功能。

今后，家事改革必须注重发挥家事诉讼的治疗功能，体现在：一是程序设置方面，调解程序是家事诉讼治疗功能得以体现的最好阶段，通过在家事特别程序中设置强制调解程序，以更好地发挥程序的治疗功能；二是团队建设方面，通过设置心理咨询师、家事调解员、家

---

① 朱孝清. 司法的亲历性[J]. 中外法学，2015（4）：919-937.

② 袁荷刚. 从司法的亲历性论当事人到庭陈述之必要性[N]. 法制日报，2015-12-02（10）.

事调查员，使家事专业人员发挥其在化解家事纠纷过程中的治疗功能；三是机制建设方面，通过心理疏导机制、婚姻冷静期以及家事回访制度的设计，最大限度地发挥机制作用以实现家事诉讼的治疗功能。

3. 程序精细化

第一，确定我国家事审判程序的基本价值取向，即保护家庭关系中处于弱势地位的未成年子女、老人的利益，维护家庭关系的稳定，实现实质正义。第二，明确我国家事审判程序的基本原则，包括调解优先原则、职权主义原则、本人诉讼原则、非公开审理原则、未成年人利益最大化原则等。这些基本原则集中体现了家事诉讼的本质和精神实质，为诉讼参与人的诉讼活动和人民法院的审判活动提供指导。第三，完善我国家事诉讼的程序设计，注意区分调解程序与审判程序，在调解程序中再区分诉前调解程序与庭前调解程序。《最高人民法院关于适用简易程序审理民事案件的若干规定》第十四条规定对于婚姻家庭纠纷和继承纠纷，人民法院在开庭审理时应当先行调解，这是家事案件庭前调解的法律依据。但对于诉前调解，目前尚无法律明确规定，仅在双方当事人自愿的情形下才能适用诉前调解，这就使得诉前调解的使用效果大打折扣。因此，未来家事诉讼立法中规定诉前调解程序是非常有必要的。第四，设计我国家事审判程序的具体制度，包括家事诉讼程序与家事非讼程序。其中，家事诉讼程序包括案件受案范围、当事人适格条件、管辖规则、起诉规则、庭审规则、证据规则、调解规则、既判力规则等。

4. 资源整合化

家庭问题并不是一个单纯的法律问题，而是一个社会问题；家事纠纷不仅是法院重要的审判领域，还是每个家庭成员以及社会各个层面需要合力解决纠纷的领域，因此，需要最大限度地发动全社会的力量一起化解家事纠纷。司法外资源调动的广度与深度直接影响着家事审判改革的成效。家事纠纷中的司法外资源包括心理咨询师、家事调查员、社会工作者、其他部门及高等院校等。

第一，家事纠纷与家事成员心理状态、心理变化、认知程度有非常重要的关系。家事案件的审理涉及心理学、社会学等多方面专业知识，需要相关专业领域人员的配合与协助，通过心理咨询员的心理辅导、疏导，对于挽救婚姻关系产生很好的效果。第二，家事纠纷事实的全面发现存在很多困难，原因在于：一是家事纷争大多源自生活琐事，很多事实难以通过证据进行固定；二是受制于亲亲相隐等传统家庭伦理规则，仅依靠“谁主张，谁举证”的举证责任分配原则，难以查明事实和原因；三是在家事纠纷中很多涉及生活隐私或者情感纠葛，当事人情绪比较敏感，剑拔弩张的法庭氛围会加剧双方的情绪对立，增加审查难度。因此，需要引入家事调查员以协助法官查清家事案件中的各类事实。第三，社会工作者，包括律师、法律工作者、基层司法所长、村（社区）的妇代会主任和公证人员等，人民法院应积极调动上述社会工作者及专业法律人士从事家事调查员、家事调解员和家事回访员的工作，以协助法院化解家事纠纷。第四，着重发挥妇联、公安、检察院等部门在反家庭暴力中的作用，建立联动机制，明确各单位在反家暴实施过程中的职责范围，构建反家暴的防护网络。第五，家事审判改革尚处于初步探索阶段，缺乏司法传统与司法经验，故需要调动高等院校研究家事法学理论，为科学推进家事审判改革提供科学论证和解决方案。通过发动更多的学界力量，积极推动家事审判理论与实践的结合，为家事审判方式改革提供强有力的理论支撑。

5. 解纷多元化

家事纠纷的亲缘性决定了运用多元化手段处理家事纠纷的可操作性。《最高人民法院关于人民法院进一步深化多元化纠纷解决机制改革的意见》第二十七条规定了探索建立调解前置程序，鼓励有条件的法院对家事纠纷等特殊案件，在征求当事人意愿的基础上，引导当事人在登记立案前由特邀调解组织或者特邀调解员先行调解。可见，多元解纷队伍的建设是家事纠纷化解的关键一环，对于人民法院来说，在制定内部人员对案件分流激励机制的同时，还要发挥外部力量化解纠纷：首先，要继续依靠人民调解组织的力量，支持工会、妇联、共青团等社会组织参与；其次，要开拓创新其他调解方式，可尝试引入仲裁调解、公证调解、律师调解；最后，扩大除人民调解协议之外的其他调解组织形成的调解协议的司法确认。①

第四节　家事纠纷解决机制的对接

一、家事纠纷诉调对接的法律规定

根据我国《人民调解法》的规定，人民调解委员会就民事纠纷调解完成后，当事人达成的人民调解协议可以向人民法院申请司法确认的，人民法院依法确认当事人间的调解协议有效的，该调解协议便具有强制执行力，如果一方当事人拒绝履行或者未全部履行协议中的内容，另一方纠纷当事人则可以向人民法院申请强制执行。因此，从以上的规定，我们可以认定，人民调解是在司法行政部门和人民法院的指导与管理下进行的调解活动，具有一定的司法互动性。

2009 年 7 月 24 日，最高人民法院制定了《最高人民法院关于建立健全诉讼与非诉讼相衔接的矛盾纠纷解决机制的若干意见》，此为非诉纠纷，如仲裁、人民调解等社会纠纷化解程序与诉讼纠纷化解程序互通的重要依据。该解释第十五条规定：“经双方当事人同意，或者人民法院认为确有必要的，人民法院可以在立案后将民事案件委托行政机关、人民调解组织、商事调解组织、行业调解组织或者其他具有调解职能的组织协助进行调解。当事人可以协商选定有关机关或者组织，也可商请人民法院确定。调解结束后，有关机关或者组织应当将调解结果告知人民法院。达成调解协议的，当事人可以申请撤诉、申请司法确认，或者由人民法院经过审查后制作调解书。调解不成的，人民法院应当及时审判。”这作为非诉程序与诉讼程序衔接的重要法条，在家事纠纷领域的运用并不乐观。实践中，该程序在山东省运用得较为广泛，从 2017 年开始到 2019 年有 89 件案件经过人民调解委员会等社会纠纷解决机构调解后由法院制作调解书。②

各地随后也出台了关于诉讼与非诉程序衔接的一些规范文件，如北京市高级人民法院《北京法院关于民事案件繁简分流和诉调对接工作流程管理规定（试行）》；上海市司法局《关于

---

①《我国家事审判改革的发展趋势》，载法制网 2017 年 6 月 21 日，http://www. legaldaily. com. cn/zfzz/content/2017/06/21/content_7213781. htm?node=81129。

② 数据来源北大法宝案例检索库，查询日期 2020 年 7 月 19 日，网址：http: //fggi9979c516bea6498b89be4eb02f86e266socx6ofbkpcpn6xpn. ffiz. wap. gxlib. org/clink/pfnl/chl/2b9298312f576756bdfb/15_0_0_0. html。

进一步加强诉调对接工作的若干意见》；胶州市司法局与市法院制定了《关于进一步加强人民调解与民事审判联动的意见》《关于组织人民调解员旁听民事案件庭审实施办法》；雅安市法院和市司法局《关于进一步加强司法调解与人民调解衔接配合工作的通知》等。近 5 年来，各地法院及政府相关部门正在积极探索诉调对接的路径，对于家事纠纷的诉调对接程序的研究需要进一步加强，除了适用诉调对接一般的规范之外，更应注意家事纠纷的特殊性，即人身关系、人格权保护以及公序良俗等问题。

二、家事纠纷诉调对接制度的完善

（一）增强 ODR（Online Dispute Resolution，在线纠纷解决）平台公信力

构建更具有公信力、服务普适性、中立性的“ODR+家事诉调对接”平台，既能增加家事纠纷当事人线上解纷解决的认同感，同时又能促进诉调对接机制持续健康发展。第一，从法律层面建立 ODR 模式，通过立法确认在线纠纷解决机制及其服务的法律地位，并建立相应的家事纠纷诉调对接 ODR 流程规范以及科学的 ODR 解纷主体考评机制与选拔培训机制，保证平台的中立性；第二，在 ODR 平台的运行过程中，积极寻求与司法机制的对接合作，实现与司法机制的双向联通，为家事纠纷诉调对接机制提供权威、公正的司法保障；第三，通过会议部署、一线指导、媒体跟进，以宣讲活动、微信公众号、微博、电视、报纸等为载体，拓宽“ODR+家事诉调对接”平台的宣传渠道，加大宣传力度，提高群众的知晓率。

需要指出的是，目前我们有一些诉调对接的 ODR 平台适用的地区有很大的限制。如“在线矛盾纠纷多元化解平台”，只在浙江省的一些地区有调解的机构。故该制度在其他地区并未得到有效的推广，特别是西部地区。

（二）双制并行解决认知差异难题

家事纠纷的伦理性特征决定了在纠纷处理上对于地域的依赖性较大，但纠纷往往会外化从而引发身份关系、财产权属的变动。无论是人民调解委员会、妇联组织调解还是运用 ODR 调解平台，在注重专业性的同时，也应注重人文关怀和心理疏导，因此，建议采用双制并行的模式，取长补短，消除调解主体的认知差异。在家事纠纷进入调解程序后，通过人工智能算法对纠纷进行分解，提取解纷关键信息，随后接入解纷资源数据库，从地域性与专业性两方面进行考量，为当事人匹配符合家事纠纷特性的当地解纷人员与具有专业知识背景的专家组成最优线上调解团队，当然如果能够线下匹配调解人员的，理应优先。在调解中，当地解纷人员动之以情、晓之以理，进行主要的协调沟通工作，专家人员则针对专业问题提供咨询与建议，最后形成统一的解决方案供家事纠纷当事人参考，通过科学分工，更好地解决家事纠纷。

思考题

1. 家事纠纷存在哪些特殊性？
2. 家事纠纷的解决途径有哪些？
3 家事纠纷诉调机制如何衔接？

参考文献

一、著　作

[1] 中共中央马克思恩格斯列宁斯大林著作编译局. 马克思恩格斯选集：第 4 卷[M]. 北京：人民出版社，1972.

[2] 杨立新. 中华人民共和国民法典释义与案例评注（婚姻家庭编）[M]. 北京：中国法制出版社，2020.

[3] 杨大文，龙翼飞. 婚姻家庭法学[M]. 北京：中国人民大学出版社，2006.

[4] 陶毅. 婚姻家庭法[M]. 北京：高等教育出版社，2006.

[5] 陈苇. 婚姻家庭继承法学[M]. 北京：高等教育出版社，2014.

[6] [美]路易斯・亨利・摩尔根. 古代社会[M]. 杨东莼，马雍，马巨，译. 北京：商务印书馆，1999.

[7] 巫昌祯，杨大文. 中华人民共和国婚姻法释义与实证研究[M]. 北京：中国法制出版社，2001.

[8] 吴卫义，张寅. 婚姻家庭案件司法观点集成[M]. 北京：法制出版社，2015.

[9] 房绍坤，范李瑛，张洪波. 婚姻家庭与继承法[M]. 北京：中国人民大学出版社，2020.

[10] 杨遂全，等. 婚姻家庭法新论[M]. 北京：法律出版社，2003.

[11] 王丽萍. 婚姻家庭法律制度研究[M]. 济南：山东人民出版社，2004.

[12] 王丽萍. 亲子法研究[M]. 北京：法律出版社，2004.

[13] 瞿同祖. 中国法律与中国社会[M]. 北京：中国政法大学出版社，1998.

[14] 孔庆明，胡留元，孙季平. 中国民法史[M]. 沈阳：吉林人民出版社，1996.

[15] 马忆南. 婚姻家庭继承法学[M]. 4 版. 北京：北京大学出版社，2019.

[16] 德国民法典[M]. 陈卫佐，译. 北京：法律出版社，2006.

[17] 意大利民法典[M]. 陈国柱，译. 北京：中国人民大学出版社，2006.

[18] 杨大文. 亲属法[M]. 北京：法律出版社，2004.

[19] 梁慧星. 民法总论[M]. 北京：法律出版社，2017.

[20] 何群. 婚姻家庭继承法学[M]. 厦门：厦门大学出版社，2018.

[21] 江山. 互助与自足——法与经济的历史逻辑通论[M]. 北京：中国政法大学出版社，1994.

[22] 长孙无忌，等. 唐律疏议[M]. 北京：中华书局，1983.

[23] 中共中央马克思恩格斯列宁斯大林著作编译局. 列宁选集：第 1 卷[M]. 北京：人民出版

社，1995.
[24] 夏吟兰. 婚姻家庭与继承法学原理[M]. 北京：中国政法大学出版社，1999.
[25] 周旺生. 法理学[M]. 西安：西安交通大学出版社，2006.
[26] 赖廷谦. 婚姻与继承法学[M]. 成都：四川大学出版社，2004.
[27] 魏振瀛. 民法[M]. 4 版. 北京：高等教育出版社，2010.
[28] 郭明瑞，房绍坤，关涛. 继承法研究[M]. 北京，中国人民大学出版社，2003.
[29] [意]彼德罗・彭梵得. 罗马法教科书[M]. 黄风，译. 北京：中国政法大学出版社，2005.
[30] 周枏. 罗马法原论[M]. 北京：商务印书馆，2001.
[31] 陈棋炎，黄宗乐，郭振恭. 民法继承新论[M]. 台北：三民书局，2006.
[32] 陈苇. 外国继承法比较与中国民法典继承编制定研究[M]. 北京：北京大学出版社，2011.
[33] [美]斯蒂芬・B. 戈尔德堡. 纠纷解决：谈判、调解和其他机制[M]. 蔡彦敏，曾宇，刘晶晶，译. 中国政法大学出版社，2004.
[34] 范愉. 多元化纠纷解决机制[M]. 厦门：厦门大学出版社，2006.

二、期　刊

[1] 杨立新. 对修订民法典婚姻家庭编 30 个问题的立法建议[J]. 财经法学，2017（6）：5-24.
[2] 冉克平. 论《民法典婚姻家庭编（草案）》的体系、内容及其完善[J]. 武汉大学学报（哲学社会科学版），2019（6）：149-158.
[3] 最高人民法院. 领证后婚礼前男方给付女方财物的性质？[J]. 人民司法・案例，2019（26）：41-45.
[4] 刘婉婉. 代孕行为的伦理审视与法律规制[J]. 昆明理工大学学报（社会科学版），2019，19（4）：34-39.
[5] 邓长春. 传统继承制度的历史变迁[J]. 孔学堂，2016（4）：34.
[6] 吕慧玲. 浅论民法法典化下的继承法基本原则[J]. 研究生法学，2010（2）：53.
[7] 巫若枝. 30 年来我国家事纠纷解决机制的变迁及其启示——基于广东省某县与福建省厦门市五显镇实践的分析[J]. 法商研究，2010，27（2）：83-92.
[8] 傅郁林. 家事诉讼特别程序研究[J]. 法律适用，2011（8）：81-85.
[9] 王琦. 聚焦我国家事审判改革的几个面向[J]. 政法论丛，2018（1）：101-110.
[10] 汤鸣. 家事纠纷法院调解实证研究[J]. 当代法学，2016，30（1）：140.
[11] 宋艳菊，陈琴琴. 我国家事调解制度之构建[J]. 河南财经政法大学学报，2018，33（1）：124-131.
[12] 王德新. 家事审判改革的理念革新与路径调适[J]. 当代法学，2018（6）：93-104.
[13] 陆建民. 表达、协调与维权：社会管理中妇联的重要职责——以上海市妇联的探索与实践为例[J]. 中国妇运，2012（3）：25-29.
[14] 朱孝清. 司法的亲历性[J]. 中外法学，2015（4）：919-937.

三、其　他

[1] 元涛. 韩国人离婚要“熟虑”[EB/OL]. [2019-12-29]. https://xian. qq. com/a/20101025/ 000286. htm.

[2] 孙少龙，白阳，黄安琪. 关于继承，民法典的这些新规你需要了解[EB/OL]. [2020-06-08]. http://www. xinhuanet. com/2020-06/08/c_1126087334. htm.

[3] 胡夏冰. 台湾地区的家事调查官制度[N]. 人民法院报，2017-03-17（8）.

[4] 袁荷刚. 从司法的亲历性论当事人到庭陈述之必要性[N]. 法制日报，2015-12-02（10）.